"一带一路"

文化交流与文化品牌

荣跃明　黄昌勇

主编

上海人民出版社　　上海书店出版社

序　言

2018 年 11 月 3—4 日,上海秋高气爽,来自世界各地的文化工作者,既有各类文化机构、组织或企业的代表,也有政府文化管理部门的官员,还有专家学者,大家欢聚一堂,参加世界城市文化上海论坛(2018)年会,围绕会议主题"一带一路:文化交流和文化品牌",进行了热烈讨论和深入交流。

文化交流是跨文化或跨语际的交际行为,既可以在不同个体之间发生,也可以在不同群体之间进行,或者是在不同国家之间展开。在文化交流中,不同文化背景的人们可以通过情感延伸来感知彼此,理解异质性的不同文化,进而为求同存异、建立共识奠定基础。古"丝绸之路"就是一条文化交流的通道,但实际上当时从事贸易的商人们并没有自觉的文化交流意识,只是通过长途贩运为沿线国家提供互通有无的商品,而文化交流是古代长途跨境贸易的副产品和伴生物。正是有了文化交流,不同地区相对独立的文明体才能源源不断从外部获得维持发展的新知识、新技艺和新动力。文化交流既可以是不同国家间的文明互鉴,也可以是一国开放包容、融合外来优秀文化的发展过程。

当今时代,人类社会正在经历深刻的发展变化,也面临着关乎人类前途命运的一系列重大挑战,如气候变暖、重大传染病、恐怖主义、有组织跨国犯罪,以及由大数据、人工智能等新技术应用带来的伦理挑战,等等;而各国社会制度、意识形态和文化的差异既影响人们对关乎人类前途命运一系列重大问题的认知,也使共同应对挑战的共识难以形成。事实上,国际社会迫切需要在共识基础上采取一致行动,才能有效应对挑战,保障人类社会的可持续发展。

从历史和现实的发展趋势中,或许可以感悟和体会"文化交流"的独特性和不可或缺。此外,有必要进一步概括和总结当代文化交流的多样化形式,以便为有效促进文化交流提供依据。事实上,文化交流可以成为不同主体表达自我、展示个性和寻求共识的有效方法，也是与一国制造业产出、GDP 总值和科技实力等硬实力相辅相成的软实力。文化交流是不同文化主体间的双向互动过程，既是作用于对象的展示与输出，也是反观自身的自省和反思，而文化交流的有效性恰恰蕴含在这样的双向互动过程之中。

眼前的这本文集，汇编了此次会议所有嘉宾的交流发言或提交的文稿。这些文章从各个方面展示和探讨了城市作为文化交流平台和城市本身作为文化品牌在现实中的多样化形式，不仅概括了文化交流和文化品牌主题下城市文化发展的最新案例，也对文化交流和文化品牌的新内涵作了深入思考。相信这些文章会开阔我们的眼界，也将启迪读者进一步思考。

是为序。

编　者

2019 年 9 月 14 日

目　录

目 录

文化交流与城市魅力

何建华　Phinij Jarusombat　张国祚
Mohammad Abdelmonem Mahmoud Elsawy　黄昌勇　陈圣来*

【**何建华**】：五年前中国国家主席习近平在访问哈萨克斯坦和印度尼西亚时分别提出了建设丝绸之路经济带和 21 世纪海上丝绸之路合作倡议。五年来，我们欣喜地看到在各国的共同努力下，"一带一路"从倡议变为现实，从经贸往来的商路日益变成世界各国人民增进相互理解的一条新路。面对当今世界百年未有之大变局，也立足于经济全球化的事实，要实现政策沟通、设施连通、贸易畅通、资金融通、民心相通。而民心相通是五通中关键要素，因为国之交在于民相亲，民相亲在于利相融，利相融在于心相通，心相通的关键在于各种文化的融合和交流。21 世纪是经济全球化的世纪，引领着不同国家地区一体化发展。在全球化的背景下，事实上文化的交流现在无论是从范围、强度、速度还是从多样性、包容性、共享性等各方面来观察，都远远超过了以前的规模。但同时不容否认的是，我们当今世界不同文化之间的冲突还是融合，涉及到文化方面的深层次的矛盾也日益凸显。如何促进城市之间文化的交流，在交流中促进文化的融合发展？

我们这个高峰论坛的主题是：文化交流与城市魅力。也就是通过几位专家的分享，使我们认识到如何来促进城市之间的文化交流。事实上我们在座的朋友，也就是作为生命个体的人是文化鲜活的载体，城市是我们人居住的地方，要不断地促进民心相通，要不断促进不同城市之间的文化交流，分享取得

---

* 何建华，上海社会科学院原副院长、研究员。
　Phinij Jarusombat，泰国前副总理、泰中文化促进委员会主席。
　张国祚，中国文化软实力研究中心主任、中央马克思主义理论研究和建设工程首席专家。
　Mohammad Abdelmonem Mahmoud Elsawy，埃及文化部前部长。
　黄昌勇，上海戏剧学院院长、教授。
　陈圣来，国家对外文化交流研究基地主任、上海国际文化学会会长、研究员。

的成就和经验,彰显不同城市的魅力,增进"一带一路"沿线城市之间的来往和合作,使不同的城市能够各美其美,美美与共。

我们这个论坛请到了几位嘉宾,围绕着文化交流和城市魅力这么一个主题,来分享各自的观察和认识。

【Phinij Jarusombat】：尊敬的嘉宾,以及来自中国的新闻媒体,还有来自很多世界相关的文化人,说到文化,我与各位有相同的观点,文化是我们人类发展的重要因素。世界上每一个国家,每一个民族都有自己比较独特,比较鲜明的文化,因此文化交流也是我们非常重要的一项事情。习总书记提出的"一带一路",用文化来作为桥梁,促进地区的和平、地区的经济发展,"一带一路"也给全世界各国人民带来了希望。

中国有悠久的历史文化,文化璀璨。中国的文化是一种懂得牺牲的文化,中国的文化是充满了友好和友谊。在中国的历史上,中国从来没有侵犯过任何一个国家的主权,只有与别的国家增进友好。中国的这种文化能够这么迅速的发展,除了与共产党、毛主席分不开以外,还有一个很重要的原因,是因为中国每一个人都有一颗爱国心,这就是中国最优秀的文化。这种文化也是让中国人民集中力量发展祖国。因此,应该把这种中国优秀的文化与世界各国、世界各个城市进行交流,尤其应该把这种中国优秀的文化传承给年轻的一代。

现在泰中两国之间文化交流非常频繁,每个月、每个星期都有。也非常感谢上海市市政府能够举办此次的高峰论坛,可能有的人觉得文化不是很重要,但是我觉得这是一次非常重要的会议,所以我也非常愿意来参加这样的论坛。

谢谢。

【何建华】：谢谢 Phinij Jarusombat 总理,Phinij Jarusombat 是泰中文化促进会的主席,他对中华文化的理解非常深刻,他认为中华文化历史悠久灿烂,懂得牺牲,讲究友谊,从来不侵占别国主权,是友好的文化。同时中国文化有爱国心,集中力量要发展自己的国家。他作为泰中文化促进委员会的主席,感到泰中文化现在交流非常的频繁,而且这种文化的交流要向年轻人进行传承,我认为这个观点非常好。

下面我们请张国祚老师。张国祚老师是中国文化软实力研究中心的主任,因为相对于硬实力来说,实际上文化软实力是更加具有力量。我们听听张老师的分享。

【张国祚】:谢谢,很高兴能够有机会参加这样一个论坛。文化如果说要让学者们说,这个概念可能有一百种不同,但我们谈的文化不用搞得那么复杂。习近平总书记在十九大报告中指出文化兴则国运兴,文化强则民族强。没有文化的繁荣昌盛,就没有中华民族的伟大复兴。其实这个话对中国人是这样,对世界各国来说,也是这样,这是一个普遍规律。为什么这样讲?因为文化的作用主要体现在它的软实力上面,任何国家都需要两条腿走路,一条腿是硬实力,一条腿是文化的软实力。如果物质硬实力不行,可能这个国家非常脆弱,而如果文化软实力不行,这个国家可能不打就败。为什么?这样的例子太多了,苏联解体,颜色革命等,发生政治动乱的共性,就是他们的文化软实力坍塌了,所以说文化是非常重要的。习近平主席才对文化如此重视。

文化呈现出多样性,中国的社会学家费孝通讲各美其美,美美与共,可能每个国家每个民族的文化都美,但不能到此为止,应当是美人之美,彼此之间应当相互欣赏。美美与共,天下大同,你也美,我也美,去寻找世界最大公约数。这个思想体现了我们中国人对文化的一种看法。

召开世界城市文化论坛的一个很重要的宗旨,就是要睁开眼睛看世界,看各个国家文化方面的可学之处。

这次会议的主题是讲"一带一路"文化交流与文化品牌,为什么要限定在"一带一路"的背景下呢?"一带一路"是我们习近平主席提出的一个倡议,这个倡议不仅是经济全球化,经济发展的路线图,也是文化发展的路线图。我们讲"五通",政策沟通,设施连通,经贸畅通,资金融通,民心相通,这五通当中最重要的是民心相通。如果没有民心相通,彼此之间没有了解,那么其他的通都无法谈起,所以文化必须先行。

文化交流有其必要性,我们必须要看到自己国家的文化的好处,所以要特别强调文化自信。习总书记在十九大报告中讲得非常清楚,我们这个文化自信就是中国特色社会主义文化自信。这种文化源自于中华五千年文明发展史当中所培育的优秀传统文化,党领导人民所创造的革命文化和社会主义先进文化,植根于中国特色社会主义伟大实践。因为我们中华民族上有五千年的灿烂文化,这个文化博大精深,可以使我们这个民族在弘扬爱国主义精神方面,在树立远大志向方面,在治国理政方面以及人格修养方面,有很多非常可贵的思想。正因为我们中华民族血脉流动着这样的传统文化,所以我们中华民族才能有今天的发展,这是不可否认的一方面。当然我们今日的中国,应当说最强大的文化软实力就是习近平新时代中国特色社会主义思想。我们今天就是要用习近平新时代中国特色社会主义思想来武装全党,要学懂、弄通、做实。同时要在交流中学习其他国家优秀先进的文化,因为我们的发展离不开世界,所以必须打开国门,放眼看世界,学习各种先进的文化。

谢谢大家。

【何建华】：谢谢张老师,张老师穿越历史,从中华文化五千年的发展一直谈到"一带一路"倡议在民心相通中的作用,同时他也从我们国家四个自信如何建立文化自信,来阐述习近平主席对文化的重视,同时他也提出应当在文化交流中更好地汲取其他国家和城市优秀的文化。

我们中华文化是具有五千年的灿烂文明,但是事实上与我们中华文明一样,今天我们有幸请到了埃及前文化部长 Mohammad Abdelmonem Mahmoud Elsawy 先生,他来自埃及。古埃及、古巴比伦、古印度和古中国同为四大文明古国,请您跟我们分享您对文化以及文化交流来增进城市魅力的看法。

【Mohammad Abdelmonem Mahmoud Elsawy】：大家早上好,非常荣幸来参加这个论坛。感谢我们主办方,感谢主持人,感谢背后所有的工作人员。

当我们讲到文化交流、文明传承的时候,首先请大家相信我们都是地球的公民,我们要相信这一点,我们要去感受作为地球公民的美好。不管是中国人还是埃及人,是讲英文还是讲中文,我们都同属于这个星球,共享同样的土地,共享梦想和价值观。

说到梦想,我想说文化一定要从梦想开始,有触及我们灵魂的,我们最后从大脑一直到身体,由身体身体力行的。说到文化的话,我的想法非常简单,我觉得它就是光,光给我们带来了看的机会,去见证周围一切的机会,而且我们可以做个人的选择。当我们说到文化的时候,我们还要讲到权利,我们选择的权利,每个人都可以做自我的选择。在文化当中没有正确错误之分,一切都可以视作好的或者是更好的。最重要的就是要去享受这种多样性,当我们说到软实力,文化、艺术、人文,这些都是让我们所有的人看到世界的多样性、文化的多样性,它是一个优势。要是全球看起来都是一样的,所有人的面孔都是一样的,肤色也都是一样的,性格也都是一样的,那么就太枯燥了,我特别喜欢和不同的人交往,大家的观点不一样,大家的想法各不相同,这个也是我们发展的基石。我们教育我们孩子的时候,一定要告诉他们,当我们去交朋友的时候,不要总是和你一样的人去交朋友,要和不一样的人交朋友,即便成立家庭的时候,你的配偶不一定是要和你一样的人,可以和不一样的人组建家庭关系。

当我们说到发展路线的时候,我们可以思考一下这种哲学背景,"路"把人们连接在一起,而非把人们分开,这也是非常重要的一个观点。这是我们美丽的抱负,也是中国非常好的愿景。

我还想告诉大家,世界正在发生着变化,我们现在进入了一个新的时代,就像我们背后的大屏幕,可以让大家看到这些特写镜头,看得非常清楚。但是我觉得艺术家和人之间直接的沟通更加重要,我们一定要知道我们每个人亲身的经历,都要自己去参与人生的这场演出,一定要重视人和人之间直接的接触,创意者、艺术家还有人文之间的互动是非常重要的。我们要对自己有信心,每个人都需要感受到自信,每个人其实都可以提出有意思的想法,每个人都可以有一些不同的想法。如果做到这一点,我们人类就会变得特别美好,我们不管讨论什么,不管是讨论我们这个地球还是什么,我们要摒弃守旧的想法,我们要张开双臂去拥抱一切的可能,我们要去推动思想的交流,我们要勇敢地把我们的梦想变成现实。

感谢大家的聆听,祝愿今天是一场成功的交流。

【何建华】:谢谢 Mohammad Abdelmonem Mahmoud Elsawy 部长,不愧是来自于文明古国的前任文化部长,他跟我们分享了作为埃及文化官员的哲学思考。我的理解是这么几个关键词,一个文化是光,这个光来自于哪里? 实际上这个光是发自于灵魂和心灵。第二个关键词是选择的权利,文化是可以选择的,它无所谓正确、好坏之分，文化是我们价值认同和行为，关键在于每个不同人的选择。第三个关键词，文化是具有多样性的，正因为文化具备多样性，所以我们人类社会就显得无比的丰富与多彩，如果人类社会都一样，那么这个世界不好。第四个关键词，就是人与人之间要接触，所谓要接触，也就是文化交流，不同的国家，不同的城市，不同的人要对自己的文化充满自信。同时，在这种交流中，我们应当摒弃守旧的观点，拥抱人类文化交流更美好的未来。这是一篇有关文化发展的富有哲理的散文，谢谢 Mohammad Abdelmonem Mahmoud Elsawy 先生。

下面我们有请陈圣来先生，他是中国对外文化研究基地的主任，同时也是上海国际文化学会的会长，上海社会科学院文学所前任所长，上海著名的文化人，是我的老同事，我的老大哥。他在文化交流方面，尤其在推动不同国家城市文化交流方面做了大量的工作，他的感受可能更为真切，我们欢迎陈圣来先生的分享。

【陈圣来】：谢谢主持人。我从三个方面讲，第一，文化交流促进城市文化的建设。我讲一个小故事，20 世纪 90 年代初，我把美国费城交响乐团第一次引到中国上海，当时我是主办方和主要的策划人。好不容易美国费城交响乐团到上海来演出了，但可惜，我们没有想到上海没有一个地方是可以容纳这样一个一百多号人的交响乐团，当时的上海文化建设比较薄弱，后来好不容易在上海体育馆搭了一个台，坐在看篮球、排球的简易的塑料座椅上听交响乐。或因此痛定思痛，在 90 年代末期上海大剧院造起来了，是全中国第一个大剧院。目前我们上海在文化设施上，特别是在演艺文化设施上不输给世界上任何一个一流城市。这就是文化交流促进了城市硬件文化发展。

还有我做东方台的台长的时候，我提出了我们办一个 24 小时全天候直播的电台。那是 90 年代初期，我们上海虽然号称是不夜城，但晚上非常寂寞的，深夜 12 点以后没有任何声音，电台都停播。所以我提出来要开一个 24 小时的节目，所以后来名字也是我起的"相伴到黎明"，对所有城市的人进行心灵的抚慰，特别是对失眠者、失恋者、失业者。由此，上海的深夜有了这座城市的声音，这也是一种文化交流，促进了上海文化软件的建设。这是第一点。

第二点，我认为文化交流提升了城市的文明素养、文明礼仪。我也讲个故事，2004年我把萨尔斯堡莫扎特管弦乐团请到上海来演出，演出确实是很精彩，音质很好，但是啼笑皆非的是，演奏的段落之间，下面拼命鼓掌，连指挥都已经露出了无奈的微笑，到后来他转过身来看着下面的观众，我如坐针毡非常难为情，堂堂上海不知道怎么欣赏交响乐。几年后的2010年，美国芝加哥乐团到上海来演出，里面有一个中国籍的中提琴手，他写了一封信给当时上海市长韩正，他说非常为上海骄傲，上海有这么好的观众，演奏的时候，下面掉根针都能听到，没有任何的噪声，甚至没有咳嗽声，然后到每一个段落之间没有掌声，静静等待，等到演奏结束的时候，爆发雷鸣般的掌声。它可以通过文化交流，可以促进城市文明礼仪的发展。

第三点，文化交流可以提升城市文化创新的发展。民生路的一个原来的粮仓里面，现在改造成为一个文化的场所。我们也有了这样的前沿现代的创意。上海现在是网络文学的重镇，而全国有3.53亿的网络注册网民。好莱坞电影，日本动漫，韩国偶像剧和中国的网络文学，可谓"四大奇观"。在越南，它的网站前一百名全部是中国的网络小说，北美有一个很大的网站，每天更新中国网络文学，日点击量50万以上。我想，通过这样的城市交流，使得文化的创造力，使得城市的创新力都有了提升。

谢谢各位。

【何建华】：谢谢陈圣来主任。陈圣来主任通过三个非常具象的，可视的，且听得懂的故事，也是他自己亲身经历并推动的三个故事，表达了三个观点，关于文化交流的三个观点，一个是文化交流能促进城市发展；文化交流能提升市民的文明礼仪素养；文化交流有利于提升城市的文化创新力。这三个观点都非常有意义。

下面我们请上海戏剧学院黄昌勇院长跟我们作分享。上海戏剧学院作为一个专业性的院校，在上海跟音乐学院一样，都是在这个领域，在我们国内都是具有创新力和影响力的，在世界上也是有很高的品牌认知度。黄昌勇院长也在大力推动城市之间的文化交流。

【黄昌勇】：谢谢各位，也谢谢主持人。刚才几位专家分享的观点对我都有很大的启发。我想利用这个短短的时间跟大家做一些分享。

我们学校是一个教育单位,专业的艺术院校,但是我也常常说,我们学校还是一个创作单位,它的特点就在于它能够培养很多专业的创作人员,也就是我们的老师,我们的学生。我们学校在文化交流方面也做了很多很多工作。这几年我们跟上海国际艺术节有很好的合作,其中有一个项目,就是中国上海国际艺术节和我们一起做的扶持青年艺术家计划,这个计划已经做了七年,以及我校青年创想周。今年扶持青年艺术家计划有一个特别作品入选,就是我们舞台美术系的一个毕业生,他现在是导演,他到深山老林里访问了很多村民,他跟他们一起生活,拍了很多录像,但做了一件令我们非常吃惊的事情,他让这些村民,从来没有拿过画笔的村民作画,他带回了一系列的作品,这个作品让我们这些生活在都市中的人、文化人、艺术家非常吃惊。这个问题就引起了我们的思考,这些生活在深山老林的村民,也没有太多的文化,他们跟艺术,跟我们常常讲的艺术可能是隔膜的,但他们为什么能够做出这么好的艺术作品来？从这个事例,我就在思考,文化交流有很多积极的意义,但我们也应该看到文化交流,如何很好地看待文化交流？这可能也是我们面临的一个非常深刻的命题。德国当代艺术家博伊斯说在当代人人都是艺术家,艺术家不是独特的,每个人都可以创作。我们这次的校友的创作似乎印证了这样一个命题。当今这样一个文化交流更加频繁,更加容易促成的时代,城市文化建设中怎么样保持更多文化的多样性,或者文化的地方性？我有一个观点,一个城市的文化核心竞争力,更重要的是在于本身的文化创作,而不是文化交流有多频繁。如果这些文化交流都是别的城市,别的国家,别的民族,我们只是一个码头而已。所以文化创造力是非常关键的,我们在丰富文化交流的环境中,不能失去我们的文化创造力,而这个文化创造力最关键的是要植根于中国本土,植根于民族的土壤。上海这样一个海纳百川、国际化的大都会,文化建设上还是要注重民间,本民族,本地方的文化建设,把这些文化建设和世界好的文化艺术相互结合,生发出有自己特色的,有自己传统的文化艺术,才是我们这个城市可能显出文化更具竞争力的方面。

【何建华】：谢谢昌勇院长通过发生在身边的青年教师的案例,深深地激发了昌勇院长关于文化交流的思考。文化的优势在于它的多样性和地方性,文化交流关键的核心要素是在于创造力。事实上世界各国不同城市之间的文化交流,关键要素在于创造力,这种创造力又是要植根于世界各国的大地和民族的土壤。因为对文化来说,它的多样性,本土的就是国际的,民族的就是人类的,越本土越国际,越民族越人类。我感到他的观点说得非常好。

我们这个板块的主题是文化交流与城市魅力。我作为主持人,想履行一下小小的权力,围绕着文化交流与城市魅力,你们五位嘉宾用一句话对这个板块主题良好的祝愿,或者说您心中美好的愿景。

【黄昌勇】:文化交流在丰富性的基础上,还是要凸显一个城市的文化创作,文化交流一定是互相的,而不是单一的。

【陈圣来】:一句话就是,城市因文化交流而魅力四射。

【Mohammad Abdelmonem Mahmoud Elsawy】:一个简单而重要的理论,我们把它叫做七级,什么叫做七级?就是说你获得的任何成就,你的视角,你的视野都是一步一步来获得的,要有耐心。如果你能够有耐心,能够深耕土壤的话,你可能会达到七级,从简单的事情做起,然后拾级而上,会达到你的策略。

【何建华】:我理解下来,"七级"对我来说是一个新知,一下子反应不过来。但后面的话我理解了,就是要文化的交流和文化创新,应该像深耕土地一样,富有耐心地一步一步推动。

【张国祚】:首都是国家的文化中心,城市是区域的文化中心,城市文化越强,魅力越强,潜力越大。城市文化交流越多,魅力就更加吸引人,潜力就更加巨大。

【何建华】:文化强,城市强,交流多,魅力多。

【Phinij Jarusombat】:文化最重要的是它的内涵,其实它也是有内部和外部的,我们要抓住文化的中心,抓住文化最重要的意义。再占用一点时间,其实泰国也有自己独特的文化,就像泰国的微笑一样,这也是泰国文化的一个代表。就像刚刚在泰国发生的泰国机场的保安打了一位中国的游客,这也是泰国文化上的一个缺点,其实泰国现在所有的百姓对这个事件的发生表示非常遗憾。我也是想借此机会,通过这么一个文化的平台,向所有中国的游客,中国的百姓表示歉意。

【何建华】：谢谢 Phinij Jarusombat 总理。Phinij Jarusombat 总理认为文化是有内涵的，所谓不同国家和不同城市的文化内涵，对外部的一个表征就是它所具有的文化意义，比如像"泰国微笑"就是泰国文化的内涵的外部表达的意义。同时，Phinij Jarusombat 总理也对发生在泰国的不愉快的事情，向中国的游客表示了遗憾。这表明 Phinij Jarusombat 总理在进一步推动泰中文化，促进文化交流方面发自内心的诚意，我代表中国游客谢谢您。

文化品牌与城市形象

荣跃明　李友梅　吕永和
Manivone Thoummabouth　Justin O'Connor　花　建[*]

【荣跃明】：各位嘉宾，我们高峰论坛的第二个部分，主题是文化品牌与城市形象。刚才我们分享了第一场文化交流与城市媒体，各位演讲嘉宾表达了各自的观点和思想，非常精彩。大家都谈到了文化因交流而能够推动文化的发展，文化因交流可以使城市彰显魅力，同时，文化也因交流能够体现文化的多元多样。当然我们知道，现在全世界范围城市化进程正在进一步加快，人类将有更多的人口集聚在城市生活，文化是城市能够集聚大规模人群的非常重要的因素，文化也体现了人与人之间的关系。在大规模人类的交往过程中，文化怎么体现它的魅力，促进城市的发展？怎么来吸引更多的人选择？这当中就需要有品牌发挥作用。我们现在有很多的文化交流的形式，很多城市的发展非常重视文化建设，也在打造各种各样的文化交流的平台，全世界有很多城市因文化交流形成品牌发展，而在全世界产生很大的影响。比如说爱丁堡有国际艺术节，在世界上非常著名；巴西里约的狂欢节也非常著名。在中国也是如此，不同的城市有自己的特色，也有很多文化交流的形式，像中国上海国际艺术节办到今天已经二十届了，已经在世界上形成了一定的影响力，有许多观众不仅从各地赶到上海来观看演出，也有不少观众是从海外来到上海观看演出。所以文化的品牌对于体现城市的形象非常重要。

我们这段有幸邀请到五位演讲嘉宾，从各自的经历，各自所学的专业，各

* 荣跃明，上海社会科学院文学研究所所长、上海文化研究中心主任、研究员。
　李友梅，上海研究院副院长、上海大学教授。
　吕永和，云南省西双版纳傣族自治州人民政府副州长。
　Manivone Thoummabouth 老挝新闻文化旅游部条法司副司长。
　Justin O'Connor，澳大利亚莫纳什大学文化经济专业教授。
　花建，上海社会科学院文化产业研究中心主任、研究员。

自的工作领域,围绕文化品牌和城市形象来发表观点,与我们大家共享。首先有请李友梅教授发表她的观点。

【李友梅】：非常感谢主持人,今天非常高兴,其实今天的交流是一个多文化互相学习的机会。刚才第一个论坛,各位发言者的交流给我很多启发。

其实第二场也是一个命题作文,文化品牌与城市文化。我是做社会学的。其实上海的文化里面,最重要的是上海独特的自信,开放的,但又是包容的城市文化。过去人家会说你是上海人吗？这里面给人感觉上海人很小气,我是上海人,我不觉得,上海人有他自身独特的大气,他可以建立平台,让大家来学习交流。上海的这个自信,有没有受到挑战？我们生活在上海的人,有的时候意识不到。可是上海的郊区很多的农民感觉到,他们自信,他们的文化自信受到了挑战。我举个例子,城市化过程中,上海虽然已经是一个国际化大都市,但是她也是在不断成长的过程中。四十年的改革开放,上海也面临很多机遇,也面临很多挑战,尤其是上海郊区的农民。第一轮的时候,有的专家谈到费孝通先生提出各美其美,美人之美,美美与共,天下大同。天下大同就是我们今天讲的人类命运共同体。各美其美是很难的一件事情,要承认别人也是美的,那是不容易的。但是要坚持自己是美的,也是不容易的。费孝通先生是我的老师,他是人类学家,社会学家,有一次我跟他到上海的郊区青浦去做调研,一群人跟着我们,突然之间走到一个巷子,这个巷子的尽头有一家人家,这家人家有一个老太太,看着我们,然后她就把门关着,但又不完全关着,把门开一点点往外看。我的老师说,这里面有文化自信的问题,这个老太太戴着一个毛巾帽子,这个帽子是一个布的帽子,就是蜡染的帽子,这在当年对妇女来说是很美的。可是我们一群人去了以后,她很害羞,她就觉得这个东西跟我们相比不美了。然后我的老师就说,你看,我们的城市化、全球化给他们带来了挑战。他们原来认为美的东西,今天没有自信了,说自己不美了,外面的世界才是美的。所以那个时候费老一直在深入思考文化自觉,我们的自信从哪里来？我们的自信也许碰到什么挑战？又往哪里去？基础在哪里？这个问题非常的深刻。今天我们在认识中国文化的时候,一定要放在世界的范围里面,我们认识农村文化的时候,一定要放在城市的文化大背景下。我们在全球化过程中,已经没有一个文化的孤岛了。

所以，费先生就跟我们说，美人之美，这是第一步，很难很难的事情，首先你要认为自己的美，不断地去完善自己的美，把自己的美贡献给世界，让全世界的美，美美与共。其实在这个过程中，蕴含着方法论和认识论。我们的文化都有自己的根基，我们的自信从哪里来？往前面走，这个自信的基础在哪儿？一定不要封闭在自己的边界里面，一定要有开放的、包容的、交流的、互相学习的心态，这样子不断增强自己的信心，了解别人，从别人那里学到更优秀的东西，来弥补自己。我觉得城市化，上海这个城市，她的文化品牌一定要有文化内涵，这个文化内涵首先是开放的、包容的，但是同时又要具备学习别的文化的能力，不断地增强这个能力。谢谢。

【荣跃明】：谢谢李友梅教授，李友梅教授概括了城市文化发展，尤其是从上海城市文化的发展当中所体现的一些特质，她作为上海人，概括了上海文化的一些特色，开放包容，但同时她从全球化发展的角度、城市化发展的角度概括了城市文化发展当中面临的一些挑战，这些挑战就是说一定要用辩证的眼光来看待文化的发展，当城市化进程过程中快速发展，农村也好，郊区也好，会受到城市化的冲击。在全球化的背景下也是一样，我们原来作为一个地方的城市，在融入世界的过程中，会经受全球化的挑战，所以必须要用辩证的观念来认识文化的发展，也只有这样我们才能更好地坚定文化自信，坚持我们原有的城市文化精神，在开放包容当中学习借鉴世界各国的先进文化。同时，也践行她作为费孝通先生的高足，费孝通先生提出的美人之美，各美其美，美美与共，天下大同，实现这样一个高度的理想是非常难的过程。同时，也是在回应习主席提出的人类命运共同体的建设，在文化的交流、互鉴当中来推进人类命运共同体的建设。再次感谢李友梅教授。

下面我们有请老挝新闻文化旅游部条法司副司长 Manivone 女士发表演讲。

【Manivone】：感谢主持人的介绍，我首先感谢主办方对我们的邀请，我来自老挝新闻文化旅游部，很荣幸有机会能够参与本届的世界城市文化论坛。

应该说老挝跟中国有很多相似之处，在我聆听的过程中，也感觉到中国的文化是博大精深的。文化的自信是来自于不同的层面，我们对于城市文化或者城市品牌或者文化品牌这个话题也是很感兴趣。如果谈到一个城市，谈到一个国家，我们会考虑到微观层面，包括家庭，包括我们所在的村庄和村落的治理，这是老挝的想法，从"家"开始，形成这样的文化扩展。

老挝原来是王国时代，当时我们希望每个村都有自己的文化特质和文化品牌，现在有些城市也在打造世界城市，他们希望能够保持他们城市的特质、城市的传统和城市的特点，跻身于世界城市之林。从老挝的角度来讲，我们也愿意和中方共同交流，向贵方学习，我们也愿意和学界来沟通，更好地考虑有哪些途径通过文化品牌提升城市的形象，这是一个很大的话题。

另外大家也谈到人类命运共同体，这是更大的一个议题，我很荣幸参加本届的世界城市文化论坛。再次感谢主办方的邀请，我确实能够学到很多。感谢各位。

【荣跃明】：谢谢 Thoummabouth 副司长，她作为老挝文化旅游部条法司的司长，表达了对于城市文化品牌建设高度重视和关注。同时，她也表达了希望与中国各个城市进行交流的这么一种愿望，特别强调了老挝和中国有深厚友好的关系。同时她也非常敏锐地认识到城市文化的建设，尤其是城市文化的品牌建设，在全球化的大背景下，很多城市都有自身建设发展的一个愿景，一个抱负吧，希望跻身世界城市之列。在这样一种进程当中，必须充分的保留城市文化的特色，这个城市文化的特色，不光是城市本身，还包括城市所在的这个地区，从最基层开始需要有体现城市地区文化的特色，只有这样，才能在全球城市化发展过程的大趋势当中体现城市的形象，体现城市发展的价值。这个也是跟我们第二段的主题高度契合，她为我们提供了一个很好的观点，给我们很多的启发，再次感谢。

【荣跃明】：下面我们有请吕永和副州长，他是来自中国云南省西双版纳傣族自治州，他是政府的官员。我们云南省有很多少数民族，云南省的版纳州是很多少数民族集聚的地区，而且这些少数民族不仅在云南境内，还分布在泰国、老挝以及缅甸、越南等周边国家，是一些跨境的民族。版纳州地区民族文化的特色，从一定意义上展现了中华文化的特质，就是丰富的多样性，我们经常讲中华民族多元一体,有 56 个少数民族,各个少数民族都有自己的文化、历史和习俗,这些东西都是我们中华文明的内在组成部分。我们非常有幸请吕州长结合版纳州的文化建设,来谈一谈有关文化品牌和城市形象的主题。

【吕永和】:谢谢,我来自云南省西双版纳傣族自治州人民政府。今天来参加这个论坛的多数是专家、教授、学者,我们作为政府人员,主要是抱着学习的态度与会的。

西双版纳近来被评为国家首批生态文明示范州,还有全国民族团结进步活动示范州,两个金字招牌。很早以前,我们州委州政府提出了生态绿洲的战略,确立了保护生态环境、发展生态经济,弘扬生态文化,建设生态文明的思路,尤其是建设生态文化,作为西双版纳生态保护的一个着力点来打造。我们西双版纳先民傣族很早就有这么一句言语,有林才有水,有水才有田,有田才有粮,有粮才有人。这样一个朴素生态文化观,正好与习近平总书记提出的"山水林天湖是一个生命共同体,人的命脉在田,田的命脉在水,水的命脉在山,山的命脉在土,土的命脉在树。"这句话道出了生态文化观人与自然的思路。我们主要是从挖掘少数民族的文化来发展,西双版纳有 12 个少数民族,民族文化的多样性展示了整个西双版纳的多样性,我们西双版纳的牌子,就是靠我们民族多样性的牌子来发展。我们这几年主要着力挖掘西双版纳各民族的文化,包括饮食文化、生态文化、建筑文化、服饰文化等等,来体现版纳文化,为社会经济发展服务。

第二个方面,着力从生态文化这方面来确保我们文化的发展。我们西双版纳这块牌子之所以响亮,就是因为它有一个很好的生态环境。我们有全国最好的热带雨林,整个热带雨林在西双版纳最集中,表现得最好,如果这片热带雨林毁坏了,整个西双版纳就不存在了。我们为了保护这个名片,在城市发展过程中,着力保护西双版纳这个名片。自古以来,西双版纳各族人民的心中就有保护生态的意识。

第三个方面,弘扬生态文化,着力是从弘扬雨林文化、农耕文化、民俗文化等来着手,实施生态文化基地建设,生态文化产业发展、生态城市创建、生态文明乡村创建、生态文化保护和生态文化传播的工程,来弘扬我们的生态文化。

第四个方面，加强文化的交流和合作。今天来参加论坛的有泰国、老挝以及其他一些国家的官员、专家、学者。我们西双版纳澜沧江湄公河经过6个国家，我们在边境一线，和边境国家通过文化交流来促进中国和周边5个国家文化的交流和发展，我们每年都举行澜沧江湄公河流域国家文化艺术节，通过这样的节庆活动来推动我们与周边国家文化的交流和融合，使我们文化的传承发展有一个很好的积淀。

谢谢大家。

【荣跃明】：谢谢吕州长，他跟我们分享了版纳州以生态立州，通过打造生态文化树立版纳州的生态形象，这么一个实践的经历，向我们展示了版纳州在生态立州战略实施过程中，既汲取各少数民族传统的生活智慧，如何处理跟自然的关系，从文化上来说，生态文明的思想，在古代已经有很多的萌芽，也融合在各少数民族的日常生活中。在今天现代化发展的大潮当中，通过打造生态文化，来促进版纳州的发展。一方面各个少数民族在打造生态文化的过程中，展示各个民族的风俗习惯，同时加强与周边地区，利用版纳州12个少数民族跨境分布的特点，打造六国艺术节这个文化交流的平台，加强与周边国家交流互鉴，共同发展。实际上版纳州已经在中国和世界上，尤其是在东南亚地区有广泛的影响，我们上海和版纳州也有特殊的感情，我们上海有一个作家叫叶辛，他当过文学所的所长，他写过一篇小说，曾经在中国非常的流行，就是讲一群上海知青在版纳州的生活以及他们的后代，通过文学作品也把版纳州和上海连接在一起。所以文化可以促进城市发展，文学也可以成为文化品牌，对展现城市形象发挥巨大的作用。吕州长的讲述，通过实例验证了这么一个简单的道理，再次感谢。

我们下面有请莫纳什大学的 Justin 教授。

【Justin】：大家上午好！今年我参与了 1968 年 5 月运动纪念的纪念日，今年是五十周年的纪念。1968 年在全球有了很多的活动或者运动，我把它称为"1968 运动"，这个运动是多维度的，从亚洲到欧洲，形成了强有力的运动。如果谈到 1968 运动，类似于包括民主、选举这些政治层面的话题。人们会谈到年轻人的声音是什么，对于各个等级制度的质疑等等。城市不只是工业，政府应该怎么样进行城市的治理，包括运输、住房、学校等等，人们关注这些普遍的话题。我们为什么生活在城市当中？如何生活在城市当中？能不能以不同的方式生活在城市当中？马克思、恩格斯说过要改变世界，法国也有类似的说法，改变生活，正是法国的一些著名机构掀起了这种风起云涌的运动，到底是我们要自由，还是要死亡？另外谈了这个社会的组织机构是什么样的？我们希望有新形式的文化，包括在城市当中怎么样更好地协同，这改变了城市的形象，包括之后在德国、美国，城市的形象都进行了改变。另外还谈到了创新城市，在 20 世纪 90 年代初期，怎么样对城市进行重新地审视，包括文化、艺术，还有生活质量等等，这里面有很多类似这样的话题。

在过去的二十年是什么样的情况呢？主要考虑到人们生活方式的变化，包括城市不仅仅是经济发展，不仅是城市成为经济的重镇，我们要从更多的维度来考虑。我 2003 年就来过上海，每年都来，这个城市我是非常喜欢的。我发现从 2003 年到现在，上海的变化举世瞩目，大家也谈到了上海的全球品牌建设等等，包括上海市进行大都市的中心、文化的中心，包括亚洲的艺术市场的中心等等，这些都是上海的一些名片和形象，使上海这座城市更为多样化和多元化。

另外，我们面临哪些挑战呢？在上海，听到了包括软实力等等，如果谈到上海的软实力，是什么呢？不只是创意，不只是创新层面。我觉得上海有几点要做的，第一点，叫做生态方面的挑战，上海是一个滨海的城市，随着气候的变化，可能海平面会上升，这是上海面临的一个挑战。另外，当然在中国相对于其他国家在贫富差距方面做得不错的，但确实涌现了这种势头，有可能出现了贫富分化的势头。第三个，上海面临女性权利崛起，还有种族歧视等等全球化目前问题的挑战。

回到新时代中国特色的社会主义的上海，上海应该扮演什么样的角色？从西方的角度来看的话，大家可能会区分社会主义和西方式的生活方式。我觉得上海是非常西化的一个城市，比如说我们主办了很多文化活动或者是艺术节，上海真的要在"一带一路"框架之下，树立自己全新的城市形象，完全不一样的创意城市。比如说上海可以强调这种大都市公平以及公正，上海是完全可以做得到的，中国也可以做得到。上海用创意城市来重塑自己的名片。

【荣跃明】：感谢 Justin 教授，以一个比较宽阔的视野来讨论城市文化品牌建设和城市形象的提升相互之间的关系。他也以他自身的观察，他从 2003 年开始，每年都来上海。应该说 Justin 教授对上海城市发展有深入的观察。同时他也是一个国际上知名的文化研究学者，对上海的文化产业的发展有深入的了解。他以国际的视野对上海的发展也提出了一些很好的建议，非常的感谢。尤其是他提到了几点，生态的问题，要警惕贫富分化，以及文化多元性的问题。上海要在全球城市化发展当中或者说全球化发展当中到底扮演什么样的角色，都是他比较关注关心的问题。我们非常感谢 Justin 教授深入的观察，而且你的建议也是对我们有很多的启发，也提醒我们城市文化发展当中，必须要高度关注这些问题。某种意义上来说，Justin 教授代表了国际学界对上海发展的一种期待，希望在比如说公平的问题上，在城市治理的问题上，上海有更好的表现。非常感谢 Justin 教授。

下面我们有请上海社科院文化产业研究中心花建主任，围绕文化品牌和城市形象这个主题发表他的演讲。

【花建】：谢谢主持人荣跃明老师。我发言的题目是创新全球化与城市文化创新。

第一，创新全球化带来了新的挑战。我们讨论城市文化和城市品牌，不能离开时代的大背景，这个时代的大背景之一，就是全球化深入发展，进入到创新全球化的新阶段。全球化作为一种全世界范围内的广泛运动，它已经有很长的时间了，而从 20 世纪 70 年代以后，有许多发展中国家大规模的介入到全球化的劳动与分工市场中以后，大致经过了三个小的阶段，先是制造业的全球化，把许多发展中国家也纳入全球分工体系中。接着是服务业全球化，大概是在 21 世纪初。到金融危机以后，进入到一个新的阶段，那就是创新全球化。它的特点是以创新为基本动力，以信息、资金、人员、资本和项目的超密度的广泛流通作为支撑，以智能化、信息化和数字化的基础设施及立体网络来覆盖了整个世界。最后它还是一个更加个人化、碎片化和更加强要协同的全球化。这种全球化的浪潮，震撼了全球的经济政策和社会结构，也给我们文化建设带来了新的挑战。

第二,创新城市向文化提出了新的要求。正是在这种背景下,城市如何来发挥它的作用呢? 前面我们都讲到了一个命题,就是文化的多样性,这是联合国教科文组织所倡导的一个基本观点。而与此同时,在创新全球化的背景下,城市文化建设也面临着新的挑战,那就是要更加注重在创新意义上的文化建设。这里,我想引用国际上许多权威机构对目前创新城市排行榜的分析,比如澳大利亚的一个研究机构连续对全球五百个城市做了创新城市排行榜的分析,最新一版分析了五百座城市,按照这些城市在创新活力、创新成果、创新环境、创新影响力等等指标,大致分为四个等级,第一等级创新核心,大概包括四十多座城市,这在全球范围内发挥创新引领作用的关键核心;第二等级创新枢纽;第三等级创新节点,第四等级创新起动者,至于其余的城市分别列入到创新的边缘地带了。这些城市的分级中间,我们可以看到,位于第一等级和第二等级的城市明显地发挥出它更大的作用,在第一等级中间,名列最前面的包括纽约、伦敦、东京、旧金山和硅谷等等。在这些创新城市所发挥的作用中间,它具有整合全球文化资源,开发出新业态、新模式、新技术的超前能力,它也有整合全球不同背景下的各种文化资源,在融合中推动广泛交流的目的。正因为这样,可以说,在创新全球化的时代,城市与城市之间的文化实力的比较,已经转移到以创新作为它的主要战场。

第三,中国城市在创新全球化时代的文化创新的使命。在刚才我说的排行榜中,在第一等级中国有三座城市入选,分别是北京、上海、香港。北京、上海得分是一样的,排列在第 30 位和 31 位,接下来是香港。在第二等级有南京、深圳、广州等诸多城市入选。在第三等级和第四等级有不同的城市入选,这就向我们提出了一个更紧迫的要求,那就是我们的上海,我们的长三角,我们中国的诸多城市,要顺应这样一个潮流,不但要保持我们的文化之根,不但要营造我们的文化设施和范畴,而且更要把我们重要的资源集聚到创新的意义上,来带动区域、国家乃至全球范围内文化的发展。拿上海来说,它在很多方面已经名列前茅,比如根据世界会展研究指数,上海、伦敦和纽约已经名列世界会展城市前三强,上海是会展的设施第一位,伦敦是会展的数量第一位,纽约是会展的企业第一位。而我们上海就需要在举办大规模的会展业的基础上，更要依托于这些会展优势，来提出我们在世界范围内有影响的议题，来引领文化的发展。又比如中国上海国际艺术节，去年年末，由上海国际艺术节发起，正式成立了有几十个国家，124个艺术节加盟的丝绸之路国际艺术节联盟，这也是世界上第一个全球范围内的艺术节联盟。我们可以利用这个平台，来更好的整合世界各国艺术节的资源，让丝绸之路盛开艺术节之花。

总而言之，时代在发展，社会在前进，城市文化将在创新全球化的背景下作出更大的贡献。谢谢。

【荣跃明】：谢谢花建教授。花老师概括了全球化发展的最新趋势，因为我们知道学术界关于全球化研究是一个专门的领域，有很多不同的概括。我觉得花建老师提出了他自己概括的观点，把最新一拨全球化概括为创新全球化，而且以这个概括为基础，阐述了创新全球化阶段城市文化发展的特点以及创新城市对全球经济发展、城市建设的影响力。某种意义上来说，文化的创新在创新城市建设当中发挥了重要的作用。我们非常认同花建老师的观点，也能够切实地感受到他所概括的这种当今最新的城市文化发展的现象。某种意义上来说，这跟我们今天第二场的高峰对话的主题非常的契合。我们讲城市文化品牌和城市形象，城市形象是一个中性的概括，其实它体现了一个城市发展的能级，能级虽然是一个经济学的概念，从文化上来理解，城市形象能展现城市文化的吸引力、凝聚力、辐射力、影响力。花老师运用了联合国教科文组织的一些研究统计的数据，具体地说明了上海在创新全球化进程中自身作出的一些努力。同时，我们也非常期待，他也提出了这么一个期望，上海要利用自身已有的基础，在创新全球化这个大潮中，进一步提升创新能力，通过城市文化建设，推进城市发展。让我们以掌声再次感谢花建教授。

刚才五位嘉宾精彩的发言，使我们受到很大的启发。我相信我们这个论坛有各位嘉宾的精彩观点贡献，能够更多地激发我们的思考，也能够让更多的参会的嘉宾，在今天的交流当中有更好的思想火花，展现更多的城市文化建设的实践案例，来促进我们的文化交流，推进我们城市文化的建设，来提升我们城市的形象。

弘扬生态文化　建设美丽傣乡

——西双版纳创建"国家生态文明建设示范州"经验分享

吕永和*

各位嘉宾、学者们：

大家好！

非常荣幸能够参加此次会议。刚才听了前面各位嘉宾学者的发言，收获颇丰！

众所周知，西双版纳有两块金字招牌：首批"国家生态文明建设示范州""全国民族团结进步创建活动示范州"。成功创建的经验在于，州委、州政府全面贯彻落实以习近平同志为核心的党中央关于生态文明建设和生态环境保护的重大决策部署，深入学习贯彻习近平总书记生态文明思想，坚定不移走生产发展、生活富裕、生态良好的文明发展道路，大力弘扬生态文化，建设生态文明。牢固树立"保护生态环境就是保护生产力，改善生态环境就是发展生产力"和"绿水青山就是金山银山"的发展理念，坚持绿色发展、循环发展、低碳发展，像爱护眼睛一样保护着西双版纳的自然生态，举全州之力打造天蓝地绿、山青水净、生态优良的美丽西双版纳。

经验之一：弘扬朴素生态文化观，增强生态文化自信。千百年来"有林才有水、有水才有田、有田才有粮、有粮才有人"朴素的生态文明观植根于勤劳智慧的西双版纳各族人民，弘扬朴素生态文化观是保护生态环境的迫切需求，是生态文明建设的重要支撑，是发展生态经济的迫切需求，是普惠民生的迫切需求。习近平总书记指出："生态环境没有替代品，用之不觉，失之难存。"他多次强调："在生态环境保护上，一定要树立大局观、长远观、整体观，不能因小失

---

* 吕永和，西双版纳傣族自治州人民政府副州长。

大、顾此失彼、寅吃卯粮、急功近利。"西双版纳的热带雨林具有涵养水源、保持水土、固碳释氧、净化环境、保护生物多样性等功能,如果生态环境破坏了,生物多样性坍塌了,神奇美丽的西双版纳也将不再神奇、不再美丽。我们始终把生态文明建设放在突出位置,深入实施"生态立州"战略,采取有力措施弘扬生态文化并取得明显成效。弘扬生态文化是一项长期的任务,必须立足当前、科学谋划,抓住关键,整合资源。我州着力弘扬雨林文化、普洱茶文化、傣医药文化、水文化、农耕文化、民俗文化六大生态文化。实施生态文化基地建设、生态文化产业发展、生态文化城镇创建、生态文化乡村创建、生态文化保护、生态文化传播六大工程建设,全面提升全社会的生态文明意识,努力打造良好生态环境,将生态优势转变为发展优势,为生态文明建设提供了不竭的内生动力,让广大人民群众共享生态文明建设成果,成为西双版纳实现永续发展的战略选择。

经验之二:确立"保护生态环境、发展生态经济、弘扬生态文化、建设生态文明"的发展思路。多年来,我州坚持把生态文明建设作为重要基石,始终保持建设全国生态文明先行示范区和美丽云南典范的战略定力。习近平总书记指出"山水林田湖是一个生命共同体,人的命脉在田,田的命脉在水,水的命脉在山,山的命脉在土,土的命脉在树",道出了生态文化关于人与自然生态生命生存关系的思想精髓。西双版纳热带雨林是地球上纬度最高、海拔最高、远离海洋的热带雨林,形态典型,物种丰富,极其珍贵,是大自然赋予人类的宝贵遗产,具有古老性、边缘性、多样性、脆弱性等特征。一直以来,我州牢固树立保护热带雨林就是保护"西双版纳"品牌的理念,以铁的决心、铁的手腕保护好生态环境,坚决制止毁林开垦,杜绝蚕食森林,坚定不移走可持续发展之路,做到了既还祖宗账、又留子孙粮,永葆"绿宝石"绚丽光彩。州委、州政府以"护好一片林、建好两个园、种好一棵树、办好两个厂、改变两方式"为切入点,全力推动生态建设及环境保护;以特色生物、旅游文化、加工制造、健康养生、信息及现代服务、清洁能源六大生态经济产业为主攻方向,大力发展生态经济。国家重点生态功能区实现全覆盖,生态经济增加值占生产总值的三分之二以上。这些成就,既是我州认真贯彻落实习近平总书记考察云南重要讲话精神的直接体现，也为弘扬生态文化奠定了坚实基础。

水是生命之源、生产之要、生态之基，是万物生长的乳汁。西双版纳的傣家人敬水、爱水。婴儿出生行洗浴礼、佛寺每天供奉洁净水、泼水节以清水浴佛、人们互相泼水祝福等习俗较为独特，"敬水拜水"及"泼水节"活动十分隆重，可以说，西双版纳因水而生、因水而兴、因水而美。为此，我州大力传承和弘扬水文化，深谙"水习性"，做好"水文章"，严格落实"河长制"，实行最严格的水资源管理制度，严守水资源开发利用控制红线，从严惩处污染水体行为，从严保护饮用水水源，为西双版纳的经济社会发展提供有力的水利保障。

西双版纳是世界公认的大叶茶树原产地、普洱茶发祥地和茶马古道源头，茶文化历史始于东汉，兴于唐宋，盛于明清，历经千年，传承不息。普洱茶文化堪称西双版纳历史最悠久、最具标志性的文明符号。多年来，我州以打造"中国普洱茶第一县""中国茶叶第一乡""中国贡茶第一镇"等地域品牌为契机，深入贯彻落实《古茶树保护条例》，加快推进生态茶园建设，开发差异性茶叶精深加工产品，积极开拓国内外销售市场，加快提升茶文化品味，建设功能齐全、管理有序、辐射带动面广的大型普洱茶存储、展示、交易平台，聘请知名专家评茶，召开茶文化研讨会，举办与茶关联的赛事活动，以弘扬茶文化助推茶产业发展，把西双版纳打造成世界普洱茶爱好者的"朝圣之地"。

西双版纳蕴藏着极其丰富的药物资源，拥有药材种类1776种。我州立足优势，突出特色，激发潜力，以发展大产业的思路和气魄打造傣医药产业，创造性地把傣医药升华为一门内涵丰富、体系完整的医学体系，为边疆各族群众的繁衍生息和身心健康作出了重要贡献，让傣医药文化焕发出勃勃生机，展示出西双版纳旅游胜地、养生福地新形象。

西双版纳是水稻起源地和种植水稻最早的地区之一，傣族是最早从事象、牛、马犁田的民族之一，农耕文化以水田耕作文化和山地耕作文化为主，以寄秧育苗、种三季稻、梯田耕作、稻田养鱼、轮歇耕作等习俗为主要特点，拥有完备的传统稻作农具和完善的水利设施系统，具有鲜明的地域性、民族性、多样性、包容性、稀有性特征，蕴含着丰富的思想道德资源，潜藏着巨大的社会经济价值。长期以来，我州坚持以人为本、绿色创新，取其精华、去其糟粕，深入挖掘和阐发农耕文化的丰富内涵及其时代价值，充分发挥农耕文化在育民、乐民、富民方面的积极作用，建设独具特色、富有魅力的美丽乡村，不断增强各族群众对农耕文化的认同感和自豪感。

西双版纳民俗文化千姿百态、绚丽多彩，很多民俗具有浓郁的地域特色和生态元素，风格迥异的民俗文化与旖旎的自然风光融为一体，赋予了西双版纳独特的魅力和灵气。为进一步挖掘和弘扬民俗文化，州委州政府加大推动贝叶经典籍的抢救、保护、发掘、利用力度，搭建文化平台，打造澜沧江·湄公河贝叶文化圈，促进与东南亚各国文化交流和沟通，扩大贝叶文化影响力；大力发展美食文化，挖掘民族传统美食制作技艺和传统美食品种，满足市场需求，同时，努力推动歌舞节庆等民俗文化与旅游深度融合发展，全方位展示西双版纳独特魅力。习近平总书记强调，要正确处理好经济发展同生态环境保护的关系，牢固树立保护生态环境就是保护生产力、改善生态环境就是发展生产力的理念，更加自觉地推动绿色发展、循环发展、低碳发展，决不以牺牲环境为代价去换取一时的经济增长。

经验之三：加快生态文化创意产业和乡村振兴新业态发展，打造中国最美傣乡。为努力建设美丽中国，实现中华民族永续发展，走向社会主义生态文明新时代，我州充分发挥生态自然资源和人文资源优势，结合乡村振兴计划，合力打造主题鲜明，参与性、体验性强的生态文化旅游、展示演艺、艺术摄影、工艺品生产和生态物质文化、非物质文化遗产保护基地，努力在创建全国、全省"生态文化示范基地""生态文化村""生态文化示范企业"等方面走在前列。加快生态文化创意产业和新业态发展，把生态文化产业作为现代公共文化服务体系建设的重要内容，鼓励重点项目库引入生态文化产业项目，引导更多社会投资进入节庆活动，开发适应市场和百姓需求的生态文化产品，促进生态文化产业与生态经济产业有机融合、协调推进。突出"热带雨林、避寒胜地、神秘风情、和谐家园"主题，尊重自然山水环境，不破坏基本的山水空间格局，体现人与自然和谐共生，建设一批风格各异的坡地型、河谷型、盆坝型、滨江型特色城镇，让居民望得见山、看得见水、记得住乡愁。

积极开展村寨生态文化景观建设，实施公共活动空间景观改造，形成特色鲜明的热带田园风光和村寨园林化格局;实施好美丽乡村示范点建设、农村危房改造和地震安居工程,建设一批具有西双版纳生态文化品质的美丽乡村。组织开展生态文化普查,探索感悟蕴含在自然山水、动物植物中的生态文化内涵,挖掘整理蕴藏在典籍史志、民族风情、民俗习惯、人文轶事、工艺美术、建筑古迹、古树名木中的生态文化,调查带有时代印迹、地域风格和民族特色的生态文化形态,分类分级进行保护和修复,使其成为新时期繁荣发展生态文化的深厚基础;推动优秀民族文化与时俱进,促进传统文化与现代文化、本土文化与外来文化和谐交融、创新发展。深入开展生态文化宣传教育普及,组织编写生态文明教育乡土教材,将生态文明内容纳入国民教育体系和各级各类培训教学计划,积极推动生态文明教育"五进"活动。

环境就是民生,青山就是美丽,蓝天寓意幸福。当下,我州正坚定不移地走生态优先、绿色发展道路,为把西双版纳建设成为全国生态文明先行示范区和美丽云南的典范而努力奋进。

建设强大的家庭和文化社区，促进可持续发展

Chanhphet Khamfong　Manivone Thoummabouth *

各位贵宾，上海世界城市文化论坛组委会，女士们，先生们：

很荣幸代表老挝新闻文化旅游部参加这个旨在推动"全人类命运共同体"的论坛。

我们非常有兴趣参与可持续发展的家乡建设和乡村文化复兴项目。这是新闻文化旅游部——更广泛地来说，是老挝人民民主共和国（Lao PDR）的主要任务之一。

保护家乡和乡村文化是老挝党政优先考虑的基础，目的是通过精心策划的目标和战略来打造我们的文化。这将成为老挝文化在社会经济发展领域的重要力量，从过去到现在，老挝社会经济的重心始终聚焦在强有力的社会基本构成单位——家庭和村落上。

全球化为老挝等发展中国家创造了机遇。在这种背景下，老挝可以与其他国家分享进步、吸取教训，并在国际援助下获得发展。

大家可能知道，相比一些发达国家来说，老挝人民民主共和国是相对保守和封闭的，但就转型国家而言，它又是最有发展潜力的。老挝的革新政策是将当前的经济转变为市场经济，加强对外合作，通过地区间和国际间的合作吸引可持续投资；与此同时，老挝不仅拥有深厚的自然历史，它也是世界上具有文化多样性的代表性国家之一。

在老挝革命党的新阶段，可以肯定的是，"文化是国家稳定和人民团结的基础，文化保护与国家建设并行不悖"。关注民族文化是确保国家社会经济进

---

* Chanhphet Khamfong，老挝新闻文化旅游部大众文化司司长。
Manivone Thoummabouth，老挝新闻文化旅游部条法司副司长。

一步发展的重要因素。

老挝人民革命党第七次全国代表大会决议："文化发展的目标及社会全面发展的方向是为了帮助人们在全球化语境下树立良好的价值观，推进健康与繁荣发展。"

与此同时，社会经济发展应着眼于社会文化的发展，确保利用自然资源为所有人提供有形和无形的文化价值，以确保可持续的生活方式。

政府已经通过基础设施建设来推进公共文化服务，其重点是与本地居民进行文化和知识的多方面交流；这包括城市规划研究，在发展时期就如何支持保护民族文化价值的问题进行磋商，同时满足经济和社会发展需求。这项工作是为了找到满足当地民众需求的恰当的平衡点，从而在协调地方和国家发展战略的同时保护文化。

为了使文化保护政策能够切实地为人民增加经济利益，我们不应仅仅关注保护区，还有必要在考虑整体情况的同时树立一个建设未来的愿景。本次会议的核心——通过新的形式和意义来建设城市文化的战略，文化交流、文化创新的重要性和"一带一路节点城市"的发展，都对我们国家具有很大的借鉴作用。

通过对村庄文化的关注和经验积累，我们可以在发展基础设施的同时，改善少数民族的生活条件。这种发展和改善应该基于对人们日常生活需求的分析；他们的日常生活是一种动态的生活文化，也是我们想要保护的内容。

以下是家庭和文化住宅的实施方案：

一、 老挝人民革命党对文化活动和家庭文化事务的观点

在人民革命党领导下的革命的每个阶段，文化都得到了充分的肯定：

"文化是国家文明的基础，因为文化使一个民族变得独特，并将其联合起来捍卫和创造国家。如果一个国家不能维持或延续其民族传统，其文化和文化遗产可能衰退，并被其他民族吸纳转而成为另一个国家，因此维护民族文化

至关重要,这事关国家的利益"。

老挝人民革命党始终认为文化是促进社会发展的动力。文化是一个国家的人民能够利用、维持和不断发展的焦点,能带给他们莫大的欢欣和鼓舞。在文化方面,一个国家将随着人民的发展而发展,与社会经济、知识产权、创新和道德价值观等方面的活动共同前进,在了解他们历史、政治、经济、语言、信仰、艺术、社会群体和日常生活的同时弘扬人民的文化;所有这些对于确保国家社会经济发展的成功都十分重要。

保护文化是社会发展的目标。老挝人民革命党带头指导和支持各族人民保护和弘扬民族的特色文化。通过这种方式,在推进国家经济和其他发展的同时,社会各界都需要担负起保护、弘扬和维系本民族文化的重任。在超过十三年的努力中,人民革命党始终致力于通过制定专门的国家文化和习俗保护的政策来促进文化领域的保护和发展。

可以肯定,国家的发展必须与国家文化遗产的保护紧密地联系起来。推进活态生活文化的意识根深蒂固地植根于老挝人民革命党的方针和政策中,旨在动员和鼓励社会各界全面保护和弘扬老挝文化;其中也包括农村和山区部落地区的文化。这项工作的重点是维持区域经济发展与该地区文化社会之间的平衡,保障民族文化各个方面在内的生活质量,确保可持续发展。

在我国革命性创新的过程中,从基本的文化生活、文化和政党的改革,到当地人民的日常生活,以及更广泛的整个社会——对文化活动的考量及相关"运动"在一步步被确立。

"我们的生活深深地植根于国家丰富的自然资源,也植根于与老挝族群相关的多样的肤色、文化、传统以及文学艺术中,所有这些都成为我们必须保护和弘扬的宝贵资源……"这个观念强调并持续扩大着发展的概念,并将人放置在中心位置。社会、百姓、家庭、村庄和社区的核心是文化的所有者,关键的、动态的发展过程是围绕他们进行的。对历史遗迹的认定、保存与继承及其部落的文化创新和民族意识是至关重要的。

二、 有关家庭和人文住宅的国家政策

文化、体育和旅游部在第一阶段《全国社会经济发展规划》的实施中提出一项声明。该部门在传播党和国家政策指导方针和开展提高公众意识的宣传活动方面都扮演着重要的角色，同时，它还致力于在国家发展的过程中保护重要的老挝文化。随着老挝成为一个可行的、可持续的区域性和国际性的旅游目的地，这项工作将推动对艺术和遗产的保护，弘扬国家的优秀文化和价值观，并推进文化、自然和历史等方面的旅游发展。

为了进一步扩大自主权、调动群众的积极性并确保人民的利益，政府鼓励建立属于老挝人民自己的家庭和人文住宅。同时政府也鼓励社会经济发展组织积极参与文化村庄的建设和发展。

国家大力支持和推进建构一个全面和先进的"生活计划"，不断丰富文化、文学、艺术内涵以满足人民群众精神生活的需要。这样做的目的是推广优秀的文学作品，鼓励民众创作有价值的、高质量的作品，并凭借其受欢迎程度转为创收产品，造福人民。伴随着国家政策的重大变革，老挝政府对一切潜在创新途径的维系和拓展都保持着高度重视。其中一个受关注的领域就是应对社会发展对文化遗产的消极影响，包括对多样文化遗产的消极观念、对民族文化传统的破坏行为以及对国家文化层面的损毁；这些安全保障为国家今后几年的进一步发展提供了基本条件。

理事会从一开始就直接、全面地领导文化村庄的建设。社会各界也通过多种方式，努力为推动老挝文化遗产"运动"提供条件和便利。

三、 实施以家庭为重点的文化计划的背景

"家庭建设和文化住宅计划"项目的实施与老挝人民革命党成立49周年这项新的文化事业相一致。新闻文化部致力于将文化住宅活动付诸实践，至少从2000年，就正式开始改善全国各地文化住宅家庭的紧迫问题。

随着老挝的发展，我们研究和制定了有关新型生活方式的政策方针和指导文件，我们致力于推广改善"家"和"家庭"的相关措施，并创建一个共同愿景；这有助于培养有关宜居生活的社会意识、对自然资源的利用方式以及人与人之间和谐的社会关系。

在 21 世纪，涵养着丰富文化价值观的老挝人民，怀着对他人深厚的友谊，他们对过去所创造的一切也心怀崇敬。这是新时期发展的重要方面，此外，其他的文化层面以及文化的继承、保护和发展也包含其中。

老挝人民革命党中央委员会于 2004 年 1 月 8 日发布了关于建立村落和村落发展小组的第 09/PM 号法令，以期为国家、人民、政府、党及国家发展奠定坚实的基础。

这条法令的核心内容主要强调了"家"作为地方治理基层体系的重要性，在这个体系下，人们各司其职，国家所有的计划、政策和法律得以拓展和实施。

老挝人民革命党也有涵盖标准条件及文化的综合性条款；2013 年 11 月 14 日颁布的第 309/ND 号法令对此做出详细规定，其议题广泛涉及减贫举措到发展的方方面面。它将文化村庄建设确定为乡村建设成功的标准之一。

与此同时，第八届国民议会针对那些没有文化住宅，缺少基础教育设施和清洁农村项目以及无毒品环境的农村提出，将家庭与文化住宅等与农村发展有关的活动和项目列为优先事项，还包括其他一些综合举措。家庭扶贫与村落发展的两相结合为农村地区的发展奠定了政治基础。"文化住宅"项目将广大民众的利益纳入考虑范围内。此项目对于需要保护的区域颇有成效，提升了人们对老挝特色文化的重视，并激发了他们的爱国主义精神及对文化的热爱，同时也推广了传统的生活方式，帮助人们理解信仰并促进整个民族的团结。保证社会的和平与繁荣发展，关键在于人民相信在党的领导下能够完成这个全国性任务；而这将凝聚更大的力量，因此推进建设家庭和文化住宅的重要性显得尤为重要。

中央和地方各级的党政机关都将这项工作作为首要任务，使其为全国人民谋福利。新闻文化部及各省分部在省、市部门的领导下制定了实施战略规划和活动的方案项目。各省职责分派到下级乡村及乡村基层单位。每个分区都制定了一个分阶段的办法，以使这项工作高效高质地进行，以利于培育、保护、创造和弘扬文化遗产价值，消除腐败行为和外来因素对文化的附加损害。相关的住户统计数据展示了项目进展。

四、 为了实现 2016—2020 年总体规划，促进全国示范村的建立，实现家庭住宅与文化住宅相结合的目标得到以下支持

- 建立住房是实施国家社会经济发展计划基层单位的坚实基础；
- 建设一个安全，有凝聚力的村庄，可以有效减少社会的劣势方面；
- 与当地百姓——尤其是那些负责在全国范围内建设"家"和文化住宅的人们建立牢固的联系。
- 建设文化住宅并使之成为文化示范家庭，有效地推及全国。
- 确保持续支持文化住宅和服务，提升当地民众发展经济的能力，从而达到扶贫减贫和加速发展的目的。

五、 对家庭和文化住宅的立法支持

纳入相关机构的发展战略计划中，到 2020 年，有两个目标尤为突出：

- 在法律的基础上保护和提升公民的基本权利和社会正义；
- 通过法律和司法活动的公众参与，为民众接近法律和司法提供条件。

与此相应，在 2017 年 11 月 16 日颁布的关于发展准则的第 348/LB 号法令，重点关注文化部门，这对于在全国范围内统一建立家庭和文化生活标准至关重要。其包括推动文化活动展开，保护当地民众的文化和优良传统以配合新的社会经济发展。

此外还包括为新闻文化和旅游部制定一个法律框架；已经编制了相应的文件和监控指南，以便长期协助建造家庭和文化住宅。这使得文化村落能够根据法律法规创造和完善自己的规章制度。

六、国际合作

近年来，在多种文化部门展开的人力资源开发——包括基本的有形和无形的文化培训，受到了世界各国和国际组织的大力支持。具体操作路径是通过技术援助、专家支持、互访、考察、财政和物质支持，以及派遣教师到国外接受培训或继续高等教育来实现的。其中大部分援助由苏联、越南、中国、法国等国以及联合国教科文组织提供。

七、预期结果

鼓励少数参与建设、推动家乡和村落文化的项目，同时在地区一级发展和创造相关服务也是十分必要的。这种参与可以通过民族、地方和国家政府之间的协商和规划来实现。通过系列活动的开展，推动少数民族特色文化遗产保护是改善他们生活方式的途径之一。这主要包括将历史、文化和自然旅游资源转化为以"绿色旅游"为主导的吸引力。在党和国家政策的体现具体如下：

- 促进国家文化和价值观的保护，传播，提升；
- 在社会经济组织各级人民有效参与建设和发展文化的背景下，推动社会文化和艺术发展；
- 对社会政治方向、理念及价值观产生重要影响的文化领域进行投资。鼓励开展各种文化活动以及丰富多元的文学艺术活动，以满足不同民族日益增长的精神需求；
- 在可能的情况下，努力使文学艺术作品更加富有成效，在创造正规的、具有知名度的优质作品的同时，使之反映一个民族国家的气质和先进独特的生活方式；
- 专注于保持和培养创新潜力，通过强有力的文化运动消除各种混乱现象以及闭塞、指责及消极态度和不良想法；

- 消除一切腐败行为,应对习俗、传统和文化的衰退和破坏现象;

- 为未来几年的进一步发展创造基本条件;

从这个角度上来说,我们将此次论坛视为与其他缔约国分享一带一路节点城市发展经验的绝好机会,同时也意愿将促进人类命运共同体建构作为一种发展模式,运用到我们的国家发展中。

八、 保护和弘扬老挝文化的挑战 在于家庭和文化住宅的建立

在多种因素的作用下,老挝在家庭和文化发展方面面临着诸多挑战,现列举部分如下:

- 国家的地理状况和地势地形。虽然在区域繁荣方面已经取得了一定进步,但仍存在限制性因素;

- 用于建设家庭和文化住宅的资金仍然有限;

- 缺乏支持公共文化转型的基础设施;

- 经过认证和执行的文化住宅并没有活跃于文化活动的各个方面,因此文化住宅的体系没有将其自身特色的文化价值观传达给公众。这造成的结果是,社区没有机会也无法提供用于满足旅游需求的相关产品。

- 对村民传统节日和仪式活动的管理,使一些文化传统被废除乃至消失;

- 自然灾害影响;

- 此外,政府管理机构的推进和开发并非一帆风顺,因此他们尚未形成一个总体的目标重点。

九、 建 议 与 分 享

为了有效发挥文化住宅的赋权作用,鼓励创新并增加民众的收入,同时使文化村落在可持续发展的同时与旅游业产生密切联系,有以下几个方面需要

思考：

- 绘制一个框架；管理和运转文化住宅的影响因素、步骤程序是什么？有哪些需要进一步加强和提升，以及如何使之可持续发展？

- 探索潜在的地方文化吸引力及其信息来源，以创造与旅游相关的文化活动。

- 如何在城市和乡镇建立社区文化活动？

- 如何管理收益，保存收入来源并对文化活动进行充分利用？

本次会议的核心是通过一种新的形式和意义来建构城市文化战略，此外还包括文化交流创新和"一带一路节点城市"发展的重要性，这几个方面都对老挝国家社会的发展大有助益。

我们将此次论坛视为一个契机，借此与其他缔约国就一带一路节点城市的发展展开合作，同时将建构人类命运共同体的理念作为一种模式运用于老挝的发展中。

我们代表老挝新闻文化旅游部，对上海社会科学院、上海戏剧学院、文学研究所、上海文化研究中心给予的资金支持表示诚挚的感谢。

预祝大家身体健康，事业有成，论坛取得圆满成功！

谢谢！

我所称之为文化的生活

Ahlam Hamed Gamaleldin Younes 著　常方舟译*

什么是文化？它和生活有着什么样的关系？在我的书里面，文化就是生命本身。那么，我们怎样才能正确地生活？

有人说，我们正生活在熵——热力学第二定律之中，它意味着世界上的一切都处于一种系统的无序和混乱状态，但我们说，人类精神还可以持续向上地发展。文化是我们挑战和对抗贫困、疾病、无知、虐童、腐败、社会疾病和恐怖主义的手段。我们天生具有可用来战斗的良好的性格和精神，但凭借知识和文化的力量，我们可以成为上述所有问题的幸存者，而避免成为其受害者。

解决这一问题的关键在于人类应互相帮助，以便在这个星球上和平共处并取得进步。在我看来，这一切都可以通过文化的交流得以实现。我们就是自己生命的主题，所以我们能够做到这一点。

问题是如何才能做到？绝不是通过向人们强行施加思想或意识形态的方式。不，这不是解决方案，因为大多数人不接受或者说不希望被推向他们所不习惯的意识形态。这种拒绝也可能演变成对任何人和任何东西尝试改变他们在规则和传统中的稳定性的暴力对抗。

我们需要说服人们去做正确的事。我们需要新的语言和方法来介绍过去可能曾经实施却导致混乱和拒绝的文化，我们正尝试提出新的想法，呈现新的形式、经验、创新，来引导人们交换彼此的方法。

我始终相信文化是活生生的存在，不仅有感觉，而且可以呼吸。如果我们通过恢复我们的文化和他人的文化来发展这种信念，那就会像朋友和家人团

---

* Ahlam Hamed Gamaleldin Younes，埃及艺术研究院前院长。
常方舟，上海社会科学院文学研究所助理研究员。

聚一样,使我们这个宇宙中的所有人都觉得我们理应分享成为来自人类的赐福。只有到那时,我们才能庆祝我们最终克服了各种形式的贫困、疾病、无知、暴力,尤其是恐怖主义,以及虐童等等。现在,世界却仍然处于不合适和未完成的状态。如果运用呼吸和感受的理论,将文化与艺术联系起来,在我们所绘的图画或者观赏图画的行为之中,文化和艺术栩栩如生地存在着,我们可以感受到我们在画面之内享有它的颜色、线条,甚至是框架本身。

全世界都渴望获得灵感。所有能够让我们感到富有生机的事物,就是文化和艺术存在的原因。交换文化和艺术意味着互相引入不同的身份认同和文明样式。为了实现可持续发展,我们必须知道我们到过哪里。

对于文化交换的一种定义是 20 世纪由古巴人类学家费尔南多·奥蒂兹提出的一个术语。此外,文化流动一词也表达了从一种文化转变到另一种文化的最佳阶段。

法国人类学家罗杰·巴斯蒂德则引入了文化的相互作用这一术语。他为文化重叠的概念设定了三个基本标准,一是一般标准,二是文化标准,三是社会标准。并引入了三个基本因素,一是人口因素,二是环境因素,三是种族因素。在此基础上,他又加入了内因和外部原因,从而提出了文化扩散的概念。

但在继续这个话题之前,我们必须停下来讨论一下人类历史上的丝绸之路。因为从理论上来说,丝绸之路是我们开始了解人类之间文化交流的一个开端。这种交流最初可能没有经过事先安排,但我们从中学到了很多东西。起初,这是出于商业贸易的意图,但通过这种方式却逐渐建立起了文化和艺术的交流。丝绸之路在文明繁荣中也曾发挥过重要作用。许多古代文明得到认知并被呈现给世界,例如埃及文明、中华文明、罗马文明和印度文明。文化和科学交流也同样做出了巨大的贡献。此外,当时的人们也尝试学习各种语言。丝绸之路在促进许多沿线城市建设和发展以及节点的连接、转移和运输方面都发挥了重要作用。

2013 年,中国提出了一项名为"一带一路"的新倡议。它被认为是丝绸之路与经济之路的融合。我们意识到,经济、贸易、医学和科学交流有助于建立文化和知识的联系。而且，这样的交流会更快捷、更轻松。这是建设国家、公路、铁路、天然气、石油管道、电力线和互联网的开端。如果我们看到所有这些方法所取得的成果及其对人类生活产生的最重要影响，我们就会发现，每个人的文化界定和身份，以及每个人自有的知识遗产，其特点都在在不同。

文化同样也被用作开展教育和普及意义。它是一整套被某个社区所接受的信仰、价值观和规则。文化也被定义为人们理解和联系的知识和意义，它是将个体凝聚在一起的一种手段。它也意味着教育，因为受过教育的人每天都是在既有的框架中学习着新的事物。

一般来说，文化机构特别支持艺术的发展，由此实现了人们的文化平衡，帮助人们摆脱了文明和文化状态下的野蛮状态，并使得艺术取代了暴力。

由于艺术被认为是一种不需要翻译的通用语言，所以埃及或其他国家也都可以通过感受得到触动，理解中国以美丽而难以言喻的方式所呈现的艺术内容。艺术是对话的语言，是应用程序的工具。就意义而言，文化与艺术密切相关。很明显，文化和艺术相辅相成，不可分割。

艺术就像是精神与天堂之间的桥梁，是在没有使者或先知的情况下传递给人类文明的信息。我们会发问，艺术被认作是文化的一部分吗?! 是的。我开始相信，如果艺术和文化不是彼此的兄弟，那么艺术定然是文化不可分割的一部分，而且很可能艺术正是那被遗忘的子嗣。

例如，《蒙娜丽莎的微笑》一直以来都是世界各地评论家的重要焦点，他们始终关注着为达·芬奇所隐藏的技术和个人秘密。此外，也门女画家 Fouad Mokbel 的艺术绘画（Nouzha），其颜色和线条深刻读解了也门历史以及也门妇女在其中所发挥的作用。在剧院里，我们看到莎士比亚在悲剧历史中呈现了无数不朽的人物，比如哈姆雷特、奥赛罗、罗密欧与朱丽叶，而所有这些人物都成为了重要的文化参照，并被翻译成多种语言。莫里哀和伯纳德以及纳吉布·马哈富兹的作品也都是人类艺术的精品。

最后，倘若忽视艺术作为人类文化纽带之一的重要作用，可能会导致人类文明和人性的破坏，并可能抹杀所有的文化身份。

让我们再次回到"一带一路"的想法以及它是如何成功的议题。就像围坐在圆桌的男人、女人、年轻人和孩子们成为了一大家族，如果我们不断丰富我们的想象力，我们很可能会迎来在一张照片中同框携手，和平共处。

埃及和中国都享受巨大的文化遗产，这一共同的文化基础无疑有助于促进和发展两国关系。我们期待着与中国开展合作，以彼此的智慧和信誉为基础，共同为阻止当今世界正在发生的恶化情况和结束冲突作出贡献。

毫无疑问，中国国家主席习近平在2013年发起的"一带一路"倡议可以在实现这一全球梦想中发挥关键的作用，促进构建基于理解、互动和积极合作的世界文明之间的深层伙伴关系。

我赞成埃及总统阿卜杜勒·法塔赫·西西斯谈及文化和艺术时所说的话。他认为，一个没有创造力、创新、启蒙和想象力的国家是一个行将就木的国家。这一观点凸显了文化认知的重要性和意义。

"一带一路"加快中国
品牌国际化步伐

谢京辉*

"一带一路"是我国面向经济全球化背景下国际经济发展的重要倡议。与1877年德国学者李希霍芬对"丝绸之路"的诠释相似,新时期我国基于地缘经济和国际贸易总体格局提出"一带一路"倡议,将高举和平发展的宗旨,积极发展与沿线国家的经济合作伙伴关系,共同打造政治互信、经济融合、文化包容的利益共同体、命运共同体和责任共同体。习近平主席在出席"一带一路"国际峰会时进一步指出,中国将积极与认同"一带一路"倡议的国家发展互利共赢的经贸伙伴关系,促进同各相关国家贸易和投资便利化,建设"一带一路"自由贸易网络,助力地区和世界经济增长。中国作为"一带一路"的重要倡导国,在参与区域经济合作过程中,需要一系列具有本土特色、国际影响力的品牌企业、品牌产品作为支撑,正如古丝绸之路中中国与中亚、印度间繁荣的丝绸贸易成为源远流长的历史符号。

品牌效应在全球经济中的
主导作用持续增强

随着全球科技创新的飞速发展,全球经济竞争更多地体现为领军企业主导技术革新方向、大量创新型小微企业跟随的格局,品牌经济的引领作用持续增强。对此,诺贝尔经济学奖得主罗伯特·蒙代尔(Robert Mundell)教授认为,现代经济的一个重要特征就是品牌主导。品牌的重要性在于品牌体现了

---

* 谢京辉,上海社会科学院副院长、研究员。

不断为人们创造价值和效益的核心承诺,特别是在经济复苏的过程中,品牌更能让企业、消费者、投资者以及其他利益相关方在做出选择时找到明确的方向、获得正确的指引。

在全球化背景下,品牌已成为后工业化城市发展的重要标志,成为国家综合竞争力的象征。据联合国工业计划署的一项统计,占全球品牌数量不到3%的世界级名牌,其产品却占据着全球五分之二以上的市场份额,其销售额更是占到全球的近二分之一。可见,从企业到品牌,从品牌到名牌,从国内名牌到世界名牌,其市场影响力将是一路扩大、市场份额不断提高的过程。全球金融危机爆发后,品牌对各个经济领域的引领作用也更趋显著,如3D打印、物联网、云计算、机器人等重大技术革新都被贴上了一些跨国公司的印记。根据世界品牌实验室连续十余年发布的《世界品牌500强》排行榜,其评判的依据是品牌的世界影响力,并细分为三项关键指标,即市场占有率、品牌忠诚度和全球领导力,这些指标在深层次上都与技术创新、市场引领等密切相关。其排行榜上的名次每年都在持续变动,而入围企业的品牌价值水平也逐年上升,全球品牌价值的变化及其背后的企业发展模式转型已成为全球市场的重要风向标。

回顾过去,我国经济的高速增长主要依靠制造业,主要产业整体处于微笑曲线底端的环节上,产品的技术含量低、工艺流程不够规范,大力产品作为"中国制造"被定义为负面认知形象,产品出口经常受到各种市场规则的冲击,企业利润严重受到挤压。多数企业面对国际品牌企业激烈的竞争,毫无胜算可言。自党的十八大以来,党中央和国务院进一步重视品牌建设。习近平总书记2014年在河南省考察的时候强调指出,要努力创建若干个拥有自主知识产权、具有国际竞争力的知名品牌,推动中国制造向中国创造转变、中国速度向中国质量转变、中国产品向中国品牌转变。李克强总理在2015年政府工作报告中提出"增品种、提品质、创品牌"的要求。近年来,中央也发布了《中国制造2025》、《关于发挥品牌引领作用推动供需结构升级的意见》等多个关于促进品牌发展的纲领性文件,强调要发挥品牌引领作用,推动供需结构升级。在我国市场经济体制不断完善,对外开放战略深入推进,各省市品牌发展政策力度持续加大的背景下,各类市场主体活力显著增强,推动了国内品牌在国际市场上的异军突起。一批批"中华老字号""中国驰名商标"重新焕发出新的活力并在强手如林的国际市场上重新获得一席之地;与此同时,还涌现了华为、比亚迪、海尔、格力、阿里巴巴、腾讯等一大批民营自主品牌,其中部分企业已经创造出享誉全球的知名品牌,展现出我国自主创新创业的非凡成效。中国品牌经济大发展的时代已然到来。

"一带一路"为沿线各国品牌
国际化提供广阔舞台

自中国提出"一带一路"倡议后,依靠地缘经济开展跨区域经济合作的共识已获得了国际社会的广泛认可。从沿线国家情况看,体现出数量多、经济体量较大、产业结构具有差异性等特点,为各国提供了巨大的经济合作空间,也为包括中国在内的沿线各国的品牌国际化提供了广阔舞台。通过现代交通和高科技的支持,通过新时代全球化品牌在国际经济与贸易中的引领,"一带一路"将重现千年以前的辉煌。只是往昔的驼铃声声与黄沙漫道被风驰电掣的高速铁路或全天候、无时差的电子商务所代替,国际经济合作的内在动力与现代科技、国际品牌的紧密结合必将焕发出无限的能量。

在数量方面,沿线 64 个国家按照从东至西的空间序列,涉及东亚的蒙古国和东盟 10 国,西亚 18 国,南亚 8 国,中亚 5 国,独联体 7 国,中东欧 16 国。依托合作共赢、优势互补、互通有无,近年来沿线各国经济合作持续升级,使得"一带一路"逐渐成为全球经济体系中极为重要的区域板块和经济增长的"火车头"。根据国家信息中心等发布的《"一带一路"贸易合作大数据报告(2017)》,中国与"一带一路"沿线 64 国 GDP 总额占全球比重为 30.9%,人口比重为 61.9%,贸易比重为 32.9%;其中"一带一路"沿线 64 国贸易占全球份额连续多年超过 21.7%,其市场空间是巨大的。

近年来,中国全面加强与"一带一路"沿线国家与地区的经济合作与贸易往来,取得显著成效。2016 年,中国与沿线国家贸易总额约为 9 535.9 亿美元,占中国对外贸易总额的比重达25.7%,较2015年上升了0.4个百分点。中国向沿线国家出口自2011年以来整体呈现上升态势,2016年向沿线国家出口5 874.8亿美元,达到近年来的高位。在经济、文化一些重要领域,中国与"一带一路"相关国家建立了各种区域性的对话机制,如到2016年底中国已与"一带一路"沿线的64个国家全部签订了政府间文化交流合作协定,实现全覆盖;如每年举行一次的上海合作组织成员国文化部长会晤、中国-中东欧国家文化部长合作论坛、中阿文化部长论坛、中国与东盟10+1文化部长会议等,这些机制都从政府层面保证了"一带一路"国家文化合作的根本框架。

随着"一带一路"倡议的影响日益显著,将对中国品牌建设和国际化运营提出更高要求,特别是沿线国家中发展中国家占有较高比重,共同面临着品牌建设与发展的迫切需求,中国作为其中重要一员和规模最大的国家应当肩负起品牌引领方面更大的作用。但反观我国当前产业能级有待提升、企业品牌文化相对缺失、技术创新能力亟待提升等短板问题,我国需要遵循品牌国际化发展规律,采取切实可行的措施迈好产业升级、制度设计、文化创造等关键步子,才能振兴中国品牌,通过更好发挥中国品牌在"一带一路"沿线国家合作中的引领作用,助推中国走向世界品牌的强国之列。

"一带一路"把握我国自主品牌国际化六大挑战

1. 产业升级——我国品牌国际化基础挑战

多年来,我国致力于产业转型升级与创新发展取得了阶段性成效,但从全球价值链角度看,我国许多产业环节仍处于"微笑曲线"中低端,企业产品知名度度不高且附加值偏低,这是困扰我国品牌国际化的主要因素。对比我国现有品牌与国际一线品牌可以发现:其一,品牌未能实现无形资产,品牌价值非常低,大部分产品是"裸价";其二,生产要素中的企业家才能、科技创新投入、绿色环保等体现不够充分,而知识产权制度不够完善则对全社会生产要素结构优化带来制约;其三,产业结构仍处于转型期,现有产业体系和技术难以为世界级品牌的运营提供持续支撑;其四,品牌企业的产业深度、高度、广度不够,单一产品品牌居多而难以形成品牌系列,导致市场影响力不强。

这些方面所暴露出来的问题有些是硬伤、有些是软伤,缩小与国际品牌的差距,不能单纯地依赖于品牌质量的"硬件"因素,更为重要的是要充分发挥产业升级作用来提升品牌软实力、巧实力。从我国国民经济体系中 20 个产业、98 个行业情况看,普遍面临产业转型升级问题,产业不强就会导致品牌强不起来,在全球品牌竞争中只能处于陪衬的地位。面对严峻的产业发展形势,2015 年国务院印发《中国制造 2025》,确立了坚持"创新驱动,质量为先,绿色发展,结构优化,人才为本"的基本方针,对通过三步走实现制造强国的目标进行全面部署,这对于推动我国产业升级,进而促进本土品牌做强做大具有积极意义,也将进一步助推中国在参与"一带一路"倡议中发挥更大作用。

2. 制度设计——我国品牌国际化保障挑战

品牌国际化离不开面向国际化的品牌制度作为保障。柯林斯在《基业常青》著作中曾阐述过制度的重要性,"制度,是世界上最重要的东西,没有制度就没有品质,没有品质就没有进步"。青木昌彦在《比较制度分析》一书中进一步阐明了如何通过联结不同域从而形成整体性的制度安排,他认为不同制度间的博弈关联分为两种类型:制度化关联和制度互补;全球性制度安排的一个重要趋势是,跨国家制度的重要性上升。因此,在"一带一路"具有多样性的国际经济环境下,如何充分对接国际惯例,构建符合国际贸易一般约束条件的品牌制度显得极为重要。有了国际化的品牌制度设计,我国企业就能够更好地融入国际市场、加速推进品牌国际化进程。回顾长期以来中国企业品牌发展道路,更多的是一些以出口加工、代工为主的国际品牌生产基地,并在这些领域中有较强的制度设计能力。当前,我国自主品牌能力显著增强、出口自主品牌的需求显著增强,相对而言这方面的制度设计准备不足、能力较弱,难以适应国际市场发展变化。其一,原本在国际化品牌中制度设计中话语权不强,更多体现为被动参与和应对,特别是在国际上保护知识产权比较负面被贬化;其二,国内品牌制度与国际化品牌制度设计对接不够,缺少自主品牌国际化的环境;其三,自主品牌在国际上整合资源能力有限,在国际上品牌重资产出口、轻品牌文化输出,品牌占有率和影响度不高。

要彻底打破这种长期中形成的"路径依赖"格局,必须在制度设计上健全和完善,走出一条制度设计符合自主品牌国际化发展之路,必须抓住几个方面积极作为:一是要加强品牌发展的制度设计与国际制度标准对接。在自主品牌建设过程中必须参考国际市场对于品牌标准制度设计的有关价值理念,在品牌走出去过程中必须严格参照国际品牌的标准要求。二是充分借助国际制度加强对我国自主品牌的保护力度。企业要拿起法律武器,积极吸收消化利用国际品牌制度规则的合理部分,从而稳步拓展提升自主品牌的知名度、认知度、忠诚度,市场占有率。现在国外对我国自主品牌的认识是不足的,甚至于我国被列入知识产权侵权国家之列,自主品牌在海外市场常常受到冲击甚至不公正待遇,最为有效的解决途径就是通过国内与国际制度的衔接使品牌企业能够熟知海外市场的"游戏规则"。三是积极创造有利于品牌国际化的发展环境。一个成熟国际品牌是制度设计的产物,一批国际品牌的崛起则要依靠良好的制度环境。我们虽然已经拥有了一大批走向国际的自主品牌,但在尊重首创、合作共建、信息共享等诸多方面仍存在不少问题,不少品牌国际化过程如同瞎子摸象付出巨大的成本代价,品牌国际化环境有待优化。而品牌发展环境的营造则需要政府、企业、中介机构、消费者等各方面的共同努力,是一个长期的系统工程。

3. 文化建设——我国品牌国际化根本挑战

文化是改变与包容,每一个成功国际化品牌都具有改变人们态度的文化,这种文化需要积淀与传承,一方面文化厚重感能够获得尊重;另一方面文化开放性能够实现包容融入其他文化得到荣辱与共,缺乏文化支撑品牌在激烈国际市场竞争中必然"昙花一现",我国很多自主品牌存在国际文化性不强,满足不了海外市场文化需求,难以在国际品牌榜上获得稳固的一席之地,特别在高附加值的奢侈品领域,国内品牌的类似问题更为突出。虽然我国已经成为全球奢侈品消费大国,却是奢侈品制造弱国,根本原因并非生产不出产品,而是缺少品牌文化的支撑,难以生产出海外需求的奢侈品。通常一个国家的奢侈品需要几代人打造,许多知名品牌背后有着精彩难忘的故事,把这些品牌故事贯穿起来,就可以发现品牌文化培育、营造的过程,是一贯长期文化积累而获得了消费者发自内心的价值认同,手表的使用价值相差无几,在国际市场上价格却可以相差几十倍,主要反映消费者对文化价值的认可程度。因此,我国自主品牌在"一带一路"上,不仅是产品输出,也是宣传中华传统文化的一次难得机遇,国际经贸往来靠的是诚信守法、精益求精品牌文化推动和实现,在我国企业中大力推动品牌文化建设已是刻不容缓事情,当前必须抓紧落实,其一,鼓励品牌企业将"工匠精神"作为产品生产的文化基因,企业只有以高度认真负责的态度对自己的产品精雕细琢,精益求精,才会在产品品质上不断进步,并使得每一件产品都体现出企业对消费者的尊重、感动而非欺骗,这是现代社会最宝贵的品质之一,必将获得各国消费者的真正认可。其二,尊重"一带一路"国家文化的差异性,在进入市场之前,要深入研究该地区的风土人情,尊重当地居民的消费习惯,从海外对我国国际文化品牌认知度入手,在满足差异化需求的基础上,提升品牌文化的认同程度。其三,充分发挥我国的海外文化资源优势,服务品牌企业"走出去"战略。探索将政府组织的文化出行活动与企业海外品牌发展相结合,提升中华文化与本土品牌海外总体认知度;借助海外华人的文化活动,树立我国海外品牌的新形象,降低国内外品牌文化认识上的差距,从而在总体上推动我国自主品牌的国际影响力。

4. 价值提升是我国品牌融入国际化的关键挑战

品牌使产品的价值放大,品牌价值的形成是品牌投入效果和顾客对品牌认同度的结合,品牌价值体现为它的市场价值。从狭义来讲,品牌是附着于商品载体之上的标示,因其能够带来更多的消费者剩余而使得商品附加值得以增加,为企业创造出更多的利润。但从广义来讲,品牌还可以发挥与地区经济资源集聚、配置和整合的功能价值作用,带来溢价的超额利润。品牌价值大小反映了品牌发展程度,品牌价值体现在品牌的估值上,现在国内外采用评估方法确立排名及其估值。我国当前还处于评估起步阶段,一方面缺乏国际评估话语权,影响力不大,特别缺少在奢侈品牌中的领军品牌;另一方面企业比较缺乏品牌价值意识,不善经营品牌价值,片面地认为只有广告等硬件大投入才能够带来品牌价值大提升,造成了品牌价值普遍较低,绝大部分商品卖的还是裸价,品牌只是带来一个象征性的符号或是名字,未能实现品牌的价值。据了解,国际一些成功大牌通过品牌价值获取了超额利润,可口可乐品牌价值是其产品的46倍。品牌价值是轻资产、软实力,可以克服国际贸易摩擦,产品争端,凭借商标、专利、标准等在全球建厂,现在有了自主品牌,改变了过去贴牌、租牌年代流大汗挣小钱现象,充分利用品牌价值做强企业,必须在三个环节上着力提升品牌价值,一是牢固树立发展品牌价值的战略思维,做好提升品牌价值规划;二是积极做好品牌价值培育,参与国内外品牌评估活动,提高品牌价值的市场影响力和美誉度;三是积极维护品牌形象,做好品牌的知识产权保护。

5. 质量保证是我国国际化生存的挑战

质量是品牌的生命,离开质量谈品牌是无本之木,质量是品牌的基础,基础不牢地动山摇,现在很多国内外品牌因为质量问题丢失了市场,品牌也消失匿迹,甚至祸及整个行业的一蹶不振。2008年中国奶制品污染事件,很多食用三鹿集团生产奶粉的婴儿被发现患有肾结石,随后在其奶粉中被发现化工原料三聚氰胺,我国奶制品行业的质量问题带来生存危机。同样质量问题在发达国家也引发危机,前不久日本神户制钢造假事件,打破神户钢铁品牌神化的也是质量,在质量问题上必须把握三个维度,一是坚持高质量的标准,必须对标国际最高标准,在经济全球化,品牌国际化的背景下,标准既是门槛也是衡量品牌的尺度,否则难以进入一线国际品牌方阵;二是增强全社会质量第一的意识。牢固树立全面、全程、全员的质量观,把质量意识内化为质量自觉,转化为质量行动,让质量成为全民的共识;三是坚持质量文化引领。纠正现在有些人对待自主品牌不是求全责备,就是全盘否定,缺乏自信性的问题。在质量问题上发扬我国质量文化的"一丝不苟""精益求精"的优良传统,任何时候不能丢了这份初心。从中国制造向中国智造转变,质量是保证,必须坚决摒弃把质量当儿戏,唯利是图、急功近利,破坏质量文化生态行为;必须坚决克服质量是贴金搞装饰的思想,树立质量是投入和付出的理念;必须坚持质量是持久战的耐心和恒心,从长远看,是赢得口碑,树立品牌形象。很多老牌子影响了几代人,实际上是"经久耐用,价廉物美",质量保证赢得了美誉度,或缺了质量保证也就失去了品牌的价值。现在很多企业正开始延长保期,甚至于提出了终生保修的承诺,这是质量可信度在提升,也是质量文化的升华,品牌有了这种质量保证,忠诚度也将大幅度提高。

6. 创新活力是我国品牌国际化发展路径的挑战

创新是品牌之生命。品牌寿命长度取决于创新力度,一些品牌传承几百年,经久不衰;另外一些品牌闻世不久便夭折,其中之一原因在于保鲜度,维持这种保鲜度靠的是创新。现在人们对产品需求不仅满足于美观、耐用、便利的观念,还需要获得价值上的认同与心理上的满足。品牌的价值不仅是产品本身的保鲜问题,还有品牌作为无形资产自身的发展问题,这两个方面离不开创新,只有不断创新才能提升产品品种及其内在价值,甚至获得品牌的"溢出价值"。创新是对产品本体的自我更新,为升级换代提供有力支撑,并生产出能够持续满足消费的产品,而产品口碑很重要的方面也来自于不断地满足需求过程,并在市场互动过程中持续提高品牌认知度。纵览全球成功的跨国公司,均靠几代人的不断创新打造了品牌的新形象,既是专做一种行业品牌企业,也使持续创新有了瑞士钟表陀飞轮技术突飞猛进。我国老品牌失传很大程度在于创新上难以满足现代人的需求,在品牌创新过程中,必须为品牌价值的保值与增值提供支撑的同时,还要认识到产品保值在于差异性、稀缺性。差异性是在满足客户个性化需求中发展起来的,需要依靠高科技新技术做出与众不同的产品,做到"人无我有,人优我特"。消费者不仅要款式也要材质,谁创造出了新材料,就会占得先机,这方面苹果手机堪称创新高手,现在已发展到第十代,而我国一些老品牌往往只见牌子,未见产品,品牌失去了市场性。现在我国自主品牌不断加大创新研发投入,国际品牌排名有了很大提升,从 Brand Finance 刚刚发布 2018 年全球 100 个最有价值的科技品牌看,国内的阿里巴巴、腾讯、华为等品牌进入十强。离开创新品牌缺少活力,只能消失在人们视野外,品牌发展之道在于不断创新再创新。

作为"一带一路"的倡议国,我们应当在多边合作、创新理念、优化环境、产业支持等方面发挥积极作用,而依托广大自主品牌的国际化拓展、树立良好的品牌形象将是重要的领域和途径。从全球经济发展的趋势来看,也必须高度重视品牌经济的引领作用,通过做强做大我国自主品牌,更好实现经济强国与贸易强国战略目标。

城市文脉传承与产业创新

李向民* 杨昆**

一、 城市文脉是地方的精神血脉

城市是人类聚集活动的地域场所,是一种具体的物质存在。它不仅仅是一个地理名词,同时也是文化汇聚的渊薮。而城市形态是环境和社会活动作用于城市所变现出的物质和精神形态,包含有形和无形两部分,承载了城市的文化内涵和历史传承。城市建筑、公园、景观、街区、工业遗产等实体环境是有形的、物化的文化载体,城市气质、居民行为、生活方式等是无形的、精神的文化内容。随着40年的改革开放和持续增长,现阶段,中国社会的基本矛盾升级为人民对美好生活的需要与不平衡不充分发展之间的矛盾。越来越多的人口向城市,尤其是大城市集中,现代都市的"城市病"也日益严重。但人们仍然趋之若鹜的原因,主要是因为城市给人们的物质和精神生活提供了稀缺的资源。2010年,上海世博会确立了"城市让生活更美好"的主题,其宗旨就在于,提高城市对美好生活的供给能力和水平。

城市的美好生活除了便利的交通、环境、居所之外,更具有特征意义的是城市的文化及其传承。城市文脉(Context)一词,从广义上看,是文明和文化变动的轨迹;从狭义上看即"文化的脉络"。美国人类学克莱德·克拉柯亨把"文脉"界定为"历史上所创造的生存的式样系统。"在具体研究中,不能把文脉简单地理解成文字成果,它同时包括生活方式和生产方式。对于城市形象

---

* 李向民(1966—),南京艺术学院副院长,教授,博士生导师,紫金文创研究院院长。本文是其主持的国家社科基金重大项目《中国特色艺术智库研究》的阶段性成果。
** 杨昆(1987—),南京艺术学院文化产业学院博士研究生。

的探究,需要以文化的脉络为背景。

由于自然条件、经济技术、社会文化习俗的不同,城市中总会存在一些特有的符号和排列方式,形成独特的地域文化和建筑式样,也就形成了其独有的城市形象。在快速城市化的进程中,对经济发展和利益的盲目追逐,导致城市建设中忽略了城市的个性与品质。规模化的复制发展模式,造成了"千城一面"的现象,究其本质是缺乏文化自信。

文化自信的根在于文脉。文脉的核心是故事和符号。分析城市形态是寻求城市特征的过程,需要挖掘城市的文脉要素,主要包括历史事件、历史人物、文献著作、遗址旧居、非物质文化遗产等。

对文脉的整理和开发,一方面可以彰显城市个性,另一方面也可以对接产业创新。其中,文化旅游产业尤其需要借重城市文脉。旅游的本质,是满足好奇心。名人事迹、旧居、文物,都是文脉的载体。应当注意的是,文化旅游开发,不应只是局限在乡土名人,外地名人在当地的活动,也可能构成兴趣点。对于一些移民城市,或者大都会来说,大多数名人都不是本土人士。如延安的旅游开发都是以革命摇篮延安时期的历史遗址展开的,城市文脉的延续和传承应秉承先行文脉和隐形文脉要素并重的发展理念。可以将城市文化中隐形要素通过建筑语言等将它们转化为生动直接的城市形象,使历史事件、名人伟绩、社会风俗等在城市文脉传承中找到物质依托,让历史与现代对话。以西藏昌都为例,发迹于芒康的"邦达昌",历史上依靠"茶马古道"在云南和西藏之间走货,后来将生意发展到印度,在印藏贸易中逐渐壮大,成为近代西藏巨商之一。中国工农红军北上抗日路过康区时,家族继承人邦达多吉就曾支持红军。日军侵华时,该家族开辟了印度经西藏直通川、滇的骡马运输国际通道,以拉萨为中心,在西藏、四川、云南等地设立中转站,运送抗战物资,掀起了康区以商抗日的热潮。这其中著名的历史人物、历史事件以及历史建筑等资源极具开发价值,物质实体和历史文化并存,是昌都这座城市的文化标志。但遗憾的是邦达家族在芒康的故居荒废多年,其中的文物也散落民间,并没有得到应有重视和保护。

二、 城市文脉的保护

（一）保护历史文化遗产

历史事件的遗物、名人遗物的陈设是"真实的力量"。"文化场域构建的是人们对于城市中生活场所的各种记忆，或具象的物与人的记忆，或城市整体印象的记忆，或痛苦、或快乐、或感动等等"。[①] 对承载城市记忆的文化遗产的保护，是对城市品质的提炼，也是传承城市文化的重要举措。对城市中历史文化遗产的保护是寻求可持续发展的传承方法。在具体的实施过程中要遵循修旧如旧，保护性开发和适度开发的原则进行活态传承。为了一处古迹，甚至一棵树，城市规划和建设都值得为其让路。因为这些老古董，在物质上似乎没有太大功效，但它作为见证者，可以为后人讲述历史，讲述过往的故事。20 世纪80 年代，扬州在建设文昌路时，将宋代的文昌阁设计在道路转盘之中，完好保存，并将两棵数百年的银杏树保留在道路中央，既保护了古迹古树，也形成了独特的城市景观。

（二）以展示带动保护

城市形态、街区、规划等，都体现出城市肌理特征。城市肌理展现出城市在时间和空间上的发展，蕴含着城市的文化底蕴和地区个性，与城市文脉的紧密相连。作为文化的载体和表征，文脉传承需要展示。对文化进行提炼和总结，找准城市的品质。比如非遗集中展示区，防止画蛇添足，要凝练地方文化符号，不能简单搞拿来主义，怎么好看做，要扎得下根。前些年，一些地方发展旅游时，盲目效仿江南民居和徽派建筑，有的甚至直接从皖南和江西收购老房子，易地重建。但是，总给人一种不接地气的悬浮感。总体看，新的文化符号要和传统文化标识相融合。但是，也有大胆创新，从不被认可，而逐步被人接

---

① 胡小武、陈友华：《城市永续发展的战略与路径——张鸿雁教授"城市文化资本论"评述》，《南京社会科学》2010 年第 12 期，第 81—87 页。

受的,并且形成独特风格。1889 年建成的埃菲尔铁塔,在巴黎世博会结束后,因为造型怪异丑陋,与周边传统建筑风格不合而多次被动议拆除。但今天却成了法国甚至是全世界最吸金的建筑地标,2011 年约有 698 万人参观,在 2010 年累计参观人数已超过二亿五千万人,每年为巴黎带来 15 亿欧元的旅游收入。巴黎人民也接受了它,并把埃菲尔铁塔当做法国的象征。

（三）传承与活化使用

城市文脉的传承,首先要着眼于对城市文化肌理的研究。注重对文化遗产的开发,本身就是一种保护和传承的行为。要积极引入先进科技,运用产业经济学思想去开发文脉,保护文脉。最重要的是对文化符号和元素进行提炼和整理,并开展相应的产业化开发。比如南京的颐和路民国建筑群,梧桐树、民国公馆建筑等成为城市的文化象征符号,记载着民国的历史,置身其中,使人感受到深刻的文化内涵。比如山西芮城的广仁王庙(亦称五龙庙),是唐太和五年(公元 831 年)遗构,全国仅存的四座唐代木构之一,也是现存最早的道教建筑。2001 年被公布为全国重点文物保护单位,具有极重要的历史价值。2015 年,在国家专项资金的支持下,依托万科集团参与米兰世博会的契机,通过国际众筹的方式募集资金 610 万元,对五龙庙进行了整体修缮,同时运用现代科技,将该建筑中的重要建筑范式进行放大展示,向公众展现古人的建筑艺术及智慧。很好地将传统的技术进行现代化表达,达到传统和现代的结合,更形象、更直观,容易被当代人接受喜欢。

城市的历史保护和文脉传承需要营造新的具有地方特色事件,抬升知名度和美誉度。如博鳌论坛使一个名不见经传的海滨小镇打造成会展名城。今天,大城市的竞争,往往是以盛大的会展节庆作为支撑,通过举办奥运会、世博会、APEC 等,迅速提高城市的美誉度和影响力。例如 2010 年,在全球金融危机的背景下,通过举办世界杯,为南非带来了 49 亿美元的财政收入和 13 万个就业机会。同样,2014 年的世界杯为巴西创造了高达 150 亿美元的经济收益,2018 年世界杯,俄罗斯创造了 22 万个就业岗位,而且预计未来 5 年,还可以再创造 16 万至 24 万个工作岗位。世界杯期间的游客大幅增加将刺激俄罗斯旅游产业的发展,带动俄罗斯经济发展的同时也让世界对这个国家更加了解。

三、 城市文化遗产的活化开发

(一)工业遗产的概念溯源

2018 年 1 月,由中国科协主办,中国科协创新战略研究院、中国城市规划学会承办的"中国工业遗产保护名录"发布会上,中国工业遗产保护名录(第一批)正式对外公布,包括汉阳铁厂、江南机器制造总局、福州船政在内的 100 个项目入选。[①] 国际上的工业遗产保护起源于 19 世纪末在英国提出的"工业考古学",此后工业场地、建构筑物一直以来的废弃、落后、污染的形象有所改观,国际上逐渐开始将工业遗存作为一种文化遗产类型加以重视和保护,并成立了国际工业遗产保护协会作为代表工业遗产保护的国际组织。在 2003 年国际工业遗产保护联合会(TICCIH)公布的《关于工业遗产保护的下塔吉尔宪章》中,明确工业遗产是城市历史文化遗产的重要内容之一。2006 年,国家文物局在无锡召开了"首届中国工业遗产保护论坛",形成工业遗产保护的共识性文件《无锡建议》,拉开了中国工业遗产保护的序幕。

根据联合国教科文组织国际工业遗产保护协会的定义,工业遗产包括"具有历史、技术、社会、建筑或科学价值的工业文化遗存,这些遗存包括建筑物和机械、车间、作坊、工厂、矿场、提炼加工场、仓库、能源产生转化利用地、运输和所有它的基础设施以及与工业有关的社会活动场所如住房、宗教场所、教育场所等"。

(二)活化城市遗产的利用

我国一些大城市在过去的产业结构调整中,大量传统的工业企业外迁,却迅速被城市开发所填满。大量有价值的工业遗产被拆掉,城市曾经的工业建设痕迹被逐渐抹掉,缺乏工业遗产保护意识。与此同时,一些商业服务业遗址

---

① 数据来源:《中国工业遗产保护名录(第一批)》。

也在城市扩张中渐渐消失。如何对这些工商业遗产进行甄别、保护和利用,为今天的城市建设者们提出了严峻的考验。记得 20 世纪 80 年代末,去济南时,曾经惊叹于那座日耳曼式的老车站,据说被选入许多大学的建筑教科书。遗憾的是,仅仅几年以后,当时的政府部门竟顶着压力,将其完全拆除。从文化传承的角度看,这样的决策,无疑是一种犯罪!好在大多数地方,都开始强化了文脉意识,有意识地保护和应用这些工商业遗产。但是,新的问题时,一些地方在面对遗产时,有些手足无措,不敢碰、更不敢用,专门为了展览和旅游观光而改造城市遗产。活化使用这些城市工商业遗产,将其改造成一个生产、休闲、消费的新空间,已经有不少成功的范例,如上海新天地、南京 1865 创意园区。应当注意的是,这样的活化使用,不应以取悦游客为中心,而主要考虑本地消费,兼顾游客,发展无差别化消费。

(三)城市工业遗产的活化使用

工业遗产艺术价值体现在城市肌理中,表现为工业厂区的空间规划、建筑物和构筑物以及所在的城镇和景观等。其中蕴涵的文化成为城市文脉的象征,属于这座城市独特的品质,是其他类型城市所没有的特质。工业遗产的利用方式既要尊重工业遗产的原有格局、结构和特色来保留城市记忆,又要能够适应当前城市发展的需要,依据其不同的性质和城市发展需要来探索。工业遗产可以用于文化设施建设,在体现遗产特色的同时又使得公众得到游憩、观赏和娱乐。国内对工业遗产活化使用规模大、影响深的,当数北京 798,这处工业遗产的活化使用,最初似乎并非有意为之,而是付不起房租的北漂画家抱团取暖,找了闲置而便宜的厂房暂时栖身,不料却成就了一个崭新的城市文化空间。

(四)城市遗产保护模式

1. 就地活化使用模式

对于近代以来的工商业遗址,虽然历经废弃或转业,但由于建筑时间晚近、质量可靠,建筑物还没有达到设计寿命,因此完全可以利用原先的设计功能进行活化使用。最为典型的是上海外滩历史建筑,通过置换,大多恢复了原先的银行、饭店等功能,在历史建筑的外观结构下,从事现代经营活动,可谓一举两得。南京市在改造下关历史街区时,开发和招商都倾向于保持历史上的功能,比如著名的扬子饭店继续作为饭店,招商局继续保持招商功能,原和记洋行腾空以后,主动接洽香港的和记洋行,邀请他们回归原址,继续经营。

2. 建设主题博物馆与会展模式

主题博物馆模式是以博物馆的形式,对工商业遗址进行原址原状保护及博物馆陈列展示的一种对城市遗产的保护性利用。铁路南京西站是建筑大师杨廷宝设计,建筑体量达到 1.8 万平方米,是民国历史风云的重要见证者,目前已经废弃。南京市与上海铁路局合作,正将其改造成为铁路博物馆,并且原样保留原来的站房、铁路的轨道等设施。上海苏州河畔的四行仓库,因为在八一三淞沪会战中,发生过震惊中外的"八百壮士"抵抗故事,成为重要的抗战遗址,并且建立了专题博物馆。虽然展示内容与仓库属性无关,但其空间和结构,仍然是工商业的遗存。南新仓位于北京市东四十条 22 号,是明清两朝代京都储藏皇粮、俸米的皇家官仓,明永乐七年(1409)在元代北太仓的基础上起建,至今 600 余年历史。凝聚着古代汉族劳动人民勤劳、勇敢、智慧的结晶。南新仓现保留古仓廒 9 座,是全国仅有、北京现存规模最大、现状保存最完好的皇家仓廒,是京都史、漕运史、仓储史的历史见证。在此基础上,按照"新的在旧的中,时尚在历史中"的理念,北京市打造了南新仓文化休闲街。街区占地面积 2.6 万平方米,建筑面积 3.2 万平方米,步行街总长千余米。由南新仓古仓群、仿古建筑群和南新仓商务大厦底商组成。入驻商户的业态涉及艺术文化、演出文化、美食文化等。自 2007 年 5 月 18 日以来,在"皇家粮仓"上演厅堂版昆曲《牡丹亭》300 余场,600 年历史文化遗产与 600 年非物质文化遗产的绝妙组合,成为文化热点,被列为向 2008 奥运代表团和国际宾客重点推介的北京新派传统文化项目。

3. 工商业旅游模式

工商业旅游是工商业遗产作为创意产业的重要模式。是指在废弃的工商业旧址上,通过保护和再利用原有的工业机器、生产设备、厂房建筑等改造成一种能够吸引现代人们了解工商业文化，同时具有独特的观光、休闲和旅游功能的新方式。发展工业遗产旅游需借助具有科研、科普、文化、教育、休闲和铸造民族精神等重要价值的工业遗产来满足游客的怀旧心理和对工业生产的好奇心，并感悟工业遗产的独特魅力，以此来实现经济效益，当然也保护了珍贵的工业遗存。青岛啤酒博物馆是青岛啤酒集团投资 2 800 万元建成的国内唯一的啤酒博物馆，其展出面积达 6 000 余平方米。博物馆设立在青岛啤酒百年前的老厂房、老设备之内，以青岛啤酒的百年历程及工艺流程为主线，浓缩了中国啤酒工业及青岛啤酒的发展史，集文化历史、生产工艺流程、啤酒娱乐、购物、餐饮为一体，具备了旅游的知识性、娱乐性、参与性等特点，体现了世界视野、民族特色、穿透历史、融汇生活的文化理念。

4. 公共休闲与主题公园模式

将工商业遗产改造为公共娱乐休憩空间是公共文化建设的重要方面。工商业遗产作为公共文化休憩空间的模式通常是打造景观公园，在尽可能保留工商业建筑及场地特征的基础上，通过转换、对比、镶嵌等多种方式重构，建一些游乐设施和基础文化设施，形成适合现代人休闲与放松的公共休闲空间。也有的仅保留工业遗产的建筑遗迹或片断，形成城市特色景观带作为人们娱乐休闲的开放式公共场所。如南京市将 2.36 平方千米的下关滨江历史街区进行整体活化改造。政府共整理出 21 处文保建筑，包括中山码头、港口候船厅、中国银行旧址等一批中外风格的历史建筑。南京市将其分为三大功能区，一是"中山北路历史记忆片区"。核心建筑包括中山码头、电厂码头等。定位为历史纪念、会务服务和配套餐饮。二是"大马路民国风情街区"。核心建筑包括港口候船厅、中国银行旧址等，主要定位为精品商业、高端会所和历史文化展示。三是近代文化物质遗产长廊。核心建筑包括和记洋行、铁路轮渡所。主要定位为陈列展示、创意休闲、历史教育等。更重要的是将原先沿江的码头港口区打造成市民观光休憩的长廊，既串联了各功能区，又为市场提供了休闲游乐的空间。

5. 创意产业聚集区模式

工商业遗产建筑群具有深厚的历史底蕴、无限的想象空间和特色的文化内涵,这使其被转化为激发创意灵感、吸引创意人才、集聚创意作品的创意产业园区。实际上,这种模式既可以为创意产业发展提供活动场所,也可以向世人展示工业遗产特色和优势,实现工业遗产保护的可持续性。艺术家对工商业遗产的改造与创新是着力于原有区域、建筑、材料的再利用,将会推动这些工业建筑的保护和再生。曾有"红色官窑"之称的景德镇"十大瓷厂"之一的原景德镇宇宙瓷厂,于1954年建厂,是新中国成立后景德镇第一家机械化生产的国营陶瓷企业,出口创汇曾名列全国第一,一度被外商誉为"中国皇家瓷厂"。厂内22栋老厂房风格迥异,煤烧圆窑包、煤烧隧道窑、油烧隧道窑和气烧隧道窑等四代陶瓷烧成窑炉保留完整,还有不同工业时代的机械设备、工装器具、档案资料等一应俱全,具有鲜明的时代烙印和历史价值。20世纪90年代中后期因机制转型等原因,包括"十大瓷厂"在内,被迫关停。进入21世纪以来,景德镇市按照"旧瓶装新酒"的原则,将这个关门的瓷厂打造成陶溪川文化创意园区。"旧瓶"是指原汁原味、修旧如旧。这个旧瓶中的两座烧炼车间见证了景德镇新中国成立后陶瓷工业城市独特的时空记忆,是一个时代的城市象征;厂房内保留的各个时期的窑体、烟囱、管道及建筑本身,完整反映了景德镇陶瓷从手工作坊向工业化大生产的转型过程;锯齿型厂房隐约可见20世纪50年代苏联援建的影子;还有扒满老墙的青苔、依稀可见的标语、斑驳锈蚀的工装设备等等,都原汁原味地保留了当年的原始风貌。在整个修复过程中采取最小干预原则,对厂房形态、工装原貌、构建材料、修复工艺、风格品位、环境塑造等等,进行了最大限度的保护和利用,使其现代工业美感与20世纪中叶老工业建筑形态和气息融为一体,相得益彰。所谓"新酒",甘甜醇厚、活力无限。通过对业态、资质的对比筛选,按照差异化发展布局,引进品牌企业173家,涵盖文化交流、教育培训、艺术创作、休闲娱乐、品牌体验等方方面面;与中央美术学院、人民网等知名院校、文化机构建立战略合作关系;借助互联网平台,线上陶溪川在天猫、京东上线,全力打造青年O2O;吸引美国、意大利、日本、韩国等13位国外艺术家和50多个国内知名艺术家工作室及艺术机构入驻;融入了为年轻人、艺术家、设计师提供服务的生活业态等等,打造了一个"国际范、强体验、混合业态、跨界经营"的城市文化创意综合体。至今,陶溪川集聚了 6 240 名景漂青年，入驻品牌企业年销售额近 5 亿元，创税总额达 3 480 万元，提供就业岗位 6 000 多个。

对工商业遗产的再利用，赋予了工商业遗产新的内涵，延续了工商业文明的历史，一方面，有利于工商业遗产作用的扩散。以厂区规划、建筑物、构筑物以及城市环境等工商业遗存为物质实体，将其承载的文化精神价值进行传承，延续城市的肌理特征。另一方面，对工业遗产地进行再利用，可营造工商业遗产空间场所的文化氛围，赋予工商业遗址新的生命，使工商业遗产文脉得以延续。

四、 文化城市与创新

一个城市的魅力在于文化。没有文化的城市就是钢筋水泥的森林，令人生厌。文化给人温暖，它不是留在书本和口头，而需要现实展示，这也是人们脚踏在这块土地上的意义之所在。城市的发展不只是变大变新，而且要变精变美，变得更温暖舒适。对传统空间进行再利用，如将民居改造为民宿，将老厂房改造为艺术空间设置纪念场馆和标识，叙述历史故事。以文化名人命名道路，制造新的景观。例如扬州东圈门，几乎每个大宅都有铭牌，都有故事，都能听到心跳，感受到温度。

要用历史的眼光和未来的眼光来看待城市。今天看来是稀松平常的人物场景，多年后会让人热泪盈眶。要留住乡愁，不要再为今后留下新的遗憾。许多城市都在搞老城区拆迁、新城开发，却忽视了建筑的保留。拆掉的其实是一代人的记忆，是城市的文脉，也是游子的乡愁。2017 年 12 月，住建部公布了全国首批历史建筑保护利用试点城市名单，目的是"通过开展历史建筑保护利用试点，研究提出破解当前历史建筑保护利用问题的政策措施，探索建立历史建筑保护利用新路径、新模式和新机制，形成一批可复制可推广的经验，最大限度发挥历史建筑使用功能，延续城市历史文脉，保留中华文化基因。"

非常遗憾的是，一些古老建筑和城区，侥幸地躲过了战火和"文革"，却没有逃得过改革开放以后的快速发展。山东曲阜的明代城墙、济南的火车站,都是在 20 世纪 90 年代才被拆除。有些地方,虽然保留了一些城市轮廓,却没有留下一块街区,成了纯粹的躯壳。比如中国首批历史文化名城的荆州,城墙保留相当完好,但是,整修古城内,竟然找不到一片历史街区。要不是还有张居正故居,人们完全无法触摸历史的脉搏。

因此,每一个城市,在迅速扩张的过程中,应当有这样的见识和雅量,容留一块可能不那么光鲜、甚至垂垂老矣的街区。作为城市历史文化的承载,给予应有的尊重和敬畏。可以进行改造整修,但不要出现建筑风格上的隔代叠加。我们已经过了发展饥渴期,现在需要的是耐下性子,把城市做得更有品位、更有文化、更加精致。这也符合"五大发展理念"的要求。

五、 产业创新的发展路径

（一）推动"文化+",改造传统产业

从宏观角度看,文脉传承并不是一个孤立的文化工作。它已经同其他的传统产业交叉融合,改变越来越多的传统产业,催生新兴业态,是产业文化化的过程。如第一产业农业中存在文化产业(如农业文化观赏、景观林业等);第二产业制造业中存在文化创意的渗透(如工业设计、形象策划等);第三产业服务业中更是包括文化产业的主体部分(如文化金融、文化餐饮等)。文化与其他产业相融合,会模糊产业边界,重塑产业格局,优化资源配置,创新产业模式,增加产品的文化内涵,提升品牌价值。

法国的香奈儿、路易·威登和美国的蒂芙尼,都是"文化+"的成功案例。将文化与传统的化工、皮革、五金制造业相融合,提升品牌的内涵,发展成为如今享誉全球的企业。据 Chanel International BV 提交 Kamer van Koophandel(荷兰商会)的数据报道称,法国奢侈品牌 Chanel 香奈儿在 2014 年收入达 75 亿美元,利润高达 14 亿美元,大涨 38%。2006 年世界品牌联盟的调查结果显示,香奈儿 5 号当年的销售额超过 15 亿美元,其实际销售额已接近 20 亿美元。全世界每 30 秒钟就有一瓶 5 号香水出售。5 号香水的利润能达到 400%。法国

前文化部长曾这样慨叹："上个世纪法国为人类贡献了三个伟大的名字——戴高乐、梵高和香奈尔。"路易·威登（Louis Vuitton）是法国历史上最杰出的皮件设计大师之一，于1854年在巴黎开了以自己名字命名的第一间皮箱店。一个世纪之后，路易·威登成为皮箱与皮件领域数一数二的品牌，并且成为上流社会的一个象征物。据路易威登集团公司财报，该集团2017年第一季度的营收为99亿欧元（约合105亿美元），不计入汇率变动的影响，该季度的营收与去年同期相比增长了13%。作为全球第二大珠宝零售商，美国著名首饰品牌蒂芙尼从制作西餐刀叉的作坊起家，发展成为2017年市值达116.75亿美元的公司。

（二）依托城市文脉，拓展产业空间，强化城市的识别度和美誉度

城市的竞争越发激烈，凸显城市历史文化要素，彰显城市个性，已成为确立城市竞争优势的有效手段。城市特色具有综合性和复合性，是城市的历史、文化、经济、地理和科技等相互作用的综合结果，不是孤立存在的。城市特色文化主要包括本土的地域文化、民族文化和历史文化等。其相互独立又相互影响，成为城市的文脉，蕴含着城市的记忆，塑造着城市的个性和品质。目前，一些城市依托城市文脉，拓宽了产业空间，形成了文化旅游、演艺、手工艺等多种产业的文化产业竞争优势，带动了城市经济转型。

以城市文脉为依托的产业创新，易形成产业集群。特色产业的产业特性决定了其促进区域发展的方式是聚集形成具有较强地方根植性的产业集群。从城市发展角度看，产业集群表现出具有密切生产要素联系的企业群簇在一定的地理范围内的集聚。产业集群的健康发展需要国家、地方和行业相关政策的协调和衔接，包括投融资政策、金融政策、财政政策、税收政策、人才政策等生产力要素的政策，以及知识产权政策、产业融合政策、产学研政策等生产关系范畴的政策。完善产业创新的外部环境，需要营造城市文化氛围，提升社会环境，使城市政府办公系统、金融服务系统、社会保障系统等一体化、简单化。提高各系统间事务对接效率，简化办事流程，降低沟通成本，提高城市美誉度。提升产业创新的内生动力，需要提高科学技术水平，注入文化活力，推

动产业的文化技术创新、商业模式创新和管理理念创新。从而达到完善产业链条、扩展产业空间的目的。

城市在依托文脉拓展产业空间的过程中，应进行科学论证，全面评估城市历史文化遗产的经济价值、历史价值、文化价值、审美价值等基础，从政治、经济、科技、文化、社会等综合效益出发，找准城市文脉，探索文化产业化的发展路径。

（三）通过重大活动和创新，为城市增加新的标志事件和地标，延续城市文脉

《诗》曰："周虽旧邦，其命维新。"创新不会影响城市文脉，发展本身就是保护。城市是一个不断发展的有机整体，城市的发展就是在继承原有文脉的基础上不断创新，补充新内容的过程。时代的发展，经济和科学的进步刺激现有的物质形态的改变，加速了城市的更新，使得城市文脉在不断创新中得到传承。城市的重大活动和事件往往反映的是城市的定位和品质。利用"办好一次会，搞活一座城"的有益经验，通过一次会议、一次赛事等重大活动来彰显城市的经济发展、城市建设和文化活力，是城市发展的重大机遇，也是城市文脉传承展示的有益时机。杭州通过成功举办 G20 峰会，成功提升了城市品质，展示出独特的城市肌理特征。具体而言，城市基础设施建设得到全面提升，城市格局加速优化，高精尖人才吸引力增强，科技创新能力也得到全面推进。城市地标作为城市既存环境要素，具有强大的文化价值和美学意义，有着传承城市文脉的功能。梁思成曾说，"建筑是历史的载体，建筑文化是历史文化的重要组成部分，它寄托着人类对自身历史的追忆和感情"。许多历史建筑遗存，记载着这座城市的历史，也寄托着多少游子的乡愁。打造成城市地标，就是保护城市文脉的传承性和延续性。城市地标是挖掘城市文脉，创造具有城市代表性，具有城市历史血统和优秀建筑的根据。

城市标志事件和地标不仅仅是精神载体和物质载体的典型代表，更体现城市生活和生产方式。城市文脉的精神载体包含有文学、戏剧、非物质文化遗产等，物质载体包括民居、街区、工商业遗产等。标志事件和地标相互作用、相互影响，多角度打造城市的品质，不断传承展示，不断凝结延续，浓缩出城市文脉。任何城市都是精神载体和物质载体混合组成的，从城市的整体肌理、局部区域或是某一标志事件、地标来看就能表现出城市的文脉关系，如空间形态的完整性、社会生活方式及生产方式的统一性。

文化城市，一个全新的整体视野

Pau Rausell Köster 著　殷鹰译*

一、摘　要

当城市作为研究对象时，它是一个无比复杂的概念，需要用到各种不同的学科理论来进行理解。本文将试图通过其最重要的三个属性来阐述城市这一概念：a）城市是物质资源和符号资源的存储仓；b）城市是各种关系和交易的连接口；c）城市是其个体居民进行人生、社交和职业轨迹发展的场域。

从这一视野出发，我们将尝试着对智慧城市和创新型城市这两个在近年来常出现于各种学术文献和一些城市建设实践中的概念进行位置和功能的定位。最后，本文将为"文化城市"这一最新概念辩护并试图整合和克服之前的两个框架存在的问题，以证明提高公民生活中效用和福祉的必要性和其日益增长的中心性，改善其在个人和社会情感关系中的情节，增强其通过艺术和文化进行符号交流和表达的可能性，增强居民认同感和归属感，并促进其在富裕且充满活力的环境中整体发展，同时提出一种基于文化和创造力的经济发展模式。

二、介　绍

毫无疑问，城市——这一人类互动的产物和发动机，同时作为一种创造繁荣的机制，是取得了巨大成功的。也许城市与它的艺术和宗教才应该是人类

---

* 保罗·胡塞尔·科斯特 Pau Rausell Köster，瓦伦西亚大学文化经济学研究所所长、应用经济学系教授。
　殷鹰，华东师范大学民俗学研究所博士生。

最得意的发明。城市能够完全满足人们的需求,这也是城市这一形态能够持久存在的原因。而当城市不能满足人们的需求时,它也会寻求新的机制对自身加以必要的变革。正如简·雅各布斯(Jane Jacobs)50多年前所言:"城市中蕴含着能让自己重生的种子……"在聚集经济效应下,城市居民能够轻易地表达自己对低效和各种缺失的不满,而市政决策者和市场代理人等有能力解决问题的人也容易接收到这些信息。

通过对不同学科观点的汇总(Sorribes,2012),城市在历史视野中被表现为一种"公式"。无论是历史进程中的城市化速率,还是21世纪中叶全球约70%的人口将生活在城市中这一观点,抑或是我们越来越多地谈论到"城市星球"这一话题,都无疑地证明了城市这一"公式"的成功。成功的原因是什么?显然是归功于聚集效应的经济优势让其主要制约(运输成本导致的"摩擦成本")一再减少,其令人眼花缭乱的程度甚至和新交通技术的发展有得一拼。最新的电信革命也是成功因素之一,它非但没有如一些人所预言的一样诱发"城市危机",反而极大地强化了大型城市群在全球化世界中的作用。(E. Glaeser,2011)。

正如萨斯基亚·萨森(Saskia Sassen)在其名著《全球经济中的城市》(Cities in a World economy)(该著作已于2018年发行第5版,突显了这一城市理论的生命力)一书初版序言中写道:经济全球化和全球文化的出现深刻地改变了城市的社会、经济和政治现实,仅用简单化的方式来治理已经不再行得通了。

肯定城市的成功,从不意味着不能正视"失败城市"的存在。从底特律到中国鬼城(Jin等人,2017),从倒塌的玛雅城市到那些因高度污染或高危态势对居民生命造成严重威胁的城市,皆是如此。目前全球仍有三分之一的城市人口生活在贫民窟或是非正规住区内,通常连基础服务都无法获取,他们不仅仅只是生存于那些失败国家的脆弱城市(Nogueira,2017),甚至也存在于在一些西方的和富裕的城市。尽管如此,城市无疑仍代表着未来。

把城市的成功完全归功于聚集经济的影响显然是过于简单化了。一些针对特定区域,如撒哈拉以南非洲的分析甚至显示出城市首位度(居住在该国最大城市的城市人口百分比)对该地区有显著的负面影响,它意味着这些国家交通拥堵造成的成本增长远超聚集所带来的效益(Castells-Quintana,2017)。但城市的成功早已存在于德国中世纪的古老谚语中："城市的空气使你自由"。根据马克思的观点，城市将人们从愚昧的乡村生活中解救了出来。而在工业化城市中，创建崭新社会秩序的梦想得以实现和巩固。从最广泛的意义上来说，城市历来都是自由、文化和创新的核心与灵魂所在。

"城市是国家的财富"，简·雅各布斯用简明的表达完美地总结了这一有力的概念。

因此，城市的成功不能不引起人们注意到一个事实——城市的经济、社会与文化分量日益增长并不总是与政界密切相关。实际上，城市的历史就是国王、皇帝、绝对国家和民族国家为限制或消除城市政治自治而不断努力的历史。尽管成因根据其所处的历史时期不同而存在差异，但"城市恐惧"确实曾经存在过并且一直是全球权力关系史上的一个常量。我们可以看到，历史上的古老城邦和文艺复兴城市联盟（即使强大如汉萨联盟）都未能生存下来。今天，除了个别城市国家（比如新加坡）外，很少有城市拥有足够的政治自主权来发挥相关作用或是来质疑仍然以民族国家作为基础的全球治理理念——哪怕他们已经集中了大量的动力资源。尽管出现了"全球城市"作为全球权力中心的概念，如戈兰·特尔伯恩写到的"权力是跨国资本、后工业、金融、房地产、商业及其中上层客户的权力。全球城市存在的理由便是创造、展示和消费财富。"（Therborn，2017），但到目前为止，能够说服人们相信全球城市有能力治理全球资本主义的证据依然十分罕见（Short，2017）。

这种"不对称"的特征众所周知并且得到了广泛的研究。这至少意味着什么呢？在近来的民族国家危机中（源自全球化和超国家经济一体化），一些民族国家被迫让出自治权，体现出政治分权进程的激烈，而这导致了这些或新或旧的地区受益程度超过了他们的中枢神经（也就是城市）。

在西方城市，直到 20 世纪 70 年代的城市危机到来之前，城市都被理解为向城市人口提供福利服务的民族国家的延伸（住房、保健、教育、体育、交通基础设施、大规模重建居民区和其他公共设施，如能源、水或绿色空间），其部分资金支持来自集体资源，然而，随着 20 世纪 70 年代城市危机的到来，在去工业化进程中，地方政府更关注如何创造好的条件让私人投资者决定在此投资并落户，这就让他们更加依赖全球资本主义的竞争和最大化逻辑，也让很多城市得出结论，与其将财富重新分配给冷门的社区、城市和地区，不如将资源导向以"创业"拉动增长的动态极（Harvey，2012）。

由于符号维度和技术在创新过程中日渐居于中心地位，所以本世纪的城市议题集中在新出现的"创新型城市"或"智慧城市"等概念上，而这是城市作为地区发展推动者对必要的重新规划做出的潜在回应，也是保持城市环境差异能力并通过提高生产力来实现经济繁荣的基本要素。

毫无疑问，物质因素（空间、地理和基础设施）和符号因素（信息、感官、意义和情感）之间的关系，流通和占有的方式及其发展的技术模式，决定了城市的许多属性以及他们遇到影响其运转的变量发生转变时所作的回应（Scott，2014）。当我们反复谈论城市的成功时，我们也总是谈论城市危机，不是鲍莫尔病（Baumol，1967），就是不平等和隔离（佛罗里达，2017）。城市必须不断面对自身的极限和易溃的内因，他们必须日渐认识到自身在面对重大公共挑战时对问题解决起到领导作用。因为这些挑战（气候变化和污染、不平等和贫穷、性别差异、老龄化、获得住房、教育、健康和移徙的基本权利等）不再仅仅是城市的挑战，而是整个人类面临的挑战。

本文的论点是：城市成功的是基于以下一些要素，或者说是基于这些要素和它们之间的平衡组合；城市是资源的集中地，城市是关系和沟通的连接口，城市是个体生命、职业和社会轨迹发展的场景。那些我们所提倡的创新型城市、智慧城市或是文化城市，已经或正在采取多样化战略来克服自 70 年代以来所产生的种种城市危机。

三、 城市的整体规划

● 城市作为资源库

这是我们用来理解城市概念的第一个观点：城市是集中了大量资源的地理空间。针对于此，我们可以说城市像是一个巨大的仓库，存储着各式各样能让其履行职能的资源，因而密度和可达性是用于解释城市成功的两个主要概念。毫无疑问，一些城市能取得成功，最重要的原因之一便是资源的密集分布，毕竟财富积累的仓储和历史资本收益记录都会随着时间推移而体现在城市资产之中。从这个意义上说，密度是财富指标——密度越大，单位空间集中资源的能力越强。但是密度也有其负面影响，高密度通常是引起失范、异化、不满和城市焦虑的原因。

应当指出，城市资产虽然通常表现在城市的物质层面上，但并不仅限于构成城市的人造实体，如街道网络、建筑物、花园、市政车队及其他公共或私人设施，它将有可能把图像元素、故事讲是或某些有意义的物质元素变成有价值的资源。在这个意义上，城市就是一个依附在物质内容上的那些情感意义的容器。许多时候，创造价值的能力更多地与有力而丰富的话语能力有关。在信息社会中，价值越来越多地产生在演讲、故事和信息流中，而不是在物质产品的生产中。

获得经验取代了占有物质商品为主的消费欲望和上述经验的属性，因此其价值取决于意义和感官，同时，创新和根本性转变的过程更多的是在意义的转变中而不是在功能的改变中持续的（这就提供了技术基础的改变）。

城市空间和城市叙事的设置与组合比城市标志重要得多，因为这些话语里浓缩了一系列的生理和社会心理要素以及被看作是社会、文化、经济投入的信仰。因此，话语资源能够产生与物质资源同样甚至更大的集体价值，从而助力城市意识的整合。此外，这些话语也是城市居住主体中文化和认知资本的组成部分。人们使用话语或是去参观空间，从而调整自身的行为、彼此间的联系方式以及空间建构。

如果我们把探讨局限在物质层面和聚集经济的影响上，那么认为大城市会逐渐扩大积累，使自己与"迫害城市"区分开似乎是合理的。然而证据似乎表明，一些二级城市已经克服了大城市的这种经济行为，使得聚集经济的回报率有所下降。此外，我们可以通过接纳"多样性"和"新意的重要性"等观念来理解"城市发展可能出现分歧"这一事实，从而使城市获取开发高新功能的能力或吸引力，提升内部效率（Camagni，Capello & Caragliu，2015），并通过对其物质属性的重新诠释来实现规模经济。

表1　作为资源存储仓的城市

维度：资源存放	主价值生成模式	生产/再生产模式
实体	累计资本的报酬/利息	用于固定资本、基础设施投资
图像	在价值创造过程中融入符号价值。创造、生产和传播文化。	制造象征性元素和感官上的标志性产品
象征		制造话语（"故事讲述"）

- 城市作为交换和交流的界面

我们定位价值产生过程的第二个维度是城市作为促进资源集中和互动的界面的概念。将资源集中在有限的地理空间是某些进程得以启动的必要条件，没有这些进程的协调，城市空间就不可能取得成功。例如，生产者、劳动力和消费者集中在一个空间（有形的或虚拟的）是明确市场的必要条件，但与此同时，这种集中带来了后勤、组织、管理和服务供应方面的挑战，如果没有这些，这种资源集中就会崩溃。

表2　城市作为一个交流的界面

维度：连接接口	主价值生成模式	生产/再生产模式
维度：交互式互动	主要生成价值的方式	再生产模式
聚集机制	规模经济、聚集经济和密度	固定资产、基础设施、物理网络投资
互动机制 空间冲突 空间交流	多样性经济 交叉施肥 多样性	竞技场政治与权力关系 思想场景 创新

城市是资源集中的空间，它促成了城市网状结构、市场或服务网络的出现。当公司（和人）逐渐聚拢时，规模经济和网络经济逐渐产生，之后，此二者结合便产生了聚集经济。因此，聚集经济与空间接近有关，正如格莱泽所定义的：聚集经济从广义上可以表述为减少运输成本，即与货物有关的运输成本，但也可表述为减少与人和思想有关的运输成本。也就是说，运输成本不仅与货物有关，而且也与人和其思想有关（E. Glaeser，2011）。

如今，城市有着各种各样的生产力优势，其中思想优势比成本优势更重要

（比如 19 世纪的工业城市）。当城市里的公司出现了一种新技术、产品或设计时，附近的公司也会很快跟进，或者直接雇佣它的创造者。一家公司的创新提高了自己的生产率，但也会将其延伸到其他公司，这就是所谓的"知识溢出"。

在互动空间领域，城市既阐明了解决利益冲突的冲突（竞争）空间，也阐明了资源的替代利用、公共空间和私人空间的占有模式及其交流空间（协作）。密度既是激发冲突的因素，也是促成沟通的养料。二者当中，冲突（竞争）定义了城市的政治舞台，形成了某种权力关系，这些关系被引导到一个特定的体制结构中，并形成一种特定的符号代表。空间、权力和身份之间的关系必然是由建筑物、雕像或传达某种无形事物（思想、价值、感觉）的宽阔道路等符号介导的：因此，从定义上说，权力通过定义符号位置确立自己的位置，它既是空间秩序中权力的载体，也是权力秩序中空间的载体（Monnet & Jérôme，2011）。

城市本身的物质形态或多或少是权力关系和等级（政治、宗教、文化经济）的微妙再现，往往体现在其市政厅、教堂或中心银行上。城市，实际上正是由市场作为促进繁荣的激励因素的作用与公民权利的至高无上地位之间的真正斗争（文化、经济和技术）决定的。通过市场占用空间的具体模式，空间不仅是建筑、人口和生产的容器，而且是生产关系和再生产的发源地，也是不平等和由此产生的不公正的根源。苏珊·费恩斯坦（Susan Fainstein）对"公正的城市"的主张可以说明这种紧张关系，而从城市开始的文化斗争最终对市场的运作和监管产生了显著的影响——从市场总体上，而不仅仅是城市框架内发生的事情——产生了明显的影响。因此，围绕城市政策的话语由注重竞争而转向公正的话，可以提高城市居民的生活质量。

但或许最重要的因素是城市在集中机制和互动机制的双重维度下成为了一台创新机器。创新和创业，当然还有城市的地理位置，是公司、产业集群和/或个人选择入住城市的原因。结合雅各布斯关于城市的想法和熊彼特关于创新的想法，有人认为，并不仅仅是创新和创业发生的地点在城市，而且城市需要它们发生（R.佛罗里达、Adler 和 Mellander，2017 年）。城市的高密度和多样性特征，使它成为培养那些支撑着人类进行创新、创业和经济增长的创造力的最佳环境。

- 城市作为个人和社区生活轨迹的场景

我们想要谈论的第三个方面，这一点在较传统的城市分析文献中较少涉及，是指城市作为其居民的人生、个性、职业和社会轨迹之场景的概念。到2050年，全球城市化水平将达到70%，城市将成为地球上大多数重要事件发生的场景，从而成为我们个人福祉、事业和幸福水平的主要决定因素。对低收入地区人群来说，经济因素对主观幸福感构成较大影响，但在发展水平较高的地区，文化进化改变了这一境况，使得人们更加重视自我表达和选择自由（Inglhart & Welzel，2005）；另一些作者则认为：快乐，社区承诺和意义这三个因素决定了生活满意度（Peterson，Park，& Seligman，2005）。

表3　作为人身轨迹场景的城市

维度：生活场景	主价值生成模式	生产/再生产模式
个人进行创造和实验的空间	整体发展 创造力 愉悦 经验	建构适合居民发挥创造力和丰富感官体验的公共及私人空间艺术和数字化
个人和社会关系发展的空间	认同感、信任感、归属感和参与积极性、意义	治理模式，创造与社区相联系的空间，组织网络，社区
职业发展领域	生产力 工作满意度	创造就业机会丰富的有利环境

因此，城市的成功越来越取决于城市能够提供怎样的生活，怎样的职业体验、社会体验和表达体验，而这与城市文化生态系统的关联也就越来越紧密。城市作为个人进行创造和实验的空间，通过人们发挥创造力、追求愉悦和丰富经验来激发自身实现整体发展的活力，从而产生价值。因此，成功潜力取决于城市建构适合居民发挥创造力和丰富感官体验的公共及私人空间的能力，反之促成了城市对艺术和数字化层面文化人士的需求。

其次，城市是个人和社会关系发展的空间。如果社区能够激发居民的认同感、信任感、归属感和对社区活动的参与积极性，那么它就会成长为一个高密度和高质量的空间。因此，城市治理模式必须倾向于创造与社区相联系的空间，从层次结构和组织结构图来看，我们的重心已经转向了横向的组织网络和社区。归根结底，城市参与的最终意义是为建设一个公正、公平、民主、多样化的社区作出贡献。（Fainstein，2014）

毫无疑问，工作取得的关系和地位仍然很大程度上决定着我们在社会中的符号、经济、社会和政治等层面的位置，而城市成功的地方就在于有能力为居住在城市中的人提供就业机会。就业机会是城市吸引力的主要焦点之一，一直是人们从农村向城市大量移徙的集结号。在城市环境中发展的工作生产力越高，劳动者就越有可能获得更高的工资，城市中也就越有可能存在更令人满意的、更高水平的工作。

为了最大程度发挥我们的人生轨迹，那些指南不再是纯粹的工具理性，它们还具有交流和互利的表达价值。从这个角度来看，我们可以解释 Richard Sennett 所提到的物理或建造的城市（他称之为 la ville）与居住的城市（la cité）之间的紧张关系（Sennett，2018）。一方面，城市是我们所称的存储仓，即一组建筑物、街道和广场；另一方面，城市则是人们居住、通过和创造自我的舞台。

城市环境里日益集中的人类伦理和价值观跨越了空间、社会和经济，使新活动的出现成为可能，其中一些具有经济价值的活动推动了技术创新和社区发展。可持续发展、创造力、透明度、参与度、问责制、技术和承诺是新社会活动和新生产部门的支柱；通过社会创新、创造性活动、邻近经济、协作经济、循环经济、社会关怀、绿色经济、共同利益经济这些领域，公民了解自己的自由度，并希望从中发展自己的职业生涯，因为正是在这些活动中，他们才能找到对自己日常行动的认同、乐趣和意义。这一领域的行为决定因素反映了与文化实践有关的新价值层次：愉悦、表达创新的意愿、关系性消费（相对于交易性消费）和自由交流、批判性思维、个人发展、团结、合作、互联网、多样性和美感的价值、正义感、参与以及比纯粹的经济利益更重要的幽默性与生命关怀（Boix-DOMènech & Rausell-Köster，2018 年）。文化城市的这些核心面貌将是未来城市发展的主要牵引器。

四、 从整体角度部署智慧城市、创意城市和文化城市

现在,我们都知道,文化和创造性活动在一个特定区域的聚集,用一种比我们以前设想的更深刻和更复杂的方式,改变了现行的逻辑和经济动态模式。领域不再是一个中立的概念,而是意味一种包含了价值和意义的资源。同时,创造力和创新的中心地位正在改变经济组织和人力资源管理模式的所扮演的角色。众所周知,围绕上述事实形成了一个流动的劳动力市场,这正好结合了人们对工作的自由化倾向,通过个人发展而丰富经验成为可能,也造就了劳动力倾向极端不稳定和自我拓展的现实。最重要的是,文化领域向社会经济领域的其他领域输出了一套价值观,这套价值观意味着一种更符合可持续发展观的伦理反思。城市密度及计划外互动总是产生紧张和冲突,而文化因素促进经济和社会创新是一个不争的事实。

只有以复杂和精细的方式思考城市经济,我们才能解释现代经济发展中

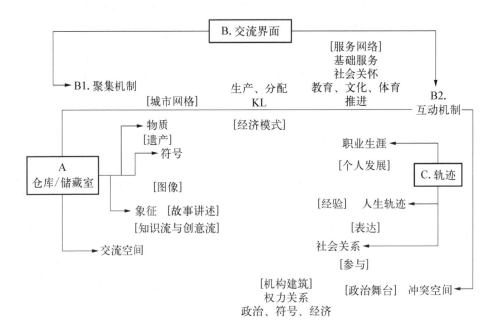

一个长久的悖论，即高支出、高工资的城市即使在交通和通信成本长期大幅下降的情况下也能保持继续增长（Storper & Scott，2008）。

在上面这幅概念图从视觉上构建了前述内容的关系网，并试图定位先前提出的各种概念的核心观点。

因此，通过对现实进行一个简单的综合，我们可以肯定，"智慧城市"的关注领域主要定位在城市作为一个连接界面这一维度上，与管理、效率、理性、技术、透明度、可持续性等概念有关。欧洲城市利用新的通信和信息采集技术来重新激活城市活力，弥补了去工业化进程所造成的衰退（Camagni、Capello 和 Caragliu，2015b），因此智慧城市（Cocchia，2014 年）被构建为一个新兴的多学科概念。最近，它被界定为一种创新进程，主要是通过信息和沟通技术（ICT）改善城市的生活条件、经济、流动性和治理等各方面的境况（anthopoulos & Reddick，2016）。智慧城市的文化关系具体化使得人们可以自由（开放）地获得文化数据，从而增加了文化译介、数字化保存和创新的机会。这为跨文化接触和体验提供了前所未有的潜在机会，文化消费者也不再是被动的接受者。（Borda 和 Bowen，2017）

最近，学术界也开始批评智慧城市概念的使用及其潜力。一些学者认为，智慧城市基本就是科技公司向城市销售科技产品的故事营销（Söderström，Paasche，& Klauser，2014）。"智慧城市"的其他风险，则是将技术传感器和算法转化为单纯的社会控制机制，或者简单地将治理模式技术官僚化，使参与显得没有必要。

创意城市则是指以认知和符号要素为基础的城市环境具备吸引力和竞争力，其产生附加值的主要机制是通过市场、审美或社会创新实现创造性转化。斯科特（Scott，2014 年）提出了"认知-文化资本主义"这一概念，他认为我们正在经历以认知技能和文化产品为基础的第三次城市化浪潮。不同于此前我们谈论的工商城市和文艺城市，这是一种经济和文化融合的新型城市组织。在此模式中，经济受到越来越多来自审美和符号意义的影响，而被消费的文化也更多地由营利性企业以商品的形式生产出来（Scott，2014）。佛罗里达定义的"创意阶层"，成为城市用来启动城市转型和提高系统全球竞争力的主要资产。

当然,并非所有城市都以同样的方式进入认知文化阶段,由于其实现工业化和现代化的不同轨迹必然导致了其向创意经济过渡的不同形式,我们甚至可以追溯出它们彼此间路径的差异(Pareja-Eastaway & Miquel,2015 年;Trullén,Boix & Galletto,2013 年)。

而创意城市的风险在于有可能使城市滑向景观社会——符号层面被浅化;所有文化体验都面临着巨大的商品化压力,包括那些因被转化为产品而处于危险之中的重要社会功能的体验。最近的批评还提到社会两极分化,这是创造性阶层占领某些城市空间所造成的后果,例如城市的社会分层、城市绅士化、种族隔离和城市中心的中产阶级被排斥等(R.L.佛罗里达,2017 年)。

前两个城市概念都将符号和沟通维度的作用仅仅局限为助力城市发展的工具。

我们在这里则提出的"文化城市"这一概念,其核心定义是使公民的文化权利得以实现和满足的城市空间。因此,形成了一种新的文化模式,将单一社区里的个人同包含不同文化权利的整体发展概念联系在一起,从《世界人权宣言》到《保护和促进文化表现形式多样性公约》,将个人与其文化环境联系起来,并界定了其经验的范围(审美、交流等)。在这个完整的概念中,社会凝聚力得以形成(通过形成共同价值观来影响与幸福相关的认知,如归属感、自尊、认同和社区承诺等),生活质量得以提高,自由度得以扩大(通过创造美丽和谐的环境,个体可以充分实现自己,满足自己对艺术表达、交流、分享、感受审美和认知情感的需求)。

因此,所谓"文化城市",是指其满足公民文化权利的内在能力,诸如存在的权利(赋予个人和社区建立身份认同的资源和工具),参与社区自身的符号定义、通过融入获取社区文化表达和赋予集体和个人行为以意义的权利,通过艺术实践和创造能力获得感受审美、认知或情感愉悦的权利等;而文化城市必须提供创造性和丰富的工作机会,促进密集的社会互动,使人们能够进行探索并激发灵感,并阐明允许活动和知情参与的治理机制。

文化城市的风险则在于它具有自我吸收的能力,或者说一旦文化权利在一定程度上得到满足,境况会趋于保守,城市将沉浸已有的现实中,而没有能力去质疑或是突破现状。

● 创意城市、智能城市与文化城市之间的联系

创新型城市完全以吸引力竞争为导向，无论是关注、人才还是生产性投资，都要求文化城市确定集体的使命和愿景。就话语轨迹而言，文化城市为话语赋予了意义并使创造力的运用具有连贯性，同时为话语赋予了地位感并通过参与使其合法化。

反之，创意城市为文化城市提供了一种全球性关联，所谓的创意阶层才是国际城市关系的真正连接者。创造性生态系统不那么受制于共识、传统、遗产压力和社区和谐，而是可以通过打破审美、边缘建议和越轨做法对稳定的关系和现状提出质疑，从而成为破坏性变革的催化剂。

纵观文化城市与智慧城市的关系，可以看出智慧城市对文化城市的主要贡献是提供了证据和工具理性，让我们得以对城市现实进行叙事和抒情。尽管文化城市实际上是一个虚构的社会结构，但我们有理由认为，越是想对这一构想进行证实，它的可持续讨论能力就越强。相反，文化城市使我们能够远离那些认为智慧城市可以领导我们、提供用户的体验、通过城市数据管理实现社会控制并改善治理的技术专家治国论式反的乌托邦。

最后，我们就智慧城市与创意城市的关系进行了分析。可以看出创意城市给智慧城市带来了符号灵敏度、艺术性、创造性和美感，而智慧城市则以数据、分析和技术解决方案的形式为创意城市带来了资源。

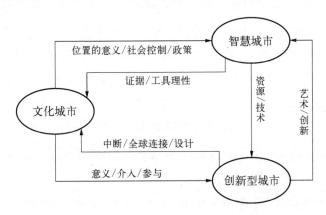

这些维度之间的适当平衡使得城市成为了成功的艺术品，因为它能够有效地满足我们作为人类的需求，满足我们的所求、所思、所望，也支撑着我们在有限的世界中追求最大程度的效用、满足和幸福。

五、讨　论

我们赞同哈维的观点，即我们想要什么样的城市与我们想成为怎样的人、我们寻求怎样的社会关系、我们珍惜与自然的怎样关系、我们想要怎样的生活方式、我们拥有怎样的审美价值这些问题是分不开的。因此，拥有城市的权利远不只是个人或集体获得城市已有的资源的权利，而是将城市改变和改造到符合我们内心期望的权利（Harvey，2012）。

面向文化和创造性活动的政策已经从仅能影响美学和化妆品领域，变成了决定公民福祉和幸福程度可能性边界的战略核心。传统观点认为，文化维度只是城市空间经济活力的一种表现。因此，伯里克利的雅典或文艺复兴时期威尼斯的文化繁荣只能作为这些城市对其所影响的地区的经济和军事统治的副产品来分析。

近几十年，对于城市空间的文化维度和其参与城市发展构成的能力之间的关系，才有了更为细致的处理方法。直到最近，一种现象和另一种现象——文化和城市发展——之间的因果关系，除了一些常见的说法外，还是很难争辩清楚。一般来说，我们可以说文化和领域之间的一系列互动是可疑的，但这些互动都发生在"黑匣子"中，很难认识到过程的因果关系。"文化城市"在我们看来是一个就是相互作用和对话的概念，以用来解释、补偿或平衡自身与创造性城市或智慧城市之间的关系。

我们已经清楚聚集经济和密度的重要性，城市的符号维度在很大程度上解释了城市繁荣程度、经济和社会创新动力的因素。但我们有必要进一步思考，将城市视为公民人生中重要经历的场景，这显然拓宽了公民生活中效用、满足和幸福水平的可能性边界。

但是，所有动力都不能独立于我们个人或集体的行动和决定而存在。我们所获得的关于社区与文化之间关系的知识和更高的治理水平，应该使我们能够加强对发展进程的社会控制。无论是通过满足我们的文化权利、提高生产力或生产效率，还是努力实现其他社会目标，并设法控制市场逻辑、利益集团、惰性或决策者的愚蠢而造成的风险，都是尽量扩展文化城市的影响并引导我们扩大自由度的发展模式。城市必须是这种新方法的先锋，而这需要更强大的工具理性、更多的数据和更好的分析，也需要情商、横向思维、美和真实（Boix、Rausell 和 Abeledo，2016）。

参考文献

Anthopoulos, L. G., & Reddick, C. G. (2016). Smart City and Smart Government. In *Proceedings of the 25th International Conference Companion on World Wide Web-WWW ' 16 Companion* (pp.351 – 355). New York, New York, USA: ACM Press. https://doi.org/10. 1145/2872518.2888615.

Baumol, W. J. (1967). Macroeconomics of Unbalanced Growth: The Anatomy of Urban Crisis. *The American Economic Review*, 57(3), 415 – 426.

Boix-Domènech, R., & Rausell-Köster, P. (2018). The Economic Impact of the Creative Industry in the European Union. In *Drones and the Creative Industry* (pp.19 – 36). Cham: Springer International Publishing. https://doi.org/10.1007/978 – 3 – 319 – 95261 – 1_2.

Boix, Rausell, P., & Abeledo, R. (2016). The Calatrava model: reflections on resilience and urban plasticity. *European Planning Studies*, 1 – 19. https://doi. org/10. 1080/09654313. 2016.1257570.

Borda, A., & Bowen, J. P. (2017). Smart Cities and Cultural Heritage-A Review of Developments and Future Opportunities. https://doi.org/10.14236/ewic/EVA2017.2.

Borja, J., Carrión, F., & Corti, M. (2017). *Ciudades resistentes, ciudades posibles:* Editorial UOC-Editorial de la Universitat Oberta de Catalunya.

Camagni, R., Capello, R., & Caragliu, A. (2015a). The Rise of Second-Rank Cities: What Role for Agglomeration Economies? *European Planning Studies*, 23(6), 1069 – 1089. https:// doi.org/10.1080/09654313.2014.904999.

Camagni, R., Capello, R., & Caragliu, A. (2015b). The Rise of Second-Rank Cities: What Role for Agglomeration Economies? The Rise of Second-Rank Cities: What Role for Agglomeration Economies? *European Planning Studies*, 23(6), 1069 – 1089. https://doi.org/ 10.1080/09654313.2014.904999.

Castells-Quintana, D. (2017). Malthus living in a slum: Urban concentration, infrastructure and economic growth. *Journal of Urban Economics*, 98, 158 – 173. https://doi. org/10. 1016/J. JUE.2016.02.003.

Cocchia, A. (2014). Smart and Digital City: A Systematic Literature Review (pp. 13 – 43). Springer International Publishing. https://doi.org/10.1007/978 – 3 – 319 – 06160 – 3_2.

Fainstein, S. S. (2014). The just city. *International Journal of Urban Sciences*, *18*(1), 1 – 18. https://doi.org/10.1080/12265934.2013.834643.

Florida, R. (2017). *The new urban crisis: how our cities are increasing inequality, deepening segregation, and failing the middle class — and what we can do about it*. Basic Books.

Florida, R., Adler, P., & Mellander, C. (2017). The city as innovation machine. *Regional Studies*, *51*(1), 86 – 96. https://doi.org/10.1080/00343404.2016.1255324.

Glaeser, E. (2011). *El triunfo de las ciudades: Cómo nuestra gran creación nos hace más ricos, más listos, más sostenibles, más sanos y más felices.*

Glaeser, E. L., & Xiong, W. (2017). Urban productivity in the developing world. *Oxford Review of Economic Policy*, *33*(3), 373 – 404. https://doi.org/10.1093/oxrep/grx034.

Harvey, D. (2012). *Rebel cities: from the right to the city to the urban revolution*. Verso.

Inglehart, R., & Welzel, C. (2005). *Modernization, Cultural Change, and Democracy The Human Development Sequence*. *Cambridge University Press*. New York.

Jin, X., Long, Y., Sun, W., Lu, Y., Yang, X., & Tang, J. (2017). Evaluating cities' vitality and identifying ghost cities in China with emerging geographical data. *Cities*, *63*, 98 – 109. https://doi.org/10.1016/J.CITIES.2017.01.002.

Monnet, J., & Jérôme. (2011). The symbolism of place: a geography of relationships between space, power and identity. *Cybergeo*. https://doi.org/10.4000/cybergeo.24747.

Nogueira, J. P. (2017). From failed states to fragile cities: redefining spaces of humanitarian practice. *Third World Quarterly*, *38*(7), 1437 – 1453. https://doi.org/10.1080/01436597.2017.1282814.

Pareja-Eastaway, M., & Miquel, M. P. i. (2015). Towards the Creative and Knowledge Economies: Analysing Diverse Pathways in Spanish Cities. *European Planning Studies*, *23*(12), 2404 – 2422. https://doi.org/10.1080/09654313.2014.988018.

Peterson, C., Park, N., & Seligman, M. E. P. (2005). Orientations to happiness and life satisfaction: the full life versus the empty life. *Journal of Happiness Studies*, *6*(1), 25 – 41. https://doi.org/10.1007/s10902 – 004 – 1278 – z.

Scott, A. J. (2014). Beyond the Creative City: Cognitive – Cultural Capitalism and the New Urbanism. *Regional Studies*, *48*(4), 565 – 578. https://doi.org/10.1080/00343404.2014.891010.

Sennett, R. (2018). *Building and dwelling: ethics for the city*. Macmillan. Farrar, Straus and Giroux.

Short, J. R. (2017). *A research agenda for cities*. Edward Elgar Publishing.

Söderström, O., Paasche, T., & Klauser, F. (2014). Smart cities as corporate storytelling. *City*, *18*(3), 307 – 320. https://doi.org/10.1080/13604813.2014.906716.

Sorribes, J. (2012). *La ciudad: economía, espacio, sociedad y medio ambiente*. Tirant lo Blanch.

Storper, M., & Scott, A. J. (2008). Rethinking human capital, creativity and urban growth. *Journal of Economic Geography*, *9*(2), 147 – 167. https://doi.org/10.1093/jeg/lbn052.

Susanti, R., Soetomo, S., Buchori, I., & Brotosunaryo, P. (2016). Smart Growth, Smart City and Density: In Search of The Appropriate Indicator for Residential Density in Indonesia. *Procedia-Social and Behavioral Sciences*, *227*, 194 – 201. https://doi.org/10.1016/j.sbspro.2016.06.062.

Therborn, G. (2017). *Cities of power: the urban, the national, the popular, the global*. Verso.

Trullén, J., Boix, R., & Galletto, V. (2013). An insight on the unit of analysis in urban research. In P. K. Kresl & J. Sobrino (Eds.), *Handbook of research methods and applications in urban economies* (pp.235 – 264). Edward Elgar.

厚植区域文化的实践思考

——以浙江文化研究工程为例

邵 清[*]

一

文化是一条来自老祖宗而又流向未来的河,这是习近平总书记在《浙江文化研究工程成果文库总序》中的开篇语,据此我们说中华文化这条浩瀚大河是由众多区域文化支流汇聚而成的,文化大河的奔流不息,来自支流的蜿蜒流淌,踏着来自历史的河流,厚植区域文化,从而不断丰富发展中华文明,实现文化强国,是新时代我们努力追寻的中国梦。

区域文化是由特定区域的自然环境、人们的经济生活方式和社会生活方式以及历史变迁传承所决定的一种特定的社会存在。

中华文化历经 5 000 年的绵延不绝,就是由华夏大地上不同区域、各具特色的文化,不断碰撞、交流、融合而成就的一种伟大文明。

文明的宏大叙事是必要的,但过于强调一个文明的共性阐述,会或多或少稀释这种文明浓郁的色彩,遮蔽它无数如宝石般的闪光点。

区域文化是中华文化的个性和局部,既反映出中华文化的丰富多彩,也成就了中华文化的博大精深。

区域文化不可能与世隔绝和孤立不变,不同的区域文化的交往和联系,既反映中华文化形成的动态过程,也揭示中华文化存在的逻辑结构。

传承好,建设好区域文化就是丰富发展中华文化,厚植区域文化是实施文

---

* 邵清,浙江省社会科学界联合会副主席。

化强国战略的有机组成和重要切入口。

二

厚植区域文化是一个实践命题。一般而言,推进区域文化建设是以梳理文化资源、构建文化载体、发展文化产业、培育文化主体为主要内容的系统性工程。

浙江省于 2005 年实施文化大省建设的"八大工程",即是一般意义上的区域文化建设系统工程。这个工程特别具有深意的布局是,在文明素质,文化产业,文化保护,文化阵地,文化传播和文化人才等方面推进区域文化建设的同时,着力搭建工程性的学术研究载体——浙江文化研究工程:旨在从学术研究的角度,系统梳理浙江文化底蕴,研究浙江现象,总结浙江经验,以厚植浙江发展的不竭文化动力。

在区域文化建设中,以重大学术研究工程为重要着力点,不仅有利于系统挖掘、梳理区域文化资源,理性思考区域文化的历史传承和当代发展,从而奠定区域文化建设的核心要素;而且有利于更好把握区域经济社会发展的特质,促进文化与经济社会发展的良性互动,从而厚植发展的内在动力。

三

浙江文化研究工程,努力为区域文化建设追求思想深度,期待实现新的文化层累与递进。在实施过程中始终关注处理好历史与现实、区域整体、政府主导与学术主体的关系。

区域文化建设中的学术研究项目,往往被定位在历史文献整理,而浙江文化研究工程在规划时就确定历史文化研究与当代发展研究并重和贯通的方针,并在实施过程中不断探索历史文化积淀和当代发展实践互为坐标的学术研究模式。这种并重和贯通,使历史文化整理,体现时代的光芒,当代实践研究具备历史的厚度和未来的洞察力,特别有利于文化和经济社会发展的互动。

　　区域文化必须放在民族文化和人类文明的视野中去解读和阐发；深刻阐释区域文化，就是为了更清晰的认识中华文化和人类文明。把区域文化画地为牢，既不符合历史事实，也不利于文化的进步和发展。

　　重大学术研究工程的有效实施，是体制优势在区域文化建设中的充分体现。这种史无前例的学术文化建设，一定会对区域文化乃至中华文化发展产生重要意义，依托于体制优势、政府主导的重大学术研究工程，必须十分重视坚持学术主体，即充分发挥专家学者的主体作用，充分尊重哲学社会科学的学术规律，增强问题意识，挤出"应景之作"。

作为创意产业艺术家
支持者的出版商

Mark Lewis 著　狄霞晨译[*]

本文将重点介绍像 Intellect 出版社这样的学术出版商如何通过建立与作者和编辑的关系、与艺术发展和社区机构的合作关系来支持和促进文化创意产业。为了突出这一点,我将介绍三个个案研究,这些个案研究证明了我们以及相关合作伙伴工作的重要性。

出版本身就是创意产业。Intellect 出版社在视觉艺术、电影研究、表演艺术、文化研究、传播和媒体等领域闻名遐迩。我们在新兴学科领域的出版成果也广为人知,很多出版物都是跨学科或多学科的。我们的学科领域包括:

视觉艺术	表演艺术	电影研究	文化研究	传播与媒体
绘画	剧场	世界电影	世界文化	数字媒体
插图	戏剧	电影剧本创作	移民	游戏
设计	舞蹈	电影配音	时尚	媒体
工艺	服装	动画	设计	生态
时尚	音乐	电影时尚	技术	文化政治
建筑	声音	教育	科学	新闻学
摄影	健康		影迷	广播电视
技术	教育		教育	教育
教育				

Intellect 出版社最近的出版物之一是《上海文化产业:全球城市的政策与规划(2018)》,由上海社会科学院的荣跃明教授和澳大利亚莫纳什大学的 Justin O'Connor 教授主编。该书是同类出版物中第一本用英语出版的,对上海

---

[*]　Mark Lewis,英国 Intellect 出版社总经理。
　　狄霞晨,上海社会科学院文学研究所助理研究员。

文化发展的政策、规划及其在中国"一带一路"倡议中的作用进行了深入的探讨。

本书是"Intellect 中国图书馆丛书"的一部分，该丛书收录的是以前未曾在英语学术圈中亮相的中国学术著作的英文版，丛书也在不断增长中。丛书涵盖了上述所有的学科领域，旨在向读者介绍中国的学问和思想，促进学术探讨和跨文化知识交流。

三个个案研究

我选择下面的三个个案研究来阐释合作的重要性；以及当政府机构、地方企业和艺术家通力协作时，在增强凝聚力、培养创造力、帮助社区、提供就业机会和刺激经济方面起到的重要作用。

第一个个案研究将介绍"Intellect Live"系列丛书以及我们与英国现场艺术发展局(LADA)合作开展的工作。

第二个个案研究主要围绕我们最重要的书籍之一——《作为文化生产者的艺术家：生活与维持创造性生活》(Sharon Louden 编，2017 年出版)的影响而展开。

第三个个案研究将以我们的两本学术期刊为例，说明这些期刊如何影响和推动艺术文化领域的学者、教师等从业者的工作，以及它们对现实世界的影响。

个案研究一：Intellect Live 系列

Intellect Live 系列丛书是 Intellect 出版社与现场艺术发展机构(LADA)的合作成果，该机构受到英国艺术委员会、一些合作组织和个人的资助。

我们为 LADA 出版的书籍以奢华的插图和精美的设计为特色。通过艺术家和作家之间的密切合作，每本书都是为表演艺术家精心打造的出版物，内容翔实。

现场艺术发展局(LADA)成立于 1999 年，是世界领先的现场艺术组织。

以下是他们的宣传语：

"LADA 致力于为创新提供蓬勃发展的条件，围绕当代文化的性质、作用和价值，发展新形式的公众参与和新型话语。"

LADA 也是伦敦东区行业协会的成员，"一个独立的小型商业社区，提供社交空间，维持邻里关系，让他们的街道成为更安全，更好的地方"。

我们 Live 系列出版的书籍在 LADA 的多维工作方式中发挥了重要作用，其中包括免费开放的学习室和研究设施，以及一家致力于现场艺术，表演和艺术实践材料的 Unbound 书店。

LADA 的工作带来的好处多种多样。例如：

- 它开创了艺术和职业发展中对话与辩论的模式
- 它有助于突破性的研究，学习和教学
- 它协调英国的现场艺术以及英国现场艺术促进者的网络
- 通过项目策划、合作设计和出版，发展出各种访问和参与现场艺术的方法。

这是作为学术出版商与表演艺术社区及其所服务的社区合作的第一个个案。LADA 的工作确实令人印象深刻，它为推广艺术及其受众组织提供了一个极好的模式。

个案研究二：作为文化生产者的艺术家：生活和维持创造性生活

我的第二个个案研究着眼于迄今为止 Intellect 出版社最畅销的书籍之一：《作为文化生产者的艺术家：生活与维持创造性生活》(2017)。该书由 40 位视觉艺术家撰写，由艺术家、教育家 Sharon Louden 主编。

本书中包含的故事向我们展示了当代艺术家如何通过独立思考和艺术作品为创意经济做出贡献，同时也慷慨地为他人的幸福做出贡献。正如书中所展示的那样，有一种误解认为艺术家是隐形的，但事实却是它们在教育、非营利组织和企业的环境中产生了重要的创新成果。

这本书的出版得到了纽约艺术基金会，福特基金会，Intellect 出版社以及许多其他个人的资助。

这本书曾经到约 100 个世界各地的场馆巡展。巡展地主要在美国,也有澳大利亚和英国的城市。Sharon Louden 到过美国 19 个州,访问了 6 个博物馆,13 个艺术中心,14 个大学艺术系,8 个非营利性教育机构、基金会和会议,4 个美术馆,3 个书店及艺术节,参加了 10 个 播客,还有一些广播节目。

这本书的巡展意在给公众传达增加视觉艺术教育的必要性,促进社区建设,以及为视觉艺术家在创意经济中所起的作用收集数据和材料。

这本书的巡展获得了许多显著的收益,例如:

• 吸引了成千上万的艺术家,围绕艺术家创作生活的可持续性问题进行了探讨。

• 促进了地方、区域和国家层面在视觉艺术领域的共同体建设。

• 为公众普及了艺术家生活的真实情况,消除了关于艺术家生活的常见误解,并让当地艺术家更多地接触当地的受众。

• 收到了许多年轻艺术家的反馈,这本书对他们的艺术发展具有非常重要的意义,有助于减轻新人艺术家常见的孤独感。

• 使得该书成为各种大学艺术课程的必读书籍,许多学生与书中的作者们联系,以求获得反馈和指导。

• 出现了新的艺术家团体,其中包括"生活和维持创意生活"俱乐部。

• 艺术收藏家被介绍给艺术家,艺术家们的作品销量应该可以得到提升。

• 提升了各地主办场所的知名度。巡展通过吸引希望与外地艺术家会面的群众,增加了主办场所的出席率。此次巡展通过销售本书为相应场所创造了收入。

本书提供了一个优秀的例子,说明了当艺术家有机会接触并激励受众时的收获。它不仅提高了人们对艺术和文化重要性的认识,而且还能够帮助他们更好地理解艺术家对社会和经济的贡献。

事实上,这本书的成功使得 Intellect 出版社策划了相关丛书的出版,Sharon Louden 就是这套丛书的主编。丛书包括:

- 生活和维持创造性生活：舞蹈
- 生活和维持创造性生活：写作
- 生活和维持创造性生活：设计
- 生活和维持创造性生活：工艺
- 生活和维持创造性生活：音乐

我们希望通过这些书籍能够支持这些领域的艺术家，也能够让公众了解艺术家对文化和经济的贡献。

个案研究三：学术期刊

在前两个个案研究中，我说明了 Intellect 出版社如何支持并与作者和艺术家合作的。然而，作为学术出版商，我们另一个重要的工作是支持和促进高等教育学者、教师和研究人员的工作，意在进一步推进当代的思想和学术进步。

最有效方法之一是出版学术期刊。Intellect 出版社目前在视觉、表演艺术和文化研究方面出版了 100 多种期刊。在这里，我将重点介绍其中的两个：《国际社区音乐》和《应用艺术与健康》。

《国际社区音乐》杂志

《国际社区音乐》杂志主要有关社区音乐方面的研究论文、实践讨论，时评和特刊组成。编委会由不同学科的国际一流学者和从业者组成，研究领域为社区音乐实践和理论。

该期刊的一项研究通过参与纽约的一个乐队来观察"认同形成"。该项目为成年人提供了在合奏中演奏音乐的机会。它促使成年人形成了在任何年龄段学习演奏乐器或唱歌的观念，该项目欢迎初学者以及任何水平的音乐家。项目还为其成员提供了音乐发展和享受排练、演奏、演唱和表演的机会。该项目还有利于增强成员之间的社会互动，提高社区参与度，提供目标感，尤其有利于老年人的身心健康。

这项研究也为其他组织提供了信息，其中包括英国的心理健康基金会，以及北爱尔兰的"演出来"项目。"演出来"项目为老年人提供了参与创意活动及表演艺术的机会。对参与者、相关人员以及社区的也带来了关键性的影响：

● 影响最大的是参与者,他们通过参与挑战和"演出来"项目提供的社交机会,表现出了信心和满足感的增长。

● 对于提升记忆容量有明显的好处。

● 有充分的证据表明该项目改变了老年人的感知方式,使得参与者及相关人员减轻了变老的羞耻感。

"演出来"的表演吸引了大量观众,使得整个北爱尔兰的剧院开始为老年人开设更多活动,该计划有望将在全英国推出。

这里是一本期刊中一篇文章的例子,其影响远远超出了学术界的范围。

《应用艺术与健康》杂志

《应用艺术与健康》杂志为艺术家、研究人员、医疗保健专家、教育工作者、治疗师,项目管理人员以及资助机构提供了思考和报道有效创新实践的机会。

该期刊由国际表现艺术治疗协会提供合作和支持,该协会是一个非营利性的专业组织,支持表现艺术治疗师,艺术家,教育工作者,顾问等人用艺术促进个人及社区的发展、转型。目前,应用艺术实践的有效性尚未得到充分研究,该期刊为高质量的学术活动提供了便利。该期刊的一个重要目的是报告研究现状,关注艺术对健康的作用以及健康艺术。在这里,健康包括身体、心理、情感、精神、职业、社会和社区的健康。这本杂志现已进入第 9 个年头,其中包含许多有效利用表现艺术作为社交、社会心理学、身体和精神健康的工具的例子。

最新的一期《应用艺术与健康》(9.2)侧重于基于艺术的灾后救援,并概述了社会心理的反应和实践。社会心理工作旨在帮助受危机影响的个人,家庭和群体,提供社会心理健康和预防心理健康危机。本期刊中的文章是由在全球各地从事人道主义援助工作的创意和表现艺术的治疗师撰写的。他们来自菲律宾、黎巴嫩、肯尼亚、柬埔寨、希腊、日本、法国和泰国。

今天,社会心理援助被视为救灾的重要组成部分,艺术是其中不可或缺的一部分。《应用艺术与健康》杂志等期刊在传播治疗师的经验方面发挥着至关重要的作用,使他们的想法和实践有助于艺术治疗师处理各种工作困境。

结　论

上海发展、增强其文化创意产业及空间的计划确实雄心勃勃。然而，现在他们更多地强调创意产业对国民经济和国际贸易的财政贡献，对文化中心等大型文化资源发展的意义，但对文化艺术的内在价值、社会价值及其对人民幸福影响的重视还不够。我想说的是，在所有的发展计划中，我们永远不应忽视各种艺术家对个人，邻里和社区生活的贡献。

对艺术家繁荣运动的解释：

当文化艺术蓬勃发展时，个人也得到发展。

在许多个案研究的支持下，现在有大量证据表明，个人参与艺术和文化时更有现代市民的自觉，因此个人与的社区关系密切。这不仅适用于你、我，也适用于那些特殊的群体，如少数民族，LGBT 社区，老人和体弱者，甚至囚犯。

当文化艺术蓬勃发展时，社区兴旺发达。

健康社区的一个重要标志是创造性表达。这可能表现为绘画、摄影、音乐、舞蹈、雕塑、表演或其他艺术形式。艺术也可以带来巨大的环境效益。繁荣的文化不仅可以通过现有的物理空间得到鼓励和增强，还可以帮助老年人和社区恢复活力。前面提到的现场艺术发展局和东区行业协会的工作就是很好的例子。反过来，更强大的社区可以帮助创建更强大的城镇。

当文化艺术蓬勃发展时，社区蓬勃发展。

社区中邻里的数量和组织可能很多，社区可能建立在年龄、性别、种族、文化、艺术或其他追求、心理健康、身体残疾等因素的基础上。艺术对健康的社区而言至关重要，艺术和文化活动的参与机会是社区茁壮成长的重要因素。

当文化艺术蓬勃发展时，企业蓬勃发展。

以上这些都直接或间接地对企业产生了重大影响，因此最终影响了经济发展。很明显，Intellect 出版社本身也在出版以及与艺术和创意产业中的合作关系中茁壮成长。小型企业和个体企业也受益于当地艺术家、表演者和音乐家，文化节、音乐厅、电影院、艺术画廊等也是如此。

提升艺术和文化的价值,改变人们对它的看法并采取行动是至关重要的。Intellect 出版社作为艺术家的支持者,为自己在其中直接和间接扮演的角色感到自豪。

参考文献

Artists Thrive Movement. https://artiststhrive.org/.

East End Trades Guild. https://eastendtradesguild.org.uk/.

Intellect Live Series. https://www.intellectbooks.co.uk/books/view-Series,id=34/.

International Journal of Community Music. Bristol：Intellect. https://www.intellectbooks.co.uk/journals/view-journal,id=149/.

Journal of Applied Arts & Health 9(2). Bristol：Intellect. https://www.intellectbooks.co.uk/journals/view-journal,id=169/.

Live Art Development Agency. http://www.thisisliveart.co.uk/.

Louden, S.（2017）*The Artist as Culture Producer: Living and Sustaining a Creative Life*, Bristol：Intellect.

Rong, Y., O'Connor, J.（2018）*Cultural Industries in Shanghai: Policy and Planning inside a Global City*, Bristol：Intellect.

仪式与传播：当前城市
空间偏向及其治理

许正林　樊中华*

　　20世纪60年代，在西方城市社会所呈现出的混乱和无望的现实召唤下，社会学理论开始表现出了空间转向的兴趣与要求。正是在同一时期，在传播学领域，媒介技术突然展现出了极大的威力，不仅跨越了空间，而且以声光色影构筑起虚拟世界的电子媒体，冲击了整个社会接收信息的方式和结果，这使得一个矛盾冲突和反抗运动丛生的社会从心理到表象都更加混乱。因而媒介环境学作为传播学中的一种反思视角应运而生，代表了传播学空间维度研究的兴起，其关键词聚焦在资本主义、城市、技术等这些造成城市困扰的致因因素上，力求从人类传播活动中寻求治理城市社会危机的方案。

一、 传播学空间转向中的仪式观

　　作为媒介环境学派的开山鼻祖，刘易斯·芒福德以探根溯源的方式探索了城市生成的根源及其之所以为城市的特质，展现了在城市发展的历史中，进行宗教信仰传播的空间和记忆之物对城市形成和延续一以贯之的重要性，"环境即媒介"的思想在其论述中得到发挥。

　　哈罗德·英尼斯则首次明确将空间与时间并列为传播的两个重要维度，首次赋予媒介以时空概念。在《帝国与传播》一书中，他提出著名的传播偏向

* 本文为作者主持国家社会科学重大项目"当代中国文化国际影响力的生成研究"【编号：16ZDA219】前期成果。
　　许正林，上海大学新闻传播学院教授、博士生导师。
　　樊中华，上海大学新闻传播学博士，凤凰网华东区总经理助理。

理论,以时间和空间的概念作为切入点,从传播学的角度树立了媒介变迁对人类文明和历史的影响。其学生麦克卢汉承其衣钵,以警语式的表达极大地扩充了传统概念上的"媒介"涵义,由此发散,空间不仅代表一种维度,同时也作为一种实体物质的存在而具有了高参与度的冷媒介属性。

1989年,詹姆斯·凯瑞受到英尼斯"研究传播的物质属性"这一思路的启发,在其著作《作为文化的传播》中,提出了传播的仪式观,与之前几十年来占据传播学研究主流的传递观相对,首次将传播空间维度的传播内容、媒介、方式、效果等进行了论述。

传播的仪式观蕴含着这样几层涵义:1)仪式性传播是空间维度的传播,而传递性传播则是时间维度的;2)仪式性传播强调人们在空间中的共同参与和交往,这一传播形式"有着明确的宗教起源,而且它也从未完全脱离这一基本的宗教隐喻";①3)它不仅限于宗教或政治上的仪式形式,决定传播活动是否形成仪式的标准在于其是否具有共享性质;4)仪式性传播所能达到的效果是传递性质的传播活动所无力达成的,这就表明了仪式性传播在社会之中的不可或缺性,进一步地,即是空间传播的实质和重要性所在;5)凯瑞将传播进行了时空划分,这与英尼斯对媒介的时空划分在本质上一致,但描述上相反。传播的仪式观将人类传播的时空属性突出出来,并指出了空间维度传播的重要性,与波斯曼、梅罗维茨等学者对时间维度的技术媒介的批判殊途同归。

二、 源于宗教的空间传播仪式化属性与形式

空间传播的仪式属性是与生俱来的,是传播的空间维度与时间维度天然相异之处。在人类传播最初诞生的旧石器时代,特定的岩洞空间就承担了仪

---

① [美]詹姆斯·W.凯瑞:《作为文化的传播》,丁未译,北京:华夏出版社,2005年8月,第7页。

式性活动固定举办地的角色,上古人类会定期从不同的聚居地聚集而来,为共同的祭祀礼俗和宗教信仰举办礼仪活动,圣经中的巴别塔故事的起因即源于此。岩洞这一空间承担起了媒介的角色,作为不同聚居群体进行专门交流的实体媒介而存在,其功能与今天无形的网络媒介等并无差别。而更重要的是,这一岩洞媒介性的凸显,是由于定期的、专门的、精神层面交流的仪式而促成的。这一人类精神向往需求的中心地点的意义在之后的发展中演变为各种形式的"圣地","这些圣地也是各种神圣含义和权力的象征,能把人群从很远的地方吸引到各自领地范围里来"。①

芒福德指出,人类最早的礼仪性汇聚地点,即各方信徒朝觐的目标,就是城市发展最初的胚胎,②是城市会不断吸引人群聚集的本质原因。这首先说明,城市空间与上古原始的礼仪空间在传播意义上是一脉相承的,因此我们可以明确,今天城市的聚集其原始内核在于精神信仰而不是物质和环境等外在条件的吸引,因而城市在其本质意义上是一个具有共识性的道德组织。并且,在共同空间中产生的精神共识如要不断存续,则仍需借助空间维度的仪式性传播来进行,即实体的图腾、仪式性场所始终有其存在的必要性。这同时解释了技术媒介为代表的时间维度媒介为何在精神信仰及道德理念的传播上施展乏力的重要原因。

作为传播空间维度最为原初的凸显形式,采集-狩猎时代的祭祀和图腾崇拜等宗教性质的仪式不仅体现出了空间传播的基本内容与形式,同时,由其在之后演化出的宗教、利益、祭祀等仪式活动等进一步展示出了空间媒介三种社会传播形式。

在采集-狩猎时代,信仰以圣地的形式被空间化。之后几千年来,不同地区和时期的人类不断地通过将信仰具化的方式,为其在现实空间中找到或造设一个"居所"或实物,聚集起来,承续图腾膜拜仪式。这些仪式无论性质如

---

① [美]刘易斯·芒福德:《城市发展史——起源、演变和前景》[M],宋俊岭、倪文彦译,北京:中国建筑工业出版社,2005年2月第一版,第7页。

② [美]刘易斯·芒福德:《城市发展史——起源、演变和前景》[M],宋俊岭、倪文彦译,北京:中国建筑工业出版社,2005年2月第一版,第9页。

何,都具有精神交流的实质和意义,"在任何情况下,它都是可以把大家召集起来,使大家共同行动,激发起一种欢腾的状态,有时甚至是谵狂的状态"。① 那么,精神交流是如何实现的呢？弗洛伊德在对泛灵论、巫术和思想三者关系的阐述中认为,巫术与魔法都是泛灵论指向下的一种技术,②二者的共同点是相信通过相似性的物质,精神感应可以传递,即精神与相似物之间具有同一性,通过相似物,精神的力量可以用来祈雨、制敌和对抗"魔鬼"。很显然,图腾,或说那些具象化和空间化了的信仰,就是起到了一个相似物的作用,参加仪式的人们通过它完成精神的交流与共振。

这是空间媒介传播形式之一,即作为人们无形的精神之间的相似物,可以使人们通过仪式彼此不断验证精神的一致性。这是一种对抗现实残酷性的精神诉求方式,目的是使参与者感受到精神上的满足。

宗教作为群体精神的凝聚力量和方式,逐渐被统治权力所利用。途径有三种,一是神的统治,即统治者隐于神明之后,神明是统治力量的代言人。如古希腊的神祇是城市居民实在的统治者,有形的城堡主隐于无形的神祇之后,完全根据人们祭祀物的丰富与否而决定是否给予其恩赐。二是统治者掌握着与神明交流的权利,例如只有最高统治者才享有的祭祀的权利,从统治者角度来说,这就意味着享有了统御民众精神思想的权力,而对于民众而言,对祭祀权力的景仰和交付也意味着对自我精神世界的交付。其三是统治者与神明合而为一,成为神的化身。即在君权神授的说辞下,君主作为信仰的神明中的一分子(如中世纪的专制君主自称为太阳王,是神话中的一个法老或亚历山大大帝③),或是神明之子(如中国皇帝被称为"天子")而代表神明实施统治。这三种方式在很多时候处于一种相互支撑、暧昧不清的状态中,目的就是使政治的、肉体上的强制统治具有精神上的自愿性。城市中修建的神庙、庙宇、祭坛

---

① [法]爱弥尔·涂尔干:《宗教生活的基本形式》[M],渠东、汲喆译,上海:上海人民出版社,1999年11月第一版,第503页。

② [奥]弗洛伊德:《图腾与禁忌》[M],文良文化译,北京:中央编译出版社,2015年第一版,第127页。

③ [美]刘易斯·芒福德:《城市发展史——起源、演变和前景》[M],宋俊岭、倪文彦译,北京:中国建筑工业出版社,2005年2月第一版,第389页。

乃至君王的宫殿本身都是为精神统御而进行传播的空间媒介。其中一个最极致的例子是北京城内的天坛回音壁,它具有真实的媒介效果,即将祈祷者声音放大,也具有精神的媒介效果,即人们认为可以将声音放大到使神明知晓。这一媒介使君主的行为更具有可信度,即祭天祈雨这一仪式更加逼真。逼真这一效果给百姓带来希望,得以缓解眼前因为某些无力抗拒的原因引起的深层焦虑,稳定了社会,避免灾难恐慌可能形成的具有极大破坏力的社会动荡对政权造成威胁。

由此,空间媒介作用的第二个体现即是作为统治与被统治者的沟通渠道,它为前者提供了统御精神世界的方式,而为后者提供了解答和纾解现实压力困惑的途径,它的最终效果是达到社会的稳定,以及——就统治者而言——政权的稳定。

公元5世纪,基督教将人们的精神从西罗马帝国晚期腐朽病态的城市中解救出来,宗教作为精神领袖的力量达到最大化,并重新构造了精神凝聚而形式自治的城市,其布局完全由市民依需要不断建设和修正,为了方便守卫和遮挡寒风等考虑,它的街道是弯弯曲曲的,分别通向市中心,这种街道为宗教游行提供了难得的集体参与机会,游行的队伍穿行于城市的大街小巷,可以将道路两边的人随时吸纳到游行的队伍中来,"他们直接参与这一场面,从内部观赏到全部行进过程,而不是单纯的旁观者;或者说,他们是从参与这些活动中来亲身感受它,共同完成这一盛典,而不是互不相干的个人,各自担当各自的角色"。① 通过这种轻易地、随机的也是频繁的仪式参与,人们与城市和彼此产生了密切的联系,并在仪式中感知自己在城市社会中的地位,获得精神上的共同体感受。

这是城市空间作为媒介的第三个体现,即作为可以引导人与人之间进行彼此接触、参与和交流的场所,使人们有机会进行社会必要合作以外的交往,并从中得到精神的共鸣。

---

① ［美］刘易斯·芒福德:《城市发展史——起源、演变和前景》[M],宋俊岭、倪文彦译,北京:中国建筑工业出版社,2005年2月第一版,第300页。

空间媒介作用的上述三个表现,同样延续并体现在今天的城市空间和城市生活中,分别体现为集体记忆,即由目睹故地或相似物而引起的回忆和认同情感;权力支配下的大众精神诉求,即意识形态与资本通过空间进行的社会生产,以满足资本的增值和意识形态的统治为目的;以及日常生活中的交往仪式,即个体与他人交往过程中所做出的仪式性质的行为,以强调身份和道德价值观。对于社会普遍信任的空间传播来说,集体记忆和交往仪式是正向的情感流动方式,而资本与意识形态的空间生产则是反向的阻挠力量。

三、 空间的仪式性传播与城市文化张力

空间性是仪式性传播的基本属性,它决定了仪式传播: 1) 需要个体现实在场;2) 需要在适宜的空间中进行;3) 以精神上的分享为主要性质;4) 在交往中完成。这是一种与大众媒介的传播完全不同的传播形式。

随着人类社会结构逐渐复杂多元,"仪式"的概念也被极大地拓展。在凯瑞的传播仪式观中,"仪式"即强调共同参与交往和进行精神共享之意。而柯林斯的互动仪式链理论则进一步指出,"当两个或两个以上的人聚集在同一场所,不管他们是否会特别有意识地关注对方,都能通过其身体在场而相互影响……分享共同的情绪或情感体验,这些要素彼此形成反馈作用",[①]即从戈夫曼拟剧理论中互动的"表演性"进一步引申至其具有"泛分享性"。可以说,人们在任何同一城市空间内进行的语言或非语言互动行为都可以被认为带有仪式的性质,即普遍的社会交往具有仪式性。据此,现代城市空间中的仪式性传播的张力体现在以下几个方面:

第一是多样性和普发性。人类的表达信仰的仪式范围逐渐扩大到事无巨细的方面,在任何时候,人们都可以因为要传播自己秉承的理念和价值观,而作出仪式性的行为,这使城市成为多种仪式交互进行的舞台。

---

① [美] 兰德尔·柯林斯:《互动仪式链》[M],苏国勋主编,林聚任等译,北京:商务印书馆,2009 年 4 月第一版,译者前言第 85 页。

第二仪式是某种信仰的行为表达，关键在于分享。 凯瑞认为，"传播的起源及最高境界，并不是指智力信息的传递，而是构建并维系一个有秩序、有意义，能够用来支配和容纳人类行为的文化世界"。① 空间偏倚的技术媒介"几乎完全断绝了物质地点与社会'地点'的联系"，②它为 1）提供精准、全面的信息以供决策；2）让人们认知更大的世界以扩展视野；3）以消除空间感而凸显时间的价值；4）收发信息；而生。与之不同，以客观物质世界为媒介的仪式传播则 1）强调即时的参与以激发共情；2）建立和巩固人们的价值观以维系群体的共同体属性；3）以循守、创造时间感而强调空间的重要性；4）共享文化。

第三，仪式的最终目的在于通过精神得到满足而巩固共有的价值观。 它对社会价值和共同体精神的强化主要体现在三个方面：1）仪式的规范整合作用。"仪式首先是控制混乱，形成秩序的方式"。③ 由于仪式是对群体共有的精神信仰的共同体验和反复强调，因而遵照信仰和道德准则行事，是所有参与者的基本行为意识，这就保证了一种被信服的、自愿遵从和恪守的、达成共识的规则的力量；2）仪式的宣传昭示作用。仪式具有预想策划和公开展示的特征，是个体思维观点意欲展现的那一部分所形成的行为，而仪式的目的就在于与他人共享这一部分观点。这不仅体现在有专门创造、缜密策划的仪典的仪式中，且表现在个体在日常交往中根据环境对自身行为进行编码的过程，这同样是在创造和策划一个仪式。这一传播模式可以用来解释基于道德的普遍社会信任的传播过程，此过程中包含着效仿与规训的双重涵义。3）仪式的安抚凝聚作用。表现为两类，其一，现代城市的筑造本身就是一个仪式，其诉求在于最大限度地彰显城市的魅力，最大限度地实现城市的磁体属性，城市是人们希望团结一致的仪式性场所，它的每一点改变和建设都成为一个仪式事件，带有"筑造共有家园"、构造"想象的共同体"的仪式意味；其二，自发性的群体仪

---

① ［美］詹姆斯·W·凯瑞：《作为文化的传播》[M]，丁未译，北京：华夏出版社，2005年8月，第7页。

② ［美］约书亚·梅罗维茨：《消失的地域：电子媒介对社会行为的影响》[M]，肖志军译，北京：清华大学出版社，2002年11月第一版，第110页。

③ 周鸿雁：《隐藏的维度——詹姆斯·W·凯瑞仪式传播思想研究》[M]，戴元光主编，北京：中国大百科全书出版社，2012年3月第一版，第88页。

式如狂欢仪式或突发事件下的应激仪式,前者从古老的宗教仪式那里巧妙继承了周期性所带来的郑重、期待和情感爆发的仪式要素,并由于强大的互动性和氛围感染,仍旧能够就共同体感受和精神分享的满足达成通常技术媒介难以达到的效果。后者如游行和集体襄助等,通常蕴含着强烈的道德感和正义感,是一种能够很好地说明人类将普遍性的道德内化的实例。

第四,空间对于仪式具有极端重要性。首先是任何个体都需要通过现实的参与来保持他和群体的紧密联系以获得生存,而仪式是一种重要的展示群体一致性的机会。此外,空间这一仪式传播媒介还具有对记忆的贮藏作用。记忆术的核心就在于"视觉联想",即把记忆内容和难忘的图像公式编码,以及"入位"——即在一个结构化的空间中的特定地点放入这些图像。① 这一功能表现在两个方面:一是空间媒介作为记忆之物,连接和凝聚集体记忆,这是空间作为记忆的确证而存在。哈布瓦赫认为,集体记忆具有双重性质,既是一种物质客体,物质现实,比如一尊雕像,一座纪念碑,空间中的一个地点,又是一种象征符号,或某种具有精神含义的东西,某种附着于并被强加在这种物质现实之上的,为群体共享的东西。② 二是空间成为人们在现实交往中保存回忆的背景和场所,是集体记忆形成的物质条件。空间因对日常交往展现的这种记忆性质而被称为"代际之地",它的重要性产生于家庭或群体与某个地方长期的联系,由此产生了人与地点之间的紧密关系地点决定了人的生活以及经验的形式,同样人也用他们的传统和历史让这个地点浸渍上了防腐剂。③ 依托稳定的交往空间,集体记忆不会止步于一代人之间,而会通过代际的繁衍更替不断传承与更新,保持它的鲜活与凝聚力。

比起经由技术媒介接收的新闻消息、从空间媒介中获取的环境信息和交往信息,以及更深一层地,不同形态的媒介所携带的关于信息表达形式所产生

---

① ［德］阿莱达·阿斯曼:《回忆空间——文化记忆的形式和变迁》[M],潘璐译,北京:北京大学出版社,2016 年 3 月第一版,第 174 页。

② ［法］莫里斯·哈布瓦赫:《福音书中圣的传奇地形学》,载于《论集体记忆》[M],毕然、郭金华译,上海:上海人民出版社,2002 年 10 月第一版,第 335 页。

③ ［德］阿莱达·阿斯曼:《回忆空间——文化记忆的形式和变迁》[M],潘璐译,北京:北京大学出版社,2016 年 3 月第一版,第 356 页。

的信息,不同时空维度的媒介传播的信息为社会带来的深刻影响才是对人类社会而言更为重要的讯息。在依靠技术革新和优势,将传播的全部内容视为是声光色影和字句组成的信息的传递观带有功利的属性,它寻求的是解决当下问题、应对不确定性的最大可能性,人类如果要将精神的财富永续,一个民族和国家要避免历史沉淀优良传统广陵散绝,社会要对主流的、有利于团结和发展的那些道德观念和价值体系弘扬和普及,以城市空间为媒介的仪式传播是不可怠忽的重要一面。

四、 当前城市的精神价值与空间偏向

当代城市的精神价值主要表现在:1) 不存在原始长久的邻里关系,因而隐私得到了保证,不必受到邻里舆论的影响,也不必保持交往、努力维护声誉,因而获得了相对自由的心理状态和时间。相比之下乡村或城镇的小范围而稳固的、甚至具有承袭性的社会网络关系中则缺乏这样的空间;2) 在陌生的人群中,个体与其他人彼此不构成任何责任义务的关系,彼此没有需要保持合作的绝对性依赖,因此交往不构成情感交流;3) 熙攘的都市与个体内心的自由渴望是彼此衬托和扶持的,一则是因为"都市中拥挤的人群和混杂的交往,若是没有这种心理距离,则就简直无法忍受",[①]二则是"在这种环境中人们无论在什么地方可能都不会感到寂寞和孤单,这显然是自由的保证";[②]4) 相对小城镇单调的职业分化和文化环境对个性的束缚,在城市提供的无数的机会下,个人自由化发展的可能性让人痴迷;5) 城市的丰富物质和文化生活让人体会到了选择的自由。

但同任何人类聚居形态一样,作为一个社会组织来运转的城市必然有其独具的束缚性,并且相比乡村和小城镇,城市的运转需要更加严苛的秩序,可

---

① [德]格奥尔格·西美尔:《货币哲学》[M],陈戎女,耿开君等译,北京:华夏出版社,2002年6月第一版,第382—387页。

② [德]格奥尔格·西美尔:《大都会与精神生活》,载于《桥与门——西美尔随笔集》[M],上海:上海三联出版社,1991年4月第一版,第271页。

以说,城市提供的自由只是感官上和表面化的自由,是私人的、暂时的自由:首先,个人交往的自由建立在情感交流的缺失上,因而个体之间的联系是暂时和计价的。计价关系的计算性和功利化将匿名的自由性转变和固化为普遍而机械的社会关系,"我们与他们的联系,不过就是完全以金钱表现的兴趣",[1]个人难以在现实的人际网络中获得情感的双向流动,因此于个体而言,情感并不是完全自由的,这会导致另一种心理不适。尽管技术搭建了远距离沟通的桥梁,但却无法保证个体情感在多样化的交往中不断更新和充沛,虚拟空间的情感联络终将因缺乏现实基础而枯竭断裂。

其次,因为密切的社区网络的缺失,个人隐私得到保护的同时意味着存在于密切关系网络中的道德规训和舆论监督不复存在,社会失去了道德传承的渠道,而个人失去了道德习得的机会。个人在城市生活中的渺小感和非人格化存在,使人们难以意识到,个人责任,个人道德,及行为所可能产生的社会影响。另一方面,与自己的邻居不熟在大多数的情况下,对于个人的生活并没有太大影响。相反,这会让人觉得更加自由。然而当某些特殊事件发生时,这种影响就会显露出来。相比起传统社区中更加亲密的邻里关系,不熟识的邻居显然没有更大的可能性去相互帮助,彼此之间的不信任,对各自利益的计算,以及普遍存在的隐匿性,就促使社区不大有可能去完成一项关乎群体利益的行动。作为社会基础单位的社区群体利益维护的放弃,促使城市失去了一种自下而上的自我积极寻求改变和进步的渠道。

第三,城市过于细致的分工是合作关系的异化。这种异化产生了这样两种自由,一是激烈的竞争促使个体刻意寻求个性的发展,创立个性化的、精细的职业分支。二是金钱可以度量和越来越多地买卖个体所需要的大多数商品特别是服务,因而对交互性、可以产生情感交流和促进长久关系形成的合作需要愈少。这两种"自由"是相互促进的,而分工的异化体现在对人类合作本质——促进团结和凝聚精神——的背离。在这样的合作中,人与人之间的信

---

[1] ［德］格奥尔格·西美尔:《货币哲学》[M],陈戎女,耿开君等译,北京:华夏出版社,2002 年6 月第一版,第 303 页。

任不是建立在人格和道德的基础上，而是通过职业专业化和合同、律法、条约等的保障来建立。

第四，城市自由的本质性是资本力量主导下的自由，这表现在两方面，一是资本决定的阶级性进而决定了自由的大小，这不仅体现在设施与服务的使用，同样体现在空间的使用上。19世纪初，纽约城刚刚出现的公共马车由于票价不菲，只有中产阶级及以上的社会阶层才能享用，对城市空间的拓展与更大范围的自由使用从一开始就充满了阶级意味，是以经济阶层为取舍标准的。① 而这种自由选择和使用空间的特权之后演变为这些阶层对居住环境和空间大小的自由选择，以及对交通工具和通勤道路的选择与占据。二是资本提供自由选择的目标无一例外是赚取利润，这样的自由选择充满了由金钱多寡、规模化生产、流行趋势等带来的局限性，而更为重要的是，当人们已经习惯了在被设定的范围内做出选择，自由的意义范畴就被极大地缩小了。

第五，恰如理查德·森尼特指出的那样，扩大的城市面积和便捷的交通看似使人摆脱了空间的束缚而得到了身体的自由，实际却正是将自身禁锢的一种新的方式——隔绝。"隔绝目前有三层含义，第一，它意味着身处城市高密度建筑中的居民或工人，无法感知建筑物所处的环境，第二，既然一个人可以有私家车把自己与外界隔绝，并可以自由活动，一个人就不会相信自己周围的环境有任何意义，除了作为通向自己运动终点的通道，第三，这可能是对公共空间中的社会隔绝更残忍的解释，它是一种直接由一个人对他人的可视性制造的隔绝。"②最后的这种隔绝指的是那些由于过近的距离导致的无处不在却又毫无意义的陌生人目光，反而拉远了人与人之间的距离。"因为身体的宁静与空间的逼仄，使得只有精神距离变得显而易见。"③最典型的情境是在通勤高

① ［美］霍华德·丘达柯夫，朱迪丝·史密斯等：《美国城市社会的演变（第七版）》[M]，熊茜超，郭旻天译，上海：上海社会科学院出版社，2016年1月第一版，第81页。
② ［美］理查德·森尼特：《公共人的堕落》，引自汪民安、陈永国、马海良主编：《城市文化读本》[M]，北京：北京大学出版社，2008年1月第一版，第367页。
③ ［德］格奥尔格·西美尔：《大都会与精神生活》，引自汪民安、陈永国、马海良主编：《城市文化读本》[M]，北京：北京大学出版社，2008年1月第一版，第138页。

峰期拥挤的公共交通上，"私人空间的建立在报纸与杂志之后，建立在闭眼之后，或者建立在人们用眼睛盯着把车厢隔开的五颜六色的广告牌之时"。[①] 此外，空间对身体自由的禁锢还表现在城市的流动性上，流动看上去是一个自由的概念，然而在城市中大多数时候却充满了不得不进行的流动。长途的通勤距离、因为政策、环境和需要变化而不断进行的搬迁、流动人口的往来迁徙，以及对城市区域等级上的追求等等都促成了被动的流动，它占据了个体的时间和精力，同时将其从社区中剥离出来，流动性使城市无法形成稳定的底层细胞结构。

显然，城市的自由更似一种"锁定"，即被社会上强大的力量迫使做出狭小范围的选择或不得不怎样做，[②]亦即齐美尔所指"负面而消极的自由"。[③] 其实质是人类个体对资本掌控下的城市之空间距离、阶级区别、行动规束、标准化规则、流动易变性及个性锁定等方面本能的反抗与屈从，是对自由的虚幻化认知和猛烈追求，以逃避和放弃现实为手段。因而它所带来的最终是社会人际网络的功能弱化甚至消失：情感交流阻隔断裂、群体力量分解削弱，道德承袭终止以及社会信任消解。

五、 当前城市空间偏向的治理

社会交往的最普遍形式和意义就是通过人与人之间面对面的交流实践建立社会联系，人际传播是唯一的途径，人对空间环境这一媒介合适与否的感知，是决定此传播能否以及在何种程度上进行的关键。空间环境包括了物质环境和模糊群体两个部分，前者会影响到后者的形成及性质。如果我们可以将这类人际交往的城市空间类型与人际关系类型进行划分，就能够得出不同

---

① ［美］约翰·J·马修尼斯，文特森·N·帕里罗：《城市社会学：城市与城市生活(第6版)》［M］，姚伟、王佳等译，北京：中国人民大学出版社，2016年1月第一版，第183页。

② 郑也夫：《城市社会学》［M］，北京：中国城市出版社，2002年6月第一版，第155页。

③ ［德］格奥尔格·西美尔：《货币哲学》［M］，陈戎女，耿开君等译，北京：华夏出版社，2002年6月第一版，第401页。

层属的城市人际交往属性。

电报的发明开启了媒介时空性分离的时代，技术媒介以在空间中无限扩展的方式攫取越来越多、距离本地生活越来越远的信息，同时也为人们的非接触性交往提供了便利条件。社会交往的脱域带来的是仪式性传播的丧失，信息交互成为传播的主要目的，精神共享的内容和功能被忽视了。

城市空间作为人类几百年来生存、活动、建设、记载了人类历史和行为等所有迹象的最大物质实体群，就是迄今保留最完整的、属于人类时间偏倚的媒介。人类从未放弃过对这个媒介的构建、改造和利用，但最大的问题却在于，人类从未将其当做媒介来进行建造和使用。

空间作为人类沟通的媒介因为时间媒体的强势发展而被忽视。空间作为媒介公用体现在三个方面：其一，作为人们无形的精神之间的相似物，可以使人们通过仪式彼此不断验证精神的一致性；其二，作为统治者与被统治者的沟通渠道，它为前者提供了统御精神世界的方式，而为后者提供了解答和纾解现实压力困惑的途径，它的最终效果是达到社会的稳定，以及——就统治者而言——政权的稳定；其三，作为可以引导人与人之间进行彼此接触、参与和交流的场所，使人们有机会进行社会必要合作以外的交往，并从中得到精神的共鸣。

城市中的空间可以分为三类：私人空间、公共空间、禁区。除了私人空间和明令禁止开放和分享的禁区外，其余都应是公共空间的范畴。然而事实上，资本进一步将部分公共空间圈划为带有商业性质的空间，其一是用作资本生产运输空间的场地，包括工厂、商务楼、行车道路等，其二是将经济资本作为进入和使用这类空间的门槛，如购物中心等消费场所，其三是为少部分人设置使用权，如封闭住宅区。绝大多数商业和住宅用地都由私人控制，城市的土地就此落入私人之手。[①] 不仅如此，市政规划也圈定了部分公共空间，使之成为禁区（如街角的绿地），或提高进入门槛（如收费的公园）。还有一部分空间成为

---

① ［美］加里·布里奇，索菲·沃森：《城市公众空间综览》，引自汪民安、陈永国、马海良主编：《城市文化读本》［M］，北京：北京大学出版社，2008 年 1 月第一版，第 331 页。

私人主动占用的场所，如道路两边和公共绿地等成为停车场，某些公共区域成为流浪者的聚所等。在这样的分割占据下，真正意义上的公共空间被局限在了很小的范围内。丹麦学者扬·盖尔认为，公共空间中的户外活动可以划分为三类：必要性活动（不得不做的提倡工作和生活事务类活动）、自发性活动（人们有参与意愿且时间、地点都允许的活动），和社会性活动（有赖于他人参与的各种被动式接触活动，是由另外两类活动发展而来的"连锁性活动"）。这三类活动中，自发性活动对物质环境的质量要求最高，如果环境不允许，这类活动就可以缩减到几乎没有。[①] 由于自发性活动是社会性活动产生的基础，即是说，良好的、有益于自发性活动产生的城市物质空间是促生社会交往、培养共同体精神和社会信任的基础。

空间作为媒介，其沟通功能延续并体现在今天的城市生活中，体现在即由目睹故地或相似物而引起的回忆和认同情感；权力支配下的大众精神诉求，即意识形态与资本通过空间进行的社会生产，以满足资本的增值和意识形态的统治为目的；以及日常生活中的交往仪式，即个体与他人交往过程中所做出的仪式性质的行为，以强调身份和道德价值观。对于社会普遍信任的空间传播来说，集体记忆和交往仪式是正向的情感流动方式，而资本与意识形态的空间生产则是反向的阻挠力量。至此，对于当前城市空间设计及其应用的偏向治理，我们至少可以基于以下三种理念。

第一，城市的特点决定了人们交往的性质。城市磁体吸纳了大量多样化的人口，隐匿、多元、流动带来的陌生化是城市社会关系的最普遍写照，在这样的情况下，乡村或小城镇那种由于彼此长期共处和熟识形成的密切人际网络关系在大城市中基本不复存在，因而流动在密切的共同网络之中的、由情谊和声誉为依据形成的社会信任也日趋罕见。在长居地区+陌生人、熟悉地区+陌生人、陌生地区+陌生人这三种空间关系组合更加寻常的情况下，普遍社会信任就具备了现实性和必须性。那么，在深厚信任产生的密切交往网络越来越

---

① 参见［丹麦］扬·盖尔：《交往与空间（第四版）》［M］，何人可译，北京：中国建筑工业出版社，2002 年 10 月第一版，第 13—18 页。

少的城市生活中，我们应努力促使基于道德共同体的普遍社会信任生成，这是替代人类小规模聚居形式中形成社会资本的要素的可行性方案。这就要求作为媒介的城市空间在规模、功能、开放度、平等性等方面构造适宜于普遍社会交往关系形成的结构。

第二，城市与生俱来的阶级性和阶层间巨大的差异性表现在对空间地理选择而形成的区隔、聚集以及不同的景观样貌中，这首先形成了城市交往的障碍，常处区域的不同从根本上斩断了不同阶层间交往的可能性；其次则是城市的不断更新摧毁了原有老旧邻里社区或聚居区的关系网络，将密切的、长期积累的关系网打散成分子状态的单个家庭，从而使弱势群体不能通过人际网获取基本资源。阶级化、分子化的城市失去了建立现实的利益共同体的渠道，但"人类一直拓展的定居地实际上包含两个层面——赖以生存的生活空间和精神的向往及其寄托场所。"①共同体的构建可以应人们最基本的人际交往需求（即城市居民需要普遍性的社会交往，而不是深厚交往，深厚交往需要的隐私交换代价是追求自由的城市居民所不愿意付出的）而存在，其方式即是在普遍的社会参与中形成对道德共同体的认知和认同。从某种程度上来说，道德是属于个人的，无论个人是否进行社会交往，他拥有的道德都在那里。但这样的道德是静止的，无法转化为道德共同体，也无法产生社会信任。而一旦个人的道德加入了交往之中，就能够通过与共同道德的呼应强化而产生大有益的效果。这种参与的可能性同样要通过空间媒介来获得，空间在安全性、平等性、开放性上的合适性，会给人们一种暂时的群体感，即将处在同一空间的人，哪怕没有任何直接交流，都认为彼此可以构成一个潜在的群体，这样的群体会在无意中彼此注视，彼此不扰，彼此友善，且在某些时刻共同维护彼此的利益（如对侵扰这一群体空间的行为进行指责），或因为诸多目击者的存在而主动对他人伸出援助之手，普遍的、对社会模糊群体的信任就会在这样的交往实践中生成和传播。

第三，作为空间媒介，城市可以提供时空相符的现实公共领域，时空相符

---

① 张在元：《中国城市主义》[M]，北京：中国建筑出版社，2010年12月第一版，第90页。

意味着 1）个体不会在加速度中与环境隔离，能够意识并体会模糊群体的存在，辨识道德共同体，体验普遍社会交往带来的安全感、愉悦感和责任感；2）个体能够在现实普遍性的社会交往感知自我的存在，这并不是任何职业交往或交易过程中经过装饰和符号化的身份，而是作为模糊群体的一分子所具有身份隐匿、人格凸显的存在感，这形成于与陌生人的情感交流和道德对比之中，而判断的标准则源自内化的良心——人类的基本道德感；3）上述两点是虚拟空间所无法提供的，在虚拟空间中，个人因为身份的极端符号化而消失，任何所谓的参与都由不必负责的符号替身来完成。现实实践感的极度弱化使个体丧失了现实社会合作的动力和能力。因而城市空间媒介与大众媒介的抗衡，是人类社会拥有的时间与空间的博弈，更是人的精神力量与资本的物质力量之间的斗争。

　　将城市空间视为一个几何构造或是视为生产资料，或是权力表达，抑或是人的媒介，所得到的城市规划蓝图会迥然不同。城市作为媒介的功能隐喻即是它时刻在体现着传播者的社会角色，其传播目的和意图，并能够清晰地反观一个社会的运行规则、价值倡导和健康程度。城市已经成为人类聚集栖居的一种主流形态，人类根据有意识的需要、审美和无意识的行为建造和改变着这个栖居地，这个人造的空间也在形塑着人类社会，这是一个双向传播的过程，传播的内容却无关于物质，而是关乎社会运转的道德精神，社会信任是其最普遍的彰显形式和最明晰的细节构成。合适的空间将能够构建和普及人类社会的普遍信任感，促动社会发展，人类进步，反之则使会成为社会堕入衰败和分裂的推力。将城市视为人类传播的媒介，是我们当下必须重建的重要观念。

上海(虹口)与巴塞罗那的现代主义：
改善城市关系的文化亲和力

Carles Brasó Broggi 著　朱恬骅译 *

引　言

在讨论遥远国家和城市之间的文化交流时，人们很容易强调文化差异，然而，城市之间共同拥有的元素实际比初看起来更多。此外，在中国和欧洲城市之间的寻求比较时，经常会受到规模问题的困扰：如何在规模和人口差异巨大的城市之间建立关联从而进行比较？长久以来，这个问题都在困扰关注中国历史的专家。① 克服这些困难的一种方法，是在考虑比较规模的情况下调整进行比较的单位(division)。这些单位应该有一个合理的规模，但这种情况往往不符合国际行政区划，也不符合我们的文化认同逻辑。

本文旨在上海，尤其是虹口区和巴塞罗那市之间建立比较视野。上海是拥有超过 2 000 万人口的城市，而巴塞罗那不到 200 万(包括郊区在内则为320 万)。两个城市于 2001 年 10 月签署了一项城镇结对协议，并于 2006 年获得延长，其中包括如下一些要点：信息交流、经济发展、城市规划、环境政策、旅游、文化和体育。② 然而，本文的作者与巴塞罗那市政府的两位资深官员进行了讨论，他们认识到两个城市之间实际交流仍十分有限，尽管两个全球城市

＊　Carles Brasó Broggi，Emergia Partners 国际顾问、副教授。
　　朱恬骅，上海社会科学院文学研究所助理研究员。

①　Kenneth Pomeranz, *The Great Divergence. China, Europe and the making of the modern world economy*, Princeton University Press, 2000, pp.3 – 4.

②　City Government of Barcelona, http://ajuntament.barcelona.cat/relacionsinternacionalsicooperacio/ca/xangai.

出于不同原因在国际舞台上众所周知并得到认可。官员们反映，难以找到共同和具体的文化合作渠道。可见，除了明显的文化和地理距离外，前述规模问题还影响到合作协议的管理和文化合作计划的实施。

　　适逢中国复兴并提出"一带一路"倡议，2018 年世界城市文化（上海）论坛，为加强城市间对话的可能性提供了绝佳机会。在提议城市间文化交流项目时，往往要通过外交途径来加以考虑，即加强全球城市之间的联系的重要性，而很少考虑这些城市的实际规模如何。可是在实施这些项目时，必须进行机构间的合作，这时规模问题就又重新出现。本文旨在将历史比较的视野纳入考虑范围，从而寻求城市对话的可能方式。它还旨在通过上海推动文化产业和"探索文化新交流渠道"的计划，对如何改善城市关系作出微薄贡献。[1]

文化亲和力与现代主义城市

　　虹口是上海 16 个区之一，面积 23.5 平方公里，人口 80 万。是上海的老城区，位于苏州河口和黄浦江口的交汇处。江南丰富的河流交通网络历来是中国最富裕的地区之一。像上海这样的城市发展着传统的纺织品制造业（丝绸和棉花）以及由来自中国不同地区的商人进行的巨大的河流和海上贸易。[2] 最近的史学研究发现，长江与地中海的海洋历史之间存在着有趣的相似之处。在这两个地区，像上海或巴塞罗那这样的贸易城市从古代就发展成为一种强大的国际大都市文化。[3] 当然，这些理论印证了"一带一路"倡议的基础，开辟了比较丝绸之路最东端和最西端的新方式。[4] 这个理论被用来分析丝绸之路

　　① Hua, Jian, "The One Belt, One Road Initiative and the Masterplan of Shanghai's Cultural Industry", in Rong Yueming and Justin O'Connor, eds., *Cultural Industries in Shanghai. Policy and planning inside a global city*, Bristol (UK) and Chicago (USA), Intellect, 2018, p.5.

　　② Linda Cooke Johnson, *Cities of Jiangnan in Late imperial China*, Albany, State University of New York Press, 1993, pp.151 – 169.

　　③ François Gipouloux, *The Asian Mediterranean. Port Cities and trading networks in China, Japan and South-East Asia, 13th – 21th centuries*, Cheltenham, Edward Elgar, 2011.

　　④ 杨剑龙：《一带一路：上海城市文化发展的机遇与挑战》，参见荣跃明主编：《一带一路：城市空间新格局，文化发展新动力》，上海人民出版社，2017 年，页 15—22。

的古代以及现在，全球城市和全球化的争论无处不在。

但是，文化亲和力也可以延伸到其他历史时期。例如，文化亲和力也可以在20世纪的前几十年找到。鸦片战争结束后，虹口从19世纪40年代后期（1863年获得国际特许经营权）开始工业化并建立中国第一条铁路线，从附近的闸北区开始随着美国租界的建立而增长。[①] 实际上，上海北部的三个区（虹口，闸北和杨浦）成为中国第一个工业化城市区域。在黄浦江北岸的这些地区，黄浦路、百老汇路（东大名路）和杨树浦之间，曾建立了中国的第一个工业企业（江南制造总局）和第一个工业棉纺厂（上海机器织布局）。[②] 区域和产业方面的工业化高度集中，而棉纺织品则是其中最主要工业产品。

如果将这三个区（虹口、闸北和杨浦）合并在一起，那么与巴塞罗那之间有趣的相似之处就显示出来了。上述三个区总人口不到300万人，面积与巴塞罗那市相当（约100平方公里）。巴塞罗那也在南欧工业化方面发挥了先锋作用。西班牙使用的第一条铁路是巴塞罗那-马塔罗铁路，于1848年投入使用。那时，巴塞罗那已形成了强大的棉纺织工业（特别是棉花种植和纺织），[③] 采用了诞生于英国工业革命的技术发明。巴塞罗那及其周边地区也因此成为南欧和地中海地区首批工业化地区之一，这和上海这几个区域的情况很类似。

现代主义在巴塞罗那和上海的重要性，密切关联于它对本地区和国家经济和文化现代化的先锋角色与重要贡献。这两个城市都不是政治首都，却都是吸引文化创新和艺术繁荣的经济中心。与纺织工业资产阶级的兴起相关，最鲜明的例子是两个城市的现代主义建筑遗产。特别是，虹口区拥有一些上海最重要的现代主义建筑和基础设施，如外白渡桥（建于1856年），邮政总局大楼（1924年），百老汇大厦（1934年），以及上海的第一座摩天大楼，还有多伦路的漂亮别墅。而巴塞罗那也因高迪的建筑杰作而闻名世界：圣家堂（始

---

① Zeng Zu'an, *Jindai Zhabei de xingshuai*, *Shanghai Yanjiu Luncong*, Vol.2, pp.102-104.

② Zhou Zhenhe, ed., *Shanghai lishi dituji*, Shanghai, Shanghai Renmin Chubanshe.

③ 参见 J. K. J. Thomson, "Technological transfer to the Catalan cotton industry from calico printing to the self-acting mule", in Douglas Farnie and David J. Jeremy, eds., *The Fibre that changed the world. The Cotton industry in international perspective, 1600-1990s*, Oxford University Press, 2004, pp.249-278.

于 1882 年，仍在建设中）、巴特罗之家（1875—1877）、米拉之家（1905—1910）等。

在纺织资产阶级的资助下，现代主义建筑的兴起可以说成为了将虹口等几个上海的市区与巴塞罗那联系起来的共同特点。在建筑师安东尼·高迪与中国作家鲁迅之间，就塑造现代主义运动而言，有着可相比拟的重要性。他们生活在巴塞罗那和虹口的这些工业区，他们的作品反映了影响这些地理区域内工业化和现代化进程中造成的社会张力，并与西班牙和中国其他地区停滞不前的农村形成鲜明对比。鲁迅的生活和工作与虹口区密切相关，就像高迪之于巴塞罗那一样。

因此，在 19 世纪和 20 世纪之交，现代化和工业化在全球范围内传播，但这种传播并不步调一致，一些城市在这一过程中开了先河，而其他城市则落后于其他城市。1936 年西班牙发生内战，1937 年中国正处于抗日战争，这些城市空间都曾分别遭到意大利和日本法西斯政权的严重轰炸，这一点并非巧合。城市空间史上少有的遭受了针对平民的空袭，这种巧合很少得到重视，并没有引起学术界的关注。但是，二者之间的紧密关系在 20 世纪 30 年代后期的确存在，当时西班牙和中国城市在法西斯主义的威胁下捍卫被视为现代文明和野蛮之间的全球战争。[1] 幸运的是，那个时代的大多数建筑遗产都得到了保存，从那时起，它们就已成为了国际现代主义的象征。

巴塞罗那和上海现代特征之一确信是它们的开放性。从 1933 年到 1941 年，上海接纳了大约 3 万名来自欧洲的逃离纳粹德国和其他法西斯国家的犹太难民。占领上海的日本当局要求所有在 1937 年之后抵达的犹太难民被安置在虹口区的一个特定区域内。[2] 犹太人与该地区的中国当地居民混居在一起。尽管缺乏资源，尤其在 1937 年夏天日本对上海发动侵略，造成了全市的商品稀缺，上海人民仍然热情地接待了难民。

同样，在 1936 年 7 月至 1938 年 10 月期间，西班牙接受了大约 3 万名志愿

---

① Tom Buchanan（2012），"Shanghai-Madrid Axis? Comparing British Responses to the Conflicts of Spain and China, 1936－1939"，*Contemporary European History*，Vol.21，No.4，pp.533－552.

② 参看潘光：《犹太人在上海》，上海画报出版社，2005 年。

军,他们在西班牙内战中为共和国而战,其中还包括大约 100 名中国人。这些志愿军中有相当部分是欧洲犹太公民,他们遭受了控制欧洲几个国家的法西斯政权的反犹主义政策。① 在 20 世纪 30 年代之前,巴塞罗那和上海都有犹太团体的历史,但这些城市(特别是上海虹口区)在面对历史上最严重的屠杀灾难时还成为犹太人的避风港,值得进行深入的比较研究。

在居住上海的西班牙人中,有一个重要的部分是来自土耳其的塞法迪犹太人,他们在 20 世纪的前几十年被认定具有西班牙国籍。其中,艾伯特科恩在 20 世纪 20 年代被称为上海的"人力车之王"。西班牙建筑师 Abelardo Lafuente-García Rojo 设计的莫札拉布风格建筑今天仍然矗立在南京西路上。这些西班牙人虽然给上海带来了重要的创新,却被西班牙和中国的历史学家所忽视。特别是来自巴塞罗那地区的 Santiago Lladói Perpinyà 和 Modesto Martí de Solá,很可能参与设计了上海的第一座钢筋混凝土建筑——当时的上海体育馆(今陕西南路淮海中路口)。他们也参与过 Abelardo Lafuente-García Rojo 的项目。而后者还在上海建造了别墅,如虹口区中心多伦路的孔祥熙故居。②

在孔祥熙之前,多伦路上的这座住宅曾属于安东尼奥·拉莫斯。是他将电影带到了中国。西班牙在 1898 年菲律宾战役中落败后,安东尼奥·拉莫斯移居上海。他带来了卢米埃兄弟的第一部电影摄像机,也在上海放映电影。放映地点起初是福州路上的茶馆,1908 年以后,则在中国的第一座电影院——虹口电影院内放映。幸运的是,最近一些有关电影引入中国的研究表明有一些来自西班牙的先驱者引领了电影行业,直至 20 世纪 20 年代后期。③ 根据《虹口区志》的记载,甚至更早就由名叫盖伦·博卡(Galen Bocca)的另一位西班牙人放映过电影。④ 虹口区成为中国第一个放映电影的地方,也是中国早期

---

① Gerben Zaagsma, *Jewish Volunteers*, *The International Brigades and the Spanish Civil War*, London and New York, Bloomsbury, 2017.

② Carles Brasó Broggi and David Martínez-Robles, "Beyond colonial dichotomies: Spanish deficits and peripheral powers in treaty port China", *Modern Asian Studies*, 2018 (online version avaiable).

③ Juan Ignacio Toro Escudero, *Del burdel al emporio cinematográfico. El papel olvidado*, *principal y pionero del soldado español Antonio Ramos Espejo en el nacimiento del cine chino*, unpublished doctoral thesis, Universidad Complutense de Madrid, 2016.

④ 《虹口区志》,上海社会科学院出版社,1999 年,页 1031。

最重要的电影放映地之一（在虹口电影院之后，还先后建立了维多利亚电影院和阿波罗电影院）。虹口也是安东尼奥·拉莫斯和他的一些西班牙合作伙伴的居住地。

尽管安东尼奥·拉莫斯并非来自巴塞罗那，但两个城市都是各自国家现代化进程的先锋，尤其是在文化方面形成了亲和力。20世纪20年代的爵士乐，则和电影一样构成了"摩登时代"的象征。但除此之外，在上海和巴塞罗那等现代城市的音乐酒吧和大厅里，人们还可以听到其他各种类型的音乐。[①] 探戈歌手卡洛斯·加德尔在巴塞罗那和上海两个城市都是明星，他最著名的歌曲之一《雷蒙娜》于1929年荣登歌曲榜单。[②] 在上海，有很多来自菲律宾群岛的音乐家，演唱在拉丁美洲和西班牙流行的西班牙歌曲。香港电影导演王家卫在电影中精彩地展示了这一传统，带我们重温了现代主义时代的上海，美丽的旗袍和加泰罗尼亚拉丁爵士乐手 Xavier Cugat 的音乐相互交织(《花样年华》,2000)。

最后，现代性的另一个重要标志是体育。当时，有一项名为"回力球"的流行运动。这项运动由西班牙人带到上海，并在20世纪30年代变得非常流行，回力球场原位于今天淮海路上的原上海体育馆。1932年，两名著名的回力球员，在球场附近投资了一家名为"巴塞罗那"的餐馆。当然，主厨 Martí Gual 也来自巴塞罗那。这家餐馆在上海也曾很受欢迎。[③] 抗日战争期间，上海的某些地方变得孤立（被称为"孤岛"或孤岛）。在那个时期，足球开始受到欢迎，尤其是处于虹口贫民区的犹太难民。这个社区组织了一个足球锦标赛，有一支队伍就以这家巴塞罗那餐馆为名。因此，在20世纪40年代早期的上海，有一

---

① 参见马军:《舞厅市政》,上海辞书出版社,2010年;也参见 Andrew Field, *Shanghai's Dancing World: Cabaret Culture and Urban Politics, 1919-1954*, The Chinese University Press, 2011.

② 《良友》杂志提供了有关当时歌曲榜单的信息。

③ Ortells-Nicolau, Xavier. "Itinerario: Españoles en Shanghai: empresas y negocios españoles en Shanghai", Archivo China-España, 1800-1950, [URL], http://ace.uoc.edu/exhibits/show/espanoles-en-china/empresas-espanolas-shanghai. 这是1900年至1950年间中国与西班牙关系的更广泛项目的一部分,可参见 http://ace.uoc.edu/.

家"巴塞罗那足球俱乐部"，距离今天的虹口足球场不远。①

结　论

　　并非所有的文化亲和力都与规模相关。本文试图提出可行而具体的方法来加强城市之间的文化对话。严格而言，巴塞罗那和虹口可能不是最好的比较单位。然而，当详细研究两个城市空间的历史时，会出现多种文化亲和力。如果只是孤立地看待它们，那么这些相似性可能看似巧合，或者只是命运的偶然。但是，从历史比较的角度分析这两个城市时，这些联系就不是偶然性的产物，而是两个城市经济和文化发展的逻辑结果。了解这些逻辑，同时考虑到规模的差异，是改善城市之间文化对话的重要步骤。

---

　　① Anthony Hugues, "Sport and Jewish Identity in the Shanghai Jewish Community 1938 - 1939", *International Sport Studies*, Vol.22, No.1, 2000, pp.42 - 53.

金光洲小说中的老上海时空

金良守[*]

一、 金光洲的上海生活

如果有人记得作为文学家的金光洲这个名字,可能总会联想到他作为武侠小说家或者中国小说翻译家的形象,特别是在战后那一代的记忆中更是如此。这一点很大程度上是由于对他片面的介绍所造成的。但是金光洲在成为武侠小说家之前主要以上海为背景创作了多部小说。他曾是具体传达当时中国文坛实际情况的文人,从这一点来说,他是在我们进一步了解日本强占时期韩国文学与中国文学之间关系时,最需要去关注并要进行研究的人物。金光洲在20世纪60年代所写的《上海生活回想记》(上、下)①一书中详细记录了他在上海的生活情况。在进入正论之前,笔者先以《回想记》内容为中心,对金光洲在上海时的行踪与当时上海韩国人社区内的一些情况进行梳理。

回忆录中写道,当时在京畿中学上学的金光洲在姐姐金珍婍(音)的帮助下,来到在满洲经营医院的大哥金东柱家。之后,金光洲听从哥哥劝导进入上海的南洋医科大学学习,可是,他从一开始就对医学不感兴趣,倒经常和居住在法租界的韩国人一起担忧着民族暗淡的将来,探讨着艺术,自由地在上海生活。金光州在法租界韩国人社区见到了各种各样的人,《回想记》中详细记录了他和金明水等作家,或与金九、安昌浩等独立运动家以及与全昌根、李庆孙、李圭焕等影业界流亡人士的交往,还提到了在他留学期间,先后在上海的大学里注册学习一些人,其中包括朱耀翰等36个韩国人的姓名。他曾评论岛山

---

* 金良守(Kim Yang-su),韩国东国大学首尔校区中文系教授。

① 分别刊登在《世代》1965年12月和1966年1月刊上。本文简称《回想记》。

"是一位有风度,有口才,有正义感,守信义的人,他儒雅的品格很是令人敬仰。"对于白凡写道:"白凡总是像风一样忽的出现在我面前,露一下笑脸,又呼的像风一样消失掉。"

《回想记》中还提到当时法租界的韩国人子弟所上的仁成学校。学校简陋不堪,都无法称其为学校。这里也就能教教几个韩国文字和一点基础性的汉语及英语而已。像当时的很多韩国人一样在这里义务教书的金光洲某一天和金明水一起使用仁成学校的油印机开始发行同仁杂志。在以《习作》为题目的这一杂志上,刊载的都是文学青年们创作的诗、幽默短剧或随笔等作品,读者主要是在居住在上海的韩国人。由于当时在法租界的韩国人是不可以随意逮捕的,所以当时虽然物质上极度贫乏,生活非常困窘,但那里的韩国人有不少都在明里暗里支持和协助着独立运动,同时也在追求和实现着自己的梦想。这一情形很好地记录在《回想记》中。金光洲当时主要在法租界的韩国人社区内活动,主要参与文学同仁杂志的办刊活动和制作抗日话剧等艺术活动。所以说,爵士乐酒吧密集的虹口地区应该不是他和同仁们主要的活动区域。根据《回想记》所写内容可知,对于当时上海临时政府派系的人士来说,日侨聚居的虹口地区似乎是他们戒备或提防的地区。暂且来看下面相关内容。

> 虽然可以说,我也是受他(白凡)宠爱的青年,但也受到了不少训斥。那是因为我总是悄悄地越过花园桥去北四川路的日本村买回一些日本书籍来读。他却说:"光洲,为什么最近老进出北四川路? 小心点! 男孩子出入舞厅晃来荡去的,多没出息!"①

有爵士乐或舞厅这种享乐性空间的地方并不只虹口地区独有,金光洲居住的法租界也有,但虹口地区似乎被临时政府派系的"志士"们看作享乐、亲日的空间。当时上海有各种多样的意识形态及空间并存,对金光洲来说,"志士"

---

① 《世代》1965 年 12 月号,第 256 页。

和"舞厅"之间存在一定的距离。对于这一点，即"金光洲文学里的空间感"，本文将在下面内容中通过分析作品来做深入的探讨。

大约从 1933 年起金光洲与全昌根、金明水、安偶生等当时的文学青年一道创办了名为"波西米亚"同仁杂志，他们的活动情况能够使我们看到当时上海韩国青年们的心理及精神状态。来看《回想记》中提及的相关内容。

然而我并不孤单。因为有很多波西米亚在我身边。当时流亡于上海的年青人，也许没有一个不是波西米亚，我称自己是"吉普赛人"似的波西米亚，聊以自慰。一群没有国籍，即使有国籍也没有谁会认可的年青人，以褴褛不堪的样子，耷拉着肩膀徘徊在国际大都市的大街小巷里，这种模样与吉普赛人有何区别！……所谓"祖国"对我们来说也不是很有魅力。我们也不愿看到一些虚有其表的爱国者、革命斗士的伪善和独断专行……"祖国"，既让我们想去紧紧拥抱他，又让我们想投入他怀抱，可"祖国"也让我们痛苦挣扎，受尽折磨，他在日警的刀柄下不敢吱声。①

这一部分很详细地记述了"波西米亚"这个名字的意义与具体的命名背景。期刊《波西米亚》一两个月出一期，金光洲曾回忆说，那段时间是他在上海最为充实的时期。

从这一时期开始，金光洲在包括《晨报》电影栏目《每日电影》在内的不少中国报纸栏目上发表电影评论，同一时期，金焰和全昌根在上海电影界崭露头角，居住在北京的丁来东则通过写作积极地向韩国读者介绍中国文学与作家。1932 年 1 月 28 日上海事变发生后上海变得极其混乱，人身安全受到威胁，因此有不少韩国人相继离开上海，其人数日渐增多。当时金光洲也与一个叫王学芬的中国女性分手，而后在 1937 年中日战争爆发之际，他离开了上海。《回想记》也在此收尾。从延边大学朝鲜文学研究所编纂的金光洲选集《年表》中可以看到金光洲在 1937 年中日战争爆发后一直到解放时，一直辗转于中国华

---

① 《世代》1965 年 12 月号，第 266—267 页。

南和华北等地,1945 年回国,1947 年就任《京乡新闻》文化部部长之位。之后一直致力于写作与翻译工作,至 1973 年因患肺癌离世。①

韩国人是从 1860 年代后期开始向海外移居的。1905 年在政府签署《乙巳条约》以后,移民人口激增,并于 1910 年"韩日合邦"以及 1919 年 3.1 运动之后,海外移居更是大规模地展开。到 1920 年代初期,在东北地区和俄罗斯沿海州、日本和夏威夷以及欧洲等地形成了韩国人社区。② 1919 年 4 月 13 日上海临时政府建立以后韩国人开始涌入上海。据资料显示,1919 年底,滞留上海的韩国人有 688 人。之后居住上海的韩国人数随着政治形势的有所反复,但总体上呈现增加趋势,到 1946 年人数已达到 2 381 人。③

金光洲从 1929 年到 1945 年在中国生活了 16 年,其间参与了"兴士团"以及"南华韩人联盟"等社团活动。1933 年他在《新东亚》上发表了小说《夜深人静时》,从此正式进入文坛,1935 年又发表《北平来的老头》、《南京路的苍空》等小说作品,这些都以上海为背景。金光洲在中国生活了很长时间,与韩国人社区有广泛的接触,他的中文也很好,而且似乎对中国文艺界内部也很是了解。金光洲在中国生活期间,一方面致力于小说创作,一方面又持续向韩国读者介绍中国现代文学动向。其中《中国无产阶级文艺运动的过去与现在》(1931.8.4)和翻译评论文章《新文艺运动概论》(1931.5.21)、《中国文坛的今世一瞥》(1935.2.5—8)等都很具有代表性。内容大体对 30 年代以来可以称为是中国文坛新主流的无产阶级文学的兴起情况做了详细的介绍,并对"左联"的团体以及左翼作家及其作品进行了介绍。除此之外,他还翻译介绍了鲁迅的《文艺与宣传》(1931)一文,④可见,金光洲曾格外关注鲁迅。这一点可在他翻译鲁迅小说集之后所写的序文内容中得到确认。金光洲翻译的鲁迅小说于 1946 年以《鲁迅短篇小说集》的书名由首尔出版社印刷出版。他在序文中记述如下:

---

① 金东勋等,《中国朝鲜民族文学大系 13——金学铁·金光洲等》,BOGOSA,2007,第 336 页。
② 孙科志,《上海韩人社会史》,HAN WOOL ACADEMY,2001,第 13—14 页。
③ 以上居住上海的韩国人人数参考孙科志,同上,第 16 页,第 55 页。
④ 《中央日报》,1932 年 3 月底—4 月底。

　　在结束了《鲁迅短篇小说集·第一集》的翻译后，我握着笔坐了许久，眼前清晰浮现 1936 年 10 月 20 日安放在上海万国殡仪馆一隅的鲁迅遗体，那是在举行葬礼前。他静静地闭着眼睛躺在那里，脸色苍白。这位苦难时代孤独的受难者结束了他 56 岁的一生，无声地躺在上海郊区万国墓地里。啊，鲁迅！

　　可见，1936 年鲁迅逝世时金光洲似乎亲眼看见了葬礼场面，但这两位文人是否有过交往，还有待确认。

二、 小说中的上海

1. 上海韩国人社区内的矛盾与对立：《长发老人》①

　　《长发老人》的主人公"我"和贫穷的文学青年朴君一起租住在上海某个亭子间二楼狭窄的房间里，由于积欠房租，中国房东老太太说他们："你们朝鲜人真是没办法。"而他们的确也是没办法。"长发老人"是一个五十多岁的老人，不过那个年纪还像文学青年似的留着花白的长发到处走动，所以当地韩国人称他为"长发老人"或"monster"。他偶尔会到"我们"家中做客，可是有一天"长发老人"突然剃了光头出现在"我们"面前。这个"长发老人"与他俩结缘是从某年秋天由朴君主导上演的话剧在法租界韩国人社区里惹出麻烦之后开始的。朴君当时以新进剧作家闻名，可是那一次他写的戏剧，刻画的是因贪图"志士"名誉，而违背一切美好人性的一个冲昏了头脑的革命青年形象，以这样一个主人公讽刺了当时存在于上海韩国人社区内的一些虚伪的社会现象。话剧上演后盛况空前，但对朴君来说，这却成为祸害。朴君创作的戏剧被指责为侮辱了"流亡志士"，无视了"志士"们的爱国心。因此，朴君遭到了一些无知群众的殴打，被送进了医院。

　　第二天，"长发老人"来到朴君住院的病房探望朴君，自此"他"和"我们"之间的关系便建立起来了。

---

① 《朝鲜日报》，1933.5.13—5.20。

朴！挨打是我们最大的骄傲！朴的戏曲是名作啊！无知的他们亲眼看见他们丢人的生活面貌和卑鄙的英雄心理就受不了了还打了人！朴的想法能得到他们的理解还为时过早。不要气馁，年青人沸腾的热血和意志是不可以屈服的。①

以这件事为契机，"我们"和"长发老人"变得非常亲近。他 25 岁时离开了故国，之后在北满洲颠沛了十多年，在年轻气盛时，还曾不畏枪口勇敢去冒险了一段时间。但后来也是在满洲经历了令他不满的现实之后，他辗转来到了上海。这已经是 20 多年前的事了。"长发老人"持着不屈不挠的意志，克服许多逆境，一路走来，他与独立运动阵营内部的特定党派或主义保持距离。他常说："和那些用自己的枪口对准自己民族的家伙们还能做什么事情！"

如上所述，金光洲曾在 1933 年把当时文学同仁杂志命名为"波西米亚"，还曾说："讨厌看到那些虚有其表的爱国者和革命斗士做出伪善和唯我独尊的行为。"也许，他也是因为反感独立运动阵营内部的宗派主义才描写出了"长发老人"这一人物形象。老人经常说"人应该放弃想要支配他人的想法"。"支配他人"这一说法首先可以理解为指日本帝国主义对韩民族的侵占，也可以理解为在民族主义运动阵营内部打着某种特定的主义或意识形态旗帜，其实是想占据优势的一种倾向。

想要在这部作品中准确地考证相对立的两个集团是比较困难的。但能够使我们看到韩国人社区内部存在矛盾和对立。1932 年 4 月 29 日发生了尹奉吉义士在虹口公园投掷炸弹的事件，那一天日本人在那里举行天长节庆祝活动。事件之后日本帝国主义对韩国人展开大搜捕，大韩民国临时政府连同许多韩国人一起从上海向其他地方转移。但资料显示，此时在上海居住的人数

① 金东勋等，前揭，第 248 页。对于引文中的一些拼写法，笔者做了一些调整。小说《长发老人》《南京路的苍空》《野鸡》《北平来的老头》等四篇均收录在该书中。另外，书中还录有《夜深人静时》《铺道的忧郁》《解除婚约》等小说。笔者在这 7 篇小说中只选 4 篇，即以上海为题材的小说，来着重进行探讨。

相比前一年的856人却增加到了1 352人。这是因为在1932年初日本帝国主义挑起一·二八事变之后,带来许多兵力驻扎在上海,使日本人居住地虹口地区范围扩大,而随着日本帝国主义势力进一步扩张,一些亲日的韩国人大批涌入上海。① 这部作品的发表时间是在1933年5月,以此看来,作品中应反映着1932年以后韩国人社区内的混乱状况。

小说中出现了两个空间:一是"我"和朴君居住过的"亭子间",它处于国际大城市上海的周边地区,是一简陋、狭窄的居住空间。"我们"在这里连房租都交不起,两个寒酸可怜的人居住在这里。另一空间是叫做"Bar-Korea"的上海朝鲜人专用舞厅。它位于上海的法租界,和"亭子间"相比,它临着一条相对大一些的街道。这里是"运动家、流亡者、文学青年、艺术志愿生,还有想吹吹繁华上海风,出来透透气的,所以连父母的允许都没有得到就离开朝鲜的年轻人"可以通宵喝酒跳舞的欢乐场。每当朴君和"我"空然感觉心情郁闷时,就会隔三岔五地去"Bar-Korea"感受那里热闹的氛围。这让人联想到前面提到的《回想记》中所写的当时金光洲偶尔会越过花园桥到虹口地区去玩儿,而后会被白凡教训的情景。上海的"亭子间"和"舞厅"对作家金光洲来说算是两个对立的世界。

而有一天,正要进入"Bar-Korea"的"我"和朴君在门前看到"长发老人"倒在血泊中,两人大吃一惊,急忙将"长发老人"送往医院,但他最终还是咽气了。"长发老人"是被上海朝鲜人社区内的宗派主义分子杀害的。老人的长发是波西米亚风格的象征,因此长发老人在小说前半部分中,突然剃了发出现在"我们"面前,可以说这是一种伏笔,意味着他所向往的绝对自由的精神世界已无法维持。"我"无法忘却老人时常兴奋叫喊出的那些话,他常说:"人,如果要支配他人,就会变得很不幸。"

2. 关于志士的堕落:《南京路的苍空》②

在P市的K大学读完文科回到上海的主人公明洙,一想起昨天晚上与久

---

① 孙科志,前揭,第58页。
② 《朝鲜文坛诗歌特辑》,1935.6。

违的朋友一起喝酒的情形,就深感不快。他觉得朋友们只是表面上在祝贺他,说他前途无量,可是心里在误解他,他们认为他具备财力和学历,只是把文学当作副业而已。他在朋友们的赞词中感觉到暗藏的冷嘲热讽。想起自己是走私鸦片者的儿子,他为自己这种出身陷入自责。明洙想走真正的文学道路,但身边没有直言不讳的朋友,只有嘲笑他的人。他那曾为养家糊口到处奔波却一直操守"志士"崇高理想的父亲,等到赚到钱了却堕落了,整日以吃喝、玩女人消磨时光。母亲在物质上变得富足以后却沉迷于搓麻将,妹妹整天忙于打扮自己,虚度时光。而明洙则在过去与现在,高贵的理想与庸俗的现实之间痛苦挣扎。

有一次,他在与妹妹对话时,生气发火,拿起钢琴上的花瓶重重地摔在地上。从那支离破碎的花瓶中,静静地流出水来画成一条曲线。这只花瓶是父亲最要好的一个朋友作为结婚礼物送给他父母的,父亲的这个朋友现在已不在人世了。这只花瓶在他父母来上海之前,就很受珍视。小说中破碎的花瓶和流淌出来的水象征着家庭的破裂,这是一种小说的表现装置。明洙对自己物欲横流的家庭感到绝望,他决心离家出走。他去找他中学时期的恩师 A 先生。A 先生曾因喜欢上一个叫索尼娅的舞女,为了追求她几乎把每月的工资都花光。因此有传闻说,他将被逐出教育界,但最终,他和索尼娅还真的结了婚,尽管年龄相差很大,但家庭生活却还和睦。明洙虽然不大愿意看到索尼娅那张淫荡的脸和她那副跟自己无关的事也非要插上一嘴的样子,但是因为日前请 A 先生打听过就业问题,所以就去找他听结果。

A 先生以自夸的口吻说,作为韩国人他能在中国学校里作教授,在中国人都很难就业的情况下,自己一个韩国人在中国找到这样的工作很是不容易。他还说,自己最近沉迷于布兰迪和西方舞蹈中,说这才是上海人的生活。A 先生还有意流露出,想要拜托他找工作,至少要带点礼物来的意思。下面这一段描写了从 A 先生家出来后明洙那错综复杂的心情。

爸爸、妈妈、妹妹、A 老师和他的妻子"索尼娅"……明洙什么也不想去想了。这些沉迷于舞厅、女人、酒和麻将等桃红色享乐中的人,想如此度过一生的阶层,却是因为他们生活在这个"志士"的城市"上海",让"上海"这美丽的名词精致地掩盖了他们这种生活。我要剥去这层表皮,要剥掉掩盖他们的这层阴暗的表皮,让他们的真面目暴露于光天化日之下⋯仅仅为此,我也要一辈子握着笔杆战斗!①

　　父亲,这个曾经的志士,现在却过着走私鸦片,贪图肉欲的放荡生活;母亲,忘却了曾经的困苦生活沉迷于麻将;妹妹,只追求物欲,庸庸碌碌虚度光阴;那些朋友在嘲笑明洙的处境;A 先生,将单纯真挚的过往抛诸脑后,沉迷于所谓的"上海生活";索尼娅,这个年轻的妻子出身舞女。主人公的意识与存在的周边散乱地罗列着过去与现在不同的意识形态空间。作者给主人公起的名字与作者现实中的朋友姓名(金明水)很相似,这一点也说明小说的母题大部分反映了现实。

　　由于当时居住在上海的韩国人相较于英国、美国、日本、俄罗斯和犹太人来说,数量较少而且又是亡国民,所以他们并没有什么存在感。他们之中相对收入较高的阶层都是一些个体商贩、公务员以及非法经商的人。像小说里明洙的父亲曾做鸦片买卖,虽然是高风险的工作,但相对于其他工作来说其利润可观。也正是因为这一点,黄金荣、杜月笙等青帮头目也介入鸦片走私积累了很多财富。那些走私鸦片的韩国人也因此获得了丰厚的利润。② 金史良的《乡愁》(1940 年),虽然这是一部以北京为背景的小说,其中也出现曾经是独立运动家,后来却做鸦片生意的人物,由此可见,志士和鸦片走私贩对于居住在中国的韩国人来说,也许可以理解为象征崇高精神和物质堕落的一种隐喻。

3. 城市最底层女性的故事：《野鸡》③

　　野鸡在老上海指称那些"街边的女子"。当时上海还有俄罗斯等外国妓女,这种情况在日本新感觉派小说家横光利一的《上海》(1931)等作品中也有

---

① 金东勋等,前揭,第 296 页。
② 孙科志,前揭,第 143 页。
③ 《朝鲜文学》续刊,1936.9。

提及。据说,上海的妓女在1920年达到6万人,在1935年已超过10万人。她们也有等级划分,最高级的妓女"长三"还携有名片,她可以拉胡琴唱歌,还可以常常乘轿车出入。野鸡是指年龄相对较大的那些妓女,她们一般在管制相对松懈的法租界活动。[①] 小说《野鸡》以书信形式写成,是一封从殖民地朝鲜来到上海后成为"野鸡"的一个叫小美的女孩写给老乡明淑的书信。

小美老家的人都以为她在上海某女子大学英文学系读书,这种传闻已在她老家传开。正计划去上海度蜜月的明淑想趁此机会去见小美一面,所以给她寄了封信。她们两人,一人是以女歌唱家的身份与留美学习的年轻钢琴家结了婚,然后准备去上海度蜜月;另一人却沦落为上海后街拉客的野鸡。两个同乡女孩走向截然不同的人生方向,两人又恰巧要在上海相遇。小美在接到明淑的信后,为这人生不可思议的安排和巨大的悲哀,不知该作何解释而彻夜痛哭。

小美和明淑从小就像亲姐妹一样亲密,她们从家乡的小学毕业后一起来到首尔上中学。然而明淑因操持生计的哥哥突然离世不得不中途辍学。而小美和生活在满洲的舅舅联系上以后和母亲一起去了满洲。母女俩准备在满洲开辟新生活,却不承想陷入舅舅的圈套,被卖给了中国人。在战争中小美又被国民党军奸污,母亲也不幸离世。陷入自暴自弃状态的小美从满洲摸爬滚打来到上海。我们可通过小说中小美的叙述来了解当时野鸡们的生存状态。

在这上海广阔的天地,在它任何一条阴暗的街巷里,都会随时出没数百数千的野鸡群。"野鸡"这个词是从哪里来的我怎么知道呢? 也许是因为像野地里乱窜的鸡群一样,才被叫成这个名字的吧。晚上11点一过我们就会以总本部大世界环形交叉路为中心一字排开。要不就真的像野地上乱窜的鸡群一样跑遍所有娱乐场所,讨价还价似的把自己的身体抛给某个家伙。独眼儿也好,

---

① 和田博文等,《言语都市·上海》,藤原书店,1999,第214页。

三瓣儿唇也好，歪嘴也好，都无所谓，只要他的口袋里揣着三四张一元纸币就可以。①

　　将赚钱作为最首要的目的，像地上的蚂蚁群一样，或者像野地上的鸡群一样，涌来散去，"野鸡"的生存状态真实地展现了资本主义生存方式。"我以这封信为终了，再不会向世上任何人哭诉和哀怨"，"无论是小说或是诗，抑或是不冷不热的世道之同情，我都讨厌。钱，只有钱可以拯救我。这一点我很清楚。"小美这番话，似乎让我们看到她已经对资本主义丛林的生存法则大彻大悟。

　　该小说与前面提到的《长发老人》或《南京路的苍空》的不同之处在于，与前两部小说是以上海为舞台，而《野鸡》以殖民地朝鲜与满洲为舞台，扩大了小说的叙事空间。小说中小美走过的"朝鲜→满洲→上海"这移动路径并非单纯的空间上的移动，而是展现了生活在近现代社会的人们步入资本主义社会的途径。小说中小美的生活情节虽然是虚构的，但小说给读者带来的整体的共鸣却非常强烈。作者通过《野鸡》刻画出了资本凌驾于一切价值之上的资本主义社会生活。资本主义社会的人在向社会阶层类型化的同时也沦为了城市匿名性下的机器。小美只是上海后街众多野鸡中的一个，而不管是谁她们都是做同样的事情。所以，小美在信的末尾对明淑说："就算你有一天会经过'大世界'②阴暗的巷子，也千万不要想找到小美……在那些成群结队带着淫荡的眼神卖笑的可怜的'野鸡'群中，你就当有栗树沟的小美也夹杂其中就可以了。"

4. 时空混淆与精神错乱：《北平来的老头》③

　　"老头"从北平来到上海，虽然岁数还不到40岁，但由于说话的语气和走

---

　　① 金东勋等，前揭，第309页。
　　② 该场所经常出现在以老上海为背景的韩国文学作品中，如俞镇午的《上海记忆》（1931）、朱耀燮的《杀人》等作品皆提及"大世界"。现代汉语标准音读作"大世界（DASHIJIE）"，但小说原文中标音为"DASIGA"。"大世界"于1917年由一个叫黄楚九的医生一手创建，后来由上海黑帮"三大亨"之一黄金荣接管经营，是当时远东地区最大的购物娱乐中心。"文化大革命"时期曾关闭。1987年春节，以"大世界"为名复业，繁华至今。
　　③ 《新东亚》，1936.2第5卷。

路的样子都非常老气,所以人们称他为"老头"。无父无母长大的"老头"从小就给人家当长工。岁月流逝,他也得以娶妻生子,但妻子有了外遇离家出走了,没多久刚出生的孩子也死了。后来,听信别人甜言,被诱惑到满洲卖农产品,他在那里颠沛流离,却始终忘不掉曾经尝到过的家人的温暖。后来通过朝鲜人聚集地龙井的一个认识人,由那人介绍去了北平,但他去的地方是一个做鸦片买卖的人家。有一天当他去送鸦片时,被警察逮捕带到局里,在那儿老老实实地被关了两年。出来后,就毫无计划地盲目地来到了上海。而在这样一个"老头"眼里,上海是什么样子呢?

即使不这样,也平滑得令人讨厌的"石砌路面"因为被毛毛雨打湿,显得像水缸里窜出来的老鼠那样平滑光亮。无论现在还是过去,就像"上海从来都是为我而生的"似的,在这光滑的街道两旁高鼻子的阔少和蓝眼睛的小姐们,没什么事却也煞有介事地大摇大摆到处乱窜。

以上海为题材的金光洲的小说中,特别突出的词语之一就是"石砌路面",比如说,在本稿中虽没有提及,像在金光洲的另一部小说《铺道的忧郁》中,从题目就有这一词出现。也许是因为当时所谓的铺装道路是现代性的象征。它让人联想到南京路等大的街道,这街上有许多西方人大摇大摆地行走着,这就是"老头"眼里的上海,是上海给他留下的第一印象。"老头"说,那些外国人一瞟一瞟地看着他,很是令他不快。那么,"老头"在别人眼里又是什么样子呢?

不管"他们"做什么杂事谋生,那是次要的,仅从表面上看,"他们"这些高个子的阔少和小姐们个个都像画出来的似的眉清目秀、干净整洁。……而"老头"和我拨开那些被"他们"香水熏着的人潮走来,"老头"背上还背着个包袱……"他们",就算饿肚子也不愿看到肮脏污秽的东西,"他们"以此为耻,而在他们看来,我们两个"高丽人(朝鲜人)"寒酸的模样会是格外刺眼吧,这也不是什么怪事。

在上海繁华的街道上，两个穷酸的"韩国人"成为西方人的"看头"和笑柄。而在那条街上，成为漂亮小姐们和阔少们笑柄的"老头"那包袱里到底装了些什么呢？里面有"三四双打了补丁还发臭的袜子，一套叠着的冬季长袍以及一本外皮磨损了的《沈清传》"。"打了补丁的袜子"可以看作是反映"老头"经济状态的描写，而"一本外皮磨损了的《沈清传》"则说明"老头"当时并没有生活在现代。

小说中有这样一种情景描写。有一裸体舞蹈团从法国巴黎来到上海，而使整个"上海"热闹非凡。有一天周六，作检票员的安某领到了工资，他把一瓶绍兴酒插在腰间，还带上某人从朝鲜寄来的辣椒酱来找"我"，在狭窄的房间里"我俩"和"老头"三个人一起喝酒。在此，与其说作者在拿人种或文化无法融合的"西方"和"朝鲜"进行比较，不如说这是对"现代"和"近现代"这两个不同的历史时期在进行对比。从他们无法进入"现代"社会的模样来看，这和之前他们后背上的"包袱"成为西方人笑柄的情况是一样的。

此后，"老人"每天都去 20 里以外的虹口区弄来一些牛肉再转卖给韩国人。他靠这个营生，赚点小钱过活。但是有一天"老头"说他看到了与之前分手的"顺子妈"非常像的一个人。综合他的话来看，他见到的女孩应该是韩人社会名流 B 某的长女"玛丽"。"玛丽"的故乡是夏威夷，她能说一口流利的英语，但是韩国语一点都不会。这位小姐虽然长得不怎样，但她毕竟是一位在国际大都市里喝着洋风长大的大小姐。虽然周围人听了他的话嘲笑他说，就"老头"你这样的人也敢觊觎大小姐，这是不可能的。但"老头"却说只要有钱就可以娶到这样的媳妇，于是他开始每天都存钱。然而有一天，"玛丽"和一个有钱人结婚了。不知为什么，那天一整天都没有看到"老头"，存钱罐也被打碎了。夜里，当我被一阵敲门声吵醒，发现警察站在"我"面前，他们出示一把菜刀询问我是谁的。"老头"站出来说是自己的，然后他就跟他们出去了。据说，"老头"闯进了"玛丽"的新房，又不知为何受到惊吓而扔下刀逃跑了。

"老头"为何如此执着于"玛丽"呢？该如何解释"老头"的精神错乱呢？"老头"和"玛丽"是生活在两个不同世界里的人。"玛丽"和前妻的相貌衣着很相似，这一点使"老头"产生了错觉。别人都看得到两个世界之间的"玻璃墙"，唯独"老头"他看不到。误以为能过到那边去，却不承想撞到玻璃墙摔倒在那里。也不知他那句口头禅"真有那么可恨的女人哦！"这是在说谁呢。

三、"流亡"视角

本章将采用爱德华·萨义德所提出的"流亡"概念来阐释金光洲描写上海生活的作品中那孤立的、悲剧性的以及令人绝望的世界。萨义德曾主张，主流社会对少数人的歧视源于多数人的一种偏见。他通过确立"东方主义"理论，而超越巴勒斯坦问题的层面，提出"流亡"是具有批判意识的知识分子所应具备的理性条件。下面引用萨义德的一段话。

所谓流亡是最令人悲哀的一种命运。在近现代时期驱逐是最可怕的刑罚了。因为这不光意味着要在彷徨岁月里远离家庭和熟悉的地方，还意味着将成为永远的流亡者，无论在何地都无法感觉安稳和舒适，无论在何时都无法与周边和谐相处，对于过去抱有哀伤，对于现在和将来又背负着痛苦。流亡总是带有一种恐惧，害怕自己会在社会或道德上沦为不可接触的贱民。①

"无论在何地都无法感觉安稳和舒适，无论在何时都无法与周边和谐相处"，这种生活状态在本文的分析对象《长发老人》中的朴君和长发老人、《南京路的苍空》中的明洙、《野鸡》中的小美以及《北平来的老头》中的"老头"等人物那里都有具体的体现，是他们所共有的要素和特点。其中，《野鸡》对主人公小美生活的描述给人一种虚假做作的感觉。换句话说，在这里作者主观性的想象因素起到了很大的作用。作品中与妓女形象有关的内容可从两个方面进行解释，一是如上所述从反映社会现实的角度进行写实主义解释；二是从作者金光洲来到上海后所产生的担心自己会沦为"贱民（untouchable）"的那种恐惧感进行托寓性的解释。

---

① 爱德华·萨义德，Choi YuJun 译，《知识人的表征》，mati，2017，61 页。

以上四部作品中《长发老人》和《南京路的苍空》是在描绘生活在上海的韩国人的苦闷与矛盾。而《野鸡》和《北平来的老头》把叙事空间从朝鲜延伸到中国。《野鸡》里的明淑带着和小美一起在朝鲜出生长大的美好记忆，想动身去往上海。对小美来说，朝鲜不仅是一个"空间"，也是她沦为妓女之前的"时间"。对《北平来的老头》中的老头来说，朝鲜曾是他尝到家庭幸福生活的空间，但同时也是再也回不去的逝去的"时间"。再来看萨义德提及的相关内容。

大部分流亡状态中的困苦不仅仅只在于被强制地脱离故土这一点上。流亡的困苦在于，虽然在现代性的日常生活中可以正常沟通，但每天都要痛苦地去感受故乡留给自己的那些感觉，而那是永远都得不到满足的。因此，所谓流亡，是存在于在新环境下既不能完全与之合二为一，也不能完全从原住处解放出来，一半是所属一半是被排斥，一方面陷入乡愁与伤感无法自拔，另一方面又在熟练地进行模仿，或者是在隐秘地受到排斥，处在这样一种中间状态。①

处在这种过去与现在双重压力下的"中间状态"，正是让流亡者精神上的痛苦达到极点的一种状态。作品里"老头"的精神错乱正是从这里开始。老头无法承受这种"中间状态"施加给他的沉重压力，而回归到了过去。他居然荒唐地在看到玛丽之后联想到他的前妻，"老头"真的是精神错乱了。而在其背后我们看到了处于这种"中间状态"的流亡作家金光洲的精神状态。

四、结　语

在本文中我们考察了金光洲在上海的体验是如何在他的作品中得到反映的。金光洲在中国停留的时间很长，在韩国人社会中接触面也很广，与中国人的语言沟通也很好，而且似乎与文艺界的人士也有一定的交往。

---

① 爱德华·萨义德，前揭，62 页。

但是,从《回想记》或他的小说作品来看,他的主要活动区域应该是上海法租界的韩国人社区。本文所考察的《长发老人》《南京路的苍空》《野鸡》《北平来的老头》等作品都很好地反映了当时上海的社会情况。如,有着走私鸦片和卖淫行为的法租界和出现娱乐产业的虹口地区,以及1930年代韩国人社区内复杂的人际关系等。从这一点来看,他的作品是外国人眼里呈现的一幅老上海风景画。

作品中出现的韩国人,大部分都是为了摆脱殖民地现实去往满洲或者中国其他地方,然后辗转来到上海的,他们过着边缘人贫穷的生活。在上海这个西方化的现代文化中心地,那里的韩国人却过着一种被边缘化的生活,对此可从多方面进行分析,其中有着语言、种族、经济等诸多原因,但笔者在此补充提出另一因素,即"现代城市上海"与"没有经历过现代的韩国人"之间所存在的疏离感。可以说,当时上海的韩国人不仅是"乡下人",也是"以前的人","过去的人"。

本文所探讨的以上四部作品中出现的人物几乎都是韩国人,而且是与中国人无法相融的韩国人。作品中的韩国人无法融入中国人社区或上海的其他外国人社区,所以只能滞留在孤立的空间里。他们无法适应上海,也无法摆脱对朝鲜的记忆。从这一点来看,正如爱德华·萨义德所说的那样,"无论在何地都无法感觉安稳和舒适,无论在何时都无法与周边和谐相处,对于过去抱有哀伤,对于现在和将来又背负着痛苦,这是一种永恒的流浪儿命运。"

在以上海为题材的金光洲的作品,尽管带有一些过多的偶然性和虚假的情节,这是它的不足之处,但他的作品却蕴含着强烈的情感。如果不是亲身体验过的人,就无法表现边缘人所持有的特殊的精神状态。这大体上指的是存在于国际都市上海的,西方与非西方,非西方的中国人与韩国人,韩国人里的物质主义者和精神主义者,民族运动阵营里的政治性团体和非政治性团体,在它们不断分裂过程中所存在的少数人的感知。

参考文献

金光洲,《上海生活回想记》(上、下),《世代》1965.12,1966.1

鲁迅,金光洲译,《鲁迅短篇小说集》,首尔出版社,1946

金东勋等,《中国朝鲜民族文学大系 13——金学铁·金光洲等》,BOGOSA,2007

孙科志,《上海韩人社会史》,HAN WOOL ACADEMY,2001

和田博文等,《言语都市·上海》,藤原书店,1999

爱德华·萨义德著,Choi YuJun 译,《知识人的表征》, MATI,2012

木之内诚,《上海历史ガイドマップ》,大修馆书店,1999

岩间一弘外,《上海——都市生活的现代史》,风响社,2012

榎本泰子,《上海》,中央公论新社,2009

吴志伟,《上海租界研究》,学林出版社,2012

简论当代中国边疆民族
地区城市文化建设

——以楚雄市为例

陈永香　殷　鹰*

在中国的城市构成序列中,城市的规模与政治经济文化、历史地域都有密切的关系。中国目前的政治组织层级与城市的政治经济文化功能是相一致的,作为首都的北京是政治经济文化中心,自然也就成为城市序列中的宝塔尖,然后是中央直辖的几个城市,再下来是省会城市,这些城市构成中国特大城市和大城市群,是中国各个区域板块的政治经济文化中心。再往下的政治层级网络是地区、县、乡村,地区级行政机构所在地的市县一般可以划分为中等城市,其他县级行政机构所在的县城可以算为小城市,乡镇村属于农村区域。城市规模的大小和政治组织层级的高低基本一致,它们对周边地区的影响辐射作用大小也是相一致的。由于中国的城市网络构成和中国的政治组织层级序列的一致性特点,在各地城市文化的建设中,相应的地方政府起到了主要决策领导投资作用。

"随着城市化进程的推进和城市化的飞速发展,城市已经不仅仅停留在简单的物质和经济实体层面,城市作为'文化容器'的功能被日益凸显,尤其旅游业的推波助澜下,城市逐渐成为身处不同地理位置的人们进行文化想象的特殊意象。与此同时,城市形象作为一种亟待开发的隐喻空间,它的可塑性、多义性和未完成性为同时期正在发展壮大的媒介产业提供了充足的

---

* 本文为国家社科基金项目"彝汉神话互鉴与文化认同研究"(项目编号:18BZW193)阶段性成果。
　陈永香,楚雄师范学院教授(三级),硕士研究生导师,研究方向:民俗学及彝族文化。
　殷鹰,云南楚雄人,华东师范大学民俗学研究所博士生,研究方向:民俗学及彝族文化。

文化资源,为城市形象度身制作的各种书写方式在 20 世纪 90 年代中期日益浮出水面。"①在当今中国城市文化建设语境中,讨论城市文化相关话题的时候,人们首先想到谈到的都是北上广深这样的一线城市,其次是一些区域性的二线城市和一些省会城市,再次是一些地方性的历史文化名城。地方性的城市,除了一些古都名邑,边关滨城外,大部分的中小城市,特别是一些边疆地区、民族地区的中小城市,往往被学界和媒体忽略,在大的媒体和学界研讨中几乎处于一种集体失语的状况。而这些中小城市无论其数量、分布的地域、生活的人群来说都是构成中国城市群的重要基础,也是体现中国城市文化的多样性、地域性特征的重要组成部分。城市文化的研究也应该关注这些在中国城市构成中基础性的中小城市之文化建设,研究关注这一类城市的人文精神建构。

　　基于这样的缘由,笔者以云南省楚雄彝族自治州楚雄市的城市文化建设为例来探讨边疆民族地区的城市文化建设,讨论边疆地区民族地区城市文化建设中的一些基本问题。

　　楚雄市属于云南省楚雄彝族自治州的州政府所在地,地域上属于滇中地区,在边疆民族地区中等城市中,楚雄市的规模和类型具有一定的代表性,在以前的小学教材中,讲到中小城市的章节,其配图是楚雄市市中心的桃园湖广场照片,以此来作为民族地区中小城市代表图片。下面对楚雄市的历史文化和当代城市文化建设做简要的介绍。

一、 楚雄地区的历史文化

　　楚雄彝族自治州现在所辖九县一市,区域具有悠久的历史文化底蕴,从考古挖掘的文物中发现,该地区很早就有人类祖先活动的踪迹。

（一）楚雄地区历史文化考古发现

　　楚雄州境内从 20 世纪 60 年代以来的考古发掘中,著名的考古发现遗迹

---

① 高小康主编,姚朝文、袁瑾著,《都市发展与非物质文化遗产传承》,北京大学出版社,2009 年 10 月出版,第 105 页。

有多处,如在楚雄州的禄丰县发现了 1 200—800 万年前的与人类有亲缘关系的腊玛古猿,是森林古猿向直立人进化的典型;元谋县发现了约 400 万年前的蝴蝶腊玛古猿,其体质介于人猿之间,化石被称为"人猿超科化石";元谋上那蚌村发现了两颗人牙齿化石,经地磁碳测定为 170 万年前的远古人类,就是著名的"元谋人",属于直立人种中的一个亚种——直立人元谋新亚种。

考古发掘中发现的文物证明,楚雄地区大约 4 000 年以前已经进入新石器时代,元谋县大墩子的考古遗址(碳测距今 3 010 多年,相当于商朝晚期)和永仁县菜园子考古遗址(碳测距今 3 400 年左右)发现了用火、居住房屋、工具、陶器、家畜、粳稻、村落布局、墓葬等。楚雄地区发现了大量春秋时期的青铜器,出土青铜器上万件。青铜器有编钟、鼓、兵器、生产工具等。

(二)楚雄城市沿革

楚雄,古代称为威楚。战国时庄蹻通滇,"以兵威定属楚。"清宣统《楚雄县志》记载:"楚雄之名,始自战国,庄蹻开滇略此,曰楚。唐南诏时曰威楚县,又改楚州……考之舆图,威楚相沿已久,地当省垣门户,雄镇迤西八府,明以楚雄名之,殆取楚地雄威远播之义欤。"①

楚雄地区地理上位于昆明市和大理市之间,历来是从内地到昆明、大理、临沧出缅甸到孟家湾再到印度等的交通要道,也是中国南方对外文化交流通道上多元文化交融的重要节点城市。楚雄地区汉代属于益州郡和越嶲郡、永昌郡的范围。唐代设立姚州都督府(今楚雄州姚安县)。南诏攻陷姚州之后,楚雄地区成为南诏和大理国时期地方政权的属地,元代结束了地方政权的割据状态,楚雄地区重归中国文化之一统版图。元明清三代大量湖广、江西、四川等地的汉族移民到云南,据方国瑜先生估计,明初云南军户占人口的 70% 左右。元明清以来楚雄地区也有大量汉族移民进入,经过 600 余年间的垦殖,楚雄地区封建经济文化进入鼎盛时期,基本形成了多民族杂居,民族文化交融的

---

① 楚雄彝族自治州地方志编纂委员会编,《楚雄彝族自治州志》(1978—2010),云南出版集团,云南人民出版社,2018 年 3 月第一版,第一卷,第 14 页。

状态。一般是汉族主要居住坝区,彝族、苗族、傈僳族居住山区和半山区,傣族居住金沙江河谷地区,回族居住交通沿线的民族分布居住模式。

楚雄城市建设最早的文献记载见《元史·地理志》中"爨酋威楚筑城硪碌居之",这是楚雄的威楚之名的由来,明代洪武十五年(1382)设立楚雄府,景泰的《云南图经志书》卷四是"楚雄府"。民国时期设立楚雄县,1958年成立楚雄彝族自治州,实行民族区域自治。

据2010年的第六次人口普查统计,楚雄市常住人口588 620人,其中彝族有107 546;城镇人口33.2万人,占人口比率的56.4%。[1] 楚雄市市区所在地楚雄市鹿城镇,2010年规划城市建设规模用地49.8平方千米。2010年末统计,城市建成面积36平方千米,城区人口28万人。[2]

（三）当代楚雄市的城市建设定位

楚雄的地理状况被称为"九分山水一分坝",森林覆盖率达到70%,气候立体,山区半山区和坝区气候差异较大,一般坝区气候温润,适合农耕稻作产生,经济条件较好。山区半山区气候多变,适合种土豆、玉米、荞麦等农作物,经济条件相对较差,也是现在扶贫的主要区域。在当代楚雄地区的城市建设过程中,主要就是依山就势,借助自然山水之灵气进行城市规划布局和建设。楚雄市的城市建设过程中,先后获得了"足球之乡""体操之乡""森林城市""全国民族团结进步创建示范州"等荣誉称号。现在楚雄市的城市发展定位是"现代化的中等生态城市"。

二、 当代楚雄市的城市文化建设

楚雄市作为楚雄彝族自治州的行政机关所在城市,当代城区的文化景观

---

① 楚雄彝族自治州地方志编纂委员会编,《楚雄彝族自治州志》(1978—2010),云南出版集团,云南人民出版社,2018年3月第一版,第一卷,229—239。

② 楚雄彝族自治州地方志编纂委员会编,《楚雄彝族自治州志》(1978—2010),云南出版集团,云南人民出版社,2018年3月第一版,第一卷,530—533。

建设中,优先突出的是彝族文化元素。但作为历史文化悠久,地理位置处于交通要道上的城市,其文化元素必然具有多元化的色彩。

楚雄市在城市景观的建设中,近30多年新建打造的文化景观中,彰显彝族文化的景观较多,如彝人古镇、中国彝族十月太阳历文化园,彝海公园,桃园湖广场、具有彝族文化元素的城市的街道景观、公共设施等;其次是一些属于具有历史文化元素的景观重建或者改造扩建等,如福塔公园、西山公园、紫溪山森林公园等;其他公共文化设施还有博物馆、图书馆、彝剧院等文化机构及中小学及大学的建设等,它们共同构成了楚雄城市文化的基本方面,各自发挥着不同的城市文化功能。下面主要介绍楚雄市城区文化建设中几个文化主题公园的文化景观建设情况。

(一)展示彝族文化的主题公园景观

楚雄市展示彝族文化元素的文化景观建设中,最早建设的是中国彝族十月太阳历文化公园(现在呈现的是经过重新改造后的景观),其次是彝人古镇和彝海公园。其他具有彝族文化元素的景观还有桃园湖广场,街道设施等。

1. 中国彝族十月太阳历文化园

中国彝族十月太阳历文化园位于楚雄市西北边,占地500多亩,是以展示彝族十月太阳历古历法为主的彝族文化主题公园,同时也是一个多功能的文化娱乐园,是为文化旅游而打造的文化景观,园内布局称为"一海一瀑四广场,六寨八区一条龙"。

公园的正大门前是广场,大门的门柱上是两只避山虎,立柱两边是巨大的铜鼓,大门后面照壁的迎宾主浮雕是"彝山欢歌"。往上走是表现彝族宇宙观的"四方八虎"景观,再往上就是公园的标志性建筑,圆形的祭天台,占地5 220.4平方米,分三台,每台五个出口。三台立面共有展示彝族民间文化的浮雕40幅,画面中有人物7 275个,动物2 858只;主体建筑以十月太阳历古历法为标志,顶上圆形的建筑平面中,由彝族十月太阳历对应的十个生肖动物柱围绕中间高大的图腾柱和祖先柱构成。柱子上的图案由彝族十个生肖动物和图腾虎、鹰、葫芦等构成。

同时公园内还有一些其他景观建设,如彝族民居、园林景观、彝族民俗歌舞和神话英雄的浮雕及娱乐设施等。

2. 彝人古镇

彝人古镇紧邻中国彝族十月太阳历文化园,位于楚雄市西北边,2004 年开始兴建,总投资 32 亿多元人民币,占地面积 3 136 亩,总建筑面积 100 多万平方米,是展示彝族文化为主题而开发的房地产项目建成的仿古建筑群。项目由政府主导,提供土地,商家投资开发的房地产项目。其建筑以中国传统的小桥流水和二层砖瓦仿古建筑房屋为主,一般底层是商铺,二层是人居住。建筑样式上主要是以汉族的传统民居样式为主,在颜色图案装饰上又融合了彝族的文化元素,可以说是融合了中国传统建筑元素和彝族传统文化元素的仿古建筑群,是以仿古建筑群为平台,彝族文化展示为核心,发展旅游业为目的的大型房地产开发项目。

彝人古镇是集商住和旅游于一体而成功开发的房地产项目,主体建筑是为发展文化旅游而建设的仿古建筑群,里面为彝族文化旅游而建设的旅游景观有土司府、彝人部落、毕摩广场等。除了为旅游而建设的文化景观之外,还有地方特产的商铺、缅甸玉的商铺、酒吧、茶室、餐馆、客栈酒店等,也是当地人喜欢去进行休闲和消费的地方。

3. 彝海公园

彝海公园位于楚雄市的南边,是 2012 年规划打造的大型城市水体公园,规划占地 1 709 亩,水体总面积 725 亩,项目完成投资 2.06 亿元人民币。

彝海公园现在成为楚雄市南部片区的市民娱乐休闲中心,公园里修建了健身步行道,每天都有大量的市民去进行健身锻炼,还有文化广场也成为市民跳广场舞,小孩玩的地方。同时也是楚雄市开发的城市文化旅游的重要文化景观。

公园中的文化广场上建设了展示彝族文化的图腾柱 12 根,颜色是火红的,柱顶上是红红的火把造型,柱体上是彝族文化元素的浮雕,图案如虎、鹰、葫芦、乐器、跳彝族舞蹈的人群等。

（二）展示中国传统历史文化的主题公园景观

2003年建成的占地845亩的福塔公园,是由楚雄州政协倡议,社会捐资,在明代古塔(锁水塔)遗址上重建的中国传统文化主题公园。

福塔公园是展示中国传统文化的主题公园,以祈福为公园基本主题,景观标志性建筑是福塔,位于楚雄城市东北部的小山顶上,塔高59米,塔身为八角九层楼阁外廊式建筑。塔居正中,景观主要建在塔的南边(朝城区方向)和塔的北面,东西两边都是较陡峭的山。

塔的正南面是500平方米的广场,广场两层17级青石围栏台阶下是塔碑,塔座1.5米,四方是7米长的石雕凭栏,碑座上立6.9米高的青石碑,碑的正面是毛泽东手书的"福"字。背面是楚雄福塔记。

其他建筑有广场东边的福苑,四合院式建筑中主殿是先师殿,以孔子和其弟子为主的塑像,主要展示以儒家文化为主的中国传统文化。

广场的西边是禄苑,里面正对大门的主殿是金玉观音殿,里面塑像以观音的各种变身构成。大门的左边是文官殿,是历史上著名文官塑像,如商鞅、管仲、萧何、诸葛亮、房玄龄、王安石、包拯、耶律楚材、张居正、曾国藩;右边是武官殿,是历史上著名的武将和武将出身的皇帝塑像,有孙武、王翦、韩信、卫青、拓跋焘、李世民、岳飞、铁木真、徐达、戚继光。还有财神殿供奉财神。

东西两边建筑的外墙上是一些劝世歌,东边有"人生诀""知足乐""知福歌""享福歌""乐观谣";西边有"惜钱歌""人生歌""看透歌""宽心谣"。

广场北面的墙壁雕塑以龙、凤、麒麟和福字构成,广场与福塔中间的二层台上,有童子骑12生肖塑像景观。

福塔正北面广场上中间是巨大的"福"字,周围成圆形的高大立柱上是12生肖像。广场北边正对福塔的是鎏金黄瓦的四合院建筑是寿苑,大门两边的墙上有"老年三字经""老年智慧""放眼看""以身为宝""心胸宽广""保健康""健康三字经"的劝世歌。

寿苑的主题是健康养生,求长寿的主题,院子里是巨大的半躺的百子拜寿铜塑像,正殿是寿星堂,里面是寿星和历史传说中的长寿者塑像,大门西边是中国历史上的名医塑像，东边是历史传说和历史上倡导的养生的人物塑像。

除了以上主题公园的建设外，楚雄城市中心以市民休闲娱乐为目标的公园有桃园湖广场和龙江公园。公共文化设施还有楚雄州博物馆和楚雄州图书馆。城市休闲文化景观也包括街道的文化装饰图案和色彩。

楚雄市的城市文化景观建设中，公园文化景观的布局情况是：东边是福塔公园，西边是西山公园，北边是彝族十月太阳历公园和彝人古镇，南边是彝海公园，市中心是龙江公园、桃园湖公园，还有距离市区 20 多千米的森林公园4A 级风景区紫溪山。文化景观建设覆盖了整个城市的不同区域，既有利于旅游文化的发展，也提高了市民休闲娱乐的文化品位和生活质量。

在楚雄温润的南方气候中，美丽的森林城市建设和城市文化主题公园的建设，大大提升了楚雄城市市民的幸福感和归属感，多民族人员构成的城市市民文化上相互认同，大家相处和谐，没有民族之间冲突的问题。由此国家民委2017 年 12 月的授予楚雄州为"全国民族团结进步创建示范州"荣誉称号；2018 年国家林业局授予了楚雄市"森林城市"荣誉称号；楚雄市内唯一的高等院校楚雄师范学院 2009 年 12 月被中央文明办授予了国家级"文明单位"荣誉称号，2017 年底授予其"文明校园"荣誉称号；2018 年中央文明办提名楚雄市为创建国家级"文明城市"，国家级文明城市的创建活动现正在全市人民中积极地开展进行，2020 年中央文明办将对其建设结果进行检查和验收。

（三）楚雄城市文化景观建设的得失

楚雄市的城市文化景观建设，体现了中国边疆民族地区城市景观文化建设中地方民族文化与历史文化资源进行整合性的基本特征。

楚雄市的城市景观建设，20 世纪 80 年代以后新建的文化景观中，对彝族文化的元素突出较多（作为彝族自治地区，彰显彝族文化也是可以理解的），同时也兼顾了楚雄地区历史悠久，春秋战国时期就受到楚文化的影响，在元明清三代的发展基本与内地一致，深受儒道文化和佛教文化的影响，地方文化既有儒释道文化的深厚积淀，同时也有地方民族文化鲜明特色的现实，对历史上曾经存在的文化景观进行了修复或者重建、扩建等。基本体现了楚雄地区的民族特色和历史文化元素。

在楚雄城市文化景观的建设中,也有值得商榷的地方,如对地方深厚的历史文化挖掘彰显还是不够,新建景观中主要是凸显了彝族文化元素,以彰显彝族文化为主,其他少数民族的文化元素基本是缺失的,如楚雄州内生活着苗族、傣族、傈僳族等民族,在楚雄市的城市中也生活着许多这些民族的人,但其文化要素在城市文化景观建设中没有得到体现。汉族文化的元素主要是对历史上的一些文化古迹的修复重建,如福塔公园的建设等。楚雄市的主要街道、公共设施等的景观在色彩上以红色(火的颜色,彝族崇拜火)和火把的造型为主,城市文化建设中单调的色彩会让生活其中的民众产生审美疲劳。

楚雄市在以后的城市文化建设中,突出彝族文化的同时,应该兼顾其他民族的文化展示,体现出各民族平等、文化多元包容和谐的城市文化建设理念,体现城市文化的多样性。城市文化建设是构建居民共有的文化心理空间,城市景观建设中也应该体现城市文化审美的多元性,以满足不同民族的居民文化审美的心理需求。

楚雄市这样的边疆民族地区城市在中国很多,其人口构成是多个民族的杂居形态,几乎没有完全是单一民族构成的城市。城市文化多具有少数民族文化和汉族文化交融互渗的特征,城市文化建设中应该多挖掘历史文化资源,加强多民族共生的文化引导。文化建设既要展示地方民族特征,也要兼顾中国文化多元一体的现状,考虑构筑中华民族文化共同的精神家园的需要,城市文化建设中要体现中华民族的向心力,凝聚力,防止其离心力和地方民族主义的产生。

边疆民族地区城市文化建设,在强调突出其民族特性的同时,也应该依托自然山水,探寻地方历史文脉,让城市文化建设与地方历史文化之根有机融合,使城市文化既有山水之灵气,也有文化之魂魄。在边疆地区民族地区城市的文化景观建设中,地方的民族性、地域的历史性、文化的多元包容性等都应该考虑,地方民族文化的认同建设与中华民族精神家园构建要同步进行,地方民族文化的集体记忆与国家认同建设也要同步进行。

结语:在今天中华民族共同体意识的建构过程中,边疆民族地区的城市文化建设具有重要的战略意义，其对边疆民族地区民众对中华民族文化共同体的认同具有意识形态的引领作用，引导和促成边疆民族地区的民众向中华民族一体的方向展开文化的认同想象，强化和巩固边疆民族地区人民的中华民族一体意识。

在边疆民族地区城市文化的建设中，既要兼顾民族性、地方性，更要具有多元性和包容性，注重体现中华民族文化整体性的认同建构，防止过分强调某个地方民族的特性从而产生滋长狭隘的地方民族主义，进而妨碍中华民族一体的文化认同和国家认同建构，这应该引起特别的重视。

在当今中国边疆民族地区城市文化的建设中，体现中华民族一体的文化意识建构上，党和国家意识形态的引领和国家行政力量的有效推动占据主导性地位的同时，地方历史文化资源的挖掘和重新解读建构也是一条重要的途径。

积极促进民族非遗文化
融入"一带一路"建设

李金秀[*]

　　"一带一路"倡议的提出,搭建了区域合作平台,发展沿线国家的经济合作伙伴关系,共同打造政治互信、经济融合、文化包容的利益共同体和命运共同体。"一带一路"建设,历史和文化是重要基础,非物质文化遗产(以下简称非遗文化)应该在其中发挥积极作用。

　　美丽的西双版纳地处祖国西南边陲,被誉为镶嵌在地球北回归线上一颗璀璨的绿宝石,素有"植物王国"和"动物王国"之称。与老挝、缅甸接壤,与泰国相邻,国境线长996.3千米。昆曼国际大道穿境而过,澜沧江·湄公河黄金水道纵贯全境,一江连6国。辖区有(景洪港、西双版纳国际机场、磨憨和打洛)4个国家级口岸,是面向东南亚、南亚的重要通道,也是"一带一路"建设的前沿阵地。全州13个世居民族,110多万人口,有10万余人居住在边境一线,有(傣、哈尼、拉祜、布朗等)8个少数民族跨境而居。

　　多姿多彩的民族文化孕育了类型繁多的民族非遗文化,它包括民族语言,民间文学、音乐、舞蹈、曲艺,民族节庆,手工技艺、体育竞技,傣医药等,这些非遗文化项目中的傣族泼水节、傣族象脚鼓舞、基诺族大鼓舞、布朗族弹唱、贝叶经制作技艺、傣族织锦技艺、普洱茶制作技艺等,具有唯一性和不可替代性的文化元素。丰富的"非遗"文化不仅是各少数民族的魂之所系,根之所在,也较大影响了与西双版纳民族同根、文化同源的东南亚各国人民,是西双版纳融入"一带一路"建设的生命之源和内在动力。

　　认真做好民族非遗文化调查申报工作。为了保护和传承民族非遗文化,

---

* 李金秀,中共西双版纳傣族自治州委宣传部副部长。

西双版纳州早在 1997 年就开始了民族民间美术、歌、舞、乐艺人的调查和申报命名,2003 年开展了"民族民间传统文化保护区、民族民间传统文化艺术之乡、民族民间传统文化传承人、民族民间传统文化濒危保护项目"的普查,2005 年开始进行非遗文化保护名录的申报工作。目前,西双版纳州共有 11 个国家级非遗文化保护名录(傣族泼水节、傣族慢轮制陶技艺、傣族章哈、基诺族大鼓舞、傣族象脚鼓舞、布朗族弹唱、傣族织锦技艺、贝叶经制作技艺、召树屯与南木诺娜、普洱茶(大益)制作技艺、傣族医药)17 个省级、34 个州级非遗文化保护名录,有国家级代表性传承人 9 人,省级代表性传承人 46 人,州级代表性传承人 135 人,有县级传承人 115 人,有非遗文化项目传习馆(所)25 个。

努力打造"一带一路"非遗文化展示品牌。西双版纳州秉持"亲诚惠容、合作共赢"宗旨,历经 25 年风雨,成功打造了澜沧江·湄公河流域国家文化艺术节,不仅让中老缅泰柬越六国艺术团同台献艺,还吸引了孟加拉、印度、印度尼西亚、马来西亚、韩国、加拿大、法国等 18 个国家的艺术家和民间艺术团体参加。每年举办一届,内容有文艺节目展演、国际影像展、国际美术展、国际陶艺汇、澜·湄流域国家非遗大集等。形成了一个有影响力的文化品牌,也成为云南省对外交流的一个重要平台。

积极参与国际非遗文化活动。西双版纳州组团参加了在老挝举办的以"传承与创新——中国非遗"为主题的 2017 年中国文化周活动,为老挝人民表演了孔雀腾飞、吉象鼓舞、布朗弹唱等西双版纳特色文化节目,展示了贝叶经制作技艺、傣族织锦技艺、傣族章哈、布朗族弹唱等西双版纳非遗项目,增进了老挝人民对西双版纳的了解。

大力发展非遗文化产业。西双版纳州大力推进文化创意产业发展,成立了 4 家非遗产业专业合作社,建立了 2 个(景洪市勐养镇曼掌村、勐腊县曼旦村)傣族传统文化生态村和 2 个省级民族传统文化生态保护区;成功创建了西双版纳告庄西双景民族文化体验园、万达西双版纳国际度假区 2 个"省级文化创意产业园区"以及西双版纳傣族园、勐海大益庄园 2 个"省级文化创意与相关产业融合发展示范基地";开发非遗文化旅游产品,结合西双版纳是旅游集散地的特点,把一些文化特色项目纳入旅游纪念品开发,受到国内外游客的青睐。

深入开展非遗文化教育宣传。开展非遗文化进校园活动,编印《傣族象脚鼓舞》《傣族慢轮制陶》《傣泐传统文化与贝叶经制作技艺》《基诺族特懋克节》《傣族高升制作技艺》《傣族织锦技艺》等非遗乡土教材,以国家级传承人为重点,定期到中小学开展非遗教学。以"多彩非遗、美好生活"为主题,不定期进校园开展非遗宣传活动,并在中小学校建设"非物质文化遗产保护传承基地"。采取"互联网+"模式,创建了西双版纳掌上文化、西双版纳州非遗文化微信公众平台,多角度宣传展示非遗文化风采。

加强民族非遗文化保护规划。制定了《西双版纳州人民政府关于进一步加强非物质文化遗产保护工作的实施意见》,成立非遗保护组织,明确了深化非遗文化资源调查、健全非遗文化保护名录体系、壮大非物质文化遗产传承人队伍、加快民族传统文化生态保护区建设、实施项目和代表性传承人记录工程、加强非物质文化遗产数据库建设与信息共享、推进非物质文化遗产资源的合理利用、加强非物质文化遗产保护利用设施建设等 8 项重点任务。

经过多年的发展,西双版纳民族非遗文化已如繁花锦簇,飘香"一带一路"。但是,我州非遗文化的保护和开发力度都偏弱,尤其是非遗文化产业的开发更弱,企业少、规模小、产业基础薄弱,难以运用商业和产业化力量促进非遗的深入发展。我们热烈欢迎热衷于传承民族非遗文化的有识之士和企业到西双版纳投资兴业,为民族非遗文化发展助力,共创共享民族文化成果。

思南读书会报告

孙甘露[*]

一、 活动背景和起源

上海是一座具备深厚历史文化底蕴的城市,一直以来都是中国文学出版的重镇。它既是中国的经济中心,也是一座具有张力的国际化大都市。随着经济的发展,广大市民对于文化与精神层面的渴求也日益加剧,"上海书展"便因时代的需求孕育而生。

上海书展暨"书香中国"上海周由国家新闻出版广电总局、上海市人民政府指导,中共上海市委宣传部和上海市新闻出版局主办,上海市静安区人民政府和上海展览中心协办。2017上海书展暨"书香中国"上海周已于8月16日至22日成功举办。主会场继续设在上海展览中心,展场面积23 000平方米。2017的上海书展为第十四届,书展主题一如既往,仍然是"我爱读书,我爱生活"。

经过十多年的积累沉淀和品牌塑造,上海书展以"我爱读书,我爱生活"为主题,秉承"立足上海,服务全国,服务读者"的理念,海纳百川,兼收并蓄,从一个区域性的地方书展,逐步成长为一个全国性的重要文化盛会,成为全国知名的文化品牌和全民阅读活动示范平台。

多年来,上海书展不断探索创新、追求卓越,致力于推动城市阅读,确立了面向广大读者,以零售为主,同时涵盖出版物展销、图书订货团购、出版产业信息发布、高峰论坛、新品首发、作品研讨和阅读推广的综合功能定位。参展图

---

[*] 孙甘露,上海市作家协会副主席。

书从 10 万种,增加到 15 万余种;参展出版单位从 170 多家,增加到 500 多家;书展主会场零售额从 1 300 万元,增加到 5 000 多万元;文化活动从 170 余项,发展到 600 余项;参加书展活动的嘉宾、作者、学者和文化名人从 100 多位,增加到近千位……上海书展以其独特的定位、丰富的精品力作、浓郁的文化气息,每年吸引了 30 余万市民读者的热情参与,成为老百姓的阅读嘉年华,读书人的文化黄金周。

其中,"上海国际文学周"是上海书展的重要品牌项目之一。

2011 年起上海书展开设上海国际文学周。上海国际文学周邀请国内外具有代表性的知名作家,通过讲座、签售等形式与读者朋友们交流沟通,众人共赴文学盛宴。每年的上海国际文学周开幕式都有其独特的主题,如 2011 年的"文学与城市的未来",2012 年的"影像时代的文学写作",2013 年的"书评时代",2014 年的"文学与翻译:在另一种语言中",当年诺贝尔文学奖得主、英国作家维·苏·奈保尔、美国桂冠诗人、翻译家罗伯特·哈斯、美国小说家、普利策小说奖获得者罗伯特·奥伦·巴特勒、法国语言学家、翻译家帕斯卡尔·德尔佩什等嘉宾与翻译家、作家、诗人和学者马振骋、周克希、孙颙、叶兆言、刘醒龙、黄运特等畅谈各自的经验。2015 年的主题是"在东方",2016 年为"莎士比亚的遗产",2017 年为"地图与疆域:科幻文学的秘境"。2017 年的上海国际文学周邀请了中国作家协会副主席、上海市作家协会副主席叶辛,中国作家协会副主席李敬泽,俄罗斯诗人、俄罗斯作协共同主席、作协莫斯科分会主席、国际作家联盟执委会副主席弗拉基米尔·博亚利诺夫,科幻作家王晋康、韩松、陈楸帆、张冉,美国科幻作家瑞萨·沃克、陈致宇,伦敦书展推荐的两位英国科幻作家保罗·J·麦考利和理查德·摩根,军旅作家裘山山,作家汪剑钊、唐颖、李宏伟、林白、小白、徐则臣、弋舟、马伯庸,诗人韩博、冯唐,评论家毛尖、杨庆祥,台湾地区作家高翊峰、伊格言,以及阿根廷作家马丁·卡帕罗斯、法国作家 J.M.埃尔、英国文学评论家托比·利希蒂希,日本作家平野启一郎、林真理子等嘉宾出席。

可以说,上海国际文学周已然成为了具有国际影响力的文学盛会。2015 年,创办一个多世纪的英语世界著名书评杂志《泰晤士报文学增刊》主动提出为上海国际文学周免费刊登形象广告。2016 年上海书展期间，上海国际文学周与"伦敦书展·影像与银幕周"签署合作协议，每年互派作家，为中英两国作家提供跨文化交流平台，为中国文学"走出去"搭桥铺路。

上海国际文学周也不乏有趣的创意。如 2017 年上海国际文学周开展了一个"直播上海文学地图"的诵读活动。在全市 9 个文学地标，持续朗读 10 个小时，20 余位国际文学周嘉宾将参与朗读并网络直播。诵读活动从上海书展现场开始，途经上海作协（巨鹿路）、巴金故居（武康路）、茅盾旧居（甜爱路）、思南文学之家（复兴中路）、上海文艺出版社（绍兴路）、鲁迅故居（甜爱路）、左联纪念馆（多伦路），到文学周诗歌之夜所在地（北外滩）结束，李敬泽、金宇澄、徐则臣、杨庆祥、张冉、李宏伟、陈楸帆等作家学者接力朗诵文学经典作品。上海国际文学周做到了集高品质、高品位、高创意，高创新于一身的"四位一体"。

但一年一次的上海书展与上海国际文学周已经不能满足广大市民与读者朋友们对于文学及艺术文化的渴求。为了能将面向广大市民的阅读、交流活动常态化、多样化、衍生化，思南读书会便因此而生。

二、 思南读书会和思南书集

由上海市作家协会联合上海市新闻出版局、中共上海市黄浦区委宣传部共同推出的上海公共阅读组合活动——思南书集和思南读书会，自 2014 年 2 月 15 日面世以来，深受上海市民欢迎，获得了国内广泛关注。此举措为推进上海城市公共文化服务，营造城市文化环境氛围提供了有益经验。

自思南读书会 2014 年 2 月 15 日举办第一场读书会开始，每周六下午与读者朋友们准时相约在思南公馆，至 2017 年 11 月 20 日活动已累计举办了 211 期，诸多海内外知名作家、学者与读者共赴"文学饕餮盛宴"。

来自海外的作家学者们包括法兰西文学院院士达尼·拉费里埃，瑞典文学院终身院士、诺贝尔文学奖评委会前主席谢尔·埃斯普马克，奥地利作家彼得·汉德克，法国哲学家夏尔·佩潘等。中国作家包括王安忆、刘恒、格非、韩少功、贾平凹、叶兆言、孙颙、陈思和、金宇澄、严歌苓、毕飞宇、陈丹燕、李辉……作家学者们与读者朋友们相约思南公馆,因着文学而共融,一同畅所欲言。在思南,作家与读者彼此的关系不再是那么遥不可及,每次相聚都是因文学而相交的故友重逢。

读书会第一场由上海作协主席、知名作家王安忆老师主持,上海作协副主席、著名作家孙颙作为主讲嘉宾。读书会开始前一小时,在工作人员的协助下读者们就井然有序地排起了长队。读书会的热度告诉我们,如今读者并不是不读书,而是要读好书,读有品质的书。好的读书会,才能留住读者。即便星期六偶逢刮风下雨,读书会现场也是满满当当。人多没有座位,有读者就站着甚至席地而坐。对读者而言,思南读书会让他们的精神得到充实。读书会是免费的,一般情况下读者勿需预约就可排队进入读书会现场。

1. 活动元素

一个好的文化品牌需要用心去经营与"呵护",需要时间的沉淀。思南读书会主要通过以下几种方式与方法来积累人气提升自身"内力"与底蕴:

(1) 思南读书会与思南书集相辅相成,打造文化活动组合。逛完书集,听文学讲座,听完讲座,再逛书集,两者相得益彰。这也是主办方充分为读者考虑,让"读书也是一种生活方式"的理念得以体现。这套文化组合拳的影响力和实际效果已经得到了充分验证。达到了 1+1 远远大于 2 的良好效果。第一批进驻书集的四家机构,设立七个摊位,两周以后,社会反响热烈,许多书店前来申请入驻,中国出版集团、久远期刊和新汇音乐等得以加入其中。同时,入驻机构各展其能各施所长,例如上海作协旗下的作家书店就主打作家签名本,当天四百多本签名本被一抢而空。

(2) 一个好的文化活动需要有出色的场地与之相配合。思南书集选址在上海地标性建筑思南公馆举办,地处城市中心。读书会放在上海市作家协会、上海市新闻出版局共同成立,并由诺贝尔文学奖得主莫言先生题词的"思南文学之家"。经过 2013 年上海国际文学周,思南文学之家已成为沪上为人所熟知的文学场所。

（3）思南读书会、思南书集集合优势资源，以上海市新闻出版局和上海市作家协会为主导，充分集合上海文学、作家、媒体、出版、艺术等多方文化资源，广泛调动社会机构的参与热情。这体现了广大市民对好的文学作品的渴望与追求。也验证了好的作家与文学作品不会因时代的发展与变化而被淘汰的观点。

2. 活动品质

整个读书会活动主打三张王牌，即专业牌、作家牌和国际牌。

（1）专业牌：思南书集的图书都可谓是高品质，其品种在出售前都经过反复精挑细选。图书多以文学为主，兼顾社科等种类，保证了其专业性。

（2）作家牌：读书会主推文学名家名作，兼顾其他艺术名家。在邀请嘉宾方面读书会策划团队经过反复推敲，除了作家，还有陈思和、李欧梵、张新颖、陈子善、陈尚君、汪涌豪、谈峥、孙周兴、戴锦华等各个领域的著名学者专家莅临现场，马震骋、袁筱一等著名翻译家也都曾担任读书会的主讲嘉宾。

（3）国际牌：思南读书会定期邀请外国作家与中国作家进行对谈。这体现了一种文化的交流与切磋。国际牌不仅体现在嘉宾会有国外作家，也体现在还为思南书集的外文书店提供了原版外文图书。

3. 宣传渠道

思南读书会进行宣传的另一个经验就是顺应时代发展、大力依托新媒体。信息发布充分依托微信和微博等新媒体，上海观察、上海发布、书香上海以及众多公众微博、微信等新媒体，对读书会和书集进行了热切关注和追踪。

思南书集和思南读书会举办以来，社会反响异常热烈，包括新华社、人民日报、光明日报、中新社、解放日报、文汇报、新民晚报、东方早报、上海电视台和电台等在内的数十家新闻媒体，发布了一大批高质量的新闻报道。

4. 读者和读书会的互动机制

作家、图书、读者是思南读书会不可或缺的组成部分，读者的厚爱和支持让思南读书会这份品质有了温度。在思南读书会一周年特别活动时,主办方就特别设计了一个向读者致敬的单元,评选出了 5 位思南读书会年度读者和 1 位年度荣誉读者,并在读书会的中心位置,为年度荣誉读者特别设置了为期一年的红色专座。2014 年度荣誉读者许树建感慨地说:"思南读书会成为我每周必修的文学课程,我的收获比上一次大学还要大,因为老师都是上海一流,中国一流,甚至世界一流的"。许老师还发动身边的亲朋好友积极参与思南读书会。

通过思南读书会公众号等网络平台,读者还可进行征文投稿。征文得到了读者朋友们的踊跃投稿。这充分说明了大家对思南读书会的支持与肯定。思南读书会 2015 年年度荣誉读者为知名翻译家马振骋先生。

三、《思南文学选刊》: 从线下 交流到阅读刊物的延伸

逆水行舟,不进则退。克服艰险逆流而上为勇者也。从 2017 年 2 月 25 日起,上海纯文学阵地又多出一张新面孔:众人期盼了许久的大型综合类双月文学选刊《思南文学选刊》就此诞生。

每期选刊约二十五万字的容量。这份由上海市作家协会主管、主办的文学选刊,全面关注中文世界的文学创作、翻译和研究,既填补了上海之前没有文学选刊的空缺,完整了上海文学期刊的种类,也将为更深入地推动上海的文学和阅读生活起到积极良好的作用。

顾名思义,《思南文学选刊》与已经创办三年多的思南读书会有着千丝万缕的关系。思南读书会孕育了《思南文学选刊》,《思南文学选刊》让思南读书会与思南系列的活动更"丰满"与精彩。

近年来上海书展,上海国际文学周在思南公馆的举办、思南文学之家的成立、思南读书会和思南书集的创办在国内外都引起了相当不错的反响,成为国内外作家、出版人和媒体的一个重要展示推广平台。《思南文学选刊》亦是"思南"这一文化品牌的延伸与拓展。这是新媒体文化环境中,强势回归文学

初心的表现。不忘初心，方得始终。这是一次探索社会化办刊思路的新尝试，将起到推广品质阅读、营造都市文化氛围的重要作用。

在新媒体崛起的大背景下，这样一份纯文学选刊的创办让人深深感受到创办者和书写者们逆流而上的勇气。实体刊拿在手中的重量，纸张上所散发出的墨香是另一种让文学爱好者感到惬意与满足的诠释。杂志不仅针对汉语文学的创作，翻译作品也在其中，编者们期望这本刊物能在纯文学期刊的选择中互相补充，兼顾艺术性、可读性和思想性，以一种朴实的方式回到文学。

目前国内选刊基本以小说为主，其他体裁比如理论、随笔、诗歌、演讲与访谈等，以往选刊很少涉及。而《思南文学选刊》做到了把好作品选出来，让读者看到当下汉语文学的水准，并可以与国外的相关作品相互比较。也为文学爱好者提供了另一个展示自己才华的平台。

在第一期的目录中叙事一栏中有弋舟的《随园》、双雪涛的《飞行家》等等；诗歌一栏中有里尔克的《唯有诗歌我们在注视》等；随笔中收录了李敬泽的《抹香》等；对读中收录有尼克的《人工智能的起源》等；重温一栏中是福楼拜的《淳朴的心》。值得一提的是，资讯栏目中，特别邀请富于幽默和艺术才情的青年作家 btr（笔名）执笔撰写近期文学信息，以体现《思南文学选刊》作为期刊的时效性。

思南文学系列活动真正做到了传统与新兴的相辅相成与齐头并进。文化需要包容接纳与共融。在共融的环境下上海文学的未来一定会百花齐放。

四、思南书局·概念店： 实体阅读到实体书店

上海是一座充满文化底蕴的城市，上海亦是一座充满无限希望与创新的城市，思南书局在这座充满奇迹的城市中孕育而生。这家由上海作家协会联合上海永业集团、上海世纪出版集团共同发起的书店，运用了诸多创新的模式，注定会在上海书店史上留下精彩且让人难忘的美好印记。

2017 年 11 月 5 日，思南路复兴路路口的小广场上，"思南书局"概念店正

式开张。开店首日热情的读者几乎撑爆了这家充满着希望的书店。

30 多平方米的书店，经过同济大学设计团队创作，容纳下了 1 046 个书籍品种、3 000 余本图书，100 多个文创品种，30 余张 1970 年代的经典唱片，书籍选品以文学为主轴，兼陈人文、历史、生活、艺术、外文，甚至还为孩子们准备了童书绘本区。

书店的一个独到之处就是每天会有一位驻店作家兼当日店长，皆为知名作家、学者、评论家。每天 16 时至 20 时，这位店长就会准时出现在书店里、和读者聊聊天、为他们挑选书籍，有时还会带上自己为读者朋友们精心准备的小礼物。书店每一天的收银条都不一样，会印着当天店长的名字，读者同时也可以获得店长的亲笔签名。持续 60 天，60 位不同的作家。李欧梵、金宇澄、潘向黎、吴清缘、小白、蔡骏、张定浩、毛尖、周嘉宁、路内等沪上读者喜爱的作家将陆续现身在书局，与市民读者面对面交流。在邀请驻店作家的选择上，不仅包括具有影响力的传统知名作家，也会邀请高人气的网络文学作家。

让阅读成为市民的生活方式，满足广大群众对美好阅读的向往，一直是思南读书会主办方、承办方的初心。从上海书展·上海国际文学周、思南读书会、思南书集到《思南文学选刊》、思南书局·概念店，出发点十分纯粹，那就是为读者、作者、出版人搭建对话平台，让更多好书、好作品与读者见面。

海纳百川，有容乃大。思南读书会及系列活动已然成为了读者与作家们沟通与互动的优质平台。已经成为了上海的城市文化名片。思南书局的设计形状极像一颗"心脏"。思南读书会是上海的城市文化名片，在不久的将来也将成为上海市民文学与阅读的聚集地与"心脏"。思南书局的形状也极像一颗钻石，这也预示着在今后上海的文学事业发展进程中，思南读书会及系列活动将散发出璀璨的光芒。上海是一座国际化的大都市，也是中国文学事业的重镇。思南读书会将为上海的文学事业发展添上重要的一笔。

社会设计作为城市的自我观察

鲁贵显[*]

　　根据 Côrte-Real 的概念考察,今日一般所说的设计一词,design,在西方社会里有着数百年的字义演变史。在 17 世纪初,与 design 相关的文字除了意指完成、为特定目的的设置,更是指绘图行动及图画(drawing)。后者意涵可溯及意大利文的 Disegno,之后被英文化而具有今日熟知的多重意义,如画出形式、图案、草图,或计划,或再现任何事物,或吾人所欲表达之想法、意图等等。但,最关键的还在于 Disegno 这个字原初的意涵,绘图与计划(plan、project)。由此,design 便有了诸多衍生的意涵,从设计者来说,此字指涉想法、理念、意图、形式、图式,或是一系列的行动,并且最终是透过绘图技能得以表达。18 世纪末,建筑计划的名称已出现了 design 一词,意指:吾人对于对象日后可能呈现的样貌,所建构出来的明确图像。逐渐地,设计这个名词就在专业组织的主导之下,例如 Drawing Association 及其支持的 National Academy of Design,与特定的技能关联在一起,像是绘图、绘画、雕刻、写作。但,这并不表示设计只是从艺术分支出来的技能,无法对于世界提出反省的角度,也无法直接对社会产生深刻的影响。Côrte-Real 对于 design 的字源研究就是反驳此一流行看法,并认为设计是一个具有计划性质的、有目的性、能整合各种专业技能的、能预见计划可能后果的智识过程。

一、 设计的过程及其社会性质的逻辑

　　以上的字义皆将设计归功于设计者的能力(绘图与计划)以及对象的再现

---

　　* 鲁贵显,中国台湾辅仁大学社会学系副教授;主要研究领域为社会学系统理论、风险理论、媒介理论。近来专研媒介概念在社会学的应用。

结果(设计完成之后的成品),而未看到设计本身的二阶性质。Dunlap 区分广义与狭义的设计,前者指的是艺术活动时的整体计划,后者则是绘图之类活动而已。相应于这个区分,Dunlap 也区分"艺术家及设计/未受教导的劳工"。他认为"那些先前未获得知识、品味及高雅的人是无法品尝细致的艺术;艺术所赋予的愉悦是与吾人所获得的知识、品位及高雅相称的。当一个人变得优雅时,他所欲求的事物及享受会升高。一个未开化的人是感觉不到自己需要荷马或弥尔顿,莎士比亚或但丁;他们不朽的诗作是无法进到这个人的眼或耳中;即便这些文字可以转换成他的语言,但他依旧无法理解其中的理念……在文明社会中,未受教导的劳工几乎不听闻那些让我们充满喜悦的对象,而成为化外之民。但能阅读的人,他们在书本里得到喜悦,是受教育的人会感觉需要诗人、画家、雕塑家、雕刻家及建筑师的作品。"①很显然,设计是属于特殊的心智活动,必须经由学习才能实行,也才能欣赏。但,有趣的是,在诺亚·韦伯斯特的"美国英语词典"中关于 design 一字的解释中,工厂里工人使用的(从绘画里复制过来的)图案、几何图形,也称之为设计。此处,设计不再局限于知识地位或专业技能,即便是粗糙简易的符号挪用,仍可称之。这么一来,艺术家及设计者/未受教导的劳工,两者的差异就消失了,它们之间虽存在着对立关系,但也有相辅的作用。

R. Glanville 曾以随意涂写/草图(doodle/sketch)这个区别说明设计背后的逻辑。设计,一般说来,是在无意之间发生的,甚至连设计者事后都难以明确说出,从何时及在什么样的动机下开始的。任何随意的一笔划,一个无从辨识的形状,一个字之后,吾人便有机会观看它,并决定是否继续添上新的线条,或是修正,或是涂掉。在涂写与观看之间多次往返之后,渐渐地会出现某似像非像的草图。这一道理也被 Glanville 用来分析人与人之间的对话。两人之所以能对话并不起于共同的文化背景、规范,而是起于他们无从认识对方,只能在各自的意义框架下设法理解对方所说出的语句,即便整个过程时而被质疑、

---

① William Dunlap, Address to the Students of the National Academy of Design, in: Harrison, Charles, Paul Wood and Jason Gaiger (eds.). 2001. Art in Theory, 1815 – 1900, An Anthology of Changing Ideas. Oxford and Malden, Mass.: Blackwell. p.267.

反省及修正，他们依旧是处在自己心中所认定的世界。唯一留下的是一连串的语句与身体行为，也是双方各自认为自己正确理解的证据。这就像 H. Maturana 所举的动物与主人之间的互动例子，阳光照进室内，猫跑上床，舔着主人，直到他醒并到厨房备好猫食。日复一日，仿佛双方完全理解对方（即另一层次的真实）。无论如何，双方至少在一段时间的互动之后已经在对方那儿，从黑盒子变成（仿佛是）透明盒子，也就是一个稳定的互动对象。如果时间再稍加延长，或脉络改变之后，两个原本看似透明的盒子，可能会再度变成黑盒子，就像 P. Watzlawick 笔下的真实案例，丈夫终于在结婚三十年后鼓起勇气对妻子说，他其实不喜欢洋葱汤。不过，此时在双方那儿再度呈现出来的黑盒子已经是一种可以千百理由解释的黑盒子。它不再是一开始那个无从说起的黑盒子，如今它已是一种由社会所建构的，可控制的无知。

二阶模控论可以为此对话关系再增加一个或多个层次的观察者。以上述为例，吾人可以追问，若在两个仿佛透明的盒子之外还有一位观察者的话，这两个盒子之间的互动对他来说意味着什么？其实又是一个无可理解的大黑盒子，一个复杂的互动关系。这时，吾人可以说，对话的两造不只有原本自我指认的身份，接着有透明盒子的身份，然后又有（对外在观察者来说）大黑盒子的身份。

据上所言，我们不禁要问，设计果真只是将专业技能应用于对象？设计是一个计划，规划着生产过程，预见成果及修正错误？ Glanville 的彻底模控论思维（二阶模控论）指出，设计来自于对观察的观察，以观察控制观察，直到最终出现循环性的观察，并因此制造出对象。可以说，设计所要处理的对象、议题并非来自于客观世界，而是来自于反复的摸索，反复地并循环地观察自己的观察结果，直到设计者眼前浮现一个（看似客观的）对象。由此也可推论说，现代社会借着设计以创造出诸多对象，让人以多重角度观看自己的存有，就如哲学人类学家 H. Plessner 所说，人的非中心性定位（Exzentrische Positionalität）注定人必须不断地为自己建构出特有的世界。一位设计者只有采取两个不同的角色，涂写者与观察者，并不断往返之后，才能成为设计者，制造出他要设计的对象。所以，工人手中的粗糙绘图，或是复制他人的图案，或是简单的图案加工，并不是对立于设计者的专业作品,也不是低阶的活动,而是,设计过程的必要部分。每一位设计者兼具着工人(随意涂写)与艺术家(草图)的角色,并控制着两者间的对话关系。

二、 以设计创造（仿佛）对话的界面

两个最终变成(仿佛是)透明盒子的对话两造(主人与猫、先生与太太、涂写者与观察者角色、设计者与对象),取得了(仿佛)可以相互理解与沟通的新身份,是因为在他们之间出现了一系列的身体姿势、一连串发出声音的语句、不断被增添及修改至完成的绘制作品。这些正是所谓的边界对象物(boundary object)。Star 与 Griesemer 曾以 20 世纪初的美国加州的脊椎动物博物馆成立的历史为例说明,动物标本、博物馆、地图、"加州"名称等等皆是边界对象物。这些对象物被多方参与者(生物学家、大学及市政府行政机构、筹建博物馆的捐款者、业余的动物标本爱好者组织、捕猎者)使用着,并表现在地图、公文、出版的论文报告。例如,大学研究单位为了收集美国西岸的生物,制作标准化的表格供这些协会、捕猎者、收集者之用,以确保得到可用的标本以及关于生物的资料。又,对于研究者来说,一张加州的地图代表着物种与环境之间选择关系,但,对于捐款的慈善家来说,则代表着加州地区的教育与科学水准提升。可以说,这些边界对象物就是诸多集体行动者(制度、组织、专业领域)之间的虚构物,能让诸行动者各自表达出自己独有的视角、利益,另一方面,又能使他们彼此沟通协调着,而产生出共识的错觉。一个虚构的对象物跨接相异的世界,既保存这些世界特有的运作方式与观点,又能推动共同行动。对象物既然是虚构的,也就没有本质,对它的定义也注定是不足的。随着诸行动者投入的时间及互动的频率,对象物的意义指涉也愈加地多样与多变。

边界对象物的理论提供了一条思考设计的线索:设计已不再是美学问题,也不是专业技能的问题,而是创造出一个媒介,或空间,使不同的观点得以汇聚,相互观察,并激出对话的可能性。

边界对象物虽说是虚构,为诸集体行动者形成各种讯息,而讯息本身是没

有躯体。但，对于每位投入其中的人员来说，它仍紧紧贴近人的感知。例如，一张填写海洋生物特征的表格决定了猎捕者、自然爱好者如何观察鱼类，如何手制标本；一张加州地图决定了人的距离感；博物馆必须预估参观者的行走路线以及视觉的方向。Luhmann 也提出类似的看法，认为组织必然要有所设计，让成员能借着感知找到行动取向，例如，将工作场所绿化或游戏化，或者，将大型荧幕挂在高处以随时显示股市的走势。或者像艺术创作者 Modaschl 所提出的游戏：在公司里放置角锥形物体，任由员工手动操弄，移动方向，并保持其平衡。意在透过激发身体运动与感知，使员工们意识到部门间分工与合作的重要性。因此，任何的设计不只是创造出与此自我、与他人，与物体，与世界的相互观察的关系，同时也创造出与身体的关系。为此，Michel Serres 曾将足球视为准客体（Quasi-Object），它的重要性远远高出任何一位技术精湛的球员，也远胜于比赛规则，因为球技好坏取决人的身体与它的和谐程度；球队的比赛策略以及集体行动必须考虑到球的物理性质；比赛规则是为了保持人与球之间的特定关系。因此，我们甚至可以说"球"这个没有生命的物体才是一场球赛里的主体。Serres 欲借此强调物体或对象本身，就如同有生命的行动者一般，已经凝结出诸多的"行动能力"能激扰、限制人类的思想与身体行为。所以，在最广泛的意义下来说，在孩童面前摆一颗球，就是一种设计，而且是社会设计。他的感官与身体因为眼前这颗球而启动，并开始找寻观察这个准客体的方法，试图与之相适应。

三、 讯息交织的城市/从媒介中产生的行动者

上述所谈的设计概念应该够清楚地表达出立场：在现代社会中，设计不能再局限于专业技能，或只是特定问题的解方，更重要的是设计过程（即，社会意涵），它使双方（人之间，或人与物之间）引发循环式的相互观察，建构出暂时透明的且稳定的自我与他者、对象。它们，作为建构物（以 B. Latour 的行动者网络理论来说，可称之为 actant），能容纳各种的观察角度，是相异的诸社会世界之间的转译界面。更抽象地说，设计是关乎着沟通讯息的生产、流动、汇

聚及冲击。

因此,本文也不将城市视为地理空间,或执行某些功能的单元(例如交易、安全、分工)。McLuhan便已经从交通网络思考城市性质,将之视为铁路网的一个节点,而不是铁路的起点与终点。城市的生产、居住及休闲也随之改变。除此之外,今日的城市还依靠着下水道网络、瓦斯管线、天然气管线、地铁线、供电线路、光纤网络等等。诸多媒介网络交错形成了城市,而且日后将有更多的媒介加入,使网络的网络化更形复杂。从F. Kittler的文化学角度观之,任何思考,包括人文社会科学,必然有其物质性基底(即Medium,媒介),以负责传送、储存与处理讯息,即,技术、技术物、组织皆潜在地,以不可见的方式决定了思想、语意、论述的方向。诸多媒介网络使人能将城市想象为点与线、颜色、比例尺、水电瓦斯的网络图、人口分布图等等,并因此引发另一层媒介的讯息,例如卫生医疗、空气品质(身体媒介)、儿童心智发展(学习机构媒介)、移民(法律规范媒介)等等问题。柏林市在19世纪出现短程轻轨车之后,改变了市民的对于未知空间及速度的敏感度,对于公共空间的期待、观看街道景色的角度。在这样的媒介观点下,无穷尽的媒介本身对于城市居民来说是潜在的、不可见的讯息,事先决定了如何思考、感知世界。建筑理论甚至将窗户、门、阶梯、走道、十字路口皆视为媒介,因为它们潜在地形塑我们对空间的想象。

据此,也许可以宣称城市居民是在媒介讯息的洪流中被形塑着,但同时,他也是讯息(即社会意义)的生产者、储存者与传送者(透过书写、摄影、修补器具、传送简讯、表演、与人对谈、缴税、购物等等),具有Latour所说的行动能力,将自己与对象物(物质)、意义诠释(文化)联结起来。这也正印证了B. Rotman的见解:社会是在不同的层次上(书写文字、符号、数位计算等等)建构出行动者。这里,媒介(或者建筑学所谓的基础建设,infrastructure)必定是隐藏的,暂时无法被反思的,以Luhmann的系统理论来说,就是一群松散耦合的元素,等待某一形式将其紧密衔接,就如散沙被堆积成城堡造型一般,后者已脱离媒介的基本元素层次而成为另一层次的视觉存在。在此,一个行动者(雕塑者、观赏着)当然也随之被创造出来。或者,以Star的媒介观点来说,媒介是依靠着标准化制造基础事物，让人能在无所觉知的情况利用它们达成各种目的。现代城市居民总是在各种媒介中获得赋予形式的可能性，也借此形式有了观察城市的新视角。

城市的行政治理组织是基础建设的主要提供者，透过电子设备、表格、监视器、控制室、地图、流量数据等等，保证整个城市底层不可见的讯息传送及储存，让人处在功能导向的、可计划的世界。治理组织看到了某种宏观均质的秩序，并忽略具体及短暂性的事件（Latour 称此低度视角（Oligopticon））。不过，媒介是对任何旨趣开放的，既允许低度或单一的视角，也能容纳那些带来创新理念及行动的形式。地铁网络的控制室可以看见媒介，监控及管理着媒介，但难以全览式地掌握瞬间出现又消失的事件、行动，例如无法得知车厢里有人演奏一首短歌曲，或进行交易。这正是城市创新的动力，也是城市的理性：它必须为自己持续创造出观察的视角，使自己在面对问题时能取得暂时性的解方。

四、 走向反思的社会设计—如何再现不断交织着的多元视角？

关于社会设计的概念终究要溯回到设计本身所具有的社会性质。前已指出，设计是一种来回对话的过程，既可发生于两人或多人之间，也可发生于一人身上的自我与他我对话，也可发生在设计者对使用者的想象。此过程最终沉淀出稳定的形式，一种虚构的对象物（= 一个新的、茁生的新视角），使得两人之间，或人与物之间，或物与物之间，虽然始终相异，却仿佛能相互理解。所以，设计必然是一个涉及 ego 与 alter ego 的社会设计。今日所谓的社会设计，主要是为了解决社会议题，例如提高儿童的行走安全；协助渔村销售在地产品；以工代租吸引年轻人接受银青共居；以手机的应用程式促成共乘；改装巡回车为温馨外表以提高女性癌症筛检的意愿；由街友担任城市旅游的导览者；商店里匿名的待用券；小巴士改装的行动图书馆巡回于山区各处以培养儿童的阅读习惯；M. Yunus 为低收入者创立的微型贷款银行。尤其当这些创意及效果见诸媒体,被描述成善意的、人本的,并最终能成功达到显著的改变成果时,更加提升人们对社会设计的信心,似乎人人皆可为之,为社会承担一部分的公益责任。

在一阶的层次上,社会设计关心的问题是具体的,有特定目标,可进行客观评价。但从 H. Simon 的理论来说,外在世界的复杂性才是问题所在,人必须以设计创造出人工物,作为一个能会回应外部复杂性的界面,以适应外部世界。对于系统理论而言,关键不在于外部世界,而是社会内部如何以复杂的方式表述内与外的关系。但,什么是复杂性? 社会设计的复杂性何在? 复杂性除了如 Simon 所说的,建立可拆解及组合的单元以构成复杂结构,并忽略外部难以尽数的因素,还必须包含如下的反省能力(Reflexion),如下:

1)除了产品、活动达到改变现状的目标之外,社会设计者还必须想及:是否尚有其他的替代方案? 此自我反思也是 H. Simon 对于设计思想的要求。这当然是一种吊诡,即,透过自我否定而使自我得以可能。

2)产品或活动本身的设计过程、生产过程、组件、运作逻辑,原本只对设计者才是透明的。这是单向的控制,既控制对象,也控制使用者。如今,设计者能否将此透明性分配到使用者,或甚至将此透明性当作设计的目的? 为此,H. Simon 便认为,“或许我们该将城市规划看成一个有价值的创造性活动,许多群体的成员可以有机会参与其中。”[1]不只让居民参与到城市规划的过程,如今有愈来愈多的团体在城市里推广自制活动,欲跨越过去专家与外行的界限,鼓励市民亲自动手修理电器,辟建农园,制作木工器具,绿能装置等等。原本不可见的设计过程以及在背后运行的逻辑,如今转为可见的,可被逆向推导的,可被事后参与的,可被再度以另类方式体验的对象。

3)设计者是在特定的(实验)条件下想象物件、游戏、实验能起的作用,不过,一旦在不同的情境下执行时,即便只是重复相同的运作模式,也会对当场的参与者产生全然不同的真实,例如,他们可能是现场工作人员、参与者、线上

---

① Simon, Herber A., The Science of Design: Creating the Artificial, in: Design Issues, Vol.4, No.1/2, Designing the Immaterial Society (1988), S.77.

观看者，评审者，行政管理者等等。如此多面向的真实在不同时空中延续并交织着，其全貌难以透过问卷呈现，也无法透过追踪使用者的日常经验模式而得以还原。社会设计者该如何顾及此设计的存有方式，使诸多的观察的可能性浮现，是未来设计的挑战之一。

以两例作结，或可彰显具反思能力的设计。

例一。Joseph Heinrich Beuys 在 1982 年的第七届"卡赛尔文件展"(Documenta 7)时提出名为"7 000 棵橡树——化城市为树林，不再化城市为管理"计划(7,000 Eichen — Stadtverwaldung statt Stadtverwaltung)。无数的艺术家、生态保护者及志工支持这个计划，企图长期改变都市的生活空间。Kassel 市政府后来接受此计划并将之发展成都市公共空间规划的重心。在 documenta 8 举行时，也就是五年之后，这项计划结束。如今仍有六千多棵橡树散布于 Kassel 市，最重要的是 Beuys 对公共性的影响还持续着。人们评价此计划时说，今日，没有一位 Kassel 的市民不认识 Beuys 的计划下的那些树，它们成了日常生活的一部份。这个计划使用了树与玄武石作为媒介，潜藏地改变着市民的感知，而且，就如同边界对象物一般，计划执行时让不同领域的人，包括市民，虽然动机各异但又有机会对话。它既是观察城市的视角，也是可供整个社会观察、体验及书写的对象。也许可以说，这个计划到今日还在持续着。

例二。Frank Lloyd Wright 曾对他的作品，《联合教堂》(Unity Temple)，谈到了一个原则：取消内外的差异，也就是瓦解建筑物的隔离性质，由内往外推，将内部不断地呈现于外部，即摧毁盒子(destruction of box)。"空间不是被墙体限定，而是更自由地呈现出来。在统一教堂中，你可以看到墙体实际上是消失了的，你可以看到室内空间向外开放，室外空间同样向内渗入。你可以看到室内空间的聚集，展现，无比自由，联结各种功能而不是被墙体围合起来。"这个原则涉及到人的空间感知以及对此感知的观察。这里，设计不再是局限于对于对象的塑造，而是考虑到一个观察者(建筑师)对于另一位观察者(身处于空间中的人)的空间感知的观察。Wright 有意识地提出两个差异，一是内/外，另一是隔离/流动。借此，内部的人能将外部的景观与感知纳入室内，外部的人则感觉自己处在内部的延伸空间之中。① 在此,设计已经从物的功能性转移到观察者的观察活动,或者说,转移到对于观察的观察(即模控论的二阶观察,second-order cybernetics 或 second-order observations)。在这样一种既是内外有别,但又内外互易的空间中,行动者自己也有了设计空间的自由,最终,还可以观察 Wright 的设计视角:吾人是否仍有其他取消内外之别的可能性?

参考文献

Aaier, Andrea et al. (Hrsg.):Die Welt reparieren. Open Source und Selbermachen als postkapitalistische Praxis. (https://www. transcript. verlag. de/media/pdf/cb/4c/7b/oa9783839433775Aq9jXqrhG56SV.pdf)

Baecker, Dirk:Designvertrauen:Design als Mechanismus der Ungewissheitsabsorption in der nächsten Gesellschaft(Thesenpapier zum Symposium "System:Design zwischen Chaos und Alltag",Müseum für angewandte Künste Köln, 15. Mai 2015).

Baecker, Dirk:Stadtluft macht frei:Die Stadt in den Medienepochen der Gesellschaft, in:Soziale Welt, 60, Jahrg., H.3 (2009), S.259–283.

Brian Rotman, Ad Infinitum:The Ghost in Turing's Machine:Taking God Out of Mathematics and Putting the Body Back In. Stanford 1993, Stanford University Press.

Côrte-Real, Eduardo:The Word "Design":Early Modern English Dictionaries and Literature on Design, 1604–1837. (https://www. herts. ac. uk/data/assets/pdf_file/0012/12405/WPD_vol4_cortereal.pdf)于 2018/8/20 日下载引用。

Dunlap, William:The History oft he Rise and Progress oft he Arts of Design in the United States. New York 1965 (1834):Benjamin Bloom.

Glanville, Ranulph:Construction and Design, in:Constructivist Foundations 1(3), S.103–110.

Hardt, Michael, und Antonio Negri (2000):Empire, Cambridge, Mass.:Harvard University Press(中译版:麦克尔·哈特/安东尼奥·奈格里:《帝国:全球化的政治秩序》,南京:江苏人民出版社,2003 年)。

Harrison, Charles, Paul Wood and Jason Gaiger (eds.):Art in Theory, 1815–1900, An Anthology of Changing Ideas. Oxford and Malden, Mass.:Blackwell, 2001.

Häußling, Roger:Zum Design(begriff) der Netzwerkgesellschaft. Design als zentrales Element

① Frank Llóyd Wright, An American Architecture, edited by Edgar Kaufman, 2006.中译版:《赖特论美国建筑》,北京市:中国建筑工业,2009,页 77—78。Wright 以此教堂内部的空间来决定整栋建筑的形态,这有别于一般的设计顺序,即,从整栋建筑来决定室内空间。为此,他将此内部空间当成一个立方体,然后再将它的各个面向往外投射,形成一层层更大的空间,超方形(Hypercube)。

der Identitätsformation in Netzwerken, in：Jan Fuhse/Sophie Mützel（Hrsg.）Relationale Soziologie. Zur kulturellen Wende der Netzwerkforschung, Wiesbaden 2010, S.137 - 162.

Kittler, Frederich A.：The City Is a Medium, in：New Literary History, 1996, 27：717 - 729.

Latour, Bruno/Hermant, Emilie, Paris：Invisible City, http://www. bruno-latour. fr/sites/ default/files/downloads/viii _ paris-city-gb. pdf （http://www. bruno-latour. fr/sites/default/ files/downloads/viii_ paris-city-gb. pdf% EF% BC% 8C% E6% 96% BC2018/9/12% E6% 97% A5%E4%B8%8B%E8%BC%89%E5%BC%95%E7%94%A8%E3%80%82）于 2018/9/12 日下载引用。

Luhmann, Niklas：Organisation und Entscheidung, Wiesbaden：VS Verlag für Sozialwissenschaften, 2000.

Maturana, Humberto/Varela, Francisco J.：Der Baum der Erkenntnis：Die biologischen Wurzeln menschlichen Erkennens, Berlin/München/Wien, 1990.

McLuhan, Marshall：Understanding Media：The Extensions of Man, McGraw-hill, 1964（中译 版：《理解媒介：论人的延伸》,何道宽译,北京：商务印书馆,2000）

Moldaschl, Manfred：Objekte im Zentrum der Wissenschaft. Ein Interview, in：zu丨Daily,2015. 11.5（https://www.zu-daily.de/daily/tiefenbohrung/2015/11 - 04 - moldaschl-omeder.php）

Plessner, Helmuth：Die Stufen des Organischen und der Mensch. Berlin/New York：de Gruyter, 1975.

Porombka, Wiebke：Medialität urbaner Infrastrukturen. Der öffentliche Nahverkehr, 1870 - 1933, Bielefeld 2013：transcript.

Schabacher, Gabriele：Unsichtbare Stadt. Zur Medialität urbaner Architekturen, in：Zeitschrift für Medienwissenschaft, 12, 1/2015, S.79 - 90.

Serres, Michel：The Parasit, translated by Lawrence R. Schehr, Baltimore and London：The Johns Hoptkins University Press, 1982.

Simon, Herber A.：The Science of Design：Creating the Artificial, in：Design Issues, Vol.4, No. 1/2, Designing the Immaterial Society（1988）, pp.67 - 82.

Susan Leigh Star & Geoffrey C. Bowker：How to Infrastructure, in：Leah A. Lievrouw/Sonia Livingstone：Handbook of New Media, 2006。中译本,《谁来指认行动者？——多层次的身 份存在》,收录于《新媒介科技手册》,台北县,2008(韦伯文化),页 459—490。

鲁贵显,《谁来指认行动者？——多层次的身份存在》,发表于 2014 年台湾社会学年会。

作为权力中心与叙述中心的彼得堡

——安·别雷《彼得堡》中的城市再现

陈晓兰[*]

彼得堡的建立及其作为帝都的历史标志着俄罗斯历史的新纪元,正如别尔嘉耶夫所说:这个"凭借彼得大帝的魔力从一无所有,从沼泽的迷雾中生成"使俄罗斯人听起来感到陌生而神秘的彼得格勒,"结束了整整一个历史时期",使俄罗斯"进入了一个新的前所未有的时代"。[①]

作为帝都的彼得堡,形象地标示了俄罗斯迥异于西欧及中国的现代化进程:即在君主专制集权强有力的掌控下展开其现代化历程。在俄罗斯人的情感、想象和意识中,彼得堡是一个混合着技术主义、工业化、资本主义、财富和专制、权力、恐怖、暴力、灾难和疯狂怪异因素的、具有异国情调、远离俄罗斯的"外国"城市。

在普希金(1799—1837)、果戈理(1809—1852)、陀思妥耶夫斯基(1821—1881)迥然不同的文学世界中,彼得堡被基本定性为一个集腐败黑暗的官僚政权、疯狂的道德堕落和血腥暴力的恐怖之城。普希金使参政院广场上沙皇的铁蹄成为政治暴力的永恒记忆,这一记忆在世纪之交别雷的个人体验和诗歌、小说中成了无法摆脱的梦魇。在果戈理笔下,涅瓦大街上的一切都是欺骗,一切都是梦幻,一切都不是它本身;陀思妥耶夫斯基使彼得堡的"地下世界"——贫民窟、阁楼、地窖等阴暗角落连同人性的黑暗大陆暴露在光天化日之下,描绘了与繁华荣耀的彼得堡并存的贫穷、堕落、病态、疯狂的彼得堡在"无限专制"下的为所欲为、歇斯底里和叛逆的毁灭性。

对于一生憎恶都市生活的托尔斯泰(1828—1910)而言,大都会意味着愚

---

* 陈晓兰,上海大学中文系主任、教授。

① 尼古拉·别尔嘉耶夫:《文化的哲学》,于陪才译,上海人民出版社,2007,第300页。

蠢、赌博、纸牌、调情、从军或做文官,虚荣心和追名逐利。在《安娜·卡列尼娜》(1877)中,安娜在这种生活环境和铁路的共同作用下走向毁灭。在《复活》(1899)中,托尔斯泰采用了类似于但丁《神曲·炼狱》的叙述结构和游走于地狱的隐喻,暗示在彼得堡参政院的专制统治下,俄罗斯的司法制度就是一种妓院制度,大大小小的官僚出卖良心和真理以换取金钱和地位,这些"人人只想着自己的官吏们——对托尔斯泰来说,他们都是妓女。……在他看来,整个的生活制度就是一种妓院制度。一个人要新生,就必须离开像妓院的生活制度。"①

安德烈·别雷(Andrei Bely,1880—1934)利用和扩充了他所接受的普希金-果戈理-陀思妥耶夫斯基-托尔斯泰传统中彼得堡的特性,"彼得堡在小说中早已是滋生各种怪异反常事件的鬼地方——在那里,一座雕像追逐一个无名的小人物,直至把他逼疯致死;在那里机缘使一位稳重的官吏因诱惑而遭到同样的下场——疯狂和死亡;在那里,魔鬼亲自点亮了大街上的路灯,使一切都在现实的伪装下展示出来……命运,这个在许多故事中都隐含的复仇女神,统治了这座城市,引导着它的受害者并嘲弄他们对自由意志的追求。"②别雷的《彼得堡》表现了俄罗斯彼得堡时期的历史终结。

对于19、20世纪俄国那些具有反资本主义情绪的知识分子而言,彼得堡所蕴含的一切都是对乡土的俄罗斯温情、淳朴和宁静的威胁,因而它是灾难性的、怪诞诡异、虚幻而短暂的。而别尔嘉耶夫则把彼得堡的一切都视为俄罗斯文化根深蒂固的根性:"彼得堡的虚无飘渺是地道的俄罗斯的虚无飘渺,是俄罗斯人想象出来的幽灵。彼得大帝是彻头彻尾的俄罗斯人。彼得堡的官僚作风是俄罗斯历史的独特产物。对彼得堡官僚体制的德国式嫁接,形成独特的俄罗斯官僚主义作风。这就像俄罗斯贵族那独特的法语是俄罗斯民族风格一样。彼得堡式的俄罗斯是和莫斯科的俄罗斯形象一样的我们民族的另一形象。"③

---

① 什克洛夫斯基:《列夫·托尔斯泰传》,安国梁译,海燕出版社,2005,第649页。
② 马尔科姆·布雷德伯里、詹·麦克法兰主编:《现代主义》,第442页。
③ 尼古拉·别尔嘉耶夫:《文化的哲学》,于陪才译,第301页。

一、集权的象征：同心放 射圆的空间与叙述

彼得堡作为东西交汇点上靠帝王权力意志建立而又指向西方、引领国家通往现代的帝都，其城市精神和生活主要是官僚性质的，它将所有帝都的这一特性放大到了极致。关于彼得堡的艺术想象也自始至终无法摆脱它作为权力辐射中心的这一根性。任何一部有关彼得堡的小说都不得不与官僚机构发生这样那样的关系，都有一个或一群官吏作为主角或配角。

别雷的《彼得堡》如此开篇："诸位大人，各级文官和文官太太们，公民们！"①

这部以彼得堡为真正主人公的小说也是对俄罗斯帝国意义的诠释。别雷把俄罗斯界定为一个由"首都的，省的，县的及非县府所在的集镇"等众多城市组成的"地理上的统一体"，其中，基辅是俄罗斯的城市之母，莫斯科是永远的俄罗斯首都，而彼得堡则是与君士坦丁堡类似的帝都，如果不把它看作首都，它的存在就变得可疑，换言之，只有作为帝国首都，彼得堡的存在才变得真实。正如德利哈乔夫所说："安德烈·别雷的《彼得堡》的主题来源于彼得堡两百年的神话，它从城市开始奠基时就形成了……彼得一世的纪念像——铜骑士——及参政院位于同一个——参政院广场：就是曾经发生十二月党人起义悲剧的那个地方。《彼得堡》的主要人物都这样或那样地从参政院广场上彼得一世纪念像旁经过。"②别雷在彼得堡的创建神话和现实历史中读出了这个帝都作为被神化了的沙皇个人意识和欲望的产物，作为国家权力意志的中心，与酗酒者的疯狂、对于原始自然的征服，与对于不安分的控制，结合于一体的精神本质。

在《彼得堡》中，容教权、政权与皇权为一体的参政院广场是彼得堡城市空

---

① 安·别雷：《彼得堡》，靳戈、杨光译，作家出版社，1998，第7页。

② 见安·别雷：《彼得堡·前言》，第3页。

间的中心,连接着整个城市的条条射线都指向此处,暗示权力的集中和辐射,而坐落在伊萨卡大教堂对面的参政院①则是这个中心的圆点,坐在这个圆点上的是行政院最高执政官阿波罗·阿波罗诺维奇·阿波列乌赫夫,此人出生于世代官宦之家,荣获过由沙皇颁发的勋章,一个全俄罗斯知晓的、推动国家机器轮子的人物。如同他的名字所暗示的,阿波罗代表着秩序、规则和国家意志。彼得堡大街两旁那些各具形状的几何体总是让他兴奋不已。正是他对这个国家几何体的爱使他飞黄腾达。几何体的行政院是他人生旅途的中心,每日生活的终点,也是他生命的终结。行政院的四堵墙壁就是他存在的唯一空间,在这个机构的办公室里,"阿波罗真正成了一系列国务机构、办公室和绿色桌子的中心。在这里,他是强大的放射点、权力枢纽和无数计谋的推动因素,在这里他具有牛顿意义的力量。……在这里,他是告密、请求和电报的最终一极。所有的通令都从这个发亮的中心点发出"。② 阿波罗在这个机构中建立了新的文件生产中心,从这里生产出的无数纸张,顺着铁路支线在俄罗斯流通。

在别雷看来,这个机构和它的首脑正是招致俄罗斯毁灭的根本原因。阿波罗让参政院病菌一样多的条款传遍俄罗斯的大地,把强有力的权力撒到俄罗斯头上,直接打击居民的生活,并使俄罗斯一片死寂:阿波罗,"一个城里人和受过教育的老爷:坐在自己的办公室的时候,他的影子正好通过石墙……落在地面的行人身上:那正像一声强盗放肆的哨声在空中游荡——在萨马拉、唐波夫、萨拉托夫地区——在沟谷和黄色的沙土地上,在飞廉、艾蒿或野生的大翅膀蓟上,袒露光秃秃的沙丘,掀掉草垛的顶部,吹着谷物烘干房里令人警觉的火苗;乡村里发生火灾——因为它;天然的泉水会枯干——因为它;庄稼因为它——像遭毒霜袭击似的枯萎;牲口——将倒毙……"③不断重复的黑

---

① 鲍里斯·尼古拉耶维奇·米罗诺夫:"参政院(1711—1917),是帝俄时期重要的国家机构之一,其作用随着时间的推移有所变化。1711—1725年以及1742—1761年间,参政院的权力处于鼎盛时期。在这些年里,它是法律咨询机构,有时还是立法以及最高行政和司法机构。从1711年一直到1917年,参政院是最高司法机构,而且履行检查机关的职能。在《法律汇编》中参政院被确定为国家的管理、行政和司法机构,帝俄所有的国家机构都要听命于参政院。"见《俄国社会史》(下),张广翔等译,山东大学出版社,2006,第203页。

② 安·别雷:《彼得堡》,第76页。

③ 安·别雷:《彼得堡》,第539页。

暗与烈火、死亡与毁灭意象,表现了绝对专制体制的毁灭性。这个建立在黑暗之上的强大机构本身也正在走向衰亡。小说中把参政院比喻为"一座毫无生气的坟墓",在这里坐着的是一个活着的死人,阿波罗就像一具没有生命的木乃伊,身材矮小干瘪,丑陋无比,毫无生气,他患有心脏病和痔疮,围绕着他的一切都是病态、阴暗、灰色的:黑色的大衣,黑色的高帽,黑色的马车,一张永远阴沉的脸,他活动的地点也总是黑黝黝、阴沉沉的。

《彼得堡》通过阿波罗强大的权力和病态的身体的古怪结合,象征性地暗示了俄罗斯彼得堡没落时期权力的嚣张和衰败。这一主旨在小说第三、第四章通过马尔索沃广场上盛大的阅兵仪式和凄凉的夏园景色的两极对照得到了进一步的强化。马尔索沃广场是为权力的炫耀而存在的,浩浩荡荡的帝国近卫军的方阵,军校学员寒光闪烁的刺刀,五光十色的骑兵标记、金色的铠甲和头盔,砰砰的战鼓和嘹亮的军号"向人群诉说着对他们的不满"。正如芒福德所言:"军队的操练检阅变成向日益被奴役的平民百姓耀武扬威的盛大场面",它向老百姓灌输一种信念:"他们能摧毁铜墙铁壁,所向披靡……它能使百姓驯服守法,不敢起来与当局较量"。①

在《彼得堡》中,供军队集合的马尔索沃广场、彼得堡要塞、②海军大厦等这些彼得堡的标志性建筑常常出现在人物的视线和意识中,与坐落着伊萨卡大教堂、沙皇的铜骑士雕像、参政院的广场遥相呼应。无不暗示彼得堡是被神化了的世俗皇权意愿的产物,是权力集中、控制军事活动和掌握商业路线之必需的物化形式。在1905年,这一切在最后的盛大表演中留下了一抹余辉。别雷通过东宫、夏园的衰败为这种巴洛克式的权力式微作了注脚。

马尔索沃广场附近是彼得大帝心爱的林荫地带,也是他亲自培育的夏园所在地,这里过去曾经是佩戴勋章的达官贵人聚集的地方,如今已经是一片死亡的景象:"夏园里的雕像都钉上了木板,被保护起来了,灰色的木板钉得有一具棺材那么长;棺材四周尽是一条条小径;这些棺材里装着一尊尊轻巧的女神

---

① 刘易斯·芒福德:《城市发展史——起源、演变和前景》,倪文彦、宋俊岭译,中国建筑工业出版社,2005,第387页。

② 彼得一世最早在彼得堡建立的军事要塞,集兵工厂、军火库、铸币厂和监狱为一体。

像和萨提里，以防时间的牙齿在雨、雪、严寒中把它们咬碎，因为时间把一切都放在钢牙上咬；钢牙同样也从容不迫地啃噬着肉体，心灵，以致石块本身。……随着早已逝去的年代，这个公园荒废了，陈旧了，变小了；人造的石洞损坏了，喷泉不再喷水，夏园里的回廊塌了，游人已经绝迹；公园变小了，它留在一道围栏里了。""彼得的小屋房顶上围着黑压压狂暴的人群；人群的喧哗和杂乱的噼啪声令人难以忍受；黑压压狂暴的人群，忽然像枯枝一样倒散了。"①正是在这里，小说的主人公尼古拉·阿波洛维奇遇见了暗通某革命党的贵妇瓦尔瓦拉·叶甫格拉福娜，从她那里接到了一封催促他尽快完成暗杀某要人（即他的父亲阿波罗）的密信。

　　如同参政院是连接彼得堡和全俄罗斯的神经中枢，行政长官阿波罗也是小说情节发展的中心和各类人物的意识中心。整个小说的叙述围绕着暗杀阿波罗的活动展开，阿波罗是将小说中所有的人物联系起来的圆心，小说中主要人物的活动和意识都指向阿波罗。同心放射圆的城市空间结构和小说叙述结构相对应，象征性地体现了集权主义的城市空间模式及其社会生活。尼古拉与父亲阿波罗形同路人，小说中多处用"陌生人"形容他们之间的关系。他们虽处于一个屋檐下但很少正面相遇，父子有时在大街上相遇也如同路人，阿波罗黑色的轿式马车从尼古拉的身边经过，而阿波罗有时也看到戴着面具的"红色多米诺"（化了妆的尼古拉）。在内心深处他们都把对方看作臭名昭著的骗子。正是在涅瓦河边，陷入情感纠纷的尼古拉在决定投河自杀的一刹那对一个轻率的政党许下了"倒霉"的诺言——暗杀某要人——他并不知道那就是他的父亲。自此以后，这个陌生的父亲成为尼古拉意识活动挥之不去的梦魇。主人公尼古拉如同一个孤独的忧郁症患者，对于父亲和他周围的所有人而言，他都是一个陌生人。他痛恨作为俄罗斯权力之象征的父亲，他与具有暴力倾向的人群和革命者同样相隔十万八千里。他参与暗杀权威者的恐怖活动，但却不属于任何党派。他与整个社会正在崛起的力量和已经占据主导地位的阶层相对立，但确有着割不断的血缘关系。他敏感、退缩、缺乏生命力，陷于绝望

---

①　别雷：《彼得堡》，第 221—223 页。

的情感漩涡,厌恶社会及周围的一切,鄙视现存的价值体系和政治意识形态,具有一颗永远无处安放的灵魂。他激烈的内心活动与实际行动的软弱形成了鲜明的对照。在 20 世纪初俄罗斯动荡不安的历史时期,他遭受了一系列的挫折和失败。他是一个不能应付自己和环境的小人物。

小说中的另一个人物——平民知识分子亚历山大·伊万诺维奇·杜德金,曾经由于阿波罗签发的命令而坐牢、流放,他在冰天雪地的死界燃起内心深处的仇恨之火,这种仇恨之火完全不是针对政府,而是针对阿波罗的。小说开端,杜德金从流放地逃回彼得堡,蛰居在彼得堡的边缘区域——瓦西列夫斯基岛,阿波罗把这个岛看作叛乱的岛,那里的居民都有一种贼头贼脑的机灵劲,必须加强侦探和压制。杜德金被盯梢、窥探的噩梦折磨着,他总是异常激动、焦躁不安,神经质使他精疲力竭。他认为,正是阿波罗把他变成了自己的影子,把他逐出了三维世界而禁锢在顶层的小阁楼间,使他生活在彼得堡的地下世界,成为生活在黑夜的人。为了不引起盯梢,他总是跑到昏黄的浓雾中,顺着彼得堡的马路奔跑。小说第一章,杜德金在大街上与坐在黑色轿式马车中的阿波罗目光相遇,阿波罗感到了这个陌生人从黑暗的角落里投向他的仇恨与愤怒。第二章,杜德金从大街上来到了阿波罗的府邸,交给阿波罗的儿子一个藏有炸弹的沙丁鱼罐头盒,并在这里与阿波罗相遇。

另一个人物巴维尔·伯甫洛维奇或者雅可夫列维奇或者沃隆科夫或者莫尔科温,他的姓名和住址一样是变幻不定难以确定的。他登记的住址是瓦西列夫斯基岛 18 条 17 号,而真正的住所却是在涅瓦大街。他的护照是假的,他公开的身份是保安局的官员,他告诉阿波罗有人在策划一场危及俄罗斯的恐怖活动,该有一个高官倒下,这个高官就是阿波罗自己。同时,巴维尔又催促尼古拉必须兑现诺言、暗杀阿波罗。他告诉尼古拉:除了被捕、自杀、杀人,没有别的出路。他声称自己是受党的派遣打进保安局的密探,也是尼古拉的兄弟,是阿波罗与女裁缝的私生子。而他也正是整个恐怖事件的真正策划者。别雷通过阿波罗与这些参与暗杀活动者的关系,揭示了俄罗斯官僚制度与恐怖主义的血缘关系。正如俄罗斯历史学家鲍里斯·尼古拉耶维奇·米罗诺夫所说:"国家的暴力和革命者的暴力是相互的……,按社会革命党人领袖 B.M.

切尔诺夫的话说,俄国的政治恐怖是'作为一种制度和一种专制制度作斗争的政党组织手段'而存在的。"[1]

二、大街与人群

在《彼得堡》中,与权力辐射中心的参政院广场、马尔索沃广场、夏园及海军部大厦等静止的权力空间相对应的是象征着开放、流动和公共性的大街——属于民众的空间。

《彼得堡》赋予大街以前所未有的重要性。小说中关于大街的描绘有上百处,而大街上的人群则成为小说中支配性的风景。在小说的开场白中,作者写道:"涅瓦大街具有惊人的特征:它由供人群流通的空间组成;被限制在编上号码的房子当间;号码是按房子的顺序编排的,——因此很容易找到要找的房子。涅瓦大街和所有的大街一样,是一条公共大街,也就是说:一条供人群（不是为了,比如空气）流通的大街;房子的四条线是——为了人群。"[2]

别雷生活在俄罗斯大众迅速崛起并参与历史变迁的重要时刻。1905 年别雷从莫斯科到了彼得堡,目睹了声势浩大的群众游行示威和政府的大屠杀,受到极大震动,影响了他以后的创作。别雷与革命的关系极为复杂、矛盾。在 1905 年革命前夕,别雷以为革命将使俄罗斯这个"遭巫魔禁锢的美女"获得新生。1905 年革命后的别雷接近社会主义,同情大众革命,认为自己在社会观点上"属于社会主义者"。但 1917 年二月革命后,别雷却支持临时政府,十月革命后又热烈欢呼革命的胜利,积极投入苏联文化的建设工作。创作于 1913—1914 年的《彼得堡》以 1905 年的革命为历史背景,对于风起云涌的俄罗斯大众及其革命本身的思考以及围绕着它的各种思想的分野成为《彼得堡》的主要历史内容。别雷创造了一种全新的表现人民革命的艺术形式,他把风起云涌的大众及其革命表现为一种"公众景观",塑造了正在崛起的俄罗

---

[1] 鲍里斯·尼古拉耶维奇·米罗诺夫:《俄国社会史》（下）,第 269 页。
[2] 安·别雷:《彼得堡》,第 8 页。

斯大众形象。

别尔嘉耶夫在对别雷《银鸽》(1910)的评价中指出:"别雷在《银鸽》中对俄罗斯人民没有虚假的理想化,他也没有民粹派的故作多情,他从俄罗斯民众身上感觉到某种被民粹派时期俄罗斯文学掩饰的可怕激情,这种激情潜藏在俄罗斯民众的本能中,在别雷的小说中,具有神秘自发势力的民众强大无比,但却愚昧落后,恶魔一般;文化知识分子意志薄弱,病态消极。"读《银鸽》时你会坚信"不能依靠民众、依靠知识分子、依靠政府、依靠僧侣、依靠什么人的和自然的自发力量"。"《银鸽》表现了崇拜民众的民粹主义者接近民众的下场——死亡。"①在《彼得堡》中,别雷将大众的崛起与彼得堡城市本身联系起来,勾勒了伴随着彼得堡及俄罗斯现代化进程而产生的都市群众的面貌,揭示了都市大众产生的现实根源。

在别雷看来,正是彼得堡本身造就了大众的存在。彼得堡四通八达的大街、烟囱林立的工厂,为人群的聚集提供了前所未有的可能性。大街具有无可比拟的流通性和公共性。在大街上,所有的人都能找到一个位子。乘坐着黑色轿式马车的贵族、官僚,被追踪的流放者,为情欲所困、参加秘密组织的名媛贵妇,失眠的神经质患者,逃犯、流亡者,大学生,在校的小姐,唯利是图的商人,动荡的郊区工厂释放出来的成千上万的工人们,传送着勃朗宁手枪的工人代表,脸色苍白、身体虚弱、带着多节叉棍的抗议者,挎着佩刀的警察,身份暧昧的密探,革命的无产者,戴着从鲜血染红的满洲大地来的黑皮帽子的人……汇合成多脑袋、多嗓门的黑压压的一片,像一股股川流不息的洪流,忙乱地在大街上奔跑着。别雷把人群比喻为混合着各种身份的、无名的、面目不清的"无头的多足类爬行动物"。在小说中"多足的爬虫"这一比喻被全知全能的叙述者、官僚政权的象征阿波罗、知识分子杜德金和孤独的青年尼古拉反复用来表达他们眼中的人群,象征性地表现了都市群众的被动无依、缺乏头脑、缺乏理性以及毫无个性的特征。

在小说第一章,作者从执政官阿波罗的视角展现了大街及人群。阿波罗

---

① 尼古拉·别尔嘉耶夫:《文化的哲学》,第291—294页。

的存在空间是封闭的，他热爱彼得堡大街两旁的房屋，那些象征着权力和荣耀的建筑物在他眼里都是秩序和控制力的体现。他每日里坐着封闭的黑色轿式马车看到无数条迎面而来的大街，他"希望地球的整个表面都被灰色的立方体死死地压盖着，就像许多条蛇盘缠着，大地被无数遥遥无边的线条挤住，成为一张由互相交织的直线构成的无边大网；希望这一条条纵横交错的大街构成的大网会扩展成世界规模，那上面是无数个正方形和立方体；每个正方形就是一个人……得用巨大的轿把它们固定在陆地上，用箭头似的大街从各个方向把它们穿透。"①

封闭的阿波罗只有在大街上才能与人群——民众相遇。坐在黑色马车汇入人流中的阿波罗，注视着大街上灰溜溜的人群，他看到由许许多多的鼻子、帽子组成的人流在彼得堡的无限的大街上奔跑。在他看来，"这是一种无限，它存在于奔忙的大街的无限之中，而奔忙的大街的无限又融入奔忙的、纵横交错阴影的无限之无限，整个彼得堡就是 n 次幂的大街的无限。"人流"在这里沉默不语；像汹涌澎湃的波涛在奔腾的一股股人流，在轰鸣，在咆哮；这人流的波涛是雷霆般的波涛。"②作为群众的监视者和管理者的阿波罗与人群表现出对峙的紧张关系。阿波罗原以为自己离大街上爬行的多足虫似的人群有无数俄里。但是，就在他的身后，向某位要人投掷炸弹的流言在传播，向法律表示着一种挑衅。阿波罗与人群的关系揭示了俄罗斯官僚体制与大众及其暴力革命的相生关系，专制暴力是产生大众暴力的温床。正是阿波罗把知识分子杜德金以及无名大众变成了恐怖分子，使他们成为叛乱者。

在第六章，通过阿波罗的敌人杜德金和阿波罗叛逆的儿子、半心半意的革命者尼古拉的视野表现了知识分子对于人群的观感：在彼得堡的密集中心，集中了彼得堡的一切，那里"有许多的足在爬行，所有的身体都用足行走爬行。""涅瓦大街上没有人，但那里有一条在爬行、喧哗的多足虫；许多个不同的声音——许多种不同的话语，撒落在一个灰蒙蒙的空间；一些清晰的语句在那

---

① 别雷：《彼得堡》，第 26 页。
② 别雷：《彼得堡》，第 26 页。

里互相碰撞;一些毫无意义而可怕的词句,在那里像一些空酒瓶落在一处,破裂后碎片往四处飞散开去;它们全部打乱后又重新编织成一个没头没尾飞向无限的句子……正在爬行的多足虫是可怕的。它在这里,在涅瓦大街上爬行了几百年了……一环环的节肢,正在一步步沙沙响地踏着爬行过去——没有头部,没有尾巴,没有意识,没有思想;一条多足虫像过去一样在爬行;将来也会像过去一样爬行。完全像一条蜈蚣。"一个人在这样的人流包围中,就像一个鱼卵落在涅瓦大街黑黝黝的密集中心,被融合了进去:"在涅瓦大街变成了一个身体组成的共同的机体,鱼卵变成了鱼子酱,人行便道便是切好的面包片。"①处身于人群之中的杜德金、尼古拉,他们的身体和思想会不由自主地站在"与自己格格不入的、理智无法理解的思想上——站在了顺着涅瓦大街奔跑的一个庞大的多足生灵的思想上"。大街上流传的东西污染了群众,也飞进尼古拉和杜德金的耳朵,他们极力把自己从奔腾的人群中挣脱出来。

别雷通过杜德金、尼古拉以及女革命党人与人群的关系,阐释了处于人群中的个人的无自主性、随波逐流和无方向感。小说第三章"参加群众集会去",以全知全能的视角描绘了女革命党人处身群众中的场面。她被拥挤的人群推搡着,完全失去了自主行动的可能性。在昏黄的雾霭中,到处是蜂拥的胸膛、背部和脸蛋,黑压压的一片,身体挤着身体,鼻子压在背上,"哪是人……是群猪猡! 俄罗斯猪猡!"②

面对黑压压密集的人群,尼古拉感到一种"狄奥尼索斯的恐惧",他想到:"我们正在经历有历史意义的重大事件,……到处都是一片精神振奋和青春活力……到处是狂热。"③处身于大街和人群中的杜德金切身地感到了人群中爆发出的毁灭力,他把这种毁灭力与彼得大帝的青铜骑士像联系了起来,他"凝视着青铜骑士"联想到"从他把马掷到芬兰灰色的花岗岩上的那些日子起,——俄罗斯分裂成了两半",铜马跃起,俄罗斯将出现大的动荡;土地将被割裂。这种启示录般的恐怖预言,通过参政官的儿子尼古拉关于一位古代都

---

① 别雷:《彼得堡》,第408—409页。
② 别雷:《彼得堡》,第193页。
③ 别雷:《彼得堡》,第428页。

兰语族人的梦，象征性地得到了进一步的表现：高山将在地震中倒塌；可爱的平原因为地震而到处被割裂，彼得堡将一片荒芜。

别雷从最高执政官阿波罗、复仇的平民知识分子杜德金和孤独的叛逆者尼古拉的多重视角，展现了相似的人群景观。他们虽然势不两立，但对于群众却抱有相似的态度——否定与恐惧。别雷不仅通过他们各自与人群的关系探讨了俄罗斯官僚及知识分子与正在崛起的群众的对立与殊异关系，更主要的是表现了别雷自己对于大众的理解。可以看到，别雷对于阿波罗所代表的官僚和杜德金所代表的知识分子的大众观的同情性理解与认同。别雷对于人群持怀疑和鄙夷的态度，他对大众充满了恐惧。别雷对待大众的态度是贵族式的、反民粹主义的、殊异的知识分子式的。在他的笔下，因为城市和工厂而聚集起来的乌合之众，聚合在大街上呈无组织、无区别的状态，与这个成群出现的、陌生的、无名的、难以界定的、永不固定的非人性的集体相伴随的是一种粗鲁的、危险的、野蛮的、令人警觉的混乱和疯狂，是流言蜚语、秘密传单、反抗和暴动。在1905年的彼得堡，人群不再是城市剧场上演的人间喜剧的观众（看客），而是一种危险的非人性的力量，一股咆哮的暗流。这种来自民众的自发性的、非理性力量与专制暴政一样，都是招致俄罗斯毁灭的力量。正如唐纳德·范格所说："参议院的儿子尼古拉的革命原则和他父亲代表的反革命原则归根结底是一回事：即彼得堡时期——欧洲主义的终结。两者只是手段不同：一个是毁灭性的暴力。另一个则是麻痹瘫痪。"[1]

---

[1] 唐纳德·范格：《俄国现代主义之城》，马尔科姆·布雷德伯里、詹·麦克法兰：《现代主义》，第440页。

周瘦鹃与《半月》杂志
——"消闲"文学与都市文化的品牌创构，1921—1925

陈建华[*]

一、《半月》与"新""旧"文学之争

　　《半月》是周瘦鹃第一本独立主编的杂志，其产生背景直接关乎1920年代初发生的对于中国现代文学至关重要的"新""旧"文学之争。1921年1月上海文坛名片《小说月报》改由沈雁冰（即茅盾）主编，一变而为新文学运动的前哨阵地，同时周瘦鹃主编的文学副刊重镇《申报·自由谈》也推出《自由谈小说特刊》，以引领文学新潮为标榜，由是对冲而引发争论，众多的作者与报刊杂志参战。新文学方面茅盾之外有郑振铎、郭沫若、成仿吾和鲁迅，报纸杂志有《文学旬刊》《晨报副刊》与《创造周刊》等。旧派也被称作"鸳鸯蝴蝶派"或"礼拜六派"，则有包天笑、胡寄尘、徐卓呆、袁寒云等，刊物包括《礼拜六》《星期》《晶报》《红杂志》《最小》等。争论中唇枪舌剑，硝烟弥漫，谈不上协商或讨论，却不乏挖苦与谩骂。袁寒云嘲笑新改版的《小说月报》，说送给酱鸭店老板，还嫌"太臭"。[①] 郑振铎指斥旧派文人为金钱写作，是"文丐""文娼"。[②]

　　谩骂背后含有各自对社会与文学的不同期待与发展空间，其实是文学路线之争。郑振铎呼唤"血与泪"的"革命"文学，把文学看作改造社会之具，因此斥责周瘦鹃的"消闲"文学是"商女不知亡国恨"。的确，旧派文人迎合市民

　　＊　陈建华，复旦大学特聘讲座教授。
　　本文属国家社科基金项目《周瘦鹃全集整理与研究》（15BZW132）阶段性成果。
　　①　寒云：《小说迷的一封书》，《晶报》1922年8月12日。
　　②　西：《消闲？》，《文学旬刊》第9号（1921年7月30日）。西：《文娼》，《文学旬刊》第49号（1922年9月11日）。

大众，更依附于城市经济，因此强调娱乐功能，虽然没那么简单。如袁寒云攻击《小说月报》，目标对准"新文学"："说是新的小说，若是像现在那一般妄徒，拿外国的文法，做中国的小说，还要加上外国的圈点，用外国的款式，什么的呀、底呀、地呀、她呀、闹得乌烟瘴气"。又说"如果都照这样做下去，不但害尽青年，连我国优美高尚的文字，恐怕渐渐都要消灭哩。"①新旧之争也有关文学观念与文化传统等严肃议题。

在这场争论中，周瘦鹃是新文学的主要"打击"靶子。他挑头对着干，发言不多，却具代表性。他说："小说之新旧，不在形式而在精神，苟精神上极新，则即不加新附号，不用'她'字，亦未始非新。"当时胡适以是否使用白话来判定"活文学""死文学"，把"形式"凌驾于"内容"之上。周又讥刺说："设有一脑筋陈腐之旧人物于此，而令其冠西方博士之冠，衣西方博士之衣，即目之为新人物得乎？"②这应当在指胡适，所谓"脑筋陈腐之旧人物"，确乎针锋相对。周又说："小说之作，现有新旧两体。或崇新、或尚旧，果以何者为正宗，迄犹未能论定。鄙意不如新崇其新，旧尚其旧，各阿所好，一听读者之取舍。若因嫉妒而生疑忌，假批评以肆攻击，则徒见其量窄而已。"③他声称谁是"正宗"尚属未定之天，把决定权交给读者，即相信市场经济的逻辑。听上去底气十足，却大大低估了新文学所拥有各种政治、教育与文化资本。周氏这么说似乎还以"新人物"自居，事实上他很快意识到自己被划到"旧派"而难以自拔。

有趣的是上引周氏的话："若因嫉妒而生疑忌，假批评以肆攻击，则徒见其量窄而已。"语含不平，但始终保持克制。到 8 月《自由谈小说特刊》刊出 30 期时戛然而止。其停刊告白所谓"亦能就事论事，不越轨范"，④意谓在争论中保持专业操守，未以恶言相加，当然就《自由谈》而言。周氏低调撤离火线，其实另有所图。自 3 月间《礼拜六》复刊之后他是王钝根的编辑副手，此时已辞卸编务而另起炉灶，正准备独立创办名为《半月》的小说杂志。不可忽视的是他

---

① 寒云：《辟创作》,《晶报》1921 年 7 月 30 日。
② 鹃：《自由谈之自由谈》,《申报》,1921 年 5 月 22 日,第 14 版。
③ 鹃：《自由谈之自由谈》,《申报》,1921 年 3 月 27 日,第 14 版。
④ 鹃：《申报》,1921 年 8 月 7 日,第 18 版。

的《说消闲之小说杂志》一文，刊登在 7 月 17 日《小说特刊》上。正当争论愈趋激烈之时，他仍然大谈特谈文学的"消闲"功能。[①] 他说办小说杂志如果"陈义过高，稍涉沉闷，即束之高阁，不愿触览焉。"意谓这样的小说杂志缺少读者，"徒供一般研究文艺者之参考而已"。我们知道，改版后的《小说月报》在《改革宣言》中强调介绍西洋文学"以为研究之材料"[②]（第 12 卷，页 4），把文学"研究"列为杂志的目标之一，而且事实上该刊几乎成为"文学研究会"的"同人"杂志，因此周氏文中的"文学研究者之参考"，即指《小说月报》一类的杂志。周又说英美社会如 *The London Magazine*（《伦敦杂志》）、*The Strand Magazine*（《海滨杂志》）等小说杂志"大抵以供人消闲为宗旨，盖彼邦男女，服务于社会中者，工余之暇，即以杂志消闲，尤嗜小说杂志"，因此销量达至百余万。周氏仍坚持商业导向，体现了其自身的在地实践与经验。七年前《礼拜六》杂志的命名已含有为"服务于社会中者"提供"工余之暇"的小说阅读的意思，当时一纸风行，销量过万册，说明是成功的。周瘦鹃援引英国的例子似乎给他的在地实践带来一种世界性的理论依据，而针对新旧之争，他主张一切由读者决定，甚至对于小说"正宗"显出某种自信。

所谓"服务于社会中者"指工薪阶层，包括白领蓝领，某种意义上涵盖市民大众，为他们服务其实也是为现存城市经济秩序服务。周氏借鉴英国的文学消费经验，似乎是某种维多利亚时期的伦敦的上海投影。如果从"制度移植"的角度看，这是一种局部的中国想象。茅盾、郑振铎等人从"五四"的反传统立场出发，发动"文学革命"以中国社会的整体改造为鹄的，在召唤另一种世界经验与中国想象，当然也包括对于现存城市经济秩序的整体改造。如茅盾提倡"文学民众化"，所谓"民众的赏鉴力本来是低的，须得优美的文学作品把他们提高来，——犹之民众本来是粗野无识的，须得教育的力量把他们改好来。"[③]他们反对周瘦鹃他们的文学实践，也包括对于他们的文学受众——小市民——的改造。

---

① 瘦鹃：《说消闲之小说杂志》，《申报》，1921 年 7 月 17 日，第 18 版。

② 《改革宣言》，《小说月报》第 12 卷，第 1 期（1921 年 1 月），页 4。

③ 《小说月报》第 13 卷，第 8 期（1922 年 8 月），《通信》栏，页 1。

周瘦鹃在《说消闲之小说杂志》中最后表示："常思另得一种杂志，于徒供消闲与专研文艺间作一过渡之桥，因拟组一《半月》杂志，以为尝试，事之成否未可知，当视群众之能否力为吾助耳。"这好似在为《半月》杂志预做广告，他坚持走大众路线，同时不拒绝来自新文学方面的批评，表明要将"消闲"与"专研文艺"相结合，要提升质量、讲究文学趣味。这大约也是相对于他即将告别的《礼拜六》而言，言下之意《半月》将以新面目出现，是更为理想的。

《半月》，1921

1921年9月《半月》创刊，不到两月资金周转发生困难，于是由大东书局接盘，至1925年底共出版了96号。每期封面皆为三色美人图，由谢之光、庞亦鹏等画家绘图，卷首有数页铜版照片；以小说为主，兼散文、诗词，各种专栏包括"侦探之友""妇女俱乐部""妇女与装饰""美术界""游艺界"等，另有各种专号。内容丰富，体裁庞杂，文言与白话并存，文学连带文化。本文对《半月》的文学作品作考察，并结合传播学与文化研究的方法，将围绕以下问题：它的文学的政治诉求与美学特征是什么？在中西古今的大熔炉中它的文化取向是什么？其家庭议程城市发展有何关系？含有怎样的社会愿景？它与杂志同人、读者及印刷资本、传播机制是什么关系？其文学商品化倾向体现了怎样的意识形态？含有怎样的社会意义？

二、 与《妇女家庭良友》链接

周瘦鹃早就熟悉《伦敦杂志》与《海滨杂志》。1914年他在《游戏杂志》第6期上发表的《炉》即从《海滨杂志》译出；1915年《礼拜六》上的柯丽烈的《三百年前之爱情》出自《伦敦杂志》。① 的确,他多方勤奋搜寻外国文学资源,跑旧书摊或从书店订购书籍、杂志,不光是为了翻译介绍,也在他的办刊编辑中发挥了作用。如《礼拜六》这一刊名仿照美国《礼拜六晚邮报》,就是周瘦鹃的主意。一个重要提示是: 1931 年他创办了《新家庭》杂志,在《宣言》中提到该刊"参考美国 *Ladies Home Journal*, *Woman's Home Companion*,英国 *The Home Magazine*, *Modern Home* 等编制,从事编辑。"② 这么说他对这些杂志是熟悉的,

《妇女家庭良友》的时尚报道

① 参潘瑶菁:《〈欧美名家短篇小说丛刊〉丛考》,《文汇学人》,2018 年 6 月 22 日,第 11—13 版。

② 周瘦鹃:《新家庭出版宣言》,见王智毅编:《周瘦鹃研究资料》,页 215—216。

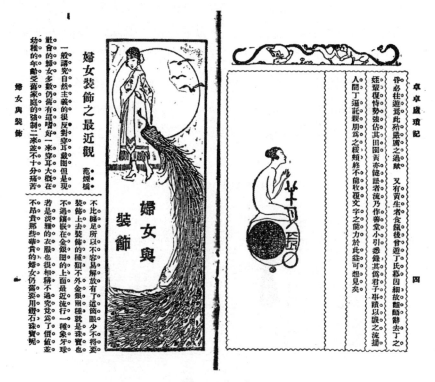

《半月》的时装专栏

如果对 1910 年代出版的《妇女家庭良友》(*Woman's Home Companion*)略作观察，就可发现与周氏的一些写作与编辑实践有关，当然这并不排除他从其他方面受到影响的可能。

在《香艳丛话》与早期《礼拜六》等刊物中不难看到周瘦鹃的女装照相，似天生含女性气质，也不无自我时尚化的表演性质。他积极为《妇女时报》《中华妇女报》《女子世界》等杂志供稿，从西方报纸杂志转译了大量文章，推动妇女解放潮流，无形中浸润了女性自主的现代意识。与《妇女家庭良友》中"妇女俱乐部"(The Woman's Club Programs)相对应，在《半月》也有"妇女俱乐部"专栏。从 1923 年 3 月起至 1925 年 10 月共刊出 17 期，平均每次发表女性著作五六篇，体裁不拘。姓名可知的如陈蝶仙的女儿陈翠娜、旅居北美的吕碧城等。其中唐志君原是妓女，一度成为袁寒云的小妾，后与袁分手而埋头写小

《妇女家庭良友》的妇女俱乐部栏目

说,多次在杂志中刊出。在《半月》之后的《紫罗兰》里,"妇女俱乐部"改称为"妇女之乐园"。

周瘦鹃从 1914 年起发表电影小说,翻译曼丽·璧克馥的自传等,作了许多传播电影文化的工作。《妇女家庭良友》十分重视电影对女性和家庭的教育功能,如谈论如何观赏电影或创作剧本,经常刊登好莱坞女明星的照片与事迹,作为女性从事艺术的楷模,这些对于当时中国女子来说尚属海外奇谈。《半月》的发刊正逢中国影业发轫之时,但杜宇正在拍摄一部爱情片,没人愿扮演女主角,找到大鼓书艺人也遭到拒绝,最后找到以"FF 女士"著称的交际花

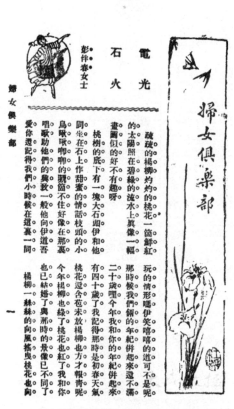
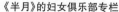

《半月》的妇女俱乐部专栏

妇女俱乐部作者,《半月》1923

殷明珠。周瘦鹃得知后为她做足宣传,从 10 月起《半月》不断刊登有关她的生平的文章及其照片,至次年 2 月影片《海誓》上映刊出其剧照与殷氏写的影片故事,简直制造了一个明星的诞生,甚至把殷明珠所穿的时髦皮鞋与鞋店广告相联系。这一套捧角追星的做派对杂志界来说是第一遭,通过《半月》把一个"堕落女子"塑造成勇敢的"解放女子"。①

　　《半月》是小说杂志,却具文化倾向,与《妇女家庭良友》的综合性颇为合拍。不仅重视电影,还专设"美术界"栏目,在 1923 年 5 月组织了一期"美术

---

　　① 参陈建华:《殷明珠与二十年代初好莱坞明星文化》,《从革命到共和——清末至民国文学、电影与文化的转型》(桂林:广西师范大学出版社,2009),页 291—299。

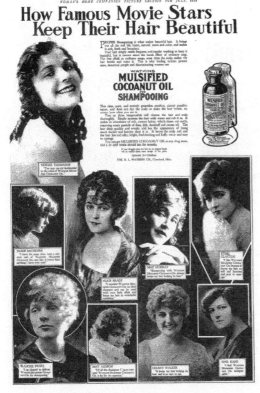

《妇女家庭良友》的电影女明星

《半月》中的殷明珠，1921

号"特刊，另如"上海社会的小写真""游艺界"等栏目，尤其是"半月谈话会"这一专栏，类似朋友圈的聊天室，大多由杂志同人撰稿，也有读者来稿。话题广泛，对杂志的封面、照片与小说作品从美观、描写手法等方面作评论，体现出某种共同的审美趣味。张南泠的《杂志评话》对几种消闲杂志的内容作点评。王受生的《印刷话》，谈论晚清《申报》以来各报的印刷技术与排版特色，对都市杂志文化作历史追溯与现状描述。① 有趣的是方式包天笑主编的《星期》也有"星期谈话会"栏目，专供同人们讨论文学问题，成为旧派回应新文学的批评空间。相形之下"半月谈话会"更致力于作家群体的身份认同与杂志自身审美趣

---

① 张南泠：《杂志评话》，《半月》第2卷，第2号（1922年9月）；王受生：《印刷话》，《半月》第2卷，第5号（1922年10月）。

味的品牌打造。

三、 家庭是社会之本

1921 年 8 月 14 日，紧接《自由谈小说特刊》停刊，《自由谈》开辟"家庭周刊"，至 1923 年 4 月 1 日共刊出 81 期。此后改为"家庭半月刊"，至 1925 年 1 月为止。晚清以来妇女问题一向是中国现代性的主要议程之一，上海公共传媒形成革命与改良的不同取向。1915 年创刊的《妇女杂志》以形塑"贤妻良母"及其现代社会功能为主，20 年代初"五四"新文化兴起，"娜拉"成为妇女解放的符号，如茅盾一再在《妇女杂志》中发表文章，把妇女的社会参与看作"解放"的标志，对于"小家庭"主张不以为然。他说："我是主张没有家庭的形式，公厨和儿童公育，我是极端主张的。"[1]《妇女杂志》出现这样的激进论调，表明新文化运动正在发生影响。后来茅盾在《蚀》《虹》等小说中的"时代女性"贯彻了他的妇女"解放"的主张，她们在革命浪潮中享受自由，在改造社会的运动中实现自我，似乎不考虑个人的爱情与家庭。在 30 年代的文学与电影中"左翼"色彩愈益明显，女性的被压迫遭遇、家庭的解体与中产阶级的幻灭成为常见的主题，意味着只有社会彻底改造才能使妇女获得真正的解放。

建立"一夫一妻"的"小家庭"属一种中产阶级梦想，是某种维多利亚式的制度移植。叶文心在《上海繁华》一书指出"小家庭"的进步性，在 20 年代后期邹韬奋主编的《生活周刊》中"小家庭"仍是核心话题之一。[2] 最近毛佩洁对于 1910—1920 年代"鸳鸯蝴蝶派"小说中"中等社会"的想象再现作了分析，指出处于政治经济变动中中产阶级的焦虑与张力。[3] 在这样的历史脉络里，周瘦鹃为《自由谈》开辟《家庭周刊》，创刊之始即宣称："人有家庭，一身始有归着

---

[1] 雁冰：《读少年中国妇女号》，《妇女杂志》第 6 卷，第 1 号（1920 年 1 月），页 3。

[2] 叶文心：《上海繁华：都会经济伦理与近代中国》（台北：时报文化出版，2010），页 163—160。

[3] Peijie Mao, "The Cultural Imaginary of 'Middle Society' in Early Republican China," *Modern China*, *Vol.44*, No.6（November 2018）：620-651.

之地,……世之有家庭者,愿各宝其家庭。"①十年之后周氏主编《新家庭》杂志,在《出版宣言》仍然狂热地鼓吹:"家庭是人们身心寄托的所在,能给予人们一切的慰安,一切的幸福。"②

为《家庭周刊》撰的陈蝶仙、徐卓呆、江红蕉、胡寄尘等皆为旧派代表作家,他们讨论"模范家庭"的理想与建设,涉及新旧文化的广泛议题与美化日常生活的枝枝节节,内容十分丰富。对照《半月》中的小说,特别是"家庭号""离婚问题号"和"妻妾问题号"这几个专号发表的作品,虚构想象不同于理据讨论,绝大多数强调家庭的温暖与重要,离婚必定带来不幸,娶妾必定产生恶果,明确表达了维护一夫一妻小家庭的集体心态。

1926 年周瘦鹃从这些专号里选出若干篇编辑成《家庭小说集》,包括少数未在《半月》上发表过的,由大东书局出版。这个选集说明"妻妾问题"和"离婚问题"皆被归入"家庭"问题。周的编选有一定的考量而不无随机性,集中徐卓呆的《回家以前》与《造墓记》不属于上述三个专号,③其实《半月》的小说大多涉及爱情、家庭的主题,如周氏自己的《爱妻的金丝雀与六十岁的老母》未入选,④它描写男主的老母遭到其所娶的外国女人的虐待的故事,是婚姻问题上"国粹"思想的表现。

1924 年 10 月徐卓呆因其爱女徐孟素突然死亡十分悲伤,写了一系列纪念文章连续刊登在《半月》上,《回家以前》与《造墓记》即其中两篇。《半月》等于同人刊物,不光是"礼拜六"老友陈蝶仙、丁悚、李常觉等,包括刘海粟、但杜宇等名流,常刊登他们的家庭照。徐卓呆是苏州同乡、杂志作者,也是文学与影视双栖的名家,1922 年 9 月《半月》刊出徐与其妻子及四个子女在苏州园林荷池畔的合照,其乐融融。杂志曾刊登徐孟素的小说作品,她死后刊出其遗影(4卷 5 号),又连续发表徐卓呆的回忆文章,《回家以前》与《造墓记》记叙了为爱

① 《申报》,1921 年 8 月 21 日,第 18 版。
② 《新家庭》,第 1 卷,第 1 号(1932 年 1 月)。
③ 徐卓呆:《回家以前》,《半月》第 4 卷,第 12 号;《造墓记》,《半月》第 4 卷,第 13 号。
④ 周瘦鹃:《爱妻的金丝雀与六十岁的老母》,《半月》第 4 卷,第 2 号(1924 年 12 月)。收入范伯群主编:《周瘦鹃文集》(上海:文汇出版社,2015),页 283—287。

女落葬的过程。看上去不像家庭小说，却收入《家庭小说集》，对于周氏一派珍视家庭亲情观念颇具象征意义。

描写小人物的家庭温情是鸳蝴派作家的拿手戏，最早包天笑与徐卓呆合作的《小学教师之妻》与周瘦鹃的《簷下》便是这方面的范本。① 这本《家庭小说集》里有几篇同样题材的。张南泠的《萍踪》写与妻子异地分居的银行小职员感到孤独难熬，听说妻子生病而急忙回家，发觉妻子好好的，遂欢天喜地，原来是中了同事设计的圈套，不然还因为经济考虑而下不了决心。② 朱天石的《进退维谷》也写一个办公室职员，为结束分居之苦把妻子接了过来，一年后生了小孩，日常开销愈加拮据，他想把妻儿送回乡下，感情上舍不得，由是陷入两难境地。③ 这两个主人公的职业还算不错，和妻子感情和睦，而阻碍家庭幸福的是经济问题。《进退维谷》突出在上海生活不易，一家三口靠月薪六十元，难以对付房租、保姆等，不得不向朋友借债度日。金钱能弥补感情、能给家庭带来幸福，这在朱松庐的《觉悟之后》里得到漫画式表现。一对夫妇结婚一年后离婚，男的觉悟到"我要结美满的因缘，我要享浓厚的艳福，我必须先去求黄金。"他奋发图强，果然发了财，决心把前妻找回来。结果尽管前妻已经沦为妓女，他向她忏悔，遂破镜重圆，再结良缘。④ 鸳蝴小说常常谴责爱好物质虚荣的女子，而这篇小说里男的对前妻表示因为离婚而造成他的成功，因此对她由衷感谢，这么强调金钱的作用，似乎在鼓励女性的物质追求，显得很不寻常。

周瘦鹃的《避暑期间的三封信》中的家庭主妇向丈夫宣示一场"谈判"。⑤ 她庐山避暑休养期间给丈夫先后寄出三封信，诉说一年来发现他包养"外妇"而经历的苦痛，并劝他回心转意。口气委屈而委婉，揭露其秘密还怕他"着恼"，说是"谈判"，实在软弱。信中提到她偶然发现他的银行存折少了五千

---

① 呆、笑：《小学教师之妻》，《小说时报》第 11 期（1911 年 7 月）；瘦鹃：《簷下》，《小说画报》第 1 号（1917 年 1 月）。

② 张南泠：《萍踪》，《半月》第 2 卷，第 24 号（1923 年 8 月）。

③ 朱天石：《进退维谷》，《半月》第 4 卷，第 14 号（1925 年 7 月）。

④ 朱松庐：《觉悟之后》，《半月》第 4 卷，第 11 号（1925 年 5 月）。

⑤ 周瘦鹃：《避暑期间的三封信》，《半月》第 3 卷，第 24 号（1924 年 8 月）。

元,说明她作为家庭主妇的财权也很有限。最后丈夫回信说:"我已觉悟,以后永不相负。"作者显然鼓励她的合法斗争,但是碰到坏男人而"谈判"破裂,她能怎么办?是否会像娜拉出走?显然小说没有朝这方面去想。

刘恨我的《理想的丈夫》中的何满姑是女子师范学校的学生,决心要找个理想丈夫。父母做主与潘姓男人定亲,她死活不愿,闹"家庭革命",家长不得已退婚。她爱上报纸编辑金寄菊,欲托付终生,可是金寄菊却服从家里安排与他人结了婚,作了"专制家庭下的一个败俘"。她几乎自杀,却挺住了,仍抱定宗旨要找个"理想丈夫",她登报征婚,无一中意者,遂抱独身主义,死后她的家产被捐给公益事业。在旧派文学中这样一个敢于反抗,坚持自主的女性形象难能可贵,最后作者感叹:"哦,好一个抱独身主义者",与其说是赞叹,毋宁是叹息,似乎是一种不完美不得已的人生结局。

离婚总是不幸的,小说家尽量让当事人要离又离不成,向美好婚姻献上一份美好的祝愿。周瘦鹃的《不实行的离婚》写一对夫妇闪婚不久便闹离婚,"三五天便要搬演一次,夫妇间唇枪舌剑,脚踢手打,常在战云弥漫之中。闺房以内,变做了一片战场。"然而两人共同生活三十余年,有三个孩子,闹了无数次离婚,甚至诉诸法律解决,始终不曾实行过。[①] 这篇小说充满戏谑恶搞,令人捧腹。一次冲突是因为结婚戒指,男的要她戴上,把婚戒看得极重,"有着两个金指环儿套在指上,无形中也就把两颗心套住了",但女的说:"这劳什子的有什么稀罕,我一见就生气",假装吞下戒指要寻死,把家人吓坏,其实把它丢到窗外去了。另一次冲突中男的打了女的两记耳光,女的同样还了他两记。在卡通化描写中可见家庭生活中男女之间不同的价值观念以及某种女权的表现。俗话说婚姻是爱情的坟墓,而在周氏的笔下这对夫妻却生龙活虎,远非坟墓所能比拟;像这样鸡鸡狗狗地厮磨了一世,或许写出了现代婚姻的基本生态。

江红蕉《循环妻妾》中的教育家王湘川,妻子亡故后不愿续弦,同事就劝他纳妾,他说:"我要是一纳了妾,我一生的名誉便立刻可以销灭到零度"。这似

---

① 周瘦鹃:《不实行的离婚》,《半月》第2卷,第24号(1923年8月)。

乎反映了现代知识人反对纳妾的共识，然他经不起劝说娶了个女工为妾。她非常贤惠，不久又死了。王湘川耐不住孤独，找了中学教师张益芳续了弦，总觉得这里那里不如那个女工，他"始终悼念亡妾，觉得亡妾宛如亡妻，因为悼念亡妾，所以格外的优容益芳。益芳便终其身在湘川爱怜之中。在实际上，妾是妻，妻是妾，却是相互循环着。"①这篇作品对男主不无调侃，但在续弦或娶妾的区别上反映了当时对阶级名分的讲究，所谓"循环妻妾"关乎他的个人心理，模糊了妻妾界限，感情体验伴随着记忆，在生者死者之间穿梭，而生者不自觉活在死者的影子里。其实这是很好的心理素材，加以出色描写是有可能成为一篇佳作的。

其他几篇以妻妾对比来表达反对纳妾，如刘恨我的《妾不如妻》的标题所示自不消说，②另如方秩音《家变》和范佩萸《不如夫人》③也同样主题，不无"将缣来比素，新人不如故"的古意。《家变》写男主去了上海，事业发达，带回一个姨太太，家里便鸡犬不宁，妻子被折磨而死。姨太太被扶正，虐待前妻的儿子。《不如夫人》侧重男主心理，他留洋归国便对妻子心生嫌弃，好不容易得到父母同意纳了妾，却发觉她喜爱奢侈，反而觉得不如妻子来得贤惠体贴。④有趣的是与离婚一样，凡娶小老婆的不是因为去了上海，就是留过洋的，这种逻辑看似奇怪，却透露出某种文化保守的心态。

四、 名花美人与商品美学

1921 年 8 月《礼拜六》刊出《一鸣惊人之〈半月〉》的广告："一个月来'半月'两字已传遍人口，有好多人等不及出版，先来打听内容。"于是周瘦鹃介绍第一期由谢之光画的"欧洲女子"的封面，"用最精美的三色版印成，代价要百

---

① 江红蕉：《循环妻妾》，《半月》第 4 卷，第 18 号（1925 年 9 月）。
② 刘恨我：《妾不如妻》，《半月》第 4 卷，第 18 号（1925 年 9 月）。
③ 方秩音：《家变》，《半月》第 4 卷，第 18 号（1925 年 9 月）。
④ 范佩萸：《不如夫人》，《半月》第 4 卷，第 18 号（1925 年 9 月）。

元左右",郑曼陀的"美人画""用嫩色精印,价值之高更不消说"。① 文学广告,无论新派旧派都会做,而周氏要把《半月》做成品牌,其手法不像登刊广告那么简单。这就牵涉文学商品问题,他一再强调封面的"代价"和美人画的"价值",乃指投资成本而言。《半月》原本定价为每份二角钱,因成本关系改为三角。试想同类"消闲"杂志《礼拜六》仅售一角,世界书局的《红杂志》也是一角,那么《半月》的读者应当具较高消费能力者,那么它该有怎样的特色或品位而与一般消闲杂志相区别?且不论文字与图像的生产,若从打造杂志品牌的策略及其与市场的流通过程来看,不妨借用德勒兹的"情动"理论,在杂志同人之间、杂志与读者之间无不贯注着感情的互动,造成一种动态的倾情投入,遂使《半月》成为都市杂志文化的一道独特的风景线。

"半月谈话会"这一专栏是作者与读者之间的交流空间,主要内容是对《半月》的小说、封面或图像的批评。如范菊高《小说评话》、依声的《评瘦鹃的〈情价〉》等,有的是杂志内部同人写的,有的来自读者,对人物、情节与结构等作评论,感性而具体。他们的分析或许不够精细,也不标榜"主义",似在分享不言自明的伦理人情的准则。被批评的基本上是在《半月》上的作品,不免溢美之词,也不尽然,如程小青的《读了〈十七年后的一吻〉后之感想》是针对张枕绿的一本小说集,赞美不必说,如指出小说中男主的"离别的理解和心理,不但是太浪漫,并且是涉乎神秘了。"或说对某人物的心理变化缺乏交代,"竟使读者始终怀着疑团,这也就未免太疏忽了。"②程小青自己的小说也遭到批评。闵正化的《读程小青君〈黑鬼〉质疑》指出小说中有三处在时间上互相矛盾。这位读者自称喜欢看侦探小说,也喜欢研究,因此要"与程君研究研究这小小日期的问题"。③ 像这样的批评在同类消闲杂志中很少见到,认真对待已发表的作品,向大众开放,对于作者当然有利于切磋提高,这多半是仿效新文学的做派。联系到周瘦鹃要把《半月》办成既要迎合大众趣味又要结合"专研文

---

① 《一鸣惊人之〈半月〉》,《礼拜六》第 124 期(1921 年 8 月)。
② 程小青:《读了〈十七年后的一吻〉后之感想》,《半月》第 2 卷,第 7 号(1922 年 12 月)。
③ 闵正化:《读程小青君〈黑鬼〉质疑》,《半月》第 2 卷,第 16 号(1923 年 4 月)。

学"的初衷，就不奇怪了。与当时文学杂志尤其不同的是图像评论，这也是为了凸显《半月》的封面与图片的强项。郑逸梅是掌故名家，《半月》的主要作者之一，他的《余所爱半月中的图画文字》兼顾文字与图像，属一种别致的批评。杂志封面基本上是由名画师谢之光所承包，胡亚光是其同行，他的《我之半月封面画观》对各期封面画一一评点，如说 24 期的封面："活色生香，尤多媚态，爱甚"之类，偶然也有不满，对 16 期："构图甚佳，衣光亦好，惟女面略少生气，似稍减色，可惜可惜。"①除了封面，每期《半月》前面有几页照相，多过当时其他小说杂志，涉及电影、戏剧明星、绘画、朋友、家庭等内容。叶愁乎民的《半月照片评语》则是集中针对其中的风景照，约 30 张，大多给了差评。如"无名氏的《探梅胜地》全无佳致。（参看第十一期）"如"郎静山的《甜睡》，背景光线和构图也极妥善，但是那孩子的睡态，似乎觉得不甚自然吧"。（参看三卷第一期）或者"周雨青的《荷塘泛鹅》构图不对，水平线斜歪不正，左高约在二十度，鹅是主体，而反看不见，殊少意味。（参看第三期）"②这位叶愁乎民看上去较为专业，当时正出现艺术摄影的新势头，登刊在《半月》中的风景照讲究美术意味，郎静山、丁悚、张珍侯等人属前卫人物，在 20 年代后期他们的作品在《良友》等各种刊物中可以见到。把《半月》当作恋人、良伴或亲人仿佛是读者的普遍反馈，如一位读者写信给周瘦鹃说："半月是我的良好的伴侣，香甜的情人，我很爱他，并且很佩君的天才"。③ 濮残菊来信说，他买不起《半月》，而他的未婚妻却每次将杂志寄给他，这"不但长进我个人的学问，并且足以增高我俩的爱情热度。饮水思源的想来，《半月》有功于我俩的爱情着实不小咧。"④另一位俞梦花说，他用祖母给的零用钱买了一本《半月》，从此封面上的"妙龄女郎"便成为他的"娉娉婷婷的好姊姊"了，"再也不想出那祖父的酒席了，再也不愿意和母亲到花园里去踏月唱歌了。"⑤这些来信令人觉得《半月》在流通

---

① 胡亚光：《我之半月封面观》，《半月》第 2 卷，第 5 号（1922 年 11 月）。
② 叶愁乎民：《半月照片评语》，《半月》第 3 卷，第 21 号（1924 年 7 月）。
③ "林洛书君来函"，《半月》第 1 卷，第 15 号（1922 年 4 月）。
④ 濮残菊：《半月与我们俩的爱情》，《半月》第 2 卷，第 16 号（1923 年 4 月）。
⑤ 俞梦花：《我爱半月》，《半月》第 2 卷，第 1 号（1922 年 9 月）。

中发生许多有趣与动人的故事,与读者产生某种亲昵性。当然这些信函的发表通过周氏的选择,这么做无疑能起到推销杂志的广告作用,不过刻意宣扬那种对杂志的集体的爱意,则含有某种意识形态的考量。

把杂志比作美人本来就是周瘦鹃一派的发明,1921 年袁寒云在《紫罗兰娘日记》一文中把《礼拜六》比作周的初恋情人紫罗兰。1922 年 9 月《半月》创刊一周年时发表了陈蝶仙等人的十余篇庆贺文章。有的把《半月》比作花,姚赓夔说:"著名的造花博士周紫兰又独出心裁,造了一朵娇滴滴香喷喷的花。"范菊高的《半月园志》把杂志比作一座园林,园中群鸟飞翔,列举了一连串名字:周瘦鹃、朱鸳雏、严独鹤、戴梦鸥、陈野鹤、石征鸿、马鹃魂等,原来他们都属鸟。然而现在杂志名为"半月",我们来看沈松仙的《祝半月周岁杂录》一文,是怎么把一片深情倾注在月亮这一美人儿身上的:"伊自出世以来,忽忽已经一个年头了,这一年中间,和吾们相见的辰光,已有二十四度,每次里相见,一次有一次的神态,一度有一度的风韵,娇羞半面,无限深情,足令见伊的人,各个个都患了半个月的相思之苦。但一到了会面的一天,又能缠绵软语,款款温存,一个个又是丧魂落魄,意服心输,拜倒石榴裙下,你想伊的魔力大也不大?"其余各篇也围绕"半月"做文章,有的以诗词表达,有的讲故事,各种演绎琳琅满目。其中一位叫施青萍的作者,即后来创办《现代》杂志、被认为属于"新感觉派"的施蛰存。那时他也为《半月》投稿,其《半月儿女词》曰:"半月女儿,一编在怀,浮香溢脂,轻颦曼睐,作伊人思,思之慕之,宠之以词。"①由是为每一期封面作一词,止于第十五期。第十六期到二十四期由陈蝶仙的女儿陈小翠续作。附有周氏按语:"松江施青萍君,惠题半月封面画,成半月女儿词十五阕,深用感佩,今半月已出至第二十四号,而施君迄未续惠,因倩陈翠娜足成之,清词丽句,并足光我半月也。"那是施蛰存早些时候投的稿,这十五首词出自锦心绣口,旧文学根底相当深厚,《半月》里也有他的小说,已显得不同凡响。

"半月娘"成为杂志的新品牌,同人们不断为她制造新的罗曼史,但是他们并未放弃"紫罗兰娘",范烟桥的《紫罗兰娘别记》乃仿效袁寒云之作,仍是日

---

① 施青萍:《半月儿女词》,《半月》第 2 卷,第 1 号(1922 年 9 月)。

记体,以紫罗兰娘口吻称周瘦鹃为"郎君",叙述两人拍拖琐事,将《半月》上发表过的作品的题目嵌入其中。① 事实上 1922 年周瘦鹃另外创刊了《紫兰花片》,一本每月出刊的小杂志,其中小说、散文等各色文类全由他一人包写。在《半月》中马鹃魂把《紫兰花片》形容为"娇小玲珑,仿佛一个情窦初开的好女郎,妩媚里带着天真,又像一朵含苞未放的白玫瑰。"②周氏并不讳言始终爱着一个叫"紫罗兰"的理想恋人,同人们也乐于刺探、散布有关他俩的八卦,某种意义上周瘦鹃与紫罗兰是真正的明星。如周寿梅的《紫罗兰娘》说:"紫罗兰娘,为人间尤物。每次出游,必一换其妆束。逸梅外子尝于灯下见之,叹为绝世。"又说:"闻近来与小说家周子瘦鹃有密切关系。诸君如好事者,不难探其艳讯于海上也。"文中影射周瘦鹃与紫罗兰的"密切关系",并鼓励读者的窥秘打探,然而这条文字之后周急急忙忙地说明:"此指《半月》第一卷第二十四号封面美人,读者勿误会。"③这不外是一种杂志广告故伎重演,却把《半月》也比作紫罗兰,可见《半月》与《紫兰花片》你中有我,我中有你。像这样周氏一面默认有关他与紫罗兰的种种绯闻与影射,一面发表《蛮语》《人言可畏》之类的小说,④暗示谣言的可怕。这一切当然是周氏与其同人的合谋,但对于读者来说这要比"半月娘"更为有趣,更具诱惑力。

　　另一个例子是张枕绿的小说《寄情之点》,⑤以"姬家俊"影射周瘦鹃,解释其与紫罗兰的爱情纯属虚构,其实是一种感情寄托的方式,这对于现代人来说是个普遍的心理现象。范菊高在《小谈谈》一文中指出:"瘦鹃对于紫罗兰这样的恭敬,一定有些关系。张枕绿做了一篇《寄情之点》,想替他假撇清,咳,这是哪里能够呢? 瘦鹃,瘦鹃,还是快些招供了罢,否则动刑了,莫怪无情,呵呵。"⑥此文点穿姬家俊即周瘦鹃,且紧追不舍,要他"招供"与紫罗兰的"关

---

① 范烟桥:《紫罗兰娘别记》,《半月》第 2 卷,第 1 号(1922 年 9 月)。
② 马鹃魂:《品兰小语》,《半月》第 2 卷,第 11 号(1923 年 2 月)。
③ 寿梅女史:《紫罗兰孃》,《半月》第 2 卷,第 4 号(1922 年 11 月)。
④ 周瘦鹃:《蛮语》,《紫兰花片》第 4 集(1922 年 9 月)。《人言可畏》,《紫兰花片》第 19 集(1924 年 5 月)。
⑤ 张枕绿:《寄情之点》,《半月》第 2 卷,第 1 号(1922 年 9 月)。
⑥ 范菊高:《小谈谈》,《半月》第 4 卷,第 12 号(1925 年 3 月)。

系"。尽管仍在玩绯闻游戏,玩得颇为嗨,但《寄情之点》却透露出他们对于这类游戏的某种道德的不安悸动以及对于文学功能的实际思考,如姬家俊认为爱情与家庭并未给人们带来感情上的满足,触及都市现代性的某种缺陷,实际上戳破了他们所营造的爱情至上与家庭价值的童话。

五、结　　语

在 1920 年代初《半月》是上海"消闲"杂志中的精品,是不可忽视的"海派"文化品牌。郑逸梅的《小说杂志丛话》在评价晚清以来的小说杂志时说:"《半月》为杂志中第一。这不是不敏的谀辞,实在瘦鹃匠心独运,始终不懈,令人阅之自起一种审美观念,且每期有一二种特载,都是很名隽的,那自然受社会的欢迎了。"[①]"杂志中第一"着眼于鸳蝴文学而言,其实很大程度上代表了都市文化的主流,与 30 年代的"新感觉派"属于前后传承的产业链。所谓"社会"包括读者大众,这方面《半月》提升了白领的审美与文化品位,同时由周瘦鹃为被压迫被践踏者呼号的作品所示,它不失小市民基础。由于军阀混战、政治动荡,市民大众及其"小家庭"梦想愈加受到威胁,因而对"大将军""洋行买办"的权力阶级发出激烈抨击,也是社会矛盾加剧的症状。

的确,《半月》的生产过程并不容易,遭到政治或道德上的责难。周瘦鹃常与大东书局的同事聚餐,在《半月》中设置了"大东俱乐部"的栏目,报告每次在"陶然会"聚餐的情况。有读者寄信给周瘦鹃,认为他不该在"中国内忧外患"之时"插身"其中。他回答说:"我正为了生在这个国家,生在这个时代,纳闷得很,因此加入陶然会中,陶然陶然。如今这位先生要我为青年表率,替国家做些事业,那我可敬谢不敏咧。"[②]如果按照这位读者的逻辑,那么旨在"消闲"的《半月》也没有存在的理由了。此外还受到新文化的打压,如《小说月报》上的一位读者来信把指斥《礼拜六》《快活》《半月》等杂志是"迷住着一般

---

① 周瘦鹃、骆无涯编:《小说丛谭》(上海:大东书局,1926),页 34。
② 周瘦鹃:《陶然会第十一次聚餐报告》,《半月》第 3 卷,第 9 号(1924)。

青年"的"恶魔"。① 这当然也是茅盾、郑振铎的观点。这样的指斥在今天看来不可思议，且不论其中的意识形态封面的深刻分歧，平心而论，尽管郑振铎呼吁"血与泪的文学"，事实上他自己并没有发表过像周氏那样的作品，在同时的新文学刊物上很少见到像周氏那样的作品。

在茅盾或郑振铎的眼中把《半月》视为"恶魔"，主要是针对它的旧文化痕迹与商业性的表现，反映了他们站在西方启蒙思想与文学的立场上对中国文学与文化传统的排斥，同时对城市文化与市民阶层的蔑视，实际上可说是中国传统士大夫观念的现代表现，试图建立一种新的知识与文化的话语霸权。对此这里不作详细讨论，只是任何理论必须与在地实践相联系，从这个角度来看《半月》的旧传统与商业化倾向是值得讨论的。正如周氏以《伦敦杂志》和《海滨杂志》为范本，也是一种西化，所尊奉的是工业革命以来都市主义与消费主义的理路，通过现代大众传播在杂志与作者、读者之间成功打造了一个哈贝马斯所说的资产阶级的"爱的社群"，将"消闲"变成一种阅读生活，集体分享都市的梦想、艰辛与愤慨。虽然把杂志当作恋人与商品自然化意味着资本与商品给人带来某种异化，但是这一文学商品化过程异常复杂，其中名花美人的抒情美学、伦理价值以及文人雅集唱和方式融为一体，文学与文化传统被转换成各种现代方式，充满情思与文创的意味，因此即便是商品性文学生产，也是值得研究的。

把《半月》办得风生水起，与社会生活密切互动是一大诀窍，正如周瘦鹃的"花样翻新"口头禅，体现了敬业创新的编辑理念。比方说"趣问趣答"这一栏目，每提出一个问题，如"你为什么要子女？""你理想中的情人是怎样一个人？""你新年中预备怎样行乐？"等，下一期从读者回馈中选择若干条登刊，包括读者姓名与住处或职业，以赠送一册《半月》作为酬报。如"你为什么要娶妻？"这一条，徐家汇南洋大学的蒋凤伍回答："一个人最要讲究运动，出了学堂，运动的机会少了。我们娶了妻，跪床沿呀，顶马桶呀，不是很好的室内运动么？所以我要娶妻。"②或如"你做了女子便怎么样？"据称收到三百条回答，有

---

① 见《小说月报》第 13 卷，第 8 期（1922 年 8 月），页 2。
② "趣问趣答"，《半月》第 2 卷，第 2 号（1922 年 9 月）。

的说:"去当妓女,在各省各县都有情人,要以男子为玩物,包括那些军阀、贪官"。有的说:"我做了女子,便请一位鼎鼎大名的律师,预备替我办理九千九百九十九次半的离婚手续"。① 关于"你发了财想怎样?"南洋大学的潘宗岳说:"我发了财,想招千百个叫化子,各坐一辆大汽车,在南京路一带兜风,晚上在一品香跳舞,使那些公子哥儿们见了头痛。"②答者有公司职员、电报局职员、中学教员、大学生等,大多为普通居民,大多居住在上海,也有住在杭州、苏州、天津等地的。因为要求"趣答",这些回答无奇不有,滑稽可笑,却具时代感,很能反映市民阶层所思所想,涉及阶级、性别等观念。显然这个"趣问趣答"很讨巧,既是推广杂志的生意经,也能起到维系读者的纽带作用。

中国近现代通俗文学是一门年轻学科,迄今成果累累,新人辈出,然就其巨大体量而言,在深耕细作方面还路途漫漫。本文的《半月》研究是选择性探索性的,难免以偏概全;虽然在演述中试图体现"大文学史"宏观照应,但限于知识,这里那里或不自觉落入前概念的陷阱。在观念上我们应当给予周瘦鹃一派的文化保守立场以充分的关注,发掘那种对"现代性"的制衡力量,这在今天仍具启示意义。同样在对待文学经典方面须打破雅俗界限,不能以"新文学"美学信条作为衡量标准,而应当深入观察他们的文化本位立场及其传统脉络的丰富内涵,是如何渗入市民大众的"感情结构"而开拓"俗语现代主义"的美学空间的。

---

① "趣问趣答",《半月》第 2 卷,第 10 号(1923 年 1 月)。
② "趣问趣答",《半月》第 2 卷,第 4 号(1922 年 11 月)。

学徒：城市的一种自拍照
——对城市民俗研究的初步思考

刁统菊*

在知网以"城市文化"（或"都市文化"）为主题的研究进行检索，可以发现城市文化研究的领域大致包括城市文化建设（或城市文化产业）、城市文化遗产（或城市民俗）、城市文化形象（或城市品牌、城市精神）等方面。鉴于笔者的学术背景，本文特别关注城市民俗领域。其实有关城市民俗研究，程鹏在《都市民俗学与民俗学的现代化指向》一文中已经做了比较深入的梳理。此文着重关注"20世纪80年代以后，伴随着改革开放和中国民俗学的复兴而发展起来的都市民俗研究"，"纵观中国都市民俗学的发展及其研究，大致可以归纳为两种类型：一是对传承于都市空间范围的民俗事象进行的研究，如探讨其源起及变迁轨迹等；二是对都市化及现代化过程中产生的新兴民俗事象的考察。它不限于都市的空间范围，还包含对现代化、城市化影响下村落地区的民俗面貌改观的研究。"[①]程文的这一观点，确实是真知灼见。但是该文实际上也显示出，和一般以村落为空间单位的民俗研究一样，城市民俗研究也是以文化为基点来观照民俗，将视野侧重于民俗事象包括城市风尚，对城市中"人"本身的研究较少注意。

民俗学学界研究成果表明，民俗学是一门研究生活文化传承的学问，那么它经由对民俗生活的观察和参与来关注、研究个体的生活史、生命史，借此获得个体对生活的感受以及个人与群体（如家族）、社区、社会、国家之间的密切关联和复杂互动，是再正常不过的事情。不过，对"民俗"中"民"的研究直到

---

* 刁统菊，山东大学儒学高等研究院民俗学研究所副教授，《民俗研究》副主编，主要研究领域：亲属制度、理论民俗学。

① 程鹏：《都市民俗学与民俗学的现代化指向》，《民间文化论坛》2014年第4期。

近些年来才正式进入民俗学者的研究视野,同时因为这本来就是理所应当之事,所以迅速地在学术研究中得到明确。2011 年,在对"民俗学是人文学科还是社会学科"这一话题进行争论时,刘铁梁明确提倡民俗学者要经由模式化的民俗来感受生活,①这一主张既没有脱离民俗文化的根本特征之一——模式性,同时又严肃、认真地提出"感受生活"这一目标。而且,为了更好地倡导"感受"这一关键词,刘铁梁继续撰文强调民俗学作为"体验之学"的研究特征,②这可以说是他一如既往地推重民俗学人文色彩的一个表现。同年,高丙中将其《民俗文化与民俗生活》整体性地研究生活文化的观点一以贯之,特别指出,Folklore 既要研究作为文化的 Lore,也要研究作为社会实体的 Folk,因此人文学科的"同情的理解"是有用的求知方法,社会科学的参与观察和统计分析也是可用的求知方法。③ 不管是"感受""体验",还是"同情的理解",都是以"人"的情感和心理为观照对象,凸显出人在生活实践中的主体性地位。民俗学要重视对人在生活实践中的主体性地位的研究,这也是近些年吕微、户晓辉等学者所提倡的。

特别是刘铁梁《感受生活的民俗学》一文,第一次从民俗学学科视野出发观照与民俗生活纠缠在一起的人的主观经验和感受,"生活带给我们每一个人以最鲜活的、最本真的一些经验和感受,而这些经验和感受是与各种各样的民俗文化纠缠在一起的,是被民俗所表达和所记忆的,所以你才没有办法将民俗看作纯粹客观的现象。也就是说,生活文化的整体性,其实是与作为生活实践主体的主观感受性联系在一起的,民俗作为交往的语言和手段最丰富和最充分地凝结了当地人心心相通的生活感受,所以才成为我们研究当地社会生活的核心对象。"④刘铁梁将民俗学的关注点直接指向"人",突出了民俗学的人文关怀精神,我们不仅要理解生活行动者的文化逻辑,同时也要培养对人类情感和身体的感受性和共感力。

---

① 刘铁梁:《感受生活的民俗学》,《民俗研究》2011 年第 2 期。
② 刘铁梁:《民俗文化的内价值与外价值》,《民俗研究》2011 年第 4 期。
③ 高丙中:《民俗学的学科定位与学术对象》,《温州大学学报(社会科学版)》2011 年第 6 期。
④ 刘铁梁:《感受生活的民俗学》,《民俗研究》2011 年第 2 期。

2018年，李海云在其《边界视角：新时期中国民俗学发展脉络考察》中梳理了几篇论文，是将它们置于家乡民俗学的视野之下，但实际上，这几篇论文几乎都是涉及到直接对"人"的研究。

一是对"家乡民俗学"的持续深化。……如岳永逸通过"为母亲写"的一组札记，提倡将民俗学回归到"关于土地与劳苦大众的学问"，虽多是性灵之作，却给人一种超越学术的别样感动。① 吴重庆以自己的家乡——福建莆田一个偏僻小村为研究对象，借助老父亲的丰富口述资料，从日常生活变迁和延续中探寻乡村历史的脉动，可谓细致入微。② 朱清蓉以作为乡村医生的父亲生活史为主线，观察改革开放至今中国乡村的医患关系，关注作为民俗主体的"民"和作为民俗发生情境的村落之间的互动，试图呈现个人生活的整体性。③ 罗瑞霞以个人家庭生活为核心个案，以个人亲历为素材，描述20世纪末至21世纪初聚居在广州红村的流动超生人员的情感世界与生命历程，并将其与国家、社会的发展变迁联系起来，观察社会进程对个体生命的影响，试图还原一个被社会忽视的群体之生活经验。④ 上述研究，已经由早期"家乡民俗学"对于家乡民俗的单纯关注，转向对家乡亲属甚或自身感受的聚焦，呈现民俗主体生活的复杂性，其发展动向值得关注。⑤

其中朱清蓉的《乡村医生·父亲——乡村医患关系的变迁（1985—2010）》，完全就是以个人生活的酸甜苦辣反映乡村社会生活。不过，这种通过深入的田野作业直接描述访谈对象的生活百味的民俗学研究，即便是以乡村为研究区域的，也极其少见。这种将"感受"置于中心位置的民俗学研究，不仅对田野作业的深度和质量提出了非同一般的高标准和高要求，同时也与研究者对生活的观察、体悟和思索有关，因此近几年相关成果其实并不多见。

城市文化研究关注有浓郁的"都市味道"的东西，研究目的也多与城市文

---

① 岳永逸：《忧郁的民俗学》，浙江大学出版社，2014年。
② 吴重庆：《孙村的路：后革命时代的人鬼神》，法律出版社，2014年。
③ 朱清蓉：《乡村医生·父亲——乡村医患关系的变迁（1985—2010）》，北京师范大学2011届硕士学位论文。
④ 罗瑞霞：《隐匿的边界：广州红村"超生游击队"的生活史》，山东大学2018届硕士学位论文。
⑤ 李海云：《边界视角：新时期中国民俗学发展脉络考察》，《民俗研究》2018年第6期。

化开发、经济发展有关。但是，恰恰是城市，其传统应被理解为是一种建构的而非自然的秩序。城市与人是相互映照的，人来建设和使用城市，排斥、沉沦或依恋城市；城市体现着人的欲望和力量，是市民生活底蕴的载体。对人的研究，实际上就是城市对自身进行某种角度的自拍。将"感受生活的民俗学"这一观点应用于城市研究，比应用于乡村研究还要有优势。乡村民俗研究由于村落社会的熟人性质，可以极其容易地发现模式化的民俗事象，而城市以其各种层面上的异质性决定了研究城市民俗与研究乡村民俗应该有所差别。

对一场庙会的研究，可能在公共区域就可以获取相当数量的信息，而对具有城市特质的民俗文化的研究，焦点应该集中在丰富多彩的民众日常生活上，诸如生活方式，情感、遭遇，以及价值观、世界观，由于其琐碎而渺小，不仅不太容易进入研究者的视野，甚至会对田野作业提出较高的要求。入户与不入户，有可能会影响城市民俗学田野作业的质量。傅高义对 M 町的工薪族忌讳向亲戚朋友、邻居借钱，宁肯从银行贷款也避免向他人开口的矛盾心理刻画得入木三分。[1] 他们用最体面的家庭外表接待客人，关起门来却是"吃糠咽菜"、节衣缩食。表演的前后台关系只有自由出入家庭门户，才有可能发现工薪族家庭生活的常态。这部分信息因为"家丑不可外扬"，很有可能在调查问卷中反映不出来。例如西餐厅田野调查，由于自我管理竭力以个体化方式来隐匿或阻碍工人阶级的阶级意识的认同，问卷调查很难统计出来，原因之一是人们不大愿意如实回答。在这种情况下，深入工人群体，才有可能观察到他们的异质性文化的存在。[2]

在对济南市传统街区芙蓉街民俗文化的调查中，我们也注意到对城市民俗的研究不能脱离入户调查，而入户调查在建立良好的田野关系之后，利用深度访谈方法可以了解到诸如问卷调查不容易透视到的社会过程，即赵鼎新所谓的"片面而深入地看问题"，[3]也会获取到许多市民更为生动的城市生活样

① ［美］傅高义：《日本新中产阶级》，周晓虹、周海燕、吕斌译，上海译文出版社，2017 年。
② 马丹丹、刘思汝：《中产阶层"不可统计"的生活经验——民族志书写城市的新路径和可能性》，《民俗研究》2018 年第 6 期。
③ 赵鼎新：《社会科学研究的困境：从与自然科学的区别谈起》，《社会学评论》2015 年第 4 期。

貌和更为深刻的城市生活轨迹。芙蓉街调查让我们接触到这样一个群体——学徒，他们为了谋生才离开农村，逐渐在城市落脚、扎根，这些人是如何走进城市、贴近城市的？入户的深度访谈还可以让我们看到城乡跨越过程中的代际差异，看到由乡入城的群体采用何种惯习进入城市，特别是如何培养下一代。也只有通过这种工作方式才能了解他们眼中的城乡关系，这是他们进行城市化最重要的背景。这种对其劳作模式的转变、交流实践的转变、认同模式的转变的关心当然会牺牲一些对全局的观照，但也能帮助我们高密度地研究城市民俗，细致呈现民俗学研究的对象之一——folk 与城市的关系。

以赵大爷色彩斑斓的白铁生涯为例，能够让我们深切地感受到这类群体在离开农村投靠城市这一过程中的无奈与痛苦、依赖与疏离、向往与拒斥（或进攻）、抗争与和谐、安慰与抱负的各种状态。这些人以及他们的情感和体验正是城市文化的骨髓和血液。

芙蓉街 110 号的赵大爷今年已经 68 岁（当时是 1999 年）了。老家是济阳的。小时候家里很穷，为了"混穷"挨日子，比他大十几岁的哥哥早早出来谋生，跟着别人干白铁，不久 15 岁的赵大爷由哥哥介绍到德庆和白铁店里学手艺。

德庆和白铁店现划归趵突泉，万竹园往东。在赵大爷的印象里，掌柜的和女掌柜的都挺好。"挨打是正常现象"，大师兄看着师弟干活不是个正经样子，或者盛饭盛得不满意，当然要打人。

赵大爷没去之前，掌柜的已经有两个徒弟了。赵大爷刚到那里，论资排辈，什么活都得干，做饭、拉火、挑水，就是不学手艺。后来又来了一个师弟，好歹该他做的活又轮下去，赵大爷自此才开始摸白铁。

赵大爷学活时是跟着看，没有师傅正经教的，不光赵大爷，别人也是这样。最初干粗活，慢慢得干细活，由粗到细，循序渐进地学下来，赵大爷以为这与自学成才差不多。聪明的徒弟学得快一点。渐渐地，"水多了就泡着墙了"，赵大爷的手艺逐渐提高。全国解放后，1950 年"打老虎"（批判资本家、掌柜的），赵大爷就离开了店铺，前前后后算起来赵大爷在德庆和白铁店呆了三年，手艺半半拉拉,出来还要继续锻炼。

"三年满,四年圆,五年给老师混俩钱",手艺没有学精,也没给师傅帮帮忙。因此后来赵大爷也常去看看老师,和老师玩一玩。赵大爷为人讲义气,虽然离开了德庆和,但是也"不能不认老师"。

自打离开铺子,赵大爷就开始串街干白铁。走街串巷十分辛苦,在积累经验的同时,赵大爷体味到了生活的更多滋味。1956年公私合营,22岁的赵大爷去了建筑公司,干钢筋。

赵大爷记得还是"主席逝世的第二年"即1977年来到了芙蓉街上居住。1990年退休以后,一下子闲了下来,生活突然变了个样子。在遛了一阵子鸟之后,他觉得应该"发发光,发发热,再为人民服务。也挣点钱,有点报酬,实际就那么回事。"于是在1990年9月20号在芙蓉街上弄了个白铁摊,又重新拾起了他的钳子、锤子、剪子、拐针、木榔头,专搞烟囱,簸箕。老街坊就是他的主顾。

白铁这个活儿季节性强,夏天没活,冬天冷得要命,活就多了,生炉子的要换烟囱,谁家的烧水壶壶底该补补了,壶把又该换了,撮子不能用了,这样,赵大爷的冬天就不得闲了。但是工具多是铁的,冬天摸起来冰凉,赵大爷已经习惯了,"凉也得干,我这是铁手,受罪的手"。木榔头好啊,不凉,就是容易坏,5块钱一个,一、两个月就得换一个,用它砸铝制品好一些。

自1977年从榜棚街搬来以后,赵大爷就不愿动了,芙蓉街"南有泉城广场,西南有趵突泉,西有五龙潭,北有大明湖,还有银座,贵和,晚上逛逛玩玩,多好!"这街是赵大爷眼里的宝地,也是他谋生的一个场所。赵大爷的家庭并不富裕。两个儿子都在建筑公司,儿媳一个在国棉一厂,一个在机床四厂,四个孩子都下岗了。赵大爷不得不干下去。

赵大爷和其他我们所访问到的学徒一样,受生存所迫脱离了具有熟人社会性质的农村社区,来到由不同地域(社会文化背景)、不同民族、不同宗教、不同阶层、不同职业的人所聚集起来的城市。他们感受到的所谓城乡差别不仅是以工商业文明和农业文明为主要区分(比如新的生活方式和生活风格,新的谋生方式和公共生活，这些对学徒既是陌生的存在，同时也拥有特别的诱惑力），还有人情和认同。比如，他们如何与城市人进行交往？他们是如何理解当经济规律和行业传承规律之间出现背离时，总是会被师傅和师兄欺负？如何和家乡保持联系，如何被家乡和城市认同为"城市人"？学徒和城市置身于一个共同的语境中，以个体角色登上城市舞台，城市帮助他们实现了自己，他们也通过自己的文化传承和城市建立了有意义的关联，也就是说最终实现了情感和身份的认同，这时城市才拥有了具体的含义。这样一个被城市认同的过程，既有对原有象征符号的仰赖，也有对原有价值观的抛弃，即所谓断尾之痛。而在这些人成为城市人的过程中以及之后，城市也从未停止过变化，特别是在 20 世纪 90 年代，在芙蓉街上混生活、住了大半个世纪的老人们发现，"经营饭店的多了，住户都成了饭店，农村的来了，南方人也来了"，城市保持了源源不断的吸引力。

对学徒一类群体进行研究的文化意义在哪儿？当一部分人已经把济南作为自己家的时候，一部分人在为了生存和发展走进济南，渴望得到它的拥抱和关怀，而不仅仅是获得一个留宿之处。对学徒群体的调查与研究，展示他们的生活感受，如同城市的一幅自拍照，它用一部分人的日常生活实践维系着他们和自己的关系，在创造着、构建着自身，因为只有他们的城市化，才能显示出城市的力量。所以对城市中的人特别是由乡入城的人的研究，可以更好地理解城市的文化意义、城市的价值，以及城市的重新发现、振兴与新生，也让我们更清楚地看到城市是在进行更多更复杂的社会混融还是在生产出更强大的离心力。

1950 年以来全球文化创意产业
生命周期演化规律探析[*]

臧志彭　解学芳[**]

20 世纪前半叶,全球文化创意产业经过两次世界大战的洗礼,从 1950 年开始得到逐渐恢复和长足发展,产业规模不断扩大、产业结构日益完善,产业优势越发凸显。60 多年以来,全球各个国家的文化创意产业,以及文化创意产业的各个细分行业在不断演化发展过程中都形成了具有自身特点的生命周期曲线和演化规律,在不同的资源禀赋和国情国力基础上也形成了不同的产业演进趋势。

上市公司,基本上代表了一个产业最为先进的生产力,同时也是反映一个产业发展状况最为灵敏的"晴雨表"。本研究根据三大国际主流产业分类标准——标准产业分类体系(SIC)、北美产业分类系统(NAICS)、全球产业分类标准(GICS),基于国际权威上市公司数据库、上市公司官方网站、雅虎财经、谷歌财经等渠道搜集整理、筛选了 1950 年至 2016 年间全球 53 个国家文化创意产业上市公司数据上百万条(数据检索截至 2017 年 12 月),经过深入、系统研究,形成 1950 年以来全球和主要国家文化创意产业发展演化态势、核心文化创意行业结构演化变迁规律等基本判断。

---

[*] 基金项目:本文受教育部人文社会科学研究一般项目(17YJA860024)、国家自然科学基金面上项目(71473176)资助。

[**] 作者简介:臧志彭,管理学博士,经济法学博士后,文化产业研究所所长,副教授,硕士生导师,美国杜克大学访问学者,研究方向:全球文化创意产业战略。解学芳,管理学博士,副教授,博士生导师,上海市浦江人才,研究方向:文化产业管理。

注:1. 本文数据来源于国际权威的美国标准普尔上市公司数据库以及相关上市公司官方网站、雅虎财经、谷歌财经等渠道,因某些国家和行业 2015 年、2016 年数据更新不全,本文采用近 2—3 年增长率进行了平滑性估测。2. 本文来源于《全球文化创意产业上市公司发展报告》(《中国社会科学出版社》出版),主要参著人员:刘芹良、李琳、葛祥艳、雷文宣、陈冰心、邹佩伶、张佳琪、胡晨楠、伍倩颖、李潭、谢铭炀等。

一、 理论基础： G－K
产业生命周期模型

产业生命周期是指一个产业从初生到成长、成熟的过程,在这个过程中大量厂商表现出相似的阶段性、规律性行为特征。1966 年,Vernon 提出产品生命周期理论,指出在国际贸易范域下产品生产将经历导入期、成熟期和标准化期三个阶段,这实际上反映了一个产业所遵循的全球化发展演化规律特征。70 年代中后期,Abernathy 和 Utterback 以产品增长率为基础将产品生命周期划分为流动、过渡和确定三个阶段,形成 A－U 产品生命周期模型,深度解析了技术创新与市场演化的共生共演关系,为产业生命周期理论的建立夯实了基础。①

进入 80 年代,Gort 和 Klepper(1982)对 46 个细分行业厂商净进入数量最多长达 73 年时间序列数据分析基础上首次提出产业经济学意义上经典的 G－K 产业生命周期模型,即引入期、大量进入期、稳定期、大量退出期(也称为淘汰期)和成熟期五个阶段,如下图所示。②

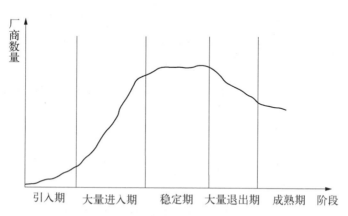

图 1　G－K 产业生命周期模型 5 个阶段

---

① 李靖华、郭耀煌：《国外产业生命周期理论的演变》,人文杂志,2001(06)：62－65。
② Gort M., Klepper S. Time paths in the diffusion of product innovation［J］, The Economic Journal, 1982(92)：630－653.

二、1950 年以来全球文化创意产业发展演化总体态势

（一）全球文化创意产业总体进入生命周期的"稳定期"阶段

根据 G－K 产业生命周期模型理论,本研究基于 1950 年以来全球文化创意产业上市公司数量生成长达 67 年的全球文化创意产业发展演化曲线,经过分析得到如下基本结论:

1950—1986 年是二战以后全球文化创意产业生命周期的"恢复发展期"（类似于新兴产业的"引入期"）。经历战后恢复到 20 世纪 80 年代中期,全球文化创意产业得到了一定发展,全球文化创意产业上市公司数量总体处于持续增长状态,到 1986 年已达到 951 家,但由于冷战时期的压抑氛围、美洲国家的民权运动、亚非国家的民族独立运动等,这一阶段全球文化创意产业上市公司年均增长数量仅为 24.42 家,符合产业兴起初期的发展态势特征。

1987—1999 年是全球文化创意产业的"大量进入期"生命周期阶段。在这一阶段,全球文化创意产业上市公司数量得到爆发式增长,1987 年全球文化创意产业上市公司数量首次突破 1 000 家大关,到 1999 年底增长到 3 540 家,增长了 2 470 家,增长率为 330%,年均增长 205.83 家,成为典型的"黄金十年"增长期。

2000 年至今,全球文化创意产业基本进入生命周期的"稳定期"发展阶段。进入 2000 年以来,全球文化创意产业上市公司数量从 2000 年 3 587 家增加到 2012 年的历史最高峰值 4 074 家（期间经历 2001 年互联网泡沫破灭和 2008 年金融危机短暂回调）,增长速度明显减缓,年均增长率仅为 1.1%,而 2012 年之后出现小幅下滑。从 2000 年至今的总体形态来看,基本处于比较平稳发展的态势,属于典型的稳定期特征。然而 2012 年之后的小幅下滑是否是进入"大量退出期（淘汰期）"的前兆? 在当前全球新一轮科技革命（大数据、虚拟现实、人工智能、区块链等）浪潮日渐汹涌之际,这一小幅下滑是否仅是短暂回调? 仍需静观其变。

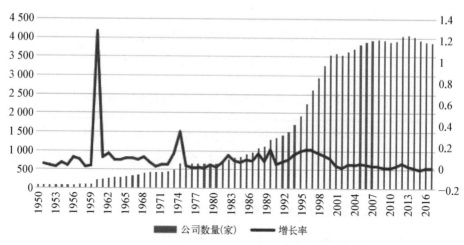

图2　1950—2016年全球文化创意产业上市公司数量演化趋势

（二）细分行业从14类最高裂变至110类，产业规模三次跃升

纵观半个多世纪的发展，全球文化创意产业总体处于不断扩张中，每个增长点的爆发都将文化创意产业推升到一个新的历史高度，从细分行业数量、上市公司数量和上市公司员工总量方面表现可见一斑。

全球文化创意产业细分行业"裂变式"增长态势明显。产业规模爆发式增长的同时往往伴随细分行业的"裂变式"增长。1950—1959年，全球文化创意产业涉及细分行业数量徘徊在14—15类之间，行业种类多涉及传统类型文化产业，如造纸、图书出版和印刷等行业；1960—1980年，全球文化创意产业的行业结构"裂变"开始，细分行业数量从25类增长至61类，新增行业主要包括无线电广播站、广播电视终端设备、无线电话通信、电影行业及相关产品服务、磁盘与录像带等。1981—2016年间，全球文化创意产业进入了"快速裂变期"，细分行业数量从67类快速增长到最高2012年的110类(按NAICS分类标准)，其后一直在100—110类间徘徊，新兴行业主要集中在互联网软件与服务、无线通信服务、数据处理、托管和相关服务以及互联网终端设备制造、租赁等行业。此外，建筑设计和工业设计及其他专业设计，媒体购买代理、广告代理以及广告材料分销、旅行代理、艺术经纪、体育经纪以及剧院、休闲娱乐等行业也在这一阶段呈现,并发展迅猛。从行业"裂变"总体态势也可以看出,全球文化创意产业已经进入到生命周期的"稳定期"阶段。

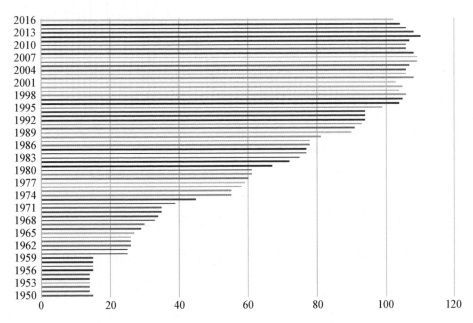

图3　1950—2016 年全球文化创意产业上市公司细分行业种类"裂变"演化趋势

1950 年以来,全球文化创意产业上市公司总体数量经历了三次爆发式增长。本研究基于全球权威上市公司数据库采集得到的文化创意产业上市公司 67 年的时间序列数据汇总统计发现,1950 年以来全球文化创意产业上市公司数量经历了三个增长爆发点,分别为 1974 年(从 495 家增至 659 家)、1996 年(从 2 254 家增至 2 609 家)、1999 年(从 3 274 家增至 3 587 家),全球上市公司总量依次跃升到 500 家、2 500 家和 3 500 家层级(详见图2)。

全球文化创意产业上市公司从业人数增长 20 多倍。全球文化创意产业上市公司员工总量与上市公司数量发展趋势大体接近,其中 1960 年、1989 年、1999 年成为全球文化创意产业上市公司员工总量快速增长的重要历史节点(详见图4),特别是进入 2000 年以来,全球文化创意产业类上市公司从业人数维持在 1 000 万以上,与 50 年代相比增长了 20 多倍。

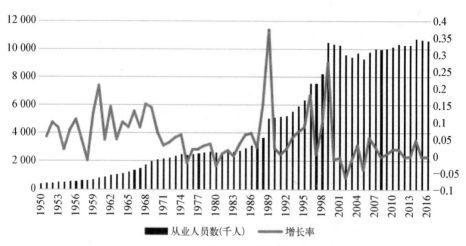

图4　1950—2016年全球文化创意产业上市公司数量和员工总数演化趋势

（三）亚洲、北美、欧洲三足鼎立，美国霸主地位明显

全球文创上市公司洲际分布集中在亚洲、北美洲、欧洲。 从2012—2016年全球文化创意产业上市公司的洲际分布来看，亚洲总体比重最高，行业平均占比43.1%，2014年亚洲国家总占比达到历史最高值44.5%；美洲平均占比为29.7%，位列第二，2012年占比最高，达到30.58%；欧洲文化创意产业上市公司数量平均占比21.3%，位列第三。2016年，三大洲文化创意产业上市公司数量占比93.0%，奠定了全球文化创意产业分布的基本格局，成为全球文化创意产业发展的主要承载区，而非洲和大洋洲所占比例甚微，平均占比不超过6%（详见图5）。

美国行业霸主地位优势明显。 自50年代以来，美国一直占据全球文化创意产业的霸主地位，1999年美国文化创意产业上市公司数量达到历史最高值1 448家，其后受9·11、互联网泡沫破灭、2008年金融危机等因素影响，美国文化创意产业大洗牌，数量开始减少，2016年数量为424家，比重达到16%，但与其他国家相比在数量和行业比重上还具有明显优势。从具体行业上看，美国的广播电视播放设备、电视广播服务、家庭娱乐软件、娱乐游戏的优势慢慢减弱，但在以"互联网软件和服务业"为代表的新一代数字化文化创意产业方

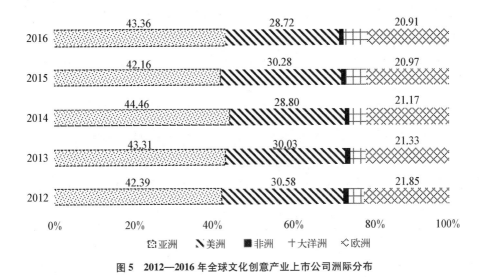

图 5　2012—2016 年全球文化创意产业上市公司洲际分布

面重新树立优势,2016 年行业比重达到 38.7%,在全球具有绝对竞争优势。

亚洲数量居首位,中日韩竞争激烈。从 2016 年洲际分布情况来看,亚洲国家文化创意产业上市公司总数为 1 180 个,全球占比 43%,居世界首位。亚洲文化创意产业上市公司数量上的优势明显得益于东亚国家文化创意产业的崛起,20 世纪 90 年代以来,随着东亚各国政府对文化创意产业的重视和相关政策的出台,东亚文化创意产业迅速崛起,2016 年中国、韩国、日本三国文化创意产业上市公司数量约占全球文化创意产业上市公司总量的 25%,中日韩三足鼎立成为推动亚洲文化创意产业发展的重要力量。

(四)传统文化行业逐渐衰减、新兴数字创意产业崛起

全球文化创意产业细分行业上市公司数量此消彼长的同时也推动了全球文化创意产业细分行业结构的更替演化。通过对 1950—2016 年全球文化创意产业上市公司行业比重历年最高的前 3 个行业进行对比分析,可清晰地发现全球文化创意产业先后经历了纸媒时代、电子通讯时代和数字化时代。

1950—1966 年,造纸及纸质产品为主的行业结构特征显著。绝大多数年份中造纸和图书出版印刷位居前列,交错位于行业比重的一二位,行业比重最

高分别达到 11.1% 和 11.5%；而家用音频和视频设备、电视广播服务位于造纸和图书出版印刷之下，分列 2、3 位。1960 年开始，纸板容器和包装箱、商业印刷开始进入行业比重前三的行列，使这一时期"造纸及纸质产品"的行业结构特征更加明显。

1967—1995 年，无线电、电视广播和通讯设备行业独占鳌头，电子媒介、娱乐休闲开始成为文化创意产业新宠。1967—1995 年（除 1972、1973 年外）广播电视通讯设备行业一直占有最高的行业比重，其中 1982 年达到历史最高值 8.7%；电影和录像带产品服务、有线和其他付费电视服务等电子媒介开始进入行业比重前 3 位，并逐渐占有重要的行业比重。休闲娱乐服务也成为这一阶段重要行业部门，而与造纸及纸质产品相关行业不再具有优势地位。

1996—2016 年，比重最高的行业依次为"互联网软件与服务"，"广播电视通讯设备"，"休闲娱乐"。而"互联网软件与服务""广播电视通讯设备"一直处于前两位，最高行业比重分别达到 18.5% 和 8.3%，优势明显，以计算机信息技术为支撑的数字创意产业成为文化创意产业新形态，而以造纸、图书、印刷等为代表的纸媒则退出主要位置。此外，网络文化产业、广告、休闲娱乐三大行业作为"后起之秀"，发展潜力较大，发展速度较快，在全球文化创意产业市场中占比也越来越高。

（五）欧洲互联网行业全面落后于美国和东亚

纵观 2001—2016 年全球文化创意产业上市公司数量的演变规律可发现，在全球互联网行业竞速发展中，欧洲各国互联网行业明显处于弱势。从近五年互联网行业上市公司数量来看，欧洲三大核心成员国英国、法国、德国仅有 41 家、18 家和 19 家，而美国最多达 219 家，数量遥遥领先于欧洲各国。

除此之外，欧洲的互联网产业也与东亚地区存在较大差距，以日本和中国为例，2000 年以来，日本互联网行业增长幅度最大，比重从 2000 年的 5.9% 增长到 2016 年的 30.3%，遥遥领先其他行业，成为日本文化创意产业支柱行业，最高峰时拥有 57 家互联网上市公司。与此同时，中国互联网行业发展速度迅猛,互联网上市公司数量后来居上,达到 52 家。虽然东亚互联网上市公司数量相比美国还有很大差距,但是已经全面领先于欧洲传统强国。

究其原因,一方面是由于欧洲地理格局分散、语言不通以及网生代人口少、老龄化严重,在客观上造成了难以快速形成互联网行业所必需的规模效应基础;另一方面,也在于欧洲各国对待新技术、新事物较为传统、保守,有着异常严格的保护个人隐私数据的监管政策与传统产业保护政策,使得互联网等新兴行业难以快速突破传统行业的禁锢。

三、 全球主要国家文化创意产业发展演化与结构变迁

(一)美国:1999 年以前"口红效应"明显,经过 10 年"淘汰期",2010 年企稳正向"成熟期"过渡

美国文化创意产业从 1950—1999 年间经历了一番波澜壮阔的发展演进过程。首先在 1950—1959 年经历了缓慢的战后恢复期;从 1960 年开始至 1974 年经历了一波成长期;然后从 1975—1978 年短暂下滑后,1979 又开始逐渐加速成长到 1986 年;其后 1987—1990 年短暂波动后,1991 年开始进入高速成长期,至 1999 年达到历史峰值 1448 家(同年美国道琼斯指数突破 10 000 点大关)。美国文化创意产业上市公司职工人数也呈现出基本一致的演化趋势。需要指出的是,在 1950—1999 年期间,尽管美国经历了 **1957 年、1960 年、1969 年、1973 年、1979 年、1990 年等多次大大小小的经济危机,然而文化创意产业上市公司数量都逆市上扬,表现出了明显的"口红效应"。**

2000 年互联网泡沫破裂,随之带来了长达 10 年的"大量退出期(或称淘汰期)"。上市公司数量在 2000 年下降到 1 349 家,其后连续大幅下降至 2009 年的 755 家,比 1999 年峰值降幅高达 47.86%。在这一过程中,美国文化创意产业内部也经历了大量的兼并重组运动,如 2004 年 NBC 与环球合并,2005 年索尼收购米高梅、派拉蒙收购梦工厂,2006 年迪斯尼收购皮克斯,2008 年时代华纳合并新线等。

2010 年,美国文化创意产业上市公司数量有所企稳,虽然 2012 年之后又

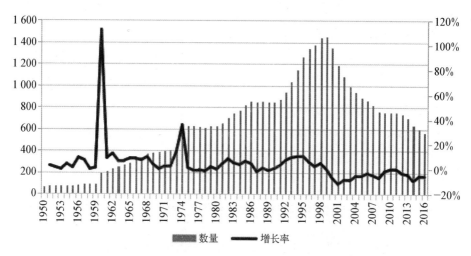

图 6　1950—2016 年美国文化创意产业上市公司数量和增长率演化趋势

有略微下滑,但总体态势比较平稳,说明**开始进入产业生命周期的"成熟期"阶段**。从 2010 年以来美国文化创意产业上市公司从业人数的平稳增长也可以验证这一结论。

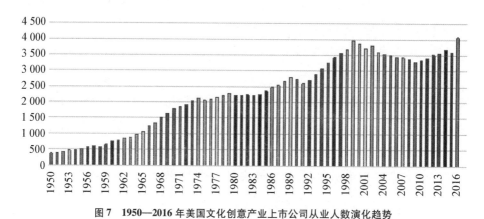

图 7　1950—2016 年美国文化创意产业上市公司从业人数演化趋势

　　美国文化创意产业在半个多世纪的发展经历三次大的行业结构变迁:1950—1979 年,美国文化创意产业上市公司主要集中在造纸(1950 年峰值10.6%)、书籍印刷与出版(1954 年达到峰值 12.5%)、家用音频、视频设备(1950 年达到峰值 9.1%)、电视广播服务(1959 年达到峰值 10.3%)行业。

1967—1989 年,广播电视播放设备(1982 年达到峰值 9.5%)、电影娱乐业(1984 年达到峰值 6.1%)、娱乐游戏服务业(1989 年达到峰值 7.0%)是美国文化创意上市公司高度集聚的行业。1990—2016 年,互联网软件与服务业(2016 年达到峰值 38.7%)、家庭娱乐软件业(1999 年达到峰值 10.3%)、娱乐游戏服务业(1993 年达到峰值 8.6%)。

(二)英国:2005 年以前持续攀升,之后进入"淘汰期",2012 年有向"成熟期"过渡迹象

英国是最早提出"创意产业"概念的国家,文化创意产业是英国从"世界工厂"转型为"世界创意中心"的重要动力,已成为英国仅次于金融服务业的支柱性产业。

1987—2005 年,文化创意产业成为英国经济转型的新增长热点,上市公司数量持续快速增长,特别是 90 年代中后期以来英国政府正式提出"文化创意产业"概念及颁布相关政策后,英国文化创意产业进入"大量进入期",2005 年上市公司数量达到历史最高值 340 家。

2006—2011 年,英国文化创意产业上市公司数量开始呈下滑趋势,进入到产业生命周期的"淘汰期",2011 年下降到 237 家,比 2005 年峰值减少了 30.29%。2012 年开始,下滑速度明显放缓,虽然上市公司数量仍有略微下滑,但总体趋向平稳,呈现出向生命周期的"成熟期"过渡的迹象。

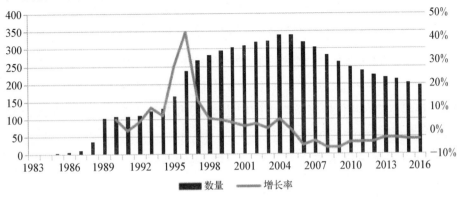

图8 1983—2016 年英国文化创意产业上市公司数量和增长率演化趋势

从行业结构演化趋势上看，英国文化创意产业前期以新闻出版行业为特色，后期互联网软件及服务、广播电视设备行业成为主体。凭借英语在全球的强势地位以及海外殖民的优势，英国的新闻出版与印刷行业成为前期文化创意产业的主流行业，上市公司也主要集中在报纸印刷与出版、书籍印刷与出版、商业印刷业，比重一直处于英国文化创意产业上市公司的前三位。此外，广告行业和娱乐休闲行业在这一阶段也占有重要比重，1996 年分别占到 8% 和 6.8%。

1997—2016 年，数字化推动了英国文化创意产业结构的重大变革，2009 年的《数字英国》白皮书明确提出要在数字时代将英国打造成全球创意产业中心。互联网软件与服务业、广告、广播电视播放设备成为行业主体，其中互联网软件与服务业增速最快，优势明显，2014 年行业比重达 21.3%，但与美国相比（行业比重 36%）还存在很大差距，而且尚未出现全球知名上市公司，如 Facebook、谷歌等。广告行业在 2005 年达到历史峰值 9%，广播电视播放设备类上市公司比重连续 6 年小幅增长，2008 年达到了 6.5%，受 2009 年金融危机的影响，广告和广播电视设备后期均有所回落。

（三）法国：2000 年以前"大量进入期"，之后进入"稳定期"，2012 年后进入平缓"淘汰期"

法国是世界文化大国，拥有丰富的历史文化资源，法国政府奉行的"文化多样性"原则促成了法国鲜明的"同心圆"式文化产业链结构模式，即以广播电视、出版印刷、音乐等文化产业为内核，以表演艺术、创意设计、广告等创意产业为内圈，以文化遗产、信息产业、博物馆、旅游业等文化相关产业为外圈。[①]

1988—2000 年，法国文化创意产业上市公司数量呈上升态势，尤其是 1994 年起连续六年保持 15% 以上的增速，2000 年达到 137 家。这一时期针对美国的文化渗透，法国在《多边投资协定》中坚持"文化例外"原则，通过行业补贴、税务减免等措施不断支持法语电影、电视节目以及音乐行业的发展。

---

① 李炎、陈曦：《世界文化产业发展概况》，昆明：云南大学出版社，2014，第 109 页。

2000 年之后,文创上市公司数量经历了不断波动的过程,但到 2012 年一直稳定保持在 120—142 家之间。

2012 年之后整体数量降至 120 家以下量级,可能已经进入较为平缓温和的"淘汰期"。

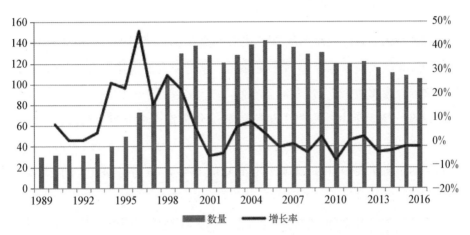

图 9 1989—2016 年法国文化创意产业上市公司数量和增长率演化趋势

法国文化创意产业上市公司在初期(1988—1995)主要分布在出版,玩具(玩偶及自行车除外),广告代理业和娱乐游戏服务业。其中,广告行业占比最高,1989 年为 11.5%;出版行业 1989 年达到 7.7%,法国出版业走"精品化"路线,注重出版质量。娱乐游戏服务业的上市公司数量从 1989 年的 3.8% 增加到 1996 年的 9.4%,之后略有下降。玩具(玩偶及自行车除外)类上市公司在1988 年一家独大,但之后面临美国、日本等国家玩具商的激烈竞争,其比重下降趋势明显,1999 年比重仅为 2.8%。

进入 2000 年以来,法国文化创意产业结构在原有广告、电影娱乐业基础上不断调整,互联网软件与服务业、家庭娱乐软件业成为时代新宠,互联网软件与服务业表现最为显眼,比重从 2000 年的 11.4% 增加到 2007 年的 21.2%,但与美国及日本中国相比还存在一定差距,体量小且缺少世界级文化创意公司。家庭娱乐软件业的上市公司保持平衡的发展态势,比重维持在 5%—7%之间。互联网的到来也为法国传统的广告、影视行业带来新的契机,广告业上市公司增长势头十分明显,比重从 2002 年的 2.0%迅速增加到 2016 年的 12.5%,电影娱乐业一直保持着强劲的发展势头,比重保持在 5%以上。

(四)德国:2000 年达到峰值,之后进入两阶段"稳定期",2012 年后进入平缓"淘汰期"

德国文化创意产业涵盖范围广,行业跨度大,主要包括图书、电影、广播电视、新闻出版、表演艺术等 11 个核心领域。从行业发展规律上看,德国发展趋势与法国较为相似。

1989—1995 年为"引入期"发展阶段,文化创意产业上市公司数量年增速小于 10%。后期德国加强对文化创意产业的重视,加大扶植力度,1996 年起连续四年的年增速大于 50%,2000 年达到峰值 144 家,成为名副其实的"大量进入期"阶段。

2001—2012 年期间,德国文化创意产业大体经历了两阶段的"稳定期",其中第一个阶段是 2001—2008 年虽有波动,但总体保持在 115 家量级以上;第二个阶段是 2009—2012 年,德国文化创意产业上市公司基本保持在 102—104 家,成为又一个短暂的"稳定期"。

2013 年以来,德国文化创意产业上市公司数量缓慢下滑至 100 家以下,呈现较为平缓的"淘汰期"特征。

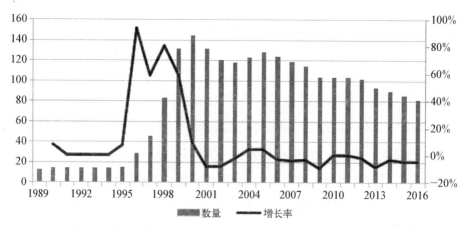

图 10　1989—2016 年德国文化创意产业上市公司数量和增长率演化趋势

德国文化创意产业上市公司多从事传统的文化相关产品制造,比如文化用纸的制造、新闻出版、文化专用设备的生产、家用音视频设备、工艺美术品的制造和销售,每个行业的上市公司数量不多,只有 1 家或 2 家。90 年代后期开始,德国大力发展互联网和电子商务,并提出要把生态现代化作为新的科技政策与产业政策的重点。印刷与造纸行业占比不断下降,电子商务、互联网软件与服务业、电影娱乐业、娱乐游戏服务业成为了德国文化创意产业上市公司主要集中的行业。其中互联网软件和服务、电子商务比重最高,2016 年分别占比 30%和 10%,但行业基数和规模较小,难与美国(Facebook、谷歌、亚马逊)巨头上市公司抗衡。电影娱乐行业在 2007 年达到历史最高值(14.3%)后不断下滑,2014 年仅为 8.9%。此外,德国会展在这一阶段较为突出,娱乐游戏服务业的上市公司比重呈上升态势,尤其是 2015 年达到峰值 14.3%。

(五)日本:2006 年达到峰值,目前仍处于"稳定期"

日本在世界文化创意产业发展中仅次于美国,位居第二。日本的文化创意产业统称为娱乐观光业,包括内容产业、休闲产业和时尚产业三大类,其中,动漫、游戏产业最负盛名。

1987—2006 年,日本政府探索新的经济增长方式,文化创意产业成为产业结构向新兴产业转型的重要方向,文化创意产业上市公司快速发展,数量从 1987 年的 121 家迅速增加到 2006 年的 425 家,属于典型的"大量进入期"特征。

2008 年由于世界金融危机,出现了负增长,2010 年剩余 383 家。之后,日本出台了一系列紧急对策,并在《产业结构 2010 年远景》中明确将文化创意产业列为结构调整方向五大领域之一,2011 年日本文化创意产业上市公司行业数量止跌,实现了 1.0%的增长,并持续上升。总体来看,2008 年以来始终保持在 383—425 家之间,处于较为平稳的"稳定期"生命周期阶段。

1987—1999 年,日本文化创意产业主要集中在家用音视频设备、成像设备及替代品、广播电视播放设备,1987 年三大行业比重分别达到 15.7%、10.2%和 8.3%,1987 年之后虽有下滑,但仍具有一定的行业优势。2000 年之后,日本文

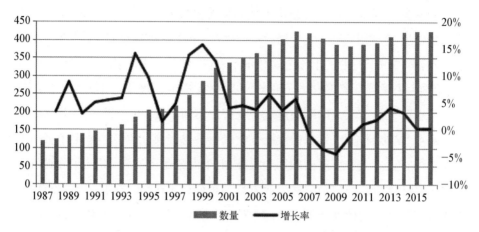

图 11 1987—2016 年日本文化创意产业上市公司数量变迁情况

化创意产业细分行业中"互联网软件与服务业""电子商务"异军突起，上市公司数量和行业比重飞速上升。其中，互联网软件与服务业比重从 2000 年的 5.9% 增长到 2016 年的 30.3%；电子商务行业从 2000 年的 1.1% 增长到 2016 年的 6.9%。此外，网络信息技术的发展也加速了广告行业上市公司比重稳步提升，2016 年达到峰值 8.0%。另一边，受互联网冲击，日本传统的家用音频、视频设备、成像设备行业的上市公司比重逐年下降，2016 年比重仅剩不足 4%，而互联网的崛起也为近年来日本逐渐衰退的动漫、游戏行业带来新的发展契机。

（六）韩国：虽受金融危机影响波动，总体仍然处于"大量进入期"

韩国是文化创意产业后起之秀的典范。自 20 世纪末提出"文化立国"战略之后，韩国的文化创意产业在短短几十年间内实现了跨越式发展，以影视、音乐、游戏等为代表的娱乐文化风靡世界。

1993—2000 年，韩国文化创意产业发展缓慢，虽然出现了几次较大的增长峰值，如 1995 年 60.0%、1998 年 37.5%，但总体基数较小，缺乏影响力，处于典型的产业"引入期"阶段。

2001—2008 年,韩国政府对文化创意产业高度重视,文化创意产业上市公司快速发展,数量持续大幅增加,2008 年达到 128 家;2009、2010 年受到全球金融危机冲击下滑至 103 家;但 2011 年暴增至 187 家,韩国文化创意产业进入第二个快速发展期,2016 年数量达到历史峰值 219 家。

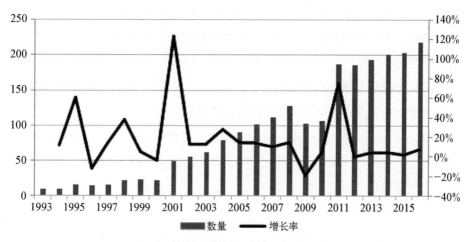

图 12　1993—2016 年韩国文化创意产业上市公司数量和增长率演化趋势

韩国文化创意产业上市公司最初主要集中于造纸、纸制品、纸制容器及包装箱等行业,行业占比达到 12.5%(1993);金泳三政府时代(1993—1997)加快了产业结构调整,《文化产业发展五年规划》强调了文化创意产业的重要地位,音乐、电影、演艺行业崭露头角,成为韩国现代文化创意产业的起点,有效地带动了家用音频视频设备、广播电视播放设备行业的发展,二者行业比重均维持在 20% 以上。进入 2000 年以来,韩国影视行业的发展带动相关产业崛起,其中广播电视播放设备行业的崛起最为明显,2016 年比重达到历史峰值 24.1%;另一方面,互联网信息技术时代背景下,韩国推行"数字计划",带动了韩国网络游戏业的发展,2016 年行业比重达到 15%。

从未来发展趋势看,韩国"文化立国"的政策还将继续推动文化创意产业的快速发展,韩国文化创意产业上市公司数量在经历大幅度增长后将进入缓慢上升期,从而从现阶段的"大量进入期"过渡到"稳定期",韩国文化创意产业将进一步巩固在亚洲乃至全球的行业优势。

（七）印度：2010年达到峰值，目前处于"稳定期"生命周期阶段

印度官方将文化创意产业称为"娱乐与媒介产业"（Entertainment and Media Industry），主要包括电影产业、电视产业、软件行业、珠宝、音乐产业等，近些年，互联网数字内容产业等新兴产业也被列为文化创意产业。

1995—2006年，印度文化创意产业上市公司发展迅速，出现了几次较大的增长峰值，如1997年47.8%、2001年27.6%；2007—2010年，印度文化创意产业上市公司的数量增速放缓，2010年达到峰值277家。总体来讲，1995—2010年是印度文化创意产业生命周期的"大量进入期"阶段。

2011年起，印度文化创意产业上市公司数量略有减少，但总体基本保持在250家左右，处于比较平稳的发展态势，说明从2011年以来，印度文化创意产业进入生命周期的"稳定期"阶段。

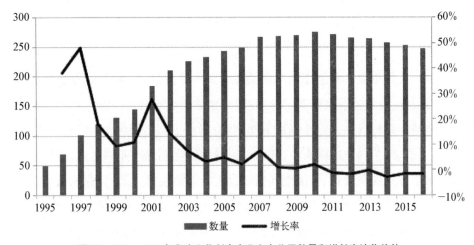

图13　1995—2016年印度文化创意产业上市公司数量和增长率演化趋势

20世纪90年代至2002年，印度文化创意产业集中在造纸及纸制品、电影和珠宝三大行业，其中电影行业最负盛名，2002年宝莱坞大作《印度往事》获得奥斯卡最佳外语提名，而这一年印度电影业行业比重也达到历史最高值16.1%。珠宝和贵金属是印度发展历史最为悠久的支柱行业，1995年行业比重达到历史最高值16%，之后虽有下滑，但仍为印度重要的行业。造纸行业则自

90 年代以来明显下滑,2002 年仅占 10%。

2003 年之后,印度文化创意产业的细分行业结构出现较大调整,电影行业受国外资本和好莱坞大片的冲击,优势开始减弱,2014 年电影娱乐业的比重从 15.2%下降到 13.7%。相反,互联网软件与服务行业则慢慢树立起行业优势,行业比重也逐年上升,2013 年达到 6.8%。随着全球信息化进程的推进,印度在互联网软件与服务行业的优势更加明显,也日渐成为印度文化创意产业发展的重要方向和领域。

(八)中国:目前处于"大量进入期"向"稳定期"过渡阶段

改革开放 40 年来,从 1988 年"文化市场"的提出,到 1991 年"文化经济"、2000 年"文化产业"、2007 年"文化生产力",一直到 2012 年"文化强国"等战略定位的不断升级,中国的文化创意产业经历了不断改革开放、发展演进的历史过程。

2000 年以前,中国的文化创意产业基本处于"市场引入期",中国文化创意产业上市公司数量从无到有,逐步增长到 2000 年的 86 家。

随着"文化产业"的产业地位正式确立,2001 年开始,中国的文化创意产业逐步进入到"大量进入期"阶段,特别是 2007 年以来,中国文化创意产业上市公司增长迅猛,在 2008 年全球金融危机期间逆势攀升到 200 家以上。2009 年《文化产业振兴规划》将文化创意产业提升为国家战略性支柱产业,使得文化创意产业上市公司连续攀升至 250 家以上,达到 2012 年的 254 家。

2012 年之后,中国文化创意产业上市公司数量基本保持平稳,虽然 2015 年略有波动,但到 2016 年仍然回升至 250 家以上,呈现出较为明显地从"大量进入期"阶段向"稳定期"阶段过渡的特征。

中国文化创意产业上市公司最早集中在文化设备制造领域,如家用音视频设备、广播电视设备,数量均在 10 家以上;纸制品行业上市公司 2000 年达到 19.7%,在文化创意产业中具有举足轻重的地位。2000 年之后,互联网信息化、数字化技术催生了文化创意产业市场新格局:文化制造业比重有所下降,纸制品行业从 2001 年的 21.9%下降到 2016 年的 8.5%,家用音频、视频设备从

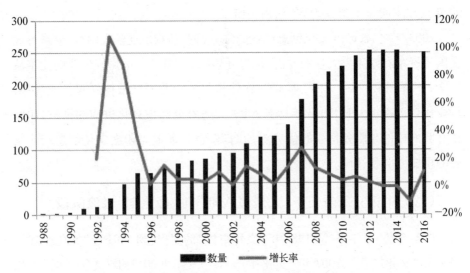

图14　1988—2016年中国文化创意产业上市公司数量和增长率演化趋势

2001年的13.7%下降到2016年的8.5%；而随着全国广播电视基础设施的完善，广播电视播放设备比重却不断上升，2007年超过纸制品行业，2009年比重达到20.7%，达到历史峰值。另一方面，全球互联网发展大趋势在中国得到了彰显，互联网软件与服务业的上市公司后来居上，比重从2001年的1.4%迅速上升到2016年的11.9%，诞生了一批世界知名的文化创意产业上市公司，其中BAT成为中国文化创意产业生态的重要载体。

2016年12月，数字创意产业被确立为国家战略性新兴产业，并且设定了"8万亿"产值的明确发展目标。在这一战略的推动下，传统形态的文化创意产业将加速淘汰，而新兴数字创意产业将快速崛起，中国文化创意产业也将迎来一次全新的产业变革。

四、　全球文化创意产业六大核心行业结构演化趋势

本研究选取全球文化创意产业中占比相对较高的六个核心行业——"新闻出版""电影""广播电视""网络文化产业""广告服务""家庭娱乐"为分析

对象,通过对上述六大核心文化创意行业的历史演化轨迹分析,能够更加深入、准确把握全球文化创意产业的结构演化规律与未来发展趋势。

(一)新闻出版行业:总体开始进入"大量退出期"阶段

总体来看,全球新闻出版行业曾出现两次发展高峰,在 20 世纪 70 年代中期以前经历了第一次"大量进入期";其后大约从 1974 年开始到 1985 年左右,随着广播、电影和电视业的崛起,进入到第一次"退出期";然后从 1986 年左右开始到 2004 年左右,受到 80 年代激光照排技术、90 年代数字印刷技术变革的刺激与带动,迎来第二次"大量进入期",其中 2004 年新闻出版业上市公司数量达到历史最高值 190 家。2005 至 2009 年,新闻出版业上市公司数量虽有波动,但基本保持在 180 家以上,属于全球新闻出版业的"稳定期"阶段。2010 年以来,随着移动互联网和自媒体、社交媒体的兴起,新闻出版行业从诞生以来的"精英中心主义"被颠覆,全球新闻出版业总量明显衰退,开始进入"大量退出期"。

根据国际产业分类标准,新闻出版行业主要包括四类细分行业,分别为报纸出版、杂志出版、图书出版和综合出版。1950—2004 年,四大细分行业发展演化趋势较为一致;2004 年之后出现分化。杂志出版和综合出版两个细分行业从 2004 年开始明显进入到"大量退出期"阶段,上市公司数量大幅减少;书籍出版行业在 2008 年和 2009 年达到峰值(均为 52 家),其后进入"稳定期"发展阶段;报纸出版行业在 2010 年和 2011 年达到峰值(均为 66 家),其后开始下滑,特别是 2014 年以来下降趋势明显,进入到"大量退出期"。

(二)电影行业:经历两阶段快速发展,正由"稳定期"向"退出期"变迁

与新闻出版行业发展趋势类似的是,电影行业上市公司数量自 1950 年以来也经历了两次快速发展的"大量进入"期,分别为 1974—1987 年(峰值 100 家)和 1995—2006 年(峰值 245 家)。电影行业的快速发展使其在上市公司数量上保持一定的优势,特别是 2000 年以来一直保持在 200 家以上。与此同

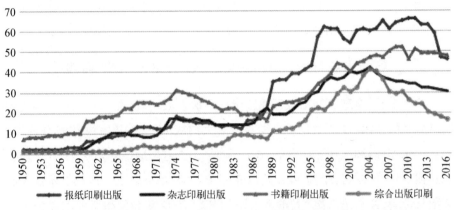

图 15　1950—2016 年报纸、杂志、图书、综合四大出版业务上市公司数量发展趋势

时,电影行业比重提升明显。自 1950 年以来,电影行业比重多数年份高于 4%,其中,1950—1955 年、1970—1984 年行业比重提升最快,1984 年达到历史最高值 9.67%。

1989—1993 年和 2008 年以后,电影行业上市公司数量明显下滑,电影行业比重也出现明显下滑,1992 年降至 4.7%,2014 年仅为 5.54%。电影行业两次下滑主要受到新兴媒体的冲击。80 年代末 90 年代初,VCD 的兴起对电影行业形成了一波小的冲击;而 20 世纪 90 年代后期以来的互联网新兴媒体,特别是进入 21 世纪以来电影行业受到互联网影视娱乐的冲击更大,大量的传统用户流量转战线上媒体平台,更大程度上压缩了电影的发展空间。2013 年以后,电影行业出现了明显的由"稳定期"向"大量退出期"变迁的演化特征。

（三）广播电视行业：20 多年高速发展,2011 年后开始进入"退出"期

"电视广播站"（TELEVISION BROADCASTING STATIONS）和"有线付费电视"（CABLE & OTHER PAY TELEVISION SERVICES）作为广播电视行业两大支柱,2000 年之前上市公司数量上优势明显。1950 年起,电视广播站和有线付费电视上市公司总量总体处于不断上升趋势,从 20 世纪 80 年代初以来

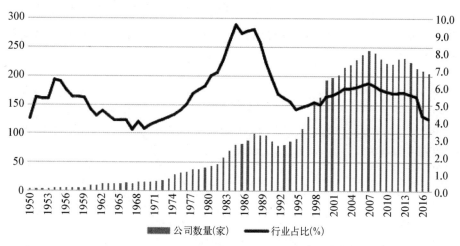

图 16 1950—2016 年全球电影行业上市公司数量、比重演化趋势

的飞速发展,两大行业上市公司数量急剧上升,2005 年达到历史最高值 187 家,比 1980 年增长了 246.3%,属于典型的"大量进入期"阶段。在这一阶段中,两个行业交替上升,其中 1986—1993 年电视广播站上市公司数量明显高于有线与付费电视,这一阶段主要是全球电视广播站政策环境的改变,如美国 80 年代里根放松并购管制之后,FOX/UPN/WB 以及少数族群的电视网开始兴建,最终形成了 CBS、ABC、NBC、FOX 四大电视网主导的格局。

进入 2000 年以来,全球互联网新媒体、网络电视、网络视频的发展日益严重地冲击着传统广播电视行业,互联网丰富多元的视频内容满足了观众多样化需求,移动、便捷、个性化的消费形式更是获得观众钟爱。2000 年以来全球范围内的"三网融合"促进了电视媒体的升级换代,IPTV、OTTTV 等数字电视积极回应了互联网时带电视媒体的消费需求,为传统电视行业带来了短暂的生机。

然而,2010 年以来移动互联网和互联网流媒体的普及则彻底改变了传统电视行业的生态环境,互联网已全面渗透到电视行业的内容开发、内容整合、内容播放和传输等价值链过程,以美国 Netflix 为代表的流媒体平台凭借内容整合和信息网络传输几乎零成本的优势打破了有线电视的垄断,2012 年以来传统电视领域上市公司数量明显下滑,2014 年减少到 165 家,其中有线与付费电视行业变化最为明显。2016 年末，美国 Netflix 流媒体平台订阅用户数量首次超过康卡斯特等美国有线电视运营商用户数的合计总量，标志着广播电视行业正式进入"大量退出期"。

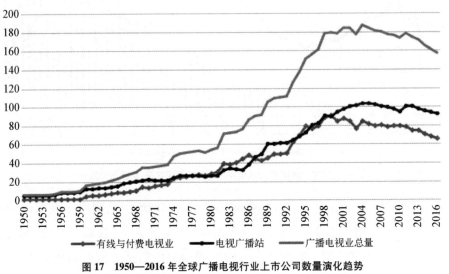

图 17　1950—2016 年全球广播电视行业上市公司数量演化趋势

（四）网络文化行业：经历两次跃迁，目前基本处于"稳定期"阶段

网络文化行业的发展紧随互联网发展的轨迹经历两次跃迁式发展。20 世纪 80 年代末开始引入，1995 年开始第一次"大量进入"，快速增长到 2000 年 395 家，年均增长率高于 20%；2001—2002 年受全球互联网泡沫破灭影响，出现短暂下滑；2003 年再次崛起，2012 年达到历史最高值 676 家，与 2000 年相比增长 71%，成为全球文化创意产业的主要组成部分。2013 年之后虽有小幅下滑，但基本保持平稳。

网络文化行业占全球文化创意产业比重的发展趋势与网络文化行业上市公司数量发展态势基本一致，20 世纪 80 年代末以来不断上升。所不同的是，在 2013 年上市公司数量略微下滑的同时，网络文化行业所占比重却仍然在不断提升（如前文分析，很多传统文化创意行业 2013 年之后都或多或少呈现下滑态势）,2016 年为 18.51%,远远超过传统主流文化创意细分行业比重,并呈现出继续上升的发展趋势。

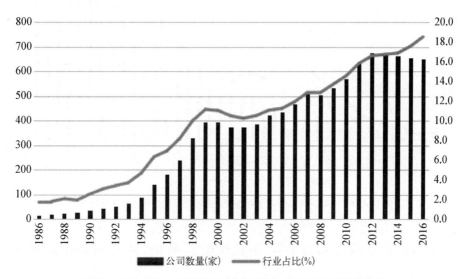

图 18 1986—2016 年网络文化行业全球上市公司行业比重演化趋势

（五）广告服务行业：数量和比重持续上升,2014 年后进入"稳定期"

全球广告服务类上市公司虽起步较晚但发展速度较快。1993—2005 年为全球广告服务行业上市公司"大量进入"期,到 2005 年已达 104 家,全球广告服务行业上市公司规模也初步确定。

与此同时,广告服务行业在全球文化创意产业上市公司总量中所占比重也获得了增长。2000 年以前,广告服务行业在全球文化创意产业中的比重一直低于 2%,2000 年以后随着数字广告技术的大幅增长和广告行业上市公司数量大幅增长,其行业比重基本保持上升态势,表现出强劲的发展势头。2003 年广告行业比重一举达到 2.0%,其后一路增长,2015 年达到 3.2%。

2006—2013 年发展速度放缓,上市公司数量在 2013 年达到峰值 123 家,其后略有小幅滑落,但基本保持平稳态势,显现出产业生命周期的"稳定期"特征。

图19　1979—2016年全球广告服务行业上市公司数量及发展演化趋势

（六）家庭娱乐行业：90年代爆发式增长，经大量退出后进入"成熟期"

家庭娱乐行业发展时间较晚且初期发展缓慢，全球第一家家庭娱乐行业类上市公司出现于1967年，但直至1986年全球家庭娱乐行业上市公司一直增长缓慢，1994—1999年为全球家庭娱乐行业上市公司的"大量进入期"，上市公司数量猛增，1999年达到200家，达历史最高值。家庭娱乐行业占全球文化创意行业比重紧随上市公司数量攀升而一直处于上升趋势，1999年达到历史最高值5.65%。

进入2000年以来，全球家庭娱乐行业上市公司数量出现大幅度下滑趋势，行业比重也逐年下降，属于典型的"大量退出期"阶段特征。2007年行业上市公司数量略有反弹却又遭遇全球金融危机下探至2010年的119家，与此同时，行业比重也大幅下降，2010年波谷时期比重降至3.0%。在这一阶段，家庭娱乐行业内部经历了残酷的新旧迭代，传统家庭娱乐方式被逐渐淘汰，而以互联网、新媒体、智能手机、平板电脑等带来的新兴娱乐方式成为家庭娱乐新宠。

2011年开始，家庭娱乐行业上市公司数量止跌企稳，行业比重也基本维持在3.1%左右徘徊，整个行业基本进入产业生命周期的"成熟期"发展阶段。

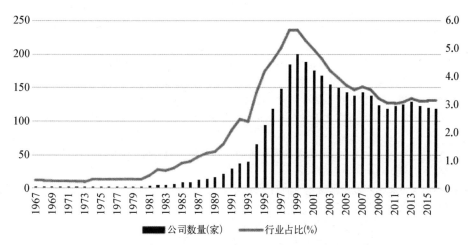

图 20　1967—2016 年家庭娱乐行业全球上市公司数量及发展演化趋势

　　综上所述,全球六大核心文化创意行业从诞生以来经历了各自不同的生命周期演化路线,谱写了各具特色的行业演进规律,但深入分析发现,六大行业演进轨迹也有一定的共性特征:一是 2000 年以前,全球六大核心文化创意行业都基本保持了快速增长态势,虽然有的行业经历了或大或小的波动,但总体趋势都是增长的;二是传统文化创意行业在 2004 年以后,特别是 2014 年之后都呈现出下降趋势,而以互联网为基础的数字创意类行业在 2000 年至 2010 年基本保持了增长趋势;三是新旧行业、新老媒体此消彼长、更替迭代的背后,其实是技术的更新换代所驱动,技术创新实际上是全球文化创意产业生命周期演化的根本驱动力。

参考文献

陈少峰、张立波、王建平:《中国文化企业报告 2017》,清华大学出版社 2017 年版。

陈潇潇、方世川:《我国文化创意产业发展的深层困境与对策探讨——以创意产业评价指数为视角》,《行政与法》2013 年第 4 期。

崔也光、贺春阳、陶宇:《中国互联网上市公司无形资产现状分析——基于中美不同交易所的视角》,《首都经济贸易大学学报》2017 年第 6 期。

丁芸、蔡秀云:《文化创意产业财税政策国际比较与借鉴》,中国税务出版社 2016 年版。

董磊:《战后经济发展之路·美国篇》,经济科学出版社 2012 年版。

董磊:《战后经济发展之路·日本篇》,经济科学出版社 2012 年版。

［英］大卫·赫斯蒙德夫：《文化产业学》，张菲娜译，中国人民大学出版社 2016 年版。

樊琦、张丽：《经济全球化背景下的文化产业竞争力分析》，《山东社会科学》2012 年第
　　8 期。

冯子标、焦斌龙：《分工、比较优势与文化产业发展》，商务印书馆 2005 年版。

高书生：《中国文化产业研究论纲》，《中国文化产业评论》2011 年第 2 期。

高福民、花建：《文化城市：基本理念与评估指标体系研究》，商务印书馆 2012 版。

葛祥艳、解学芳：《全球文化创意产业上市公司研发投入研究》，《中国国情国力》2018 年第
　　7 期。

胡惠林：《中国文化产业战略力量的发展方向——兼论金融危机下的中国文化产业新政》，
　　《学术月刊》2009 年第 8 期。

胡惠林：《论文化产业及其演化与创新——重构文化产业的认知维度和价值观》，《中国文
　　化产业评论》2017 年第 1 期。

胡惠林、王婧：《中国文化产业发展指数报告（CCIDI）》，上海人民出版社 2012 年版。

黄昌勇、解学芳：《中国城市文化指标体系的构建与实践》，《学术月刊》2017 年第 5 期。

黄先海等：《金融危机与出口质量变动：口红效应还是倒逼提升》，《国际贸易问题》2015 年
　　第 10 期。

江畅、孙伟平、戴茂堂：《文化建设蓝皮书：中国文化发展报告（2018）》，社会科学文献出版
　　社 2018 年版。

解学芳、臧志彭：《"互联网+"时代文化产业上市公司空间分布与集群机理研究》，《东南学
　　术》2018 年第 2 期。

解学芳：《我国文化及相关产业统计问题的审视与优化》，《文化产业研究》2017 年第 2 期。

解学芳、臧志彭：《国外文化产业财税扶持政策法规体系研究：最新进展、模式与启示》，
　　《国外社会科学》2015 年第 4 期。

［美］理查德·佛罗里达：《创意阶层的崛起》，司徒爱勤译，中信出版社 2010 年版。

李华成：《欧美文化产业投融资制度及其对我国的启示》，《科技进步与对策》2012 年第
　　7 期。

李季：《世界文化产业地图》，中国建筑工业出版社 2014 年版。

李丽萍、杨京钟：《英国文化创意产业税收激励政策对中国的启示》，《山东财经大学学报》
　　2016 年第 2 期。

李景平等：《文化创意产业在我国经济新常态下的作用》，《齐鲁艺苑》2016 年第 10 期。

李靖华、郭耀煌：《国外产业生命周期理论的演变》，《人文杂志》2001 年第 6 期。

李炎、陈曦：《世界文化产业发展概况》，云南大学出版社 2014 年版。

李炎、胡洪斌：《中国区域文化产业发展报告（2015）》，社会科学文献出版社 2016 年版。

李宇：《新兴媒体环境中英国电视业的发展现状和主要特点——基于英国电视业近年数据
　　统计分析》，《现代视听》2017 年第 10 期。

刘丽伟、高中理：《世界文化产业发展的新趋势》，《经济纵横》2015 年第 10 期。

买生、汪克夷、匡海波：《企业社会价值评估研究》，《科研管理》2011 年第 6 期。

彭翊：《中国省市文化产业发展指数报告 2015》，中国人民大学出版社 2015 年版。

齐勇锋：《关于文化产业在应对金融危机中地位和作用的探讨》，《东岳论丛》2009 年第

9 期。

谈国新、郝挺雷：《科技创新视角下我国文化产业向全球价值链高端跃升的路径》，《华中师范大学学报（人文社会科学版）》2015 年第 2 期。

熊澄宇：《世界文化产业研究》，清华大学出版社 2012 年版。

向勇、刘静：《世界金融危机与中国文化产业机遇》，《福建论坛（人文社会科学版）》2009 年第 6 期。

杨涛、金巍、刘德良、陈能军：《文化金融蓝皮书：中国文化金融发展报告（2018）》，社会科学文献出版社 2018 年版。

叶朗：《中国文化产业年度发展报告（2017）》，北京大学出版社 2018 年版。

苑浩：《全球文化产业发展的最新趋势及政策分析》，《国外社会科学》2006 年第 1 期。

王海龙：《美国文化创意产业发展动力学因素探析》，《广西民族大学学报（哲学社会科学版）》2017 年第 6 期。

王曦：《澳大利亚文化创意产业发展对我国的启示——以"昆士兰模式"为例》，《中央财经大学学报》2013 年第 1 期。

王义桅、崔白露：《日本对"一带一路"的认知变化及其参与的可行性》，《东北亚论坛》2018 年第 4 期。

王志芳：《韩国对"一带一路"倡议的立场演变》，《当代韩国》2017 年第 4 期。

臧志彭、解学芳：《中国文化及相关产业上市公司研究报告》，知识产权出版社 2015 年版。

臧志彭：《政府补助、研发投入与文化产业上市公司绩效——基于 161 家文化上市公司面板数据中介效应实证》，《华东经济管理》2015 年第 6 期。

张光辉：《德国文化产业与媒体发展印象》，《新闻爱好者》2014 年第 4 期。

张慧娟：《美国文化产业政策研究》，学苑出版社 2015 年版。

张胜冰等：《世界文化产业导论》，北京大学出版社 2014 年版。

张晓明、王家新、章建刚：《文化蓝皮书：中国文化产业发展报告（2015—2016）》，社会科学文献出版社 2014 年版。

张毓强、杨晶：《世界文化评估标准略论》，《现代传播》2010 年第 9 期。

仲为国等：《中国企业创新动向指数：创新的环境、战略与未来》，《管理世界》2017 年第 6 期。

张志宇、常凤霞：《"酷日本机构"与中国文化产业的发展》，《同济大学学报（社会科学版）》2017 年第 5 期。

Chen P. Interactive Relationship between Stock Prices of Sport Culture Listed Companies and Sport Industry in China, Journal of Sports Adult Education, 2013.

Chen J.P., Zhang N. An Empirical Analysis on Financial Capability and Operating Performance of Chinaâs Listed Tourism Companies. Advanced Materials Research. Vol.204 - 210, 2011, pp. 1009 - 1013.

Choi BD. Creative Economy, Creative, and Creative Industry：Conceptual Issues and Critique. Space and Environment, Vol.23,No.3, 2013, pp.90 - 130.

Connie Z. The inner circle of Technology Userjoy Technology Co Ltdinnovation：a case studyof two Chinese firms. Technological Forecasting and Social Change, Vol.82, 2014, pp.140 - 148.

JinhoJeong. Capital Structure Determinants of Cultural Industry: the Case of KOSDAQ Listed Firms. Journal of Industrial Economics and Business. Vol.25, No.6, 2012, pp.3585 – 3612.

Kim Y.J. Content Industry Support Fund in Digital Media Environment: Focusing on New Content Fund in korea and Culture Tax in France, The Journal of the korea Contents Association, vol. 14, no.2, 2014, pp.146 – 160.

Lee HG. Storytelling, a Strategy to Activate Regional Cultural Industry.Global Cultural Contents, Vol.20, 2015, pp.189 – 208.

Lewellyn K.B., S'Bao. R&D Investment in the Global Paper Products Industry: A Behavioral Theory of the Firm and National Culture Perspective.Journal of International Management, Vol. 21, No.1, 2015, pp.1 – 17.

Su W.L., Fang X. The Correlation Research between Voluntary Information Disclosure and Corporate Value of Listed companies of Internet of Things. Procedia Computer Science. Vol. 112, 2017, pp.1692 – 1700.

Walter A. Friedman, Geoffrey Jones.Creative Industries in History, Business History Review, Vol.85, No.2, 2011, pp.237 – 244.

Zhong X., Song X.Z., Xie Y.Y. A Study on the Relationship between Capital Structure and Profitability Based on the Empirical Data of Listed Companies in Cultural Media Industry in China. Advanced Materials Research; 2014, Issue 926 – 930, p.3735.

强化边疆文化粘合力建设为"一带一路"跨文化交流架通金桥

黄　臻[*]

　　"一带一路"是以习近平为核心的党中央主动应对全球形势深刻变化、统筹国内国际两个大局做出的重要倡议。"一带一路"融通古今,连接中外,顺应了互联互通、合作共赢的时代潮流,为沿线国家和地区经济社会发展带来了新机遇,为文化建设、人文交流、文明互鉴创造了新条件。边疆民族地区作为"一带一路"对外文化传播基点,以西双版纳为例,如何发挥其重要作用,核心就在于发挥好其山水相连、宗教同源、文化互通、习性相近的民族心通优势,通过深入挖掘少数民族文化内涵,不断增强其文化自信,借助跨境文化粘合力的天然条件,帮助其创新国际传播方式和能力,不断夯实文化软实力,达到从边疆变前沿之嬗变,为"一带一路"对外文化传播工作铺架友谊之金桥,为增强中华文化国际影响力而奋斗。

一、 西双版纳文化粘合力在对外文化交流的现实表现

　　傣族泼水节、傣族医药、傣族织锦、贝叶经制作、基诺族大鼓舞、布朗族弹唱……11 项国家非物质文化遗产,是西双版纳最闪耀的文化名片。拥有着 13 个世居民族和长达 966 千米的国境线,站在中原文化与边疆文化、汉族文化与少数民族文化、中华文化与东南亚国家文化的交汇点,西双版纳的文化无疑是多姿多彩的,历史上众多的民族文化在这片土地上萌芽、发展,

---

　　* 黄臻,云南省西双版纳傣族自治州文体广电局局长。

相互交织、兼容并包,织就出一幅灿烂的多元文化彩卷。面对国家"一带一路"建设等重大历史机遇,围绕着"十三五"发展规划,西双版纳州提出了加快民族文化名州建设、着力在建设民族文化强州上取得新突破等一系列目标和要求,出台了《关于深化文化体制改革加快民族文化名州建设的实施意见》,作为当前和今后一段时期的中心工作来抓紧抓好,力争使各族干部群众思想道德素质显著提升、文化惠民能力显著提升、文化产业竞争力显著提升、文化传播能力显著提升。

(一)"走出去"关键是先办好自己的事

以"民族文化名州"为发展战略,为让民族群众享有文化改革发展的获得感,大力实施"六个一"惠民工程,即:"村村建有综合文体服务中心""村村建有黑板报""村村读上一张报""村村建有篮球队""村村建有文艺队""乡乡都有阅报栏"。建成三级文化服务网络,完成三级多媒体电子阅览室,有 11 个乡镇被命名为云南省体育特色乡镇。广播电视综合覆盖率达到 99.14%。建设农村电影固定放映点 40 个、每年"送戏下乡"290 场、建成农家书屋 307 家覆盖率达 100%,形成了覆盖城乡、结构合理、功能健全的公共文化服务网络,一批文化产业重点项目建成使用,文化产业占 GDP 比重达到 5%。

(二)"走出去"核心从辐射东南亚聚焦发力

以辐射东南亚为驱动力,在西双版纳 13 个世居民族中,8 个为跨境民族,境内境外自古以来就有着密切的经贸和文化往来。在国家"一带一路"倡议下,西双版纳充分发挥特殊的民族和区位优势,凸显西双版纳独有、唯一、多元、立体的文化特色,升华对外交流,搭建"文化重要枢纽"和边境地区人文交流重要平台。州委、州政府制定出台《关于加强国际传播能力建设的实施方案》《关于进一步加强对外和对港澳台文化工作的实施方案》,以"全州一盘棋"的思路提升对外文化交流能力。我州结合区位和经济社会发展特点,发挥 4 个国家级口岸优势,2011 年以来,举办了 7 届"澜沧江·湄公河"流域国家文化艺术节和西双版纳国际影像展,与东南亚 5 个国家有 20 余个文化院团和

200 名艺术家联袂演出,近百个国家和地区 800 余位具有国际水准的摄影师作品参展,展出作品超过 2 万幅。州委宣传部、州文体广电局与云南新知集团合作,用民族语译制电影传播中华优秀文化,已在老挝、缅甸举行西双版纳民族语译制电影固定放映点手牌、数字电影放映设备赠送、傣语电影公益放映活动,傣语、哈尼语等民族语译制电影在老挝万象、柬埔寨金边、泰国清迈成功落地,计划至 2020 年完成马来西亚吉隆坡、缅甸曼德勒、斯里兰卡科伦坡、尼泊尔加德满都、印度尼西亚雅加达等国主要城市落地放映。我州教育系统以帮助周边国家培养人才为渠道,开展对外文化交流。西双版纳职业技术学院和各县市职中先后与泰国清莱皇家大学、南邦国际技术大学、清迈远东大学、缅甸仰光大学以及老挝北部五省教育机构合作,开办汉语教学班,每年为周边国家培养职高和专科以上毕业生 300 余人。同时,国家汉办通过新华书店等企业向泰国、老挝部分地区提供华文教材,传播中华文化。邀请东南亚 5 国记者举办媒体开放日,共有 300 余名各路媒体记者到访西双版纳。我州文艺院团到东南亚国家和印度演出达 30 余场,深受一带一路国家人民的欢迎。每年旅游行业还在国内以及柬埔寨、泰国、老挝设立西双版纳旅游营销形象店 50 个,与东方航空、祥鹏航空、瑞丽航空公司合作,将西双版纳外宣品以多国语言文字形式向世界推介。

(三)"走出去"内容用文化品牌来联络心通

以擦亮文化品牌为原动力,着力打造的"东方狂欢节——泼水节"和"澜沧江·湄公河流域国家文化艺术节"节庆品牌,已成为云南与东南亚及南亚国家沟通交流的特色品牌和大湄公河次区域最具影响力的文化艺术节。集中力量打造文化航母"贝叶文化"。为填补了我国傣族历史文化的一项空白,历时 9 年编撰完成《中国贝叶经全集》100 卷,被誉为傣族文化"百科全书"。出版《贝叶文库》《中国贝叶经全集》系列连环画;傣文激光照排系统投入使用,加快了傣文传播;成功举办六届贝叶文化论坛,提升了西双版纳的文化内涵和文化产品的研发水平,为文化旅游产业发展提供了国际合作空间。利用盛大节庆活动,我州成功申报"万人傣族手势舞"和"万人傣族伞舞"吉尼斯世界纪录。成功申办6届中国西双版纳澜沧江国际公开水域抢渡赛,共有70个国家代表队参赛,成为西双版纳文化体育产业一张靓丽名片。2013年起,每年选派运动员到泰国、越南、缅甸、老挝参加湄公河流域国家运动会,还选派优秀教练员到老挝琅勃拉邦省援助培训老挝体育人才。每年举办一届中国磨憨热带雨林摩托车邀请赛。勐腊(磨憨)重点开发开放实验区成功打造"中老傣族泼水节""中老苗族丢包节""中老瑶族盘王节";创建中国磨憨青松村、勐捧镇国防村与老挝南塔省南买村、勐新县巴铺村友好村寨;勐海县在打洛镇中缅街成立国门书社,持出入境证即可免费借阅图书。通过多种形式文化品牌和内容的交流,形成一道道多彩的边境特色文化风景,并把文化建设成果惠及澜沧江·湄公河流域国家各族人民。

二、 加快民族文化粘合力建设可为服务国家"一带一路"倡议落实落地做到事半功倍

西双版纳民族文化资源博大精深,是世界民族文化兴盛繁荣的支撑点之一,在"一带一路"的大背景下,如何发挥文化黏合这一"软"实力在战略实施中的积极作用,切实做到"讲好中国故事、传播中华文明"意义深远,任重道远。因此,我们应持续加大对边疆民族文化粘合力建设的力度,为"弘扬中华优秀文化,推进跨境多民族文化协同发展"架设更壮丽的金桥。

（一）加大边疆地区人文资源开发力度,为服务"一带一路"倡议下文化输出开辟创新之路

20世纪90年代,著名学者塞缪尔·亨廷顿曾提出"文明冲突论",认为不同的文化、文明会自然筑起"无形的墙"。不同国家、地区、民族的有效交流与合作也将因为相互迥异的文化和文明,产生一定的困难。"一带一路"沿线国家在历史传统、语言文字、社会制度和宗教信仰等方面存在巨大差异,如何消解这种潜在的障碍？习近平总书记指出,"一带一路"倡导不同民族、不同文化

要"交而通",而不是"交而恶",彼此要多拆墙、少筑墙,把对话当作"黄金法则"用起来,大家一起做好邻居、好朋友、好同志、好伙伴。正是秉承这种"邻里互助、亲诚惠容"的精神,发挥边疆少数民族与东南亚国家民族同源,民俗相近,与东南亚各国文化交流的天然粘合力。从西双版纳看,世居的傣、汉、布朗、哈尼、瑶、等 13 个民族,其中傣、哈尼、布朗、苗等都有各自历史悠久、底蕴深厚的文化资源,并且在节庆文化、宗教文化、服饰文化、饮食文化等和缅甸、老挝、泰国、越南、柬埔寨等国少数民族都有极大的相似性。在"一带一路"进程中,应把握住让民族文化"走出去"这一重大历史契机,加大流域沿线地区人文资源合作开发力度,充分发挥边疆民族跨境的天然优势,让这些文化资源更好地通过民族同源、民心相通的条件"走出去",并尽可能地吸引流域沿线国家的文化投融资进行文化融资再开发,要不断创新方法手段,科学凝炼文化元素,系统构建文化品牌,创新发展文化传播策略,适时呈现文化成果,着力增强文化凝聚力,推动民族文化品牌积极参与国际竞争,加强各国优秀文化交流互鉴,有效促进各国人民进行真诚的情感交流,努力实现心灵沟通,增进中华文化的亲和力和感召力,从而切实做到习近平说的"讲好中国故事,传播好中国声音"。东盟国家是我国"一带一路"倡议落实的重要区域,西双版纳在地理位置、语言文化和民族习性等方面与东盟国家有密切的亲缘关系,因而自然成为云南向东盟国家"讲述中国故事,传播中国文化"的重要枢纽,而近年来在"一带一路"倡议大背景下,西双版纳通过商贸活动、东盟博览会、旅游洽谈会、民歌艺术节等众多活动渠道,积极主动地加强西双版纳特色文化的对外传播力度,取得了很好的传播效果,如以傣族泼水节为契机的边境贸易洽谈会、六国艺术节等国际问题活动为纽带,展示西双版纳的自然生态、民族民风、风土人情、生产生活习俗、传统与现代变迁等,将其中所蕴含的中华民族的优秀传统文化"讲仁爱、重民本、守诚信、崇正义、尚和合、求大同"等意识形态以潜移默化、润物无声的方式展现国外受众面前,为国外受众更好地了解中华民族的优秀传统文化,传播中华民族优秀价值观搭建起了富有实效的传播平台,起到了很好的跨文化传播黏合剂作用。

（二）拓展"两个市场"需研究流域沿线各国文化消费诉求，为"一带一路"传播普世化特色化提供文化绿丝带

"中国故事"源远流长，博大精深，无论是五千年的历史文明，还是当前中国的经济发展、社会进步，已成为世界关注的焦点。我国经济虽然在世界上居于前位，但中华文化的影响力在世界范围内的影响力却远远不足，当前国家传播环境仍是"西强我弱"。据数据统计，国外受众了解中国的渠道中约 68% 的信息来源于西方媒体，因此国外受众很难真正地了解一个真实的中国。在文化的交流合作中，从更宏观的文化视野来看，我们亟须中华传统文化的创造性转化与创新性发展，这既是中华传统文化数千年传承延续内在规律的现代彰显，更是当代中国语境下民族复兴伟业对中华传统文化释放能量、发挥作用的客观要求与现实需要。因此在构建"一带一路"的发展蓝图中，要帮助边疆少数民族地区大力推进文化传播力建设，有效增强中华文化传播的影响力和感染力。如此，不论是对于传承和保护我国民族文化，守住民族之魂，还是推进边疆民族地区和流域沿线国家文化的协同发展，为实现"两个一百年"奋斗目标和中华民族伟大复兴的中国梦营造良好的具有民族特色粘合力的国际舆论环境，至关重要。从全局上看，"一带一路"实际上可以概括为中国全方位对外开放的"路、带、廊、桥"大棋局，所涉及的国家在文化背景、政治制度、宗教信仰、民俗习惯、风土人情等方面与我国存在一定的差异性，要想让国外受众了解和认同中华文明，就要注重传播内容的普世化和特色化，在进行文化传播内容生产时要彻底摈弃那些以"我"为主的对外传播模式，充分考虑研究流域沿线各国不同受众群体的文化消费习惯，如文化传统、文化心理、文化消费及语言习惯等，充分研究以受众对中国文化的消费诉求为中心，采用他们认同的表达方式讲好"中国故事"。加大中华文化少数民族语译制工作，强化边疆地区民族语译制中心建设，在对外传播国际政治事件时，除了要注意挖掘事件中具有正面报道价值的新闻内容，用符合东盟国家受众阅读习惯的表达方式，特别是运用跨境少数民族语言友善地传播"中国声音"，让东盟国家受众能更准确、真实地了解中国的外交立场，进而做出自身的准确判断。这就需要国家层面

通过对民族地区的资本、人才、技术、管理、文化交流手段等多要素的重新配置,整合一系列跨国家、地区、民族文化的重大建设项目来少数民族地区落地开花,方能取得丰硕成果,其成效必将惠及全世界。如此,"一带一路"对外文化传播建设才能"以五声播于八音,调和谐合而与治道通"。

(三)强化对外传播手段和技巧,通过"一带一路"内容传播民语化差异化来架设友谊之金桥

要扩大文化传播的影响力,离不开良好的传播渠道,在实施"一带一路"倡议背景下,我们要通过增强现实文化传播过程中的认同体验,进而使流域沿线国家人民的生活包含在协同共建"一带一路"的故事中。为此,就必须掌握良好的传播手段和技巧,建立全方位的对外传播话语体系,以高质量的传播效果打造最美的"中国名片",使我国的民族文化不仅能在"一带一路"沿线国家得到传播推广,还能通过"一带一路"走向世界。基于互联网思维,面对智能手机终端时代,必须注重新旧媒体融合。较之新媒体,传统媒体由于传播速度慢、传播方式单一、传播内容同质化严重等短板,已经不能满足国际化传播需求,但网络新媒体虽然在传播速度、传播范围、传播手段等方面有着传统媒体无可比拟的优越性,但在专业性、权威性方面与传统媒体仍存在差距。因此,我们应加强新旧媒体的优势整合,使微电影、网络游戏、民族文化动漫等文化形式形成产业链,以手机直播为创新形式,以用户为王、以内容为王,从而在时效性、广泛性、深度性方面形成强势的传播威力,有效增强传播的影响力和竞争力。同时,在开启跨国文化传播,要以宽容仁爱的心态充分尊重其他国家的文化差异,理性看待多元文化的包容性和交融性。以大国姿态成就大国风范,以大国思维展现大国形象,建立平等的交流平台和对话机制,树立相互尊重的信念,真正融入世界发展的新格局中,切实担负起文化大国的使命。特别是边疆少数民族地区,应该在国家层面上予以扶持,充分发挥跨境民族语言沟通和传播优势,继续深入挖掘民族文化与东盟国家民族文化的关联性,在民族文化走向国际化的同时,融入民族文化与东盟国家民族文化的交融元素,以更强的品牌效应提升我国对东盟国家文化传播影响力。以西双版纳电影"走出去"为

例，通过将国内优秀电影民族语译制后在东南亚国家设立固定放映机构，提升我国文化在东盟国家的影响力和吸引度，重新唤起东盟对中华优秀文化的共同记忆和历史积淀。共同分享业形成了以和平合作、开放包容、互学互鉴、互利共赢为特征的丝绸之路精神，铺设更高质量的贸易之路，架起跨越发展的友谊金桥。

全球文化政策兴起背景中的《"一带一路"文化发展行动计划》

毛少莹*

联合国教科文组织等国际组织的兴起,可以看作全球化的产物,而作为全球化背景下的全球主义或曰全球政策(globalism)当然也正是全球化的产物。值得文化政策研究者关注的是,始于经济领域的全球化,正以惊人的速度向文化领域蔓延,一种可称为"文化全球化"的状况日益形成,文化领域的全球政策也正在迅速兴起。2008年金融危机以来,这一状况发生许多新的变化,在此背景下我国"一带一路"倡议的提出,以及《国家文化部:"一带一路"文化发展行动计划》的发布与实施,为全球文化政策的丰富发展及其具体"贯彻落实",提供了重要的合作发展理念、政策内容及路径参考。

一、 文 化 全 球 化

"全球化"一般指20世纪六七十年代后至今人类生活发生的巨大变化。① 通常将全球化理解为经济全球化,即指"商品和生产要素的跨国界流动,国际贸易、跨国投资和国际金融的迅速发展,高新技术的广泛传播、跨国公司作用显赫,从而导致各国经济生活的高度相关,世界经济的整体性与一

---

* 毛少莹,深圳市特区文化研究中心学术总监、研究员;国家公共文化服务体系建设专家委员会委员;广东省文化学会副会长;深圳大学客座教授。

① 其实,古典全球化或许还可以追溯更远的东西方交流历史。关于"全球化"的发展历程参看:[美]罗兰·罗伯森:《全球化——社会理论和全球文化》,梁严光译,上海人民出版社2000年3月版,第83—87页。

体化空前突出的经济现象与过程"。① 由于经济全球化追求生产要素的全球配置和经济利益的全球获取，导致人类全方位的交往、沟通与相互依赖达到了前所未有的程度，造成了广泛而深刻的影响。"文化全球化"正是这一影响的结果之一。

加速发展中的全球化是一个包括经济、政治、文化等领域在内的复杂过程。全球化必然带来或者说包含了文化的全球化。所谓"文化全球化"，简单讲即世界各国、各民族各种不同的文化(观念、风俗习惯、审美爱好、文化符号、文化产品乃至生活方式等)，以多样的方式，在全球范围内的流动、碰撞及相互的影响与融合。其最直观的表现，就是文化产品在全球范围的大规模生产、传播与消费。

全球范围文化产品的大规模生产与流通与"文化产业"的兴起有关。事实上，文化创意工业的发展，提供了文化全球化过程的线索。20世纪二三十年代收音机、留声机和电影等的出现为文化艺术品的大规模复制与传播提供了可能。之后，短短几十年时间，尤其是20世纪90年代后，随着信息技术的发展、后工业社会的来临，文化全球化进程愈发迅速，全球文化市场基本形成。法国学者尚·皮耶·瓦尼耶指出的："'文化全球化'一词意味着文化产品在全球层面的流通"，"工业的介入应当视为剖析文化全球化的重心。"② 马特拉也说"文化界日益加剧的商业化和传播新技术的相应发展已经把文化设定为工业和政治的核心"。③ 进入新世纪，移动互联网、云平台、大数据等高新技术的日新月异，对文化产品的全球流动推波助澜。

正在发生中的文化全球化的过程，改变着人们的文化体验，改变了我们时代的文化状况。改变之一显然是全球性的"文化趋同"现象——全世界的人们都分享同样的新闻资讯、影视节目、流行时尚、歌舞节庆……我们很容易看到媒体报道一个年轻人冒着被轰炸的危险，在巴格达街头寻找一张好

---

① 参见蔡拓：《全球化认知的四大理论症结》，载庞中英主编：《全球化、反全球化与中国——理解全球化的复杂性与多样性》，上海人民出版社2002年版，第119页。

② 尚·皮耶·瓦尼耶：《文化全球化》，吴锡德译，麦田出版公司2003年版，第18,23页。

③ ［法］阿芒·马特拉著，陈卫星译：《世界传播与文化霸权》，中央编译出版社2001年版，第5页。

莱坞大片影碟的消息;也很容易看到某种电子游戏刚一推出及风靡全球,推特、脸书、微信等的用户更是以几何级数增长。显然,全球文化趋同显然已经成为活生生的现象发生在我们身边。假如说文化就是一种生活方式,一种体现为价值观、心理定式的思想观念,行为习惯,那么文化全球化带来的主要变化之一,就是推动了一种全球文化意识的形成,这种全球文化意识,涉及人们的衣食住行、日常生活,并潜移默化地改变着人们的价值取向、消费习惯、审美主张乃至宗教信仰。给全球各民族各文化背景的人们之间相互理解、认同带来希望。

　　然而,文化全球化也带来了另外的影响,即文化多样性的消失。由于文化生产能力强大,以美国为代表的西方文化产品倾销全球,正如英国学者约翰·汤姆林森在《全球化与文化》一书中指出,全球文化呈现一种"非领土扩张"的状况,这种文化的"非领土扩张",极大地改变着人们的文化实践、文化体验和文化认同。形成了所谓的"文化帝国主义",[①]激起了欠发达民族和国家保护民族文化,反对文化同化的"反抗"。尤其是90年代冷战结束后,全球文化市场进一步形成,世界各国的文化以前所未有的广度与深度上相互交汇与碰撞,反抗以美国文化霸权和西方中心主义为核心的文化帝国主义,成为全世界人们的共同意识和文化自觉,落后地区和少数民族,纷纷开展了不同形式的捍卫民族文化的独特性与自主性的斗争。也正是基于对这一状况的观察与思考,联合国教科文组织等提出了保护文化多样性,保护非物质文化遗产等主张,亨廷顿提出"文明冲突论"等。总之,文化全球化的发展,带来了"文化认同的希望与文化同化的恐惧"共存的状况(马特拉语),成为全球文化政策兴起的重要背景。

――――――――――――

　　① 文化帝国主义(如同经济帝国主义一样)是相对于军事帝国主义而来的。著名学者摩根索在《国家间政治》一书中对经济帝国主义和文化帝国主义作了界定。根据他的观点,"文化帝国主义",或称之为意识形态帝国主义是微妙的,一国以其文化、意识形态,带着所有明确的帝国主义目标,征服了另一国一切决策人物的头脑,那么,这个国家所取得的胜利和建立霸权的基础,比军事征服或经济控制都要更显赫、更牢固。文化帝国主义对军事和经济帝国主义而言,通常是起配合作用的。第二次世界大战以来,经济和文化帝国主义在政府的各项国际活动中所起的作用已大大提高了。

二、 全球政策与文化的全球政策

（一）全球政策

学界通常将英文 globalism 翻译为"全球主义"或"全球政策"，但是，在中文中，"主义"往往指一种理论主张，意识形态，如黑格尔主义、社会主义等，政策则往往指权威部门为完成特定目标所采取的计划、措施，两者存在区别。本文更倾向于以"全球政策"来说明将"全球主义"意识或理论付诸政策领域的现象。

根据著名学者蔡拓先生的总结，全球主义可以有多层含义的理解和使用，如国际关系学中的理想主义，推崇理性与精神的作用，主张通过道德、法律的规范构建国际秩序，往往具有超国家倾向和世界和平主张。如从政治与道德哲学角度上看的自由主义。其三，全球主义是经济自由主义，无论是古典经济自由主义还是新自由主义的经济学，都主张贸易自由化、金融自由化，从而对经济的全球化和世界的相互依存表示关注与认同，表达了全球主义的主张。其四，全球主义是一种区别于国家主义的世界整体论和人类中心论的文化意识、社会主张、行为规范。本文主要即从第四个意思上理解全球主义。总的来看，全球主义的兴起是伴随全球化而来的一个基本事实。正如蔡拓先生指出的，全球主义的产生，是市场经济向全球扩张的必然结果，也是人类物质文明迅速发展，特别是通讯、交通等革命性变革的必然结果。①

从二战后以联合国组织为代表的国际组织的发展、世界宗教议会大会的召开以及绿色环保组织影响日益扩大等来看，②全球主义既是一种思维方式，学术理论，更已经成为了一种付诸行动进行制度建构的努力和发挥实践规范的尝试。典型是联合国（UN）及其下属相关组织的建立。联合国成立于1945

---

① 蔡拓：《全球主义与国家主义》，载《中国社会科学》，2000年5月号，第61页。
② 世界宗教人士于1993年在芝加哥召开第二次世界宗教议会大会，大会发表的《走向全球伦理宣言》，成为全球主义的典型文本。参见[德]孔汉思、库舍尔：《全球伦理——世界宗教议会宣言》，四川人民出版社1997年版。

年10月,其前身为旨在"促进国际合作和实现世界和平和安全"的"国际联盟"。根据联合国成立时颁布的《联合国宪章》,联合国的宗旨主要为:维持国际和平及安全;发展国际间以尊重人民平等权利及自决原则为根据之友好关系……促成国际合作,以解决国际间属于经济、社会、文化及人类福利性质之国际问题,且不分种族、性别、语言或宗教,增进并激励对于全体人类之人权及基本自由之尊重;构成一协调各国行动之中心,以达成上述共同目的。① 在上述宗旨的指引下,联合国由成立之初的51个发起国,到2006年6月28日继黑山共和国加入为会员国之后,成为一个拥有192个会员国的庞大国际组织,并相继成立了包括联合国安理会、联合国人权事务委员会、联合国贸发会议(UNCTAD)、联合国开发计划署(UNPD)、联合国教科文组织(UNESCO)、世界卫生组织(WHO)、世界知识产权组织(WIPO)等重要组织在内的网络。这个网络几乎涉及全球人类生产生活的所有领域,它们制定各类条约、颁布种种政策,在协调各类全球事务中,发挥了重要的作用。

"世界贸易组织"(WTO)是另一个重要的全球性组织。从1947年的"关税和贸易总协定"(GATT)问世到今天"世界贸易组织"WTO成为全球化背景下全球政策兴起的重要标志。WTO是世界贸易组织(World Trade Organization)的英文缩写。成立于1995年,它取代二战末期成立的关贸总协定,是目前世界上最年轻的国际机构之一。WTO虽然年轻,但WTO的前身《关税及贸易总协定》(General Agreement on Tariffs and trade,简称GATT)1947年创立的,其建立的多边贸易体系已有了50年的历史。1994年4月15日在摩洛哥的马拉喀什市举行的关贸总协定"乌拉圭回合"部长会议决定成立更具全球性的世界贸易组织(世贸组织),以取代成立于1947年的关贸总协定(GATT)。世界贸易组织(简称WTO),成立于1995年1月1日,1996年1月1日正式取代GATT。WTO的成员国目前有140家,占世界贸易的90%以上,现有超过30个国家正在申请成员国资格。② 作为一个独立于联合国的永久性国

---

① 本文节选,详见联合国网页 http://www.un.org/chinese/aboutun/charter/chapter1.htm。

② http://www.wtoinfo.net.cn/cgi-bin/zbxxzlk_new.htm。

际组织,该组织的基本原则和宗旨是通过实施市场开放、非歧视和公平贸易等原则,来达到推动实现世界贸易自由化的目标。WTO 作为正式的国际贸易组织,在法律上与联合国等国际组织处于平等地位。WTO 既是经济全球化的象征,也扮演着世界经济和贸易秩序的"管理者"和"规则制定者"的角色。

总之,自联合国成立以来,特别是 WTO 成立以来,国际关系领域发生了重大的变化,传统的国家权力受到某种程度的弱化,国际行动团体或组织的重要性日益增加,一些具有全球意义的"游戏规则"(全球政策)正在形成之中。如《世界人权宣言》《消除对妇女一切歧视公约》《人类环境宣言》等。2015 年,联合国通过《2030 联合国可持续发展议程》也将文化创意产业促进可持续发展纳入其中。

（二）文化的全球政策的提出

在上述背景之下,文化的全球政策也在陆续推出。如果说 1945 年联合国的成立,标志着全球政策"机构"的建立,那么,1948 年 12 月 10 日,联合国大会通过并颁布的具有历史意义的《世界人权宣言》,则标志着"文化的全球政策"的兴起。① 该"宣言"在"序言"开宗明义地指出:"鉴于对人类家庭所有成员的固有尊严及其平等的和不移的权利的承认,乃是世界自由、正义与和平的基础;……一个人人享有言论和信仰自由并免予恐惧和匮乏的世界的来临,已被宣布为普通人民的最高愿望;鉴于有必要促进各国间友好关系的发展;鉴于各联合国国家的人民已在联合国宪章中重申他们对基本人权、人格尊严和价值以及男女平等权利的信念,并决心促成较大自由中的社会进步和生活水平的改善……因此现在, 大会,发布这一世界人权宣言,作为所有人民和所有国家努力实现的共同标准,以期每一个人和社会机构经常铭念本宣言,努力通过教诲和教育促进对权利和自由的尊重,并通过国家的和国际的渐进措施,使这些权利和自由在各会员国本身人民及在其管辖下领土的人民中得到普遍和有效

---

① 有学者将 1865 年"国际电报联盟"的成立或 1945 年联合国教科文组织的成立,视为看作文化的全球政策兴起的标志(参见尚·皮耶·瓦尼耶:《文化全球化》,麦田人文 2003 年版,第 103—104 页),但我们认为《世界人权宣言》的公布,更具有标志性。

的承认和遵行。"①

"宣言"正式条文共三十条。其中,第二十六、二十七条的内容更直接规定了有关文化的权利,兹录如下:

第二十六条

(一)人人都有受教育的权利,教育应当免费,至少在初级和基本阶段应如此。初级教育应属义务性质。技术和职业教育应普遍设立。高等教育应根据成绩而对一切人平等开放。

(二)教育的目的在于充分发展人的个性并加强对人权和基本自由的尊重。教育应促进各国、各种族或各宗教集团间的了解、容忍和友谊,并应促进联合国维护和平的各项活动。

(三)父母对其子女所应受的教育的种类,有优先选择的权利。

第二十七条

(一)人人有权自由参加社会的文化生活,享受艺术,并分享科学进步及其产生的福利。

(二)人人对由于他所创作的任何科学、文学或美术作品而产生的精神的和物质的利益,有享受保护的权利。②

回顾人类的发展史,可以说,《世界人权宣言》是具有文化的全球政策意义上的第一份成文"政策",其对文化权利、文化自由、文化保护等方面的内容的规定,具有元政策的意义,该份重要文件的出台,标志着文化的全球政策的兴起,更是人类在促进文明进步方面迈出的一大步。继《世界人权宣言》后,涉及文化贸易、文化传播、文化多样性、文化遗产保护等等多个领域的全球政策,日益发展起来。

作为权威的国际组织,联合国在推动文化全球化和文化的全球政策的兴

① http://www.un.org/chinese/work/rights/rights.htm.
② 同上。

起中发挥了巨大的作用。以《经济、社会和文化权利公约》为例,1966 年,联合国大会经过长达十余年的讨论后,终于于 12 月 16 日通过了《经济、社会和文化权利国际公约》,并开放签署。公约以全球政策的形式,将经济、社会和文化权利以法律形式加以确认,并将其放在了与公民的经济、政治权利同等的地位。该公约于 1976 年 1 月 3 日开始生效。据统计,截至 2001 年,已经有 143 个国家批准或加入了该公约。根据公约规定,缔约国现行法律不符合公约的,缔约国有修订国内法律,使之相符的义务。2001 年 2 月 28 日,我国全国人大批准了我国政府于 1997 年 10 月 27 日签署《经济、社会及文化权利国际公约》。根据公约约定,自我国将批准书交存联合国之日起 3 个月后,公约开始对我国生效。

文化的全球政策的另一个重要组成,是世界贸易组织(WTO)主持制定的一系列关于文化贸易的国际协定,WTO 有一整套保障国际贸易公平竞争的"游戏规则",其中,与文化最为相关密切的是《服务贸易总协定》(*General Agreement on Trade in Service*,缩写为 GATS)和《关于与贸易有关的知识产权协定》(*Agreement on Trade-Related Aspects of Intellectual Property Rights*,缩写为 TRIPS)。这两大协定,成为国际文化贸易政策的基本依据,亦可看作文化的全球政策的一种。限于篇幅及国际贸易中文化条款的复杂性,本文暂不作讨论。值得指出的是,自 2008 年开始一直到 2015 年,联合国教科文组织(下简称:UNESCO)组织获参与主持,连续发布了《创意经济报告 2008》《创意经济报告 2010》《创意经济报告 2013》以及《文化时代——第一章文化创意产业全球地图》,以持续关注并评估全球文化贸易和文化创意产业的发展。这些报告显示的数据表明,尽管有诸多贸易壁垒,全球文化贸易依然获得了飞速的发展,文化创意产业已经成为全球可持续发展的最重要的驱动力。

下面以 UNESCO 推动的全球文化政策进程为主要线索,梳理全球文化政策的大致发展情况。①

---

① 这部分的梳理,主要根据 Carl-Johan 和 Mikael Schultz:《评估文化政策——回顾性思考》中的内容简写,该文原载于联合国教科文组织/编,意娜/译,张晓明/审校:《重塑文化政策——为发展而推动文化多样性的十年》,社科文献出版社,2016 年版(下同),第 9—14 页。部分为个人综述。

UNESCO 于 1967 年 12 月在摩纳哥组织召开了文化政策圆桌会议,由此启动了全球文化政策的研究。这次会议的成果以"文化政策——一项初步的研究"为题,正式发表(UNESCO,1969)。此后,UNESCO 于 1970 年在威尼斯组织召开了多国文化部长参加的"文化政策的制度、管理和财务问题政府间对话"。1982 年,UNESCO 在墨西哥城召开第二次世界文化政策会议,会议成果主要为 1988 年发表的《世界文化发展十年》。1992 年,采纳北欧国家建议,联合国与 UNESCO 建立了单独的"世界文化与发展委员会",该委员会首次会议于 1993 年在斯德哥尔摩举办,其发布的《我们的创意多样性》报告深入分析了文化与发展之间的复杂关系,并提出了包含十项行动的"国际议程"(世界文化与发展未愈合,1996)。该报告被视为文化政策领域的历史性事件,产生了深远的影响。影响之一即促成了 UNESCO 从 1997 年开始编制发表《世界文化与发展年度报告》。1998 年,由瑞典和 UNESCO 在斯德哥尔摩联合举办的主题为"文化的力量"的多国文化部长会议,再次提出系列文化行动计划和具体目标。1998 年 3 月,联合国教科文组织在斯德哥尔摩召开"文化政策促进发展"政府间会议并发表的《文化政策促进发展行动计划》,①典型地表达了关于文化发展的全球意识。世界文化和发展委员会指出"当文化被理解为发展的基础时,文化政策这一概念本身需要很大程度的扩宽"。在《文化政策促进发展行动计划》中,联合国教科文组织提出:

1. 可持续发展和文化繁荣是相互依存的。

2. 人的发展的主要目的之一是使个人在社会和文化方面得到充分发展。

3. 鉴于享受和参与文化生活是每个社区中所有人的一项固有权利,因此各国政府有义务创造一个有助于充分行使《世界人权宣言》第 27 条规定的这

---

① UNESCO 于 1998 年 3 月 30 日至 4 月 2 日在瑞典斯德哥尔摩召开了政府间文化政策促进发展会议,与会者约 2 400 人。149 个国家的政府、22 个国际政府间组织、100 多个非政府组织、基金会、自愿组织和其他民间协会单位派出代表与许多艺术家、学者和专家一起参加了会议。

项权利的环境。

4. 文化政策的基本目的是确定目标，建立结构和争取得到适当的资源，以创造一个充分发展的人文环境。

5. 文化间对话可视为现代世界的主要文化和政治挑战之一；它是和平共处的一个必不可少的前提。

6. 文化创造力是人类进步的源泉，文化多样性则是人类的财富，因此对促进发展是一个不可缺少的因素

······

等 12 项原则，并向会员国建议五大行动目标：

目标一：使文化政策成为发展战略的主要内容之一；

目标二：促进创作和参与文化生活；

目标三：强化维护、发展文化遗产（有形和无形的，可动和不动的）与促进文化产业的政策和实践；

目标四：在信息社会的范围内并为信息社会促进文化和语言的多样性；

目标五：为文化发展调拨更多的人力和财力。[①]

同年 6 月,19 国文化部长在渥太华的国际文化政策会议上强调了在全球化和技术革新的时代中的文化多元化意识。9 月，在里约热内卢召开了拉丁美洲和加勒比地区文化部长会议，主题也是文化与发展；在华盛顿召开了题为"对文化在可持续发展中的作用的理解——投资于文化和自然资源"的国际会议。10 月，在罗马召开了题为"电视与全球文化多样化"第 29 届国际传播会议特别会议。这一系列紧锣密鼓的国际多边文化活动贯穿着一个核心主题，即文化与发展——文化促进发展，文化代表发展，文化自身的发展标志着人类发展的最高目标等理念，成为了重要的全球意识，制定文化政策促进全面发

[①] http://www.ncac.gov.cn/servlet/servlet.info.InfoServlet?action=gblist&id=219.

展,也成为文化的全球政策的重要理念和内容。

顺便说一下,斯德哥摩的这次会议还促成了加拿大政府建立了国际文化部长网络——国际文化政策网络(INCP)。该网络在顶峰时吸引了70多个国家参与,各国文化部长甚至讨论了建立"文化领域的 WTO"的设想,最后还是确定 UNESCO 是协商国际文化事务的最好机构。加拿大政府也鼓励和支持国际民间社会组织——国际文化多样性网络(INCD)的工作。此外,UNDP 的《人类发展报告》中,从 2004 年开始,也对"当今多样化世界的文化自由"进行了讨论。与此同时。欧洲理事会等也开始"整合"欧洲文化政策,发布《欧洲文化统计》数据等。

其中,尤其值得关注的是 2005 年 10 月,第 33 届联合国教科文组织大会高票通过的《保护和促进文化表现形式多样性公约》。公约对保护文化多样性的重要性进行了强调,并对各缔约国保护文化多样性提出了具体要求。这一公约的颁布,"改变了文化和文化产品与服务的全部方法。首次从全球层面承认文化、创意和文化多样性对解决可持续发展挑战的重要性"(UNECSO 总干事博科娃语),①被称为"支持可持续发展的文化制度"。

总之,上述各类宣言、公约都可视为全球性或区域性文化政策,其更多立足全球或大区域(如欧盟,而非传统民族国家立场)的立场,对文化及其相关价值、权利等做出界定、保护以及开发利用。这些都标志着文化的全球政策对人类社会文化实践的全面介入。事实上,关于文化权利、文化发展、文化多样保护、文化促进发展等很多问题,人类正不分种族和国家,逐渐形成了具有普遍意义的全球意识和政策行为。即便秉承有不同的宗教信仰、文化风习,大多数国家都将这些理念以不同的形式写入了宪法或具体的文化法律条文中,有的还进一步落实为具体的文化政策措施加以实施。换言之,文化的全球政策(全球主义),随着文化全球化的发展,在不同国家、地区、不同种族中得到越来越普遍的关注和认同。

---

① 《重塑文化政策——为发展而推动文化多样性的十年》:"译者前言"。

三、"人类命运共同体""一带一路"与
"一带一路"文化行动计划

（一）"人类命运共同体"与"一带一路倡议"

2008 年金融危机之后，世界格局发生了一系列深刻的转折性变化。首先，人类面临了诸多共同的挑战，比如饥饿与粮食安全、经济增长乏力、贫富差距扩大（南北差距）、战争与动荡、宗教原教旨主义、难民问题、环境污染问题等。其次，一方面是越来越紧密的全球联系，另一方面则是一股新的反全球化的浪潮从欧美等国兴起，引人瞩目。典型的是英国脱欧与美国总统特朗普提出的"美国优先"。此外，德国接收难民引争议、法国巴黎陷入骚乱等等都显示出不同以往的社会思潮与时代趋势。总之，以往长期以来多是欠发达国家反对全球化的状况，变成了发达国家带头反对全球化、逆全球化浪潮。近期，中美贸易战等更是引发人们对未来经济形势和全球治理格局的担忧。诸多现象表明：全球化正处于一个转折点，正在进入一个全球发展和治理格局大调整的新阶段。

在此背景之下，崛起中的中国，以一个负责任的大国立场，以及基于中国智慧的高瞻远瞩，提出了构建人类命运共同体的倡议。2012 年 11 月中共十八大明确提出要倡导"人类命运共同体"意识。习近平主席出席博鳌亚洲论坛 2015 年年会时提出了"通过迈向亚洲命运共同体，推动建设人类命运共同体"的倡议。提出了迈向命运共同体的"四个坚持"：坚持各国相互尊重、平等相待，坚持合作共赢、共同发展，坚持实现共同、综合、合作、可持续的安全，坚持不同文明兼容并蓄、交流互鉴。2015 年 9 月，习近平在纽约联合国总部发表重要讲话指出："当今世界，各国相互依存、休戚与共。我们要继承和弘扬联合国宪章的宗旨和原则，构建以合作共赢为核心的新型国际关系，打造人类命运共同体。"2017 年 10 月 18 日，习近平同志在十九大报告中提出，坚持和平发展道路，推动构建人类命运共同体。2018 年 3 月 11 日，第十三届全国人民代表大会第一次会议通过的宪法修正案，将宪法序言第十二自然段中"发展同各国的外交关系和经济、文化的交流"修改为"发展同各国的外交关系和经济、文化交

流,推动构建人类命运共同体"。2018 年 4 月 10 日,习近平主席在博鳌亚洲论坛 2018 年年会开幕式上的主旨演讲中指出,"从顺应历史潮流、增进人类福祉出发,我提出推动构建人类命运共同体的倡议,并同有关各方多次深入交换意见。我高兴地看到,这一倡议得到越来越多国家和人民欢迎和认同,并被写进了联合国重要文件。我希望,各国人民同心协力、携手前行,努力构建人类命运共同体,共创和平、安宁、繁荣、开放、美丽的亚洲和世界"。①

构建人类命运共同体这一重大命题和重要思想的提出,具有深厚的历史文化底蕴和坚实的人类共同利益支撑,体现了世界未来发展的大势所趋,因而也得到了国际社会的广泛认同和支持。与"人类命运共同体"这一重大命题相呼应,中国提出了"一代一路"倡议——"一带一路"(The Belt and Road,缩写 B&R)是"丝绸之路经济带"和"21 世纪海上丝绸之路"的简称,2013 年 9 月和 10 月由习近平主席分别提出建设"新丝绸之路经济带"和"21 世纪海上丝绸之路"的合作倡议。倡议借用古代丝绸之路的历史符号,高举和平发展的旗帜,积极发展与沿线国家的经济合作伙伴关系,共同打造政治互信、经济融合、文化包容的利益共同体、命运共同体和责任共同体。2015 年 3 月 28 日,国家发展改革委、外交部、商务部联合发布了《推动共建丝绸之路经济带和 21 世纪海上丝绸之路的愿景与行动》(以下简称:《愿景与行动》)。随后"亚洲基础设施投资银行"(亚投行)②等的建立引发广泛关注和参与。如果说"人类命运共同体"为全球构建命运共同体提供了基于中国智慧的制度设计;那么"一带一路"倡议标志着中国对外开放的新格局、新阶段。

(二)《"一带一路"文化发展行动计划(2016—2020 年)》

国家文化部颁布的《"一带一路"文化发展行动计划(2016—2020 年)》正是

① 参见"百度百科"人类命运共同体.://baike. baidu. com/item/%E4%BA%BA%E7%B1%BB%E5%91%BD%E8%BF%90%E5%85%B1%E5%90%8C%E4%BD%93/1096715?fr=aladdin.

② 详见: https://baike. baidu. com/item/%E4%BA%9A%E6%B4%B2%E5%9F%BA%E7%A1%80%E8%AE%BE%E6%96%BD%E6%8A%95%E8%B5%84%E9%93%B6%E8%A1%8C/12007022?fromtitle=%E4%BA%9A%E6%8A%95%E8%A1%8C&fromid=16928132&fr=aladdin.

"一带一路"倡议的配套政策。该行动计划于 2017 年 1 月颁布。行动计划是配合"一带一路"倡议,规划、指导、统筹推进未来五年我国与"一带一路"沿线国家的文化交流与合作,促进"文明互鉴,民心相通"的重要政策文件。该文件提出的**发展目标为——构建文化交融的命运共同体**,其指导思想为：高举中国特色社会主义伟大旗帜,贯彻落实《愿景与行动》的整体部署,助推"一带一路"沿线国家和地区积极参与文化交流与合作,传承丝路精神,促进文明互鉴,实现亲诚惠容、民心相通;推动中华文化"走出去",扩大中华文化的国际影响力,为实现《愿景与行动》总体目标和全面推进"一带一路"建设,夯实民意基础。其**基本原则为："政府主导,开放包容**——发挥政府引领统筹作用,加强与'一带一路'沿线国家和地区政府间文化交流,着力建立长效合作机制。**交融互鉴,创新发展**——和而不同、互鉴互惠、尊重各地文化传统,以创新为动力,推动多元文化深度融合。**市场引导,互利共赢**——兼顾各方利益,遵循国际规则和市场规律,将文化与外交、经贸密切结合,形成文化交流、传播、贸易协调发展,互利共赢。"其具体计划,则包括了建立合作机制、搭建合作平台,开展文化艺术领域诸多合作等。[①]

几年来,在文化部、各地方文化部门以及各类文化组织和机构的共同努力下,该计划取得了丰硕的成果,据有关部门统计,截至 2018 年,"一带一路"文化合作取得了丰硕成果。本文特整理如下：

《"一带一路"文化发展行动计划(2016—2020 年)》取得成果一览表[②]

合作领域	合 作 成 果
文化遗产保护	与柬埔寨、缅甸等 11 个国家签署了 12 份文物安全及文化遗产领域双边协定和谅解备忘录。
	"丝绸之路：长安-天山廊道的路网"列入联合国教科文组织世界遗产名录,海上丝绸之路联合申遗工作取得积极进展。

---

① 参见：https://baike.baidu.com/item/%E6%96%87%E5%8C%96%E9%83%A8%E2%80%9CE4%B8%80%E5%B8%A6%E4%B8%80%E8%B7%AF%E2%80%9D%E6%96%87%E5%8C%96%E5%8F%91%E5%B1%95%E8%A1%8C%E5%8A%A8%E8%AE%A1%E5%88%92%EF%BC%882016%E2%80%94942020%E5%B9%B4%EF%BC%89/21509838?fr=aladdin

② 参见：http://world.people.com.cn/n1/2018/1127/c1002-30423785.html.

续表

合作领域	合 作 成 果
文化遗产保护	柬埔寨吴哥古迹、缅甸蒲甘佛塔、尼泊尔震后文物古迹保护修复等重大文化援助工程社会效益显著。
	与"一带一路"沿线国家举办"华夏瑰宝展""海上丝绸之路主题文物展"等文化遗产展览,有效拉近了"一带一路"沿线民众心与心的距离。
文化产品供给	大力推进"一带一路"国际美术工程和文化睦邻工程。
	鼓励广西、云南、内蒙古和黑龙江建设跨境旅游合作区,支持相关地区开展跨境合作。围绕"一带一路"沿线地区需求,组织实施"一带一路"主题舞台艺术作品创作推广、西部及少数民族地区艺术创作提升计划以及结对帮扶项目,共同打磨"一带一路"题材原创剧目和优秀作品。
文化产业发展	坚持市场运作、产业先行,国家对外文化贸易基地在上海、北京、深圳相继建立,民营资本开始成为我国文化产品和服务出口的重要力量。
	《动漫游戏产业"一带一路"国际合作行动计划》《2018 年"一带一路"文化贸易重点项目名录》相继印发,为文化企业开展"一带一路"国际合作营造更宽松的政策环境,提供更有力的资金扶持。
	丝绸之路文化产业带建设大力推进,区域特色文化产业实现优势互补和共同发展。
	数字文化标准国际化顺利实施,我国自主原创的手机动漫标准成为国际标准,在国际电信联盟和国际"互联网+文化"领域发出中国声音。
文化品牌共建	举办中国-中东欧、中国-东盟、中国-欧盟等 10 余个文化年、旅游年。
	自 2015 年起连续 3 年以"美丽中国——丝绸之路旅游年"为主题进行系列宣传推广,成功打造"丝路之旅""欢乐春节""青年汉学研修计划""中华文化讲堂""千年运河""天路之旅""阿拉伯艺术节"等近 30 个中国国际文化和旅游品牌。
	推动举办了丝绸之路(敦煌)国际文化博览会、丝绸之路国际艺术节、海上丝绸之路国际艺术节等以"一带一路"为主题的综合性文化节会。
合作平台建设	成立中国驻曼谷、布达佩斯、阿斯塔纳旅游办事处。
	完成巴黎、悉尼中国旅游体验中心建设,与"一带一路"沿线 17 个国家签署了 24 份设立文化中心的政府文件,"一带一路"沿线中国文化中心总数达到 16 家,举办文化活动逾 1 600 场。

合作领域	合 作 成 果
合作机制建设	2013 年至今，我国已与"一带一路"沿线国家签署双边文化、旅游合作文件 76 份。
	推动建立中国-东盟、中国-中东欧、中俄蒙等一系列双边、多边文化旅游合作机制。
	利用中意（大利）、中法（国）、中英（国）、中南（非）等人文交流机制拓展与"一带一路"延长线国家合作空间。
	以文化和旅游机构为主体的"一带一路"国际合作不断深化，世界旅游联盟正式成立，丝绸之路国际剧院、博物馆、艺术节、图书馆、美术馆联盟逐步建立并完善，成员规模分别达到 89 家、146 家、129 家、25 家、21 家，为推动沿线国家互联互通和跨区域合作开辟了新渠道。

从上述成果可见，"一带一路"倡议虽然时间不长，但在其高远的立意感召和中国政府的有力推动下，获得了众多国家的响应。《"一带一路"文化发展行动计划（2016—2020 年）》作为一种国家对外政策，在政府主导，开放包容，和而不同、互鉴互惠，合作共赢的原则下，积极搭建包容不同文化传统、不同文明板块间的文化合作框架，并以具有可操作性的具体项目、平台、品牌等的建设加以推进。无疑，这一行动计划的实施及其取得的成效，一定程度上，也具有重要的区域乃至全球文化政策的意义。其具体的合作方式、机制、项目等，也在考验着合作各方的智慧和创新能力，有望走出一条新型的文化治理与文化合作之路。

结　语

以"文化权利""文化自由""保护文化多样性"和"文化发展"为基本核心理念，文化的全球政策已经从兴起到日渐成形，在迅速全球化的时代背景下，在处理全球文化事务和人类大家庭的共同发展中发挥着重要的作用。进入新世纪第二个十年，世界格局正进入大调整、大冲突、大融合的新阶段。国际文化贸易的快速增长，移动互联技术的飞速发展、智能手机等的普遍使用，更对全球文化政策带来种种挑战。"一带一路"是有着人类命运共同体深刻关怀和高远期待的大战略,积极创新推动文化在促进"一带一路"沿线国家以及更多不同文化背景族群之间"民心相通"的努力,既体现了大国的胸怀、责任与担当,也可望为推进世界各国合作开展全球文化治理,打通不同文明板块,实现和而不同、各美其美、美人之美、美美与共、天下大同的美好未来提供富有启发意义的实践经验。

从成都大熊猫谈土耳其的
城市动物文化

欧　凯[*]

土耳其是积极响应中国"一带一路"倡议的重要伙伴。加强双方文化交流与合作，是促进中土人民互相了解、实现民心相通的重要途径。本届会议主题是：一带一路：文化交流与文化品牌，聚焦探讨城市文化品牌建设，文化交流新形式新内涵，一带一路节点城市文化创新发展、推动人类命运共同体建构，进行富有创见的研讨交流。

本论文据会议主题，从在土耳其举办的"我想象的中国"高中生绘画比赛出发，来谈比赛得奖学生组成的"中土友好希望之星"访华团，2018 年在成都大熊猫繁育中心参观后的心得。这项文化交流活动，启发学生们反思土耳其的城市动物文化在城市文化建设品牌战略上，可以从中国借镜之处。

论文中将就土耳其首都安卡拉著名的安卡拉山羊，锡瓦斯名种牧羊犬坎卡尔狗、具有治疗皮肤病作用的温泉小鱼，土耳其东部凡城的虹膜异色白毛猫、德尼兹里也就是著名棉花堡的公鸡，来探讨城市动物文化品牌对文化交流与旅游宣传的作用。

有的国家是以其著名的城市为人所知，有的国家是以著名的历史古迹或者天然美景，为人所知，一提到埃菲尔铁塔，人们就想到巴黎，一提到自由女神像，大家都想到美国，金字塔就是埃及的象征，泰姬陵就是印度象征，谈到威尼斯，脑海就浮起贡多拉船的特殊形象，那不勒斯歌曲让人想到威尼斯，这种例子多得不胜枚举。

提到狮子时，我们不会想到一个国家，而是想到非洲大陆。提到北极熊或

　＊　欧凯（Bülent Okay），土耳其安卡拉大学中文系教授。

企鹅，就会想到南北极地，但是不会去想那个地区是哪个国家的国土。有些国家以他特产的动物为人所知，袋鼠是澳洲，眼镜蛇是印度，而熊猫就是中国。

我们要谈的是中国和熊猫。更确切地说，是成都和熊猫。中国在营造熊猫这个品牌上，已经非常成功，成为全世界的典范。现在则是让人一提到熊猫就想到成都。

熊猫已经成为成都的品牌，要看熊猫，就到成都。

在这里我要简短的介绍，从一项绘画比赛开始的中国之旅，然后再回到论文的主题。

从 2016 年起，中国驻土耳其大使馆、土耳其教育部和国际学术与文化研究基金会每年联合举办"我想象的中国"绘画比赛，这个面向土耳其全国高中生的比赛，引起全国性的广泛注意，参赛学生人数和作品质量都年年提高。参赛作品经过评委审慎评选之后，选出十名得奖作品，以及具有展出资格的优秀作品，举办画展，并制作成画册分发给观众。

同时，根据比赛章程，安排前十名的学生，访问参观中国十天。由十名得奖学生、第一名学生的校长、美术老师和家长，还有评委组成的访华团，被命名为"中土友好希望之星"。2016 年访问了北京、西安、上海，2017 年访问了北京、上海、杭州，2018 年则访问了北京、成都和上海。从踏上中国国土的那一刻起，就受到中国文化旅游部的热情款待，令我们衷心感谢有关官员的精心安排。

在 2018 年的访华行程中有成都，主要因为成都有熊猫，而参赛作品中的主要元素有：龙、万里长城、筷子、竹子、熊猫、传统服装、兵马俑、宫灯和中国国旗。正是为了让原本只从影片和图片上看过熊猫的土耳其学生，能够亲眼看到活生生的熊猫，中土友好希望之星访华团的行程中就有了成都。

学生们到了成都，发现成都宽窄巷老街的传统建筑之美，品尝了成都的茶叶、麻辣火锅，参观了大熊猫繁育中心，观赏了令人叹为观止的精彩川剧，登上峨眉山，体验了佛教仪式和斋饭，欣赏了古寺庙的建筑之美，目睹宏伟壮观、巧夺天工的乐山大佛。

在此要强调的是，熊猫把访华团吸引到成都，才得以进一步看到成都的名胜古迹。学生们都说他们从来没有听过成都这个城市，不像北京、上海已经耳熟能详，但是今天因为熊猫，他们的脑海中刻下了成都这个城市的名字。

有了这个参观经验，在和学生们举行的座谈会上，学生们不禁反思土耳其某些城市著名的动物，能否借镜成都的熊猫繁育中心的做法，打造出城市的文化品牌，吸引各国游客来深入游览土耳其。

我们看到中国不仅在成都建立大熊猫繁育研究基地，每年吸引数以万计的游客，还经由外交途径把熊猫赠送或租借给其他国家展出，起到了促进邦交的作用。在租借的规定中，成双成对的熊猫如果生下小熊猫，主权归中国所有。这个做法维护了熊猫的珍贵性与稀有性。

在国外中国的象征是熊猫，在国内，熊猫是成都的象征。

在土耳其也有足以作为城市象征的动物，只是我们还没有在把动物打造成城市的文化品牌上，做出足够的规划。举个例子来说，2016 年拍摄，2018 年 9 月在中国上映的一部土耳其纪录片"爱猫之城"（又名：伊斯坦布尔的猫），这里"伊斯坦布尔的猫"是一种泛称，指生活在伊斯坦布尔的各种猫，把在伊斯坦布尔自由出入于居民生活中的猫，那种无处不见和伊斯坦布尔居民相互依赖的温馨注入城市的氛围里，勾引出观众想到伊斯坦布尔街头寻找猫踪的念头，也真的有许多游客到了伊斯坦布尔特别注意街头巷尾的猫。即使如此，在伊斯坦布尔人们看不到更多把猫作为文化品牌经营的系列做法，没有以猫为主题的文艺作品或者活动。无论是国家还是市政府，都没有充分掌握时机，让伊斯坦布尔的猫，或者接下去我们将谈到的几种土耳其城市特产的动物，在国际平台上起到宣传城市的作用。

我们知道土耳其是中国共建"一带一路"的重要伙伴。加强双方文化交流与合作，是促进中土人民互相了解、实现民心相通的重要途径。而本届会议主题是：一带一路：文化交流与文化品牌，聚焦探讨城市文化建设品牌战略，文化交流新形式新内涵，一带一路节点城市文化创新发展、推动人类命运共同体建构，进行富有创见的研讨交流。

在土耳其从一个名为"我想象的中国"的绘画比赛出发，到经由参访中国成都，吸取熊猫成为成都文化品牌的经验，这项文化交流活动，启发学生们反思土耳其的城市动物文化在城市文化建设品牌战略上，可以从中国借镜之处。

因此我在下面谈土耳其几个城市的动物，目的不只是在介绍土耳其的特色，而是要借此呈现"一带一路"倡议为文化交流与文化品牌提供的不同观察角度，以及文化交流的新形式和新内涵。

安卡拉的安哥拉山羊
（Ankara Tiftik Keçisi）

这种山羊的毛，被称为安哥拉羊毛，是世界知名的，安哥拉羊毛是翻译自 Angola Wool，Angola 是安卡拉的旧名，然而安哥拉这个译名，让许多人都误以为这是产自非洲国家安哥拉的羊毛。这实在和非洲安哥拉一点关系也没有，而是土耳其中部安卡拉一带自古以来著名的特产安哥拉山羊的毛。安哥拉羊毛。1220 年随着蒙古部族的入侵，羊毡布的制作传入小亚细亚，到了 14 世纪安卡拉用安哥拉羊毛制作的安哥拉羊毛布，远销到欧洲、意大利。只是全世界都不知道 Angola Wool 是来自今天的 Ankara。

1554 年一对安哥拉山羊被作为帝国礼物送给东罗马帝国。1838 年奥斯曼皇帝又将 12 只安哥拉公山羊和一只母山羊送给英国，然后被送到英国殖民地南非，以及后来的新西兰养殖，所以到今天全世界已经有 22 个国家有安哥拉山羊。

在这里我们不得不兴叹，如果当时也像中国坚持小熊猫的所有权的话，奥斯曼帝国就不会到后来丧失安哥拉羊毛布的专卖优势，而安卡拉也不会在 1923 年土耳其共和国建立前，已经变成一个羊毛布纺织业没落的小镇。

根据传说，当时放养安哥拉山羊的土库曼人反抗三年，拒绝把山羊送给英国，但是最后还是无法抗命，于是把 12 只公山羊都给阉割了，然而不幸的是，母山羊竟然在船上生下了一只小山羊，而且还是公的。英国人就因此得以繁育安哥拉山羊，再加上工业革命带来的优势，夺取了奥斯曼帝国安哥拉羊毛布的欧洲市场。

今天位于安卡拉旧城区的安纳托利亚文明博物馆馆址，曾经是奥斯曼时期的安哥拉羊毛布集散地。这个博物馆保存了古代西亚和小亚细亚王国（亚述人、西太人、腓尼基人等）的古文物，博物馆附近的安卡拉城堡俯视整个安卡拉市区，下方的澡堂前文化艺术村（hamanmönü），有建于 1440 年，今天仍然在营业的古老奥斯曼澡堂、奥斯曼风格老街和传统奥斯曼艺术工作坊集中的艺术村。安卡拉建于共和国初期的歌剧话剧院也都在这个旧城区。

如果能够从历史上生产安哥拉山羊与安哥拉羊毛布的特点出发，将安哥拉山羊作为安卡拉城市文化品牌来经营，参考成都的做法，成立安哥拉山羊繁育中心，建造安哥拉山羊博物馆来展示安哥拉羊毛布历史沿革，配合周边的安纳托利亚文明博物馆、安卡拉城堡、澡堂前文化艺术村，发展观光事业，在歌剧话剧院定期演出传统戏剧，突显安卡拉是安哥拉羊毛布发源地的历史特点，使安哥拉山羊成为城市象征，让世人一提起安哥拉山羊就想起安卡拉，是多么值得期盼的远景。

锡瓦斯的坎高牧羊犬
（ Sivas Kangal Çoban Köpeği ）

锡瓦斯是位于土耳其东北部的城市，在土耳其人们一提到锡瓦斯，首先想到的就是名为坎高（土语发音为坎卡尔）的牧羊犬。

坎高牧羊犬的胸部宽广，体形硕大，脚掌很大，性情温顺，并不咄咄逼人，但是非常勇敢善战，足智多谋，即使面临十多只狼的攻击，也不会畏缩逃跑，会至死保卫托付给它看管的羊群。

坎高牧羊犬非常能干，能独自赶着羊群去吃草，独自赶回来。不会让羊脱离羊群，不会让羊群走到危险的地方，也不允许陌生人接近羊群，保护羊群免受任何危险。

在幼犬时期，将一块狼皮丢在面前，如果非常凶猛地去撕咬狼皮的话，就会被训练为牧羊犬，如果闻一闻狼皮后，转头离开，就会被训练作护卫犬、看门狗，无论被训练为牧羊犬还是护卫犬，都会很尽忠职守。

今天在美国、英国都有坎高犬的民间保育组织，今年 9 月底意大利托斯卡纳山区出现狼出没攻击事件时,引进土耳其坎高牧羊犬就成为地方会议题,只是遗憾的是,官方对此没有借用中国经验,进行规划、运用,只有民间的私人采购项目。

锡瓦斯坎卡尔温泉鱼
(Sivas Kangal Kaplıca Balıkları)

位于锡瓦斯坎卡尔县(Kangal)的蛇温泉(Yılanlı Çermik)水疗中心有一种特殊的温泉小鱼。这种温泉鱼分为两类,都是属于鲤鱼科。一类身长在15—20厘米,身体两侧有斑纹,一类嘴巴呈新月形,长度约19厘米。

温泉鱼没有牙齿,生活在36—37度的温泉水里,身躯很薄,呈棕色、灰色、米色,喜食在热水中软化的皮肤上的伤疤,用嘴清理伤口周围的碎肉,让皮肤留下健康的部分。

有鱼的温泉水疗中心(Balıklı Kaplıca)在距离坎卡尔市中心90公里的澡堂河谷(Hamam Deresi vadisi),这个温泉位于海拔1 425米处,有五个源头,水疗中心的水温冬天也维持在36—37度,水池每天约可容纳500人,对皮肤伤口、湿疹、化脓性痤疮和牛皮癣具有疗效。温泉水的PH值是7.2,也可以喝。

现在这种小鱼也和坎高犬一样,都被带到国外繁育,逐渐被忽略牠们的原产地,土耳其也丧失推广的先机。

凡猫(Van Kedisi)

凡猫常见一只眼睛的眼膜是浅蓝色,另一只是琥珀色,这是因为患有虹膜异色症。毛是白色的,但有的尾巴有其他颜色。凡猫性格温驯,非常喜欢亲近人,对食物比较挑剔,通常有听力障碍,与一般猫怕水不同的是,它们擅长游泳,也喜欢游泳,玩水,日本知名作家村上春树就在他的著作"雨天炎天:希腊、土耳其边境纪行"提到他到土耳其东部的凡城只是想要看看凡湖的猫。凡城以凡湖知名,凡湖海拔1 720米,是世界上高水面湖之一,因为没有河流出口，盐分相当高，浓度达百分之三十，几乎没有鱼。村上写道："凡湖猫是住在凡湖旁的特殊猫，乍看是普通猫，实际上特喜欢游泳，只要有水就游，相当变态的家伙。另外左右眼颜色不一样。"凡猫聪明得会打开水龙头，很粘人，特别是夜晚不喜欢独自一人。

有种被称为安哥拉猫的长毛白猫，常被误认为是凡猫，分辨的特征是安哥拉猫的眼睛是呈杏仁状，凡猫的眼睛是圆形的。由于混种的缘故，有些安卡拉猫也出现虹膜异色情况。安哥拉猫全身毛色纯白，而凡猫有的尾部会杂以其他颜色。

1992 年在凡城设有凡猫研究中心，养育着 200 多只凡猫，保护和研究工作开展得有声有色。研究中心的首要目标是保护纯种凡猫的基因延续性，避免凡猫与其他猫类的无序繁育，在研究中心公猫和母猫被分开饲养，研究人员通过建立家族档案、控制繁育来筛选出纯种凡猫。

经过 20 多年的努力，凡猫的种群数量和基因质量明显提升，而当地居民在将猫送往外地前，也会咨询研究中心的意见，在确认接收者的养育条件后，才会将猫送往新的生活环境。

根据我们的了解，凡城的凡猫中心目前也像成都的熊猫繁育研究基地一样，接受参观访问，但是参观者在进入凡猫生活区前，被要求穿好鞋套，不能碰触幼猫，因为研究中心面临的一大挑战来自猫类传染病，工作人员需要经常清洁消毒，对病猫隔离治疗，更换用品，防止疾病传染。目前在禁止凡猫出口上，已经得到落实，但是，还需要唤起社会公众保护凡猫的意识。

我们看 2010 年这部参观凡城凡猫繁育中心的视频，可以看到规模设备还远远比不上成都的熊猫繁育基地。

https://www.youtube.com/watch?v=Rcd_HnqUIeA

再看下面这则今年 2018 年 6 月的新闻：土耳其为国宝凡猫打造专属泳池。

http://www.hi.chinanews.com/photo/2018/0629/91105.html

根据最新数据，每年凡猫繁育基地接待访客达五万人，这也促进凡城的旅游业。

再请看土耳其东部凡城的十大景点

https∶//www.youtube.com/watch?v=vrQZl‑VU2No

我们期待土耳其的凡城能成为和中国成都一样,以国宝级的凡猫成为吸引世人注目的城市。

德尼兹里公鸡(Denizli Horozu)

请先听一般公鸡啼叫声

https∶//www.youtube.com/watch?v=3mrBArM6GtE

https∶//www.youtube.com/watch?v=VqW9KfMoq20

现在再来听听土耳其德尼兹里公鸡的啼叫声

https∶//www.youtube.com/watch?v=MMJ4Bo7TQ4E

https∶//www.youtube.com/watch?v=DPMkeZJ3Cvg

https∶//www.youtube.com/watch?v=uc23LyEk3qE

德尼兹里公鸡以其雄厚绵长的啼叫声而闻名。一岁的德尼兹里公鸡的啼叫声,一般约长 20—25 秒,刚才视频中六个月的公鸡则长达 33 秒。土耳其有句谚语说:"公鸡都在自己的鸡笼里啼叫,德尼兹里的公鸡则到处都可以啼叫。"

德尼兹里公鸡的行为是独一无二的,牠不会让自己鸡群的任何一只鸡走失,也不会轻易让其他公鸡或母鸡进入自己的势力范围,如果有必要,它不会逃避战斗。天亮时啼叫,但白天里也会为了证明自己的存在权威而长长地啼叫,羽毛色泽艳丽耀眼。

除此之外,公鸡啼叫时,身体姿势的变化也会改变啼叫声,根据啼叫当时的身体姿势,会出现"狮子吼啼声""狼嚎啼声""勇士啼声""阴郁啼声"四种啼声。一只优良的德尼兹里公鸡有着强壮有力的腿,长长的颈子,挺拔的胸部,长而挺直的尾巴。

在土耳其一提到德尼兹里,就想到公鸡,还想到棉花堡。在"棉花堡"你会听到这样一个传说:曾经,牧羊人安迪密恩为了和希腊月神瑟莉妮幽会,竟然忘记了挤羊奶，致使羊奶恣意横流，盖住了整座丘陵，这便是土耳其民间有关棉花堡的美丽来由。坐落在山顶上的历史古城希拉波里斯，从古罗马时代就吸引着众多的人们来此进行水疗，并为今天的人们遗留下了温泉中心和温泉池。

而依据科学的解释，这些白色阶梯其实是以碳酸钙为主要成分的"钙化"。当地的雨水渗入地下，经过漫长的循环又以温泉形式涌出，在此过程中溶解了大量岩石中的石灰质和其他矿物质。当温泉顺山坡流淌时，石灰质沿途沉积，久而久之便形成一片片阶梯状的钙化堤。

（棉花堡 https://www.youtube.com/watch?v=5FHmr_gNPv8）

在土耳其从一个名为"我想象的中国"的绘画比赛出发，到经由参访中国成都，吸取熊猫成为成都文化品牌的经验，这项文化交流活动，启发学生们反思土耳其的城市动物文化在城市文化建设品牌战略上，可以从中国借镜之处。因此在本论文中，以土耳其几个城市的动物为例，不只是介绍了土耳其的特色，而且借此呈现"一带一路"倡议为文化交流与文化品牌提供的不同观察角度，以及文化交流的新形式和新内涵。

充分发挥现有平台网络作用
推动一带一路文化交流合作

黄士芳[*]

2018年8月,国家商务部发布2018年上半年文化贸易的数字。据统计,2018年上半年文化贸易总共是594.3亿美元,同比增长8.8%,文化和服务贸易进口增长173亿,同比增长20%。这里面讲的顺差是327.5亿美元,顺差里面讲到的五大市场,包括美国、日本、荷兰、英国和中国香港。还有一个数字是中国上半年向金砖国家出口贸易产品22亿元,向"一带一路"国家和地区总共是72亿美元,同比增长非常快,尤其是对东欧出口是16.6亿美元。就服务贸易和产品来讲,广东、江苏、浙江占了78%,文化服务出口中,上海、北京、广东占了81%。以上说明,在推进"一带一路"倡议的实施过程,文化服务贸易发挥的作用越来越大。

应该看到,在"一带一路"与沿线国家的文化交流中,我们面临很大的挑战。"一带一路"国家和地区文明的冲突和碰撞,特别是宗教方面的关系非常复杂,因此需要通过合适的文化产品实现文化贸易,这需要我们通过市场的自由流动来推动,同时要通过加强政府交流合作来推动。

在进一步推动"一带一路"文化交流的路径上,除了积极落实《"一带一路"文化发展行动计划》的任务和平台外,建议要特别关注和重视发挥好在对外关系中已经形成的四个平台网络。

一是用好文化会展平台。文化会展已成为文化贸易交流的重要平台。北京、上海以及粤港澳大湾区已成为世界重要的会展聚集区,形成和打造了一些具有世界影响力的文化会展平台,如北京的北京国际文化创意产业博览交易

会；上海的上海艺术节、上海国际电影节、上海国际动漫游戏博览会；深圳的中国(深圳)国际文化产业博览交易会、中国(深圳)国际高新技术产业交易会等。比如2018年5月10日在深圳开幕的第十四届中国(深圳)国际文化产业博览交易会吸引参展单位2 308家,设置1个主展场和67家分会场,其中吸引国外参展单位130个,来自42个国家和地区,"一带一路国际馆"汇聚六大洲40个国家和地区参展,瑞典、拉脱维亚、芬兰、挪威、冰岛等国首次参展。

二是用好华人华侨网络。华人华侨是传播中华文化、影响当地文化很重要的突破口和资源。据统计,全世界华侨华人有6 000多万,其中新增的移民大概有500万。很多华人华侨都生活在"一带一路"沿线国家和地区。如果我们通过华人华侨,传播中华文化,会实现递进效应,华人在当地的影响逐步影响当地的国家和国民。如深圳就利用粤港澳大湾区华侨和华人在海外众多的优势创设举办了华人华侨产业交易会。2015年8月13—14日,中国(深圳)华人华侨产业交易会,在深圳会展中心举办,取得很好效果。2018年13—15日,第四届中国(深圳)华人华侨产业交易会在深圳会展中心举办,来自全球28个国家和地区的620家参展商参展,海内外政界、侨界、商界人士以及华人社团代表等近千人与会。该届侨交会的主题是"引领侨商科技项目合作,促进创新成果转化落地"。该届侨交会突出国际化特色,620家参展商中海外展商达283家,占比45.65%。海外展团主要来自澳大利亚、新西兰、加拿大、美国等国家,遍及全球五大洲。加拿大深圳社团联合总会、西澳大利亚深圳联谊会暨总商会、法中国际文化交流中心、日本冲绳华侨华人总会、美国华侨进出口商会广东分会等数十家海外侨团组团参展。

三是用好友好城市网络。友好城市是推进"一带一路"国家和地区文化交流的重要载体,目前全国各省市都与各个国家的城市间建立了双向的友好城市关系,这种友好城市关系本身就是一种互信,可以为文化交流提供坚实有力的资源基础。据统计,北京市目前已有市级友好城市56个,区县友好城市11个。上海市及相关区已与世界上59个国家的89个市(省、州、大区、道、府、县或区)建立了友好城市(区)关系或友好交流关系。广东省目前全省各个市总共有47对友好城市、省、州,涉及到六大洲38个国家,包括大湾区,广州37

对,深圳 22 对,佛山 15 对,肇庆 5 对,惠州 5 对。深圳还有 63 个友好交流城市。深圳自 2007 年起举办两年一度的深圳国际友城文化周。2017 年 11 月 28 日至 12 月 8 日第六届"深圳国际友城文化艺术周"举行。恰逢中德建交 45 周年、深圳与德国纽伦堡结为友好城市 20 周年,来自多个国家的 11 个艺术团体约 200 名艺术家齐聚深圳,唱响"友城之声"。从 11 月 28 日开始,"眼睛的旅行""友谊之声、舞动鹏城""国际友城嘉年华""国际友城艺术工作坊"四大板块 12 场活动陆续在深圳音乐厅、保利剧院、关山月美术馆、深圳艺术学院等登场,涵盖音乐、舞蹈、民族歌舞、展览、工作坊等艺术形式。友好城市本来就是双方伙伴关系,一方面政府合作交流,同时可以借助这个网络,大力推进我们的文化产品走出去。

四是用好创意城市网络。联合国教科文组织 2004 年成立全球创意城市网络,目前中国已经有 12 个城市加入了这个网络,青岛是电影艺术之都,杭州、景德镇、苏州是民间手工之都,北京、上海、深圳和武汉是设计之都,长沙是媒体之。成都、佛山顺德区、澳门是美食之都。联合国教科文组织全球创意城市网络目前已有来自 72 个国家和地区的 180 座城市入选,全球创意城市网络涉及到民间艺术及手工艺、数字艺术、设计、电影艺术、美食文化、文学和音乐七个领域,这些城市大都与"一带一路"国家和地区的城市有关,因此加强网络间城市的交流本身就是对"一带一路"文化交流的促进。

媒介扩张、媒体转型与
城市文化传播创新

徐清泉 *

世界进入新千年以来,媒介扩张及媒体转型,体现出了从未有过的更加迅猛、更加活跃的发展势头。这从根本上影响并改变了城市文化生产、供给、消费乃至传播的传统格局。媒介扩张与媒体转型的突出表征在于——以有线无线互联网普及和数字智能终端消费勃兴为代表的新时代电子媒介,极大地拓展了传统媒介衍生发展的边界疆域,社会公众从先前的更习惯于被动性、单向性、纸媒式媒介消费时代,进入了对互动性、多向性、综合式电媒消费趋之如鹜的"媒介化生存"新时代。随之而来的是,先前的媒体机构和媒体从业者,受这种新时代媒介大潮的裹挟和催逼,开始有意无意、主动被动地进入"跨媒介赋能"的融合发展新阶段。越来越多的普罗大众也因之能够借助电脑、平板、手机等智能终端,成为了外在于体制内媒体的自媒体主宰,成为了形形色色的媒介业态依托科技红利实现自我快速成长的拥趸。上述格局的出现,在客观上引发了城市文化传播体系出现生态变动、组织重构及机制调适。有鉴于此,如何科学地把握媒介扩张及媒体转型的特点规律,并适时在城市文化传播等方面实现创新提升,就必然是亟待我们研究破解的关键问题。

一、 科技突进与全球化扩展最终
引发媒介扩张和媒体转型

媒介扩张和媒体转型,首先是基于这样一个事实判断,即"当今时代已进

---

* 徐清泉,上海社会科学院新闻研究所所长、博士、研究员、博导。

入了一个实实在在的媒介化生存时代"。早在 20 世纪 90 年代中期,美国学者尼葛洛·庞帝(Negroponte)就提出了"数字化生存"的概念。其实有一个现实的发展变化事项,应当是许多人都亲历到和感受到的。如果说十多年前的时代,更像是媒介媒体与公众保持"较大距离"的"离身时代"的话,而当下就更像是媒体媒介与公众保持"亲密接触"的"贴身时代"。由此可见,就在这并不算长的十多年间的时代转换过程中,媒介媒体的自我不断"扩张转型"实际上已逐渐成为了媒介发展和媒体生存的一种竞争性乃至进化性常态。在我们看来,当今信息传播媒介由纸媒向电子媒介及数字媒介的极度扩张发展,使得媒介直接介入人类生活甚至干预人类生活的能力,实现了超量级的放大和增强,所以我们能够说"数字化生存"在某种程度上就等于是"媒介化生存",这是有十分显见的现实依据的。媒介化生存让麦克卢汉(Marshall McLuhan)关于"媒介是人体的延伸"的理论断言得到了充分印证。由此开始,"媒介帝国"乃至"媒体帝国"的媒介媒体新架构,从先前的口头描述日渐成为了活生生的当下现实。

推动这一时代巨变的主要驱动因素主要包括三方面:一是世界范围内经济文化全球化跨区域互动、跨区域交流,让媒介及媒体的无界传播具备了相对较强的开放性;二是互联网技术、移动通讯技术及大数据云计算技术等新科技的日新月异,为媒介扩张和媒体转型赋予了源源不断的技术手段叠加效应;三是社会公众民主自由意识的普遍觉醒,让越来越多的普通受众在信息知情权和话语自主权方面,凸显出了更强的自主性。相比之下,由当代科技革命所开创出的"移动互联普及化",所起到的推波助澜作用,就更显得特别突出。以往媒介环境学派所强调的"媒介技术决定论",尽管有其偏颇性,但是至少在现阶段已经得到了较为充分的确认。对当今传媒领域而言,固然"内容为王"是个铁律,但"科技为先"(也即充当开路先锋)也成为制胜法宝,如今新媒体新业态的涌现都有赖于此。换言之,如果说在互联网技术、移动通讯技术、数字智能终端技术尚未大范围普及的十多年前,我们说媒介化生存已变为现实,就显得较为牵强的话,则现在我们可以认为现阶段"媒介化生存"这个时代名头实际已经做实。仅从国内情况来看,工信部 2018 年 3 月发布的数据表明,目前我国智能手机用户已达12亿。这意味着：手机和衣服、首饰一样，已经成为了人们的"贴身装备"，手机甚至成为了控制人们的大脑、意识和行动的"主宰"。应当看到的是，以算法技术革命和人工智能升级等为代表的科技创新突进，正在让媒介扩张及媒体转型获得具备相当可持续性潜力的发展动力。显然，从早先的媒介媒体"离身"，演变为当下的媒介媒体"贴身"，从既往的主流媒体、体制内媒体"一家独大"及"一家独存"，发展成如今的主流媒体、体制外社会媒体、自媒体及混合性融媒体等"共同成长"，这分明就是媒介扩张和媒体转型带来的必然结果。这一结果概括起来描述，可称作是新闻传播领域的版图重构和生态变革，它与媒介的量变和媒体的局变息息相关。

从本质上来看，汉语中所特指的媒介和媒体，都具有非常鲜明的公共性特点和工具类属性。相比之下，媒介更体现出其承载传播信息的物理介质功能，按美国著名传播学家施拉姆的理解，"媒介就是传播过程中，用以扩大并延伸信息传送的工具"，如果依照传播学大师麦克卢汉的媒介理论观点来推演，则人类的媒介发展进步是人类寻求认知世界功能延伸的进阶路径，这也就是说，媒介注定是处于变动发展中的；而媒体，在我们理解来看，它实际上是有特定的归属性所指的，它更适合解释为——是人们"将形态多样、功能多元的各类媒介，纳入机构化管理、组织化运作和责任化约束的产物"。在以往的时代，媒体往往体现出十分鲜明的或是国有化，或是私企化特征。也正以此，所有借助各类媒介工具手段而传播发布的新闻及信息，几乎都无一例外地带有鲜明的公共性和机构性特点。然而，自经济全球化运动风起云涌、网络信息技术日新月异、数字数据智能终端消费业态勃兴以来，特别是自进入新千年之后形成的新时代以来，伴随着媒介在形态业态、消费方式等多方面的迅猛发展和大举扩张，人们消费和使用媒介被赋予了更多的主动性、互动性、即时性，享有了更多的自主权、发布权功能，这直接引发了大量自媒体和社会媒体的诞生。于是，既往曾经垄断新闻传媒领域不少于一个世纪的公共性、体制性传播格局就此开始被打破。在既往时代，信息消费者就只是个受众，在新时代，信息消费者既是受众，但也有不少人同时成为了信息生产者和发布者。因此我们也可以说，新时代其实更是一个新闻传播主体日渐走向多元化多样化、不断推进主体身份重建重构的"群雄并起"的"春秋战国"时代。

二、 媒介媒体发展剧变铸就"透明城市"并伴生行业隐忧

媒介扩张和媒体转型,一方面是极大地丰富了媒介和媒体的种类、形制、渠道、平台及业态,另一方面是显著地增加了媒介和媒体的内容生产供给主体、内容生产供给数量及内容传播覆盖范围,特别是流媒体技术和融媒体技术的广泛应用——让文字、图片、音频、视频、动画等信息内容呈现,实现了集约化、集成化、综合化同步展示,并且让内容回看回听、内容收藏分享等变得随手可得。这应当说是当今媒介和媒体发展取得的巨大进步。换言之,媒介扩张和媒体转型,最直接地会促成媒体媒介的"扩容增能"。这对媒介和媒体相对发达的城市来说,似乎既是其新闻传播领域正在领受到的行业发展"红利"或说"机遇",同时在某种程度上来说也是行业发展早晚将会面对的严峻"挑战"。从"机遇"的角度来看——扩张转型直接带动了新闻传播领域的改革创新,就国内情况而言,不管是体制内权威媒体自身全力启动的"中央厨房"建设、"融媒体中心"建设及"云平台"建设也好,还是跨条块、跨业态、跨机构开展的全媒体传播体系建设也好,其主旨均在于通过切实推进传统媒体与新兴媒体的深度融合,从根本上推动新闻传播领域实现效能和版本等的跨代升级。升级之后,主流媒体、体制外社会媒体、混合性融媒体特别是大量自媒体的存在,将使得整个城市的所有细节、所有角落及所有运作,几乎无一例外地成为了媒体媒介可以关注到的"信息焦点",城市从此成为没有报道死角和披露盲区的"透明城市",人们掌控和管理城市更容易借此机遇抵达"精细化治理"目标。从"挑战"的角度来看——因为城市成为了海量新媒介和新媒体竞争博弈的"红海"区域,城市的新闻传播和信息发布势必会面临多节点网点协调、体制内体制外沟通的巨大压力,这一方面给各类媒介媒体的良性运营和规范管理带来了更多更高的要求,另一方面信源的多样化多元化,又极大地强化了市民公众对城市中大大小小、林林总总的正负面事件信息反应的敏感度和响应度,

这在相当大的程度上也会相应地加大城市管理者应急管理处置和城市对外宣传的难度。

正因为城市中的人沉浸在"媒介化生存"状态，而当下城市又变身为"透明城市"，所以所有发生在特定城市中的正面和负面的新闻事件，都极有可能在几近同步的时间段内，借助上述某些媒介和媒体的网络化、数字化信息传播，从而给分布在整个城市甚至世界各地的受众人群，带来有关该城市或是正面，或是负面的评价和影响。记得几年前被曝光的"青岛天价大虾事件"和2018 年 9 月发生在瑞典斯德哥尔摩的"国内游客被扔在坟场事件"，都是在极短事件内经由智能手机以图文并茂的方式，将现场信息传递给了媒体和公众。不管这些事件是否一定是证据确凿，是否可能，议论说法不一，但是报道本身却在客观上引发了广大受众对这些城市形象的负面性判断。在全方位大传播的"透明城市"时代，由网络媒介新媒体呈现给全球受众的、有关具体城市的存量信息乃至增量信息，一定是海量的、全景化的、全方位的。因为这些信息在互联网上唾手可得，所以出于不同动机的某些受众，完全可以通过借助"为我所需，不加查证，信手拈来"的处置手法，以"拟态化"的手段营构出一个有关这个城市形象的刻板化想象，并在媒体媒介上实现"二次传播"。这究竟意味着什么？城市经营者管理者理当对此有深切的关注。

应当注意到的是，由媒介扩张和媒体转型引发出的新闻传播领域生态变革和版图重构，还处于尚未最终"尘埃落定"的嬗变过程中。曾有学者明确提出"现代城市即是媒介"（佐藤卓己，2004）。在我们看来，现代城市是一个被现代化媒体运作体系大体笼罩和覆盖了的生活工作"有机体"。媒介及媒体一方面是城市化和现代城市文明发展的产物，另一方面也正是因为媒介媒体在当今的扩张增能，才使得现代化媒介媒体可以做到"无孔不入"，才使得"透明城市"的存在最终具备了实实在在的现实基础。换句通俗些的话来说，"透明城市"实际上就是现时媒介和媒体"下的蛋"。计算机算法筛选推送技术、人工智能集成应用技术的持续快速发展，只会进一步加大人们捕捉抓取城市信息的效率效能，进而使得城市更加"透明"（至于这个"透明"带给受众的是否真的是真相尚值得玩味），与此同时也会使得新闻传播领域的生态变革和版图

重构充满更多的复杂性和不确定性。如此这般,必然会给新闻传播行业带来一些显见的隐忧。这些隐忧主要表现在以下几个方面:

一是虚假新闻生发概率增加,规避"后真相"陷阱,可能就成为了今后所有媒体必须着力破解的理论和实践难题。因为自媒体、社会媒体和主流媒体的同时大量并存,这就将导致新闻传播中的"互动与主导并存""虚拟和真实并存",原发信息、洗稿新闻和编造事件更会巨量涌现。2018年年中,国家网信办就曾针对自媒体乱象而下决心下重拳整顿,并果断处置关停了9 800多个自媒体账号。二是媒介的滥用和某些媒体的失律失范,将促使新闻传播行业公信力建设进一步凸显成为最为紧迫的问题。因为有海量自媒体和社会媒体的快速生发崛起,因为有新媒体向主流媒体的渗透融合,所以当下和今后的主流媒体,就绝对不可能是以往那个成色单一的主流媒体,它的新闻权威性和吸引力会被新媒体甚至体制外媒体所稀释和分流,其公信力和影响力难免会遭遇冲击、解构和挑战,所以如何重建和强化国家主流媒体的公信力和影响力,是值得人们今后深入研究和尽快破解的重要问题。由于媒介在种类、形态、领地及手段等多方面的快速扩张,加上媒体在主体多元化、体制跨界化、生态多样化等方面的变动转型,使得但凡由城市不同阶层主体发出的各类五花八门的信息和新闻,很可能会在新闻传播经历这种特定的转型过渡期过程中脱离"把关人"的有效过滤监管,从而造成一些歪曲城市真相、阻碍城市发展的信息新闻肆意传播。这无疑是应当引起警惕的。

三、 城市文化传播创新的前提在于 整合动能资源及确立目标定位

进入新千年以来,新闻传播学研究拓展出了一个很有前景的研究领域,莫西·吉布森(Moses Gibson,2006)和王安中、夏一波等(2008)将其称作"城市传播"。刘易斯·芒福德(Lewis mumford,1961)更早就认为"城市既是共同体又是文化的容器"。雷蒙德·威廉斯(Raymond Williams,1958)则提出"任何真正的传播理论都是一种共同体理论"。从这些学者的理论认识视角出发,我们

似乎可以说——新闻传播在本质上就与城市文化传播存在着极为鲜明的有机同构关系,而城市文化传播的着力点就在于在公众群体中尽力达成具有最大公约数力度的"城市文化价值观认同",构建起足以引导公众群体携手走向城市发展真善美志高境界的"精神共同体"。

显然,要在当今新时代之媒介媒体、世情国情复杂多变的背景下,努力达成这一境界目标,其难度非同寻常。在移动互联不够发达的 20 多年前,由于媒介手段和媒体能效的相对落后,城市场景和城市事项的透明程度远不像今天这样一览无余。当时的城市文化对外传播,主要依托这样两个平台路径—— 一是借助跨国界跨区域社会经贸文化交流往来,来对外传播展现城市文化内容信息;二是借助本地本城主流媒体来对外传播展现城市文化内容信息。显然平台路径相对单一。而对内的城市文化交流共享传播,则主要是借助城市文化公共产品的有限服务供给,当时的新闻传播也主要依托体制内基本上整齐划一的计划性调控安排等,来发布传播城市文化信息,其复杂程度远比不上媒介媒体开始扩张转型以来的当下时代。在当今媒介媒体扩张转型的"透明城市"时代,尽管上述城市外宣的两个平台路径依然有其重大作用,甚至原有的对内城市文化传播交流依然有效,但是更加多元化、多样化的传播主体的大量涌现,在客观上成为了丰富和拓展城市文化传播平台路径的主要推手,因此从全局性战略高度出发,来谋划"透明城市"的文化传播就显得尤为重要。

在现如今城市文化传播创新面临的若干棘手性问题中,特别需要引起重视的就是这样两方面问题:第一个问题是,新闻传播整体动能包括无以计数的资源力量呈现为碎片化分布状态。在大量自媒体和社会媒体尚未兴起的既往时代,城市受众所能接收到的城市文化信息,体现为脉络相对清晰,主流声音较为强劲。人们几乎很少能听到有关城市日常工作生活实践的负面信息和干扰噪声。然而,仅仅经历了十年左右的时间,大量自媒体和社会媒体的快速涌现,就在很大程度上改变了这一局面。从确保公众知情权的角度来看,这虽然有助于让市民了解城市每天发展的不少内情真相,但是从构建城市共同体的角度而言,这也同时不可避免地造成了城市信息鱼龙混杂、尘沙俱下的城市乱象,在一定程度上让公众陷入了学界所论定的"后真相"陷阱。尽管国家主管机构和城市公权力运作部门,近年来始终在大力推进新媒介新媒体信息传播领域的行业自律和行业监管工作,但是新媒介新媒体的行业扩张发展速率,显然是高过了自律监管跟进速率。如何让新闻传播体制内外的多元性主体动能形成"既能够弘扬主旋律,又可以兼容多样化"的统一动能集成,是今后城市管理主体需要着力谋划破解的重要问题。

第二个问题是,在当今人们新闻传播创新实践中,对城市文化传播的任务目标聚焦度明显不足。从宏观层面来看,国家首先关注的是事关意识形态建设和主流核心价值观建设的主导权问题和话语权问题,其着力点在于"守土有责";从地方传播实践的中观微观层面来看,城市公权力运营管理机构,更关注的是直接影响当地经济社会发展的城市形象问题和城市社会稳定问题,即使是涉及到城市文化建设及其影响力传播,也大多是从文化经济、创意经济及非遗保护性开发利用的"规划引领"和"项目运作"视角来理解认识城市文化传播的。与之形成配套呼应的是,大力发展文化创意及其相关产业,就更多地被运作成了仅只是以此朝阳产业和无烟工业来取代城市旧有产业的工具。这种过于功利化的理解,显然与城市文化传播旨在构建城市精神共同体的高远诉求及最终目标有相当的距离。必须看到,今天的时代既是一个十足的"城市时代"和"城市化时代",更是一个早在三年前就被联合国教科文组织(UNESCO)所论定的"文化时代"。在此时代,一方面是城市病会变得常见和高发;另一方面是文化因其在资源配置和发展红利中的权重增加,而会被人们有意无意地过度泛化甚至随意曲解。在此背景下,尽快厘清并确立城市文化传播的目标定位,就凸显出了极大的现实意义。国内许多城市努力推动的城市文化精神提炼、建构、宣传及践行实践,无疑对厘清并确立城市文化传播的总体目标定位是有显见作用的。但遗憾的是,很多城市在此方面既缺少可持续热情和动力,又缺乏与城市文化日常生产供给相对接相融合的落地抓手,从而导致了"口号多过了行动""目标流于了松散"。

要想破解上述两大问题,就需要采取这样一些切实有效的行动举措:一是充分借助城市管理运营主体先天具备的体制化、组织化、制度化规划引领和政策调控优势,在确保导向正确的前提下,适当借助市场化和社会化辅助手段,努力整合体制内及体制外、传统媒介媒体与新兴媒介媒体的新闻传播动能资源,力争形成城市文化传播整体合力。二是努力厘清并确立城市文化传播的总体目标定位,推动城市精神共同体的塑造建构和弘扬传播,与国家意识形态建设诉求、城市人文价值取向诉求及市民修德修身导向诉求,实现有机统一、一以贯之。最终建立起符合移动互联文化供给消费新时代特点的现代化城市文化传播体系。

四、 城市文化传播创新需要破解
时代痛点并规避行业风险

需要强调指出的是,当今全球化引发的区域开放性互渗性和科技创新引发的媒介扩张及媒体转型浪潮,已经在很大程度上将今后的城市文化传播创新,置身到了一个充满不确定性、充满挑战压力的环境中。这在客观上催逼着既有的新闻传播行业必须实现版本能级更新提升。这在改革开放和现代化建设实践正进行得如火如荼的当下中国,表现得尤为明显。以往我国在新闻传播理论及相关实践研究方面,与西方发达国家存在着一定的差距。这显然与我国过去在传统传媒发展方面落后于西方有很大关系。然而历经改革开放 40年现代化建设发展,如今我国已经在新闻传播体系的建构和赶超等实践方面走进了世界第一方阵。当今中国在充分应用全球化红利、改革开放红利、高新科技革命红利的背景下,毫无争议地确立了自己作为世界移动互联技术、数码数据技术普及应用的第一大国地位。我国的自媒体及社会媒体用户数和活跃度均位居世界前列。媒体的线上线下融合、新媒旧媒融合、供给消费融合、机构个人融合已经成为了常态。这意味着:新旧媒介多样并存时代、全媒体即时传播时代已经真正到来。应当注意到的是——全媒体传播实践在当今世界特别是在当代中国的快速发展,从根本上使得以往中西新闻传播存在的某些发展落差有所改观,它在一定程度上将我国新闻传播的当下实践及其相关理论创新,推到了破解实践瓶颈及寻求学术支撑的最前沿。需要强调指出的是:全媒体传播是既往新闻传播实践及其理论创新中从未遭遇到的重大问题,同

时,它也是今后城市文化传播创新乃至整个新闻传媒实现版本能级更新提升必须首先攻克的难点和痛点。全媒体传播从本质上来说是对传统新闻传播在资源、媒介、技术、手段、流程、功能及生态等方面的全方位拓展,这一点恰与我们前文所说的城市传播在综合性方面具有通约关系。这表明当今学界所探讨的城市传播,其实正是当今算法时代、移动互联时代之全媒体传播的一种典型实践。按照中央的提法,建构全媒体传播体系——要以"媒体融合"为抓手,加强理念思路、体制机制、方式方法探索,打通"报、网、端、微、屏"各种资源,大胆运用新技术、新机制、新模式,力争全方位覆盖、全天候延伸、多领域拓展,激发全程媒体、全息媒体、全员媒体、全效媒体新动能,实现信息内容、技术应用、平台终端、管理手段共融互通,催化融合质变,放大一体效能,统筹处理好传统媒体和新兴媒体、中央媒体和地方媒体、主流媒体和商业平台、大众化媒体和专业性媒体的关系,最终形成资源集约、结构合理、差异发展、协同高效的全媒体传播体系。

可以预想到的是,全媒体传播体系的最终建立,尽管能够带来新闻传播效能和城市文化传播格局的更新,但是也势必会带来一些显见的负面效应。全媒体传播说到底首先是当今互联网、移动通讯、大数据云计算及人工智能等新兴科技快速崛起必然催生出的改革举措。全媒体传播所倚重的信息化、网络化、数据化、人工智能化及区块链等背后的深层逻辑,就是信息的集约性"算法精准推送"。显然"计算不再只是和计算机有关,它决定我们的生存"(尼葛洛·庞帝,1996)。算法通常与大数据相结合,借助打分、排序、评级、用户画像等方式完成逻辑闭环,进行自动化推荐。设计偏向、数据缺陷乃至"算法黑箱"的存在,使得算法过滤、算法偏见、算法歧视和算法操控屡见发生并最终导致"算法霸权"(奥尼尔,2018)。由此容易引发"信息茧房"和"回音室"效应,制造"过滤气泡",导致"群体极化"现象,使受众难免陷入前面我们所提到的"后真相"陷阱之中。这应当说是在技术引领传播手段进步过程中很可能会发生的行业风险,对此不能不引起我们的警觉。在今天这个媒介媒体群雄并起的"春秋战国"时代,媒介媒体行业版图重组重构已成必然,主流媒体即便拓展出丰富多样的融媒体消费平台界面,但也无法在媒介媒体多样化生态中垄断和独霸所有的点击率和注意力。因为信息发布的信源和主体已经多到了让受众完全被多样化选择所绑架的地步。在全媒体传播体系行将建立，而相应的管理监督举措无法同步跟进到位的情况下，新闻传播所应秉持的客观、真实、中立等原则，就难免会在算法驱使、利益诱惑的困局中被消解，于是，不论是向公众还原事实真相也好、解疑释惑也好，还是借助新闻传播手段来营构城市精神共同体也好，都会变得充满坎坷和曲折。

这一严酷的现实提示我们，规避今后的新闻传播行业风险，必须要成为升级转型后的新闻传媒管理和城市文化传播理应始终面对的重要任务。为此，我们应当树立全媒体全媒介传播管理意识，积极创建跨条线跨领域统筹协调合力并进的立体化文化传播体系。也就是说要认清当今各条线行业多向互动交流交往的"媒介化媒体化"性质，借助跨条线跨行业统筹协调手段来明确"信息传播发布主体责任"，努力营造起媒体传播与社会传播相互支撑、直接传播与间接传播并举互动的良性格局。在媒介媒体整合和机制优化等方面，要借助大力推进传统媒体向新媒体深度融合对接的机遇，从全国一盘棋、全城一盘棋的立意出发做好对自媒体及社会媒体的管控引导，不断凸显强化主流融媒体的吸引力和引导力。针对算法技术、人工智能技术对新闻传媒和城市文化传播的强势介入，必须尽快在行业内确立以倡导遵循"算法伦理"为导向、以推动媒介平台和媒体机构强化履行社会责任为本分的自觉意识。

唯有做到上述这几点，城市文化传播才有可能向着构建城市精神共同体的目标越走越近。

城市文化与文化创新

李 传* 王 韧** Sendy Ghirardi***

"一带一路"倡议是近年来中国政府提出并推动的有关区域合作和发展的重要战略。其中,文化发展是"一带一路"倡议的重要内容,城市是"一带一路"实践的主要场所。因此,"借助一带一路推动文化发展"[①]的有效形式之一,便是通过区域内中外城市之间的合作和交流,来创新城市文化的发展理念,激发城市文化的发展活力,以及培育和发展城市的文化创意产业。

21世纪的城市发展,既不可避免地卷入全球化过程之中,又努力地推动在地化进程以保护自身的城市特征。所以,不同城市之间既显现出一体化趋势又存在异质性特征。尤其是在中西方之间,城市文化存在着较大的差异,这种

---

* 李传,西班牙瓦伦西亚大学应用经济学系文化经济学与旅游研究所博士研究员,主要研究领域为文化创意产业创新和博物馆管理与创新。近期研究成果:
Li, C. and Ghirardi, S., "The role of collaboration in innovation at cultural and creative organisations. The case of the museum", Museum Management and Curatorship. Routledge, 2018. doi: 10.1080/09647775.2018.1520142.
Concilio, G., Li, C., Rausell P., and Tosoni, I., Cities as Enablers of Innovation, in: Concillio, G. & Tosoni, I. (eds) Innovation Capacity and the City. The Enabling Role of Design. Springer, 2019, pp.43 – 60.
** 王韧,上海社会科学院文学研究所助理研究员,博士,主要研究方向为城市文化和艺术史。目前主持国家社科基金青年项目《民国洋画运动与中西文化交流研究》。
***Sendy Ghirardi 意大利米兰语言与传播自由大学人文学院博士候选人。研究方向为博物馆理论与实践,文化参与与幸福研究。近期研究成果:
Ghirardi, S., The Museum as a Catalyst of Social Development: Best Practices to Engage the Community, in Jung, Y. & and Love, A. R. (eds) Systems Thinking in Museums. Theory and practice., Rowman & Littlefield, 2017.
Li, C. and Ghirardi, S., "The role of collaboration in innovation at cultural and creative organisations. The case of the museum", Museum Management and Curatorship. Routledge, 2018. doi: 10.1080/09647775.2018.1520142.
① 杨建毅:《借助一带一路建设推动文化发展》,人民日报,2018 年 4 月 16 日,第 7 版。

差异主要体现在中西城市文化的主要形式及其构成内容的发生和发展上。[①]
正是由于这种文化差异的存在,使得不同区域之间人们对于"城市文化"的
认知和理解亦有很大的差别,这在一定程度上成为中西城市间文化交流与
合作的重要障碍。因此,唯有厘清差别,减少误解,才能有效地克服国际交
流与合作中的障碍,在求同存异的基础上推动和实现"一带一路"倡议的战
略目标。

本文的目的旨在探讨城市文化及其创新发展的可能路径。为此,本文从
城市文化的定义入手,归纳了理解城市文化的两种视角,分析了文化创新的功
能和内涵,并在创新体系的分析框架下,解释了文化创新推动城市文化发展的
过程和机制。

一、 城市文化的双重视角

"城市文化"作为一个专有名词,尽管频繁出现在大众媒体和日常生活
中而广为人知,然而学术界对于它却并没有一个统一且确切的定义。相反,
对于它的认知往往因人因地因时而异。从词语的构成上看,这大抵是缘于
城市文化作为一个复合名词,其构成词汇"城市"和"文化"本身就已经蕴含
了丰富而多样的意义,而不同意义的相互结合则构成了"城市文化"定义的
多重可能性。

就文化而言,文化研究领域的奠基者、威尔士马克思主义理论家雷蒙德·
威廉姆斯(Raymond Williams)在其代表作《关键词：文化与社会的词汇》[②]就指
出,当代词汇发展的复杂性使得文化具有了多重含义：一是指智力、精神和审
美发展的过程,如文化人中的"文化",就是强调个人的修为和发展；二是指
"某一人群、时代、社团或人类总体所具有的特定的生活方式",如地中海文化
或二战文化中的"文化",就是强调特定时空环境下的生活方式和状态；三是

---

① 陈立旭：《都市文化与都市精神：中外城市文化比较》,东南大学出版社,2002 年。

② Williams, R. *Keywords. A Vocabulary of Culture and Society*. Kent：Croom Hel Ltd. 1976.

指"与智慧,尤其是艺术相关的工作和实践",如音乐剧文化中的"文化",强调的则是音乐剧作为一种特殊的表演艺术实践。可以说,以上三种定义既相互联系又相互区别。一方面,它们都反映了人类智慧发展和艺术实践的本质属性;另一方面,它们各有侧重,甚至互相对立。例如,在文化人类学中,文化作为一个术语特指"物质生产",而在文化研究领域,它则代表了"象征和符号系统"。①

然而,即使我们选择撷取文化的共同属性来定义文化,也不能将城市文化简单地归纳为城市空间里人类的智慧发展和艺术实践,因为城市本身就是一个超越地理属性的多维度概念。城市不仅是人类为工作和生活而聚居在一起的、占地规模大、人口密度高的定居点,更是一种复杂的经济、社会和文化现象。② 这种现象意味着城市不只是一尊承载文化的容器,城市本身就是文化的一个发生器。城市在其日常运作和演进发展的同时,也在创造人类文化和社会价值。因而,从本质上讲,城市是"一种空间与文化关系的映射",③不同城市之间,乃至同一座城市里的不同区域之间,都会因为空间属性的不同而显现出文化上的差异;而这里的空间属性则是由经济活动、社会互动、文化认同等多重维度的城市生活与生产活动决定的。

"文化"和"城市"内涵的丰富性以及两者之间的内在联系,虽然为人们探寻"城市文化"的终极定义带来了困难,却也为人们审视和理解城市文化这一现象提供了不同的视角。纵观中西方对于城市文化概念的理解和运用,我们认为至少存在两种视角来解读城市文化。

第一种视角将城市文化视为城市的象征和符号,它反映的是一座城市特殊的知识积累和生活方式。这种视角下的城市文化,往往与城市精神和城市性格联系在一起,强调一座城市所具有的内在"基因",这种基因通常要从一座

---

① Williams, R. *Keywords. A Vocabulary of Culture and Society*. Kent: Croom Hel Ltd. 1976.

② Abbasi, M. et. al.. *A Triplet Under Focus: Innovation, Design and the City*, in: Concillio, G. & Tosoni, I. (eds) Innovation Capacity and the City. The Enabling Role of Design. Springer, 2019, pp.35 – 38.

③ Borer, M. The location of culture: the urban culturalist perspective. City Commun 5 (2), 2006, pp.173 – 197.

城市的历史发展中去寻找线索，试图用历史的方法去总结一座城市的质性特征，其目的在于将自己与其他城市区分开来。不少中国学者便是从这个视角来解读中国的城市文化。例如，易中天在《读城记》中就对六座中国城市有着精辟的概述：北京的"大气醇和"、上海的"开阔雅致"、广州的"生猛鲜活"、厦门的"美丽温馨"、成都的"悠闲洒脱"，以及武汉的"好爽硬朗"。① 可以说，这些被建构起来的文化特质主要植根于城市历史，同时也适当关照当下；既是对城市人文风貌的描述，也是对城市人群性格特征的刻画。然而，对于那些缺乏特定城市的历史背景和生活经验的人来说，这种描述则显得过于抽象而缺少共鸣，只有进一步地加以阐释，方能让人得要领。

第二种视角则将城市文化与城市生产和生活实践联系在一起，强调的是一座城市所呈现的文化动态，这种动态反映的是城市当下的文化生态和创意活动。因此，城市文化的内涵主要体现在量的差异、而非质的区别上。这种视角在欧洲的理论和实践界较为常见。例如，欧洲委员会发布的《文化创意城市监测体系》（*The Cultural and Creative Cities Monitor*），就是从"文化活力""创意产业"和"扶持环境"三个维度、九大指标②来评估欧洲 30 个国家 168 座城市的文化发展状况。在欧洲，诸如时尚之都、创意之都、文化之都、设计之都、创新之都等称号的由来，也往往与一座城市特定的文化创意部门在城市产业结构中的地位和经济总量上的比重密切相关。在这种情景下，对城市文化的理解更依赖指标和度量，它衡量的既是城市文化生态的广度与深度，也是城市文化创意群体和职业的密度。因此，在一定意义上，文化设施的数量、文艺演出的频度、创意人群的密度、教育水平的质量等等往往决定了城市文化的兴与衰。

二、 作为整合角色的文化创新

文化创新是实现文化大发展大繁荣的重要动力。创新，简而言之，就是新

---

① 易中天，《读城记》，上海文艺出版社，2003 年。
② 九大指标包括：1. 文化场所和设施、2. 文化参与和吸引力、3. 创意及知识经济工作者、4. 知识产权和创新、5. 创意部门的新增岗位、6. 人力资本和教育、7. 开放度、宽容度和信任、8. 地区和国际连接、9. 治理水平。

思维、新发明和新概念的市场化。创新研究之父约瑟夫·熊彼特(Joseph Schumpeter)早在 20 世纪上半叶就提出创新就是发展新产品、新工艺、新市场、新原材料供给,和新的组织方式。[①] 当然,熊彼特的创新论主要基于资本主义工业化机器大生产,因而其论述具有一定的局限性,但却对后续的创新研究产生了深刻的影响。

在当下,创新早已不局限在工业生产领域,而成为一种普遍的社会现象。因此,当下的创新主要具有两个基本特征:一是"新颖性",创新的"新"不仅是指新产品、新工艺、新市场和新的组织形式,也包含了新思想、新理论、新方法、新内容、新符号、新审美等等;二是"创造价值",这些新思维、新方法和新概念必须物尽其用,通过生产、分配、交换和消费的机制来创造经济和社会价值。一方面,只有新意而没有市场,不被消费者和公众所接受的"创新",无法创造显著的经济和社会价值,因而也就不能称之为创新;另一方面,只有市场而没有新意的事物,只是普通的产品和服务,也不能称之为创新。

文化创新是近年来才被提出来的新概念。传统的创新理论通常强调企业研发过程和社会技术进步,它往往关注的是"产品和工艺的技术创新"。[②] 文化创新地提出主要是针对技术创新而言,目的在于强调创新同样具有非技术的属性,即文化和创意部门中独特的"创意性"。许多学者认为,文化和创意产业区别于其他产业的重要特征是"大规模生产中涉及的象征意义的生产和传播"。[③] 就一方面而言,以文化和创意类产品为代表的象征性产品,不仅具有经济价值,也附加了特定的文化价值——如审美、象征、精神、历史、社会和教育的价值等。[④] 就另一方面来讲,象征性产品的"第一使用价值"并非取决于产品所具有的功能性价值,而是"思想的交流"。[⑤] 因此,许多学者提出非技术创

① Schumpeter, J. Business Cycle. A Theoretical Historical and Statistical Analysis of the Capitalist Progress. McGraw-Hill Book Company, 1939.

② OCED, Oslo Manual: Guidelines for Collecting and Interpreting Innovation Data, 3rd Edition, 2005.

③ Galloway, S. and Dunlop, S., "A Critique of Definitions of the Cultural and Creative industries in Public Policy", International Journal of Cultural Policy, 13 (1), 2007, pp.1477-2833.

④ Throsby, D. Economics and Culture, Cambridge University Press, 2001.

⑤ Bilton, C. and Leary, R., "What can managers do for creativity? Brokering creativity in the creative industries", International Journal of Cultural Policy, 8(1), 2002, pp.49-64.

新——即文化创新的主要表现形式包括了：（1）内容创意，①即创意产业中创意和其他创新模式相互融合的特殊创新方式；（2）隐蔽式创新，②即以产品外观设计、组织形式或商业模式、现有技术和工艺的新组合，以及新的问题解决方案等广泛存在于创意产业，但无法归纳在传统创新指标中的活动；（3）软创新，③即产品和服务创新中影响美学或智力的诉求，而非功能性变化的部分。这些主张的共同特点是强调文化创新的新颖性在于意义和审美，进而与技术创新的功能性革新相区别。

文化和创意组织是文化创新的重要主体，其生产和创新活动会受到外部环境的影响而显现出新的特征。这种影响主要表现在两个方面：一是在开放创新的环境中，大多数文化艺术机构不再满足于闭门造车，跨组织、跨行业的合作模式越来越普遍；二是在信息技术时代下，文化艺术机构也不再局限于传统的文化生产模式，文化与科技的结合成为新的发展趋势，尤其在创意产业领域，创意与技术创新的融合表现得尤为突出。基于上述特征，有学者指出"制度性地吸收外部创新"是文化机构创新的重要表现形式，④它既包括了吸收其他行业和部门的技术创新，如信息与通信技术等，也包括了引进行业内的艺术和文化创新，如剧院上演的新话剧、美术馆举办的新画展、音乐制作公司录制的新唱片或者出版社发行的新小说等。

综上所述，文化创新至少包括了两个层面的意义。第一层意义是内容、意义、审美的生产。从人文研究、到新艺术样式的发展、再到以书刊、广电等传统媒体和互联网等新媒体为载体的新内容生产和传播。第二层意义是新技术对于创意过程的推动作用。新技术的运用不仅能够提升创意过程的效率，而且

---

① Handke, C. W., "Defining creative industries by comparing the creation of novelty", in Creative Industries: A measure for urban development? Vienna. 2004.

② Miles, I. and Green, L., Hidden innovation in the creative industries. NESTA, 2008.

③ Stoneman, P., Soft Innovation: Economics, Product Aesthetics and the Creative Industries. Oxford University Press.

④ Castañer, X. and Campos, L., "The Determinants of Artistic Innovation: Bringing in the Role of Organizations", Journal of Cultural Economics, 26, 2002, pp.29－52.

可以创造创意过程的新方式，①最典型的例子就是计算机辅助设计技术 CAD 的出现，完全变革了建筑和工业设计等领域的创意过程和工具。尽管新技术的使用并不直接决定新的符号、意义或是内容，但它却能激发文化组织的创意潜能，开发新的文化产品和服务，创造更多的经济和文化价值。英国泰特美术馆近年来充分利用新技术去吸引观众、探索新的艺术样式和创造文化价值的新内涵，②可以看作是文化创新的典范。

文化创新的上述两个层面，与城市文化的理解视角密切相关。一般来说，城市文化的"符号象征"视角，通常更关注文化创新的第一个层面，强调城市文化在内涵、意义和审美上的发展。这种发展并不是要抛弃现有的城市文化特质，而是在继承传统的基础上拓新城市文化的外延，反映新时代的要求。因此，在很大程度上，这种文化创新也可以看作是一种积累式创新。另一方面，城市文化的"文化动态"视角，往往更关注文化创新的第二个层面，强调通过新技术的介入来激发文化部门的多样性和创造力，文化与技术的融合通常突破传统的文化创意过程，创造出文化生产和消费的新形态。所以，这种文化创新更容易产生激进式创新。

需要指出的是，城市文化视角和文化创新的这种理论关联，并不必然意味着中国城市的文化创新实践以第一个层面为主，缺少第二个层面的创新；抑或欧洲城市更多的是第二个层面的文化创新而缺少第一个层面的创新活动；而是为了说明不同的城市文化视角会影响创新政策的立场和取向，进而影响文化创新实践。事实上，两个层面的创新活动作为文化创新的主要表现形式，广泛存在于中外城市的文化生产实践中，因而具有整合两种不同城市文化视角的作用；它们也构成了推动城市文化发展的两种重要途径。

---

① Hunter, Samuel T., and Fairchild, J., "Leadership, Innovation, and Technology: The Evolution of the Creative Process." In Hemlin, S. et al. (eds), Creativity and Leadership in Science Technology and Innovation, Routledge, 2013, pp.81-111.

② Bakhshi, H., and Throsby, D., Culture of Innovation: An Economic Analysis of Innovation, NESTA, 2010.

三、 文化创新推动城市文化发展

从政策制定的角度上看,创新是一种政策工具,而发展城市文化是政策的基本目标,如何通过文化创新推动城市文化发展,则是政策制定的核心问题。

显而易见,创新与城市文化之间并不是一种简单的因果关系,而是更多地表现出一种复杂的循环演进过程。这种过程与创新的传播与推广密切相关,是创新生命周期的重要一环。创新是一个多阶段的发展过程,[①]从创新的出现和发展,到它的传播和对整个社会的影响与变革,不是单向的线形发展,而是一种多元的互动体系。尤其在开放创新的环境下,创新活动不再是一种孤胆英雄般的实验室研发和创造,反而日益表现出对外部知识、技术和市场的依赖,通过跨行业和部门的互动与合作,引进外部知识和技术,利用外部市场和渠道,成为当下开放创新的主要方式。[②]

根据创新体系的分析方法,创新活动总是依赖于特定的国家或地区创新体系,在这一体系下,创新是不同的社会行动者在一定制度约束下的互动与合作,这些创新行动者既包括了政府、企业和大学等社会组织;也包括了创业者等个人。[③]

以创新体系分析方法为基础,我们可以通过"城市文化创新体系"的分析框架,来探索城市环境下创新推动城市文化发展的过程和机制,确定文化创新的主要行动者和制度因素。

城市文化创新体系大致可以归纳为一个体系,两种循环,三个系统和四类环境。如图 1 所示,一个体系就是城市文化创新体系,它是城市、文化和创新系统的相互交集。三个系统之间相互交织叠加,构成了城市文化创新的开放

---

① Baregheh, A., Rowley, J. and Sambrook, S., "Towards a Multidisciplinary Definition of Innovation." Management Decision 47 (8), 2009.

② Chesbrough, H., Open Innovation: The New Imperative for Creating and Profiting from Technology, Harvard Business School Press, 2003.

③ Edquist, C., "Systems of Innovation Approaches-Their Emergence and Characteristics." In Edquist. C., (ed) Systems of Innovation: Technologies, Institutions and Organizations, Pinter, 1997, pp.1 - 35.

环境。它界定了文化创新实践的行动者和发生场域,清晰地表明文化创新不只是文化部门的创新,而是与城市和创新系统都有着密切的联系。

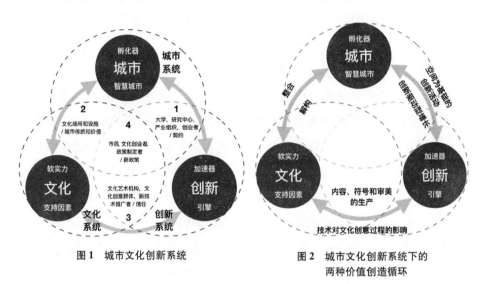

图1　城市文化创新系统　　　　图2　城市文化创新系统下的
两种价值创造循环

创新对城市文化的推动作用,主要是通过两种价值创造的循环模式来实现的。如图2所示,第一种模式是指"城市→创新→文化→城市"的循环。从顺时针方向看,首先,城市是创新的孵化器。① 城市为创新提供资源要素,是创新产品的主要消费市场,许多创新的目标是解决城市问题,成为创新政策的重要试验场,所以城市推动了以空间为基础的创新活动。其次,创新作为文化发展的加速器,通过技术进步带动创意过程的升级和优化,进而推动了文化和创意产业的发展和进步。最后,文化是城市软实力的体现,随着文化创意产业的发展,文化产品和服务的溢出效应凸显,这必然会带动城市软实力的提升,进而传导和整合进城市的综合实力和总体发展。

第二种模式是"城市→文化→创新→城市"循环。从逆时针方向上看,首先,城市是文化的载体,城市反映的是空间与文化的关系,不同的空间属性映射了不同的文化特征。因为大多数城市都是不同空间的综合体,所以城市文

---

① Concilio, G., Li, C., Rausell P., and Tosoni, I., Cities as Enablers of Innovation, in: Concillio, G. & Tosoni, I. (eds) Innovation Capacity and the City. The Enabling Role of Design. Springer, 2019, pp.43 – 60.

化总体而言就具有了丰富而异质的特征。其次，文化多样性是创新的助推器。创新的过程本质上是创造多样性，并在多样性的基础上通过试错而进行选择的过程，所以丰富而异质的城市文化就构成了创新，尤其是以内容生产为基础的文化创新的大前提和必要条件。最后，创新是城市发展的引擎，创新驱动型的增长模式最终又推动了创意和智慧城市的发展。

以上两种循环模式依赖于相互交织连接的三个系统内不同的行动者在特定的制度约束下的合作与互动。根据系统之间不同的交织关系，我们又可以进一步将开放环境划分为四个类别，并确定不同类别下的重点行动者和主要的制度约束。具体而言，一类环境反映的是城市体系和创新系统的交集，大学、研究中心、产业组织和创业者构成了创新的重点行动着，契约构成了行动者之间互动与合作的主要制度；二类环境是城市体系和文化系统的交集，重点行动者包括了文化场所和设施，互动的制约因素主要是城市传统和价值；三类环境是指文化体系和创新系统的交集，文化艺术机构、文化创意群体和新技术推广者是其中的重点行动者，它们之间的合作往往基于职业共同体内的信任关系；四类环境则是城市体系、创新体系和文化系统三者的交集，市民群体、文化创业者和政策制定者既是这一环境下的重点行动者，也是城市文化创新的重要推动者，他们的互动主要建立在文化创新政策的基础上。

总而言之，城市文化创新体系是创新体系分析方法在城市文化领域中的具体应用。虽然它作为一种理论主张，在描述和分析文化创新的具体过程及其效应方面具有一定的局限性，但是作为一种分析工具，在分析创新体系内的行动者和制度因素，解释城市文化创新的机制和路径，以及政策研究方面具有显著的优势。

浅论敦煌文化旅游在"一带一路"建设中的有机融合

张晓东[*]

敦煌是一座古老的历史文化名城,文化底蕴深厚、自汉武帝建郡以来迄今已有两千多年的历史。汉唐丝绸之路的兴盛,使敦煌成为中国历史上率先向西方开放的地区。东往西来的各国使节、商贾、学者、僧侣和艺术家,把古老的中国文化、印度文化、伊斯兰文化和希腊文化交融在一起,从而形成了博大精深的敦煌文化。

敦煌是东西方文化交汇的中心,旅游资源富集、区域影射明显、交通网络发达、城市功能完善、经济条件良好、发展潜力巨大。作为一个旅游城市,敦煌有着举世闻名的莫高窟、玉门关、悬泉遗址、雅丹国家地质公园、鸣沙山·月牙泉、阳关、西湖国家湿地自然保护区等风景名胜。据敦煌市接待游客数量显示,2014 年全年接待游客 500 万人次,2015 年全年旅游接待人数达到 660.39 万人次,2016 年旅游接待人数达 801.52 万人次,同比增长 21.37%,实现旅游总收入 78.36 亿元。2017 年,敦煌旅游接待人数 901 万人次,实现旅游收入 92.8 亿元。2018 年上半年,敦煌市已接待国内外游客 710 多万人次,是全国游客接待量增长最快的城市之一。

文化是人心相通、增进互信的桥梁,也是"一带一路"建设的重要内容和重要力量。作为我国唯一一个服务"一带一路"倡议的国家级文化战略平台,由国家文化和旅游部、甘肃省人民政府、国家广播电视总局、中国贸促会共同主

---

* 张晓东,敦煌国际文化发展有限责任公司副总经理。中国演出行业协会常务理事,西北师范大学舞蹈学院客座教授,兰州大学艺术学院专业学位硕士研究生校外导师。长期从事演出策划、品牌推广、市场运营等与艺术管理相关的工作,先后筹备、组建甘肃大剧院、新疆大剧院、敦煌大剧院并担任主要领导职务。

办的丝绸之路（敦煌）国际文化博览会在敦煌的永久落户，为敦煌这座古老而活力四射的城市注入了新的生机。敦煌文化旅游正是借助文博会在敦煌永久举办的这个机遇，迎来重要的发展契机。

丝绸之路（敦煌）国际文化博览会以坚持多样并存、互鉴共进、合作共享，坚持创造化、创新性发展，加强文化交流，倡导文化平等，保护文化遗产，推动文化创新，加强文化合作，为推动"一带一路"倡议，构建人类命运共同体，奠定更加广泛、更加深厚的人文基础为指导思想，以展现丝路风采，促进人文交流，让世界更加和谐美好为主题，自2016年9月20号首届文博会开幕距今已成功地举办了三届。三年以来，共吸引了241个国家和地区及国际组织、6 000多名海内外嘉宾、代表参会，吸引了31万人次的游客、观众走进了文博会场馆。使敦煌在原有的自然和人文景观的基础上，让世界的目光再度聚焦敦煌，焕发出新的光彩。而倡导、弘扬的共识凝聚、民心相亲、文化相交的步履也因此而更显坚定从容。

丝绸之路强调共商、共建、共享，文化的维度不可或缺。回顾丝绸之路两千多年的发展历史时不难发现，丝绸之路从一开始就是一条文明交流之路。英国著名历史学家彼得·弗兰克潘在他的著作《丝绸之路》写到丝绸之路正在复兴，从这个角度来说，敦煌文博会既是一场璀璨夺目的文化盛宴，也是一次跨越时空的文明对话。随着文博会在敦煌的落户以及文博会三大场馆（敦煌大剧院、敦煌国际会议中心、敦煌国际会展中心）的投入使用，通过举办或承办各类会议、展览以及丰富多彩的演出项目，必将大大丰富并提升敦煌文化旅游市场的文化内涵和品牌影响力。

作为文博会场馆的运营单位，我们将结合敦煌旅游市场营销实际和旅游文化名城战略目标，充分发挥敦煌文化旅游的资源优势，围绕会议、展览、演出等场馆资源，切实做好以下几项工作：

我们将借力敦煌文博会的广泛知名度与品牌影响力和会议、旅游产业方兴未艾的良机，顺应会展专业化、多元化发展趋势，继续加强与中国会展城市的联盟合作，实现资源共享，合力把敦煌国际展览中心和会议中心打造成会奖旅游之都、西部最具规模的国际性展览平台，努力推动敦煌文化旅游创新发展,提升敦煌会奖旅游品牌价值。

我们将按照"政府主导,市场运作"的原则,与国内一线城市的知名会展行业组织、展览主办机构、会议主办机构、节庆组织机构加强联系,强化政策引导扶持,培育壮大会展队伍,打造特色品牌展会、推进会展与各业融合,充分利用文博会的有利机遇和政策支持,以节造势、以势聚客、以客促商。高效利用场馆设施设备资源,推动会展商务人才培养,促进会展品牌活动策划,做大、做强、做精敦煌品牌会展项目,形成以会带展的发展契机,全面推进会展经济快速发展,联合做大做强会展经济,助力敦煌文化旅游产业。

我们将在做好经典舞剧《丝路花雨》驻场演出的基础上,继续推崇"一节三季"演出季的概念,大力整合、调动西北地区各个演出场所和艺术团体资源,引进优秀剧目共同构成大剧院未来演出内容,确保全年计划演出达 200 场次以上。同时,出台剧院管理规范,开启托管省内剧院的管理模式,力争把"一带一路"沿线国家的文化资源嫁接进来,把敦煌大剧院真正打造成为"一带一路"上耀眼夺目的文化节点。

我们将与国内以及丝绸之路沿线国家知名艺术院团合作,联合制作、出品反映敦煌文化和丝绸之路文化题材的系列舞台艺术作品,借助舞台艺术作品独特的艺术感染力和传播效应,宣传并扩大文博会及敦煌文化旅游市场的品牌营销和关注度。

我们将在完成场馆的常态运营的基础上,借助文博会的平台优势,充分挖掘、研发具有敦煌文化元素的文创产品及文博会艺术衍生品。认真落实、推进国家文化和旅游部出台的《文化部"一带一路"文化发展行动计划(2016—2020 年)》和《文化部"十三五"时期对外和对港澳台文化工作规划》文件要求,大力挖掘"一带一路"国际文化合作交流项目,推动敦煌与文创产业发达地区的交流和学习,引进文创资源、培育文创人才、促进敦煌本地文创产业的发展并进一步实现与丝绸之路沿线国家在文创领域的交流与合作。通过对外投资、招商引资、加盟连锁等方式,实现敦煌文化产业化、时尚化、品牌化、国际化的发展。

"敦,大也,煌,盛也。"敦煌二字盛大辉煌的寓意,浓缩了古丝绸之路及中国繁荣昌盛的历史,同时也昭示着她无比灿烂辉煌的未来。敦煌文化旅游方兴未艾,蕴含着不可估量的巨大能量和发展空间。我坚信,敦煌文博会的三大场馆伴随着国家"一带一路"文化发展倡议,一定会和敦煌文化旅游市场相扶相助,共同发展。一定会成为敦煌文化旅游的新生力量璀璨夺目并取得丰硕的成果。

参考文献

高德祥:《朝觐敦煌》,甘肃人民美术出版社出版,2007年。

国家文化和旅游部:《文化部"一带一路"文化发展行动计划(2016—2020年)》,2016年。

姚海涛:《丝路商旅》,甘肃人民出版社出版,2015年。

全球视野中"一带一路"国家与地区
文化创意产业创新能力研究

——基于 2012—2016 年全球数据[*]

解学芳　葛祥艳

21 世纪以来,新一轮科技加速发展并带动科技革命和产业变革,以创新驱动为标杆的经济转型成为国家经济发展的主流模式。美国提出"先进制造伙伴计划""先进制造业国家战略计划",德国发布"工业 4.0"战略,欧盟实施"欧洲 2020 战略"……可见,科技创新战略竞争在综合国力竞争中的地位变得日益重要。面对世界格局的深刻变化,2013 年,中国国家主席习近平先后提出"丝绸之路经济带"和"21 世纪海上丝绸之路"的重大倡议,简称"一带一路",这是人类历史上第二次地理大发现。[①] 在"一带一路"倡议提出后,我国文化部提出要以"文化先行"的方式构建"丝绸之路文化产业带",通过文化创意产业畅通我国与沿线国家的经贸之路,拓展文化贸易与文化交流。由此,中国文化创意产业发展具有了全球化色彩与战略要义,其创新能力的提升也变得至关重要。

一、"一带一路"倡议中的
文化创意产业定位

自从"一带一路"倡议提出后,全球对"一带一路"的关注热度持续提升,

———————————

[*]　作者介绍:解学芳,博士,同济大学人文学院教授,博士生导师,主要从事文化产业创新,新技术与文化产业,文化艺术管理等;葛祥艳,同济大学人文学院硕士研究生。

基金项目:国家自然科学基金面上项目(71473176);上海市浦江人才计划资助(17PJC100)。

[①]　花建:《"一带一路"战略与提升中国文化产业国际竞争力研究》,《同济大学学报(社会科学版)》,2016 年第 5 期,第 30—39 页。

目前已经有 100 多个国家和国际组织参与,有 40 多个国家和国际组织与中国签署了合作协议,合作潜力正在释放。我国积极发展与沿线国家的交流合作,共同打造新常态下的利益共同体、命运共同体和责任共同体,为各个产业尤其是文化创意产业带来了广阔的战略视野和发展空间。

共建"一带一路",以"文化"架桥。文化是"一带一路"的灵魂,文化产业是融合性、跨界性战略产业,是"一带一路"倡议实施的重要战略基础。① 换言之,"一带一路"倡议为文化创意产业的繁荣与发展提供了重大机遇,是中国文化创意产业国际化的重要切入点;中国作为"一带一路"的提出国,必然在具体实施中承担更多的责任,这对我国文化创意产业的发展提出更高层次的要求,激励我国文化创意产业向更高、更强的方向发展。对整个区域来说,"一带一路"倡议的提出,为各国文化创意产业发展与交流提供了良好的契机,有助于对区域范围内的文化创意产业资源进行整合配置,合理规划产业布局与产业定位,延长文化创意产业链,抢占新时期文化创意产业发展主动权,努力构建"一带一路"国家文化创意产业发展共同体,融合至全球现代文化创意产业体系之中。

"一带一路"国家文化创意产业发展共同体的实现需要文化企业践行。文化产业上市公司在行业内具备很强的市场优势与竞争力强的分发渠道,积累了大量的客户资源,成为我国文化"一带一路"倡议实施的先锋。②《"一带一路"大数据报告(2017)》显示,我国企业参与"一带一路"建设热情高涨,其中互联网 IT 类企业异军突起;"一带一路"企业影响力 50 强榜单中,阿里巴巴(中国)有限公司、华为技术有限公司和中国移动通信集团公司位列前十名。文化创意产品和文化服务更贴近与融入人们的生活和精神,如网络文化、旅游、影视、演艺、社交、创意设计、艺术等,更容易受到人们的欢迎与认可。文化创意产业在"一带一路"中将会发挥越来越重要的作用,要充分认识"一带一路"沿线国家的文化创意产业的主体——文化企业在国际文化市场中的地位

---

① 李孝敏:《"一带一路"背景下我国文化产业拓展探析》,《求实》,2016 年第 7 期,第 38—45 页。
② 解学芳、臧志彭:《文化产业上市公司国有资本与民营资本控制力比较研究》,《学术论坛》,2018 年第 1 期。

和竞争力,针对性开展文化企业合作、交流与产业协同,有助于优化"一带一路"国家的经济发展结构、改善人们文化生活质量,乃至提升整个区域的经济水平和国际竞争力。

从现有研究来看,国内学者关于"一带一路"与文化创意产业的研究主要聚焦于"内外兼修"。"内"是指中国要强大自身的文化创意产业,通过优化产业布局,加强文化创意产业薄弱的中西部地区的发展,加强技术、人才、资金的扶持和引进,健全完善的文化产权制度等,①实现文化创意产业提质增效,从而在"一带一路"中起到良好的带动和示范作用。"外"是指中国的文化创意产业要紧握"一带一路"这个"通行证",积极"走出去",加强与"一带一路"沿线国家的合作交流。基于"一带一路"国家面临文化多元、经济发展不均衡、文化产品创新不足等挑战,要坚持"求同存异、睦邻友好"的原则,既要当仁不让地争取市场份额,又要"左右兼顾"考虑邻国的文化感受和经济利益。② 例如,在"一带一路"倡议引导下,中、蒙、俄文化产业走廊构建形成,促使中国与蒙古国"草原之路"、俄罗斯欧亚经济联盟的对接中形成更加紧密合作的东北亚文化竞争高地。③ 今后,"一带一路"还会联通非洲、北美和拉美等地区,不断投射中国文化影响力。鉴于"一带一路"沿线国家整体竞争力和欧美发达国家相距较大,"一带一路"并没有吸引国外学者的目光,国外文献研究较少,也从侧面说明国际上对"一带一路"的认识还存在偏差和不足。因此,采用全球文化创意产业上市公司无形资产数据来审视各国文化创意产业创新能力变迁,从全球视野评价"一带一路"沿线国家文化创意产业创新能力现状、并预测成长潜力具有重要的现实意义和理论价值。

---

① 代魁:《"一带一路"背景下的我国文化产业发展研究》,《现代管理科学》,2017 年第 10 期,第 69—71 页。

② 李康化:《"一带一路"战略与中国文化产业发展》,《青海社会科学》,2016 年第 5 期,第 38—45 页。

③ 齐勇锋、张超:《"一带一路"战略与中蒙俄文化产业走廊研究》,《东岳论丛》,2016 年第 5 期,第 16—24 页。

二、 文化创意产业创新能力演化的
全球视野： 2012—2016

　　熊彼特在其创新理论中强调创新是一种全新的生产函数,创新活动所引起的生产力变动会在经济、社会发展过程中发挥推动作用。文化创意产业是创新浪潮中的重要产物,其创新能力的形成与提升是文化创意产业生存与可持续发展的关键。据统计,20 世纪初的社会生产力发展仅有 5% 依靠科技进步,而现在在发达国家的占比已达 70%—80%。Bolek & Lyroudi(2015)认为智力资本或者说无形资产与上市公司股权资本呈正相关关系。① 在新经济(亦称知识经济)条件下,企业盈利能力的扩大和价值的提升以及创新能力在很大程度上依赖于所拥有的无形资产本身的价值,无形资产的使用已被广泛认为是企业绩效的关键驱动力。② 文化创意产业相对于其他产业,最明显特点在于其持续的内容创新与创意,而创新成果转化与呈现最主要的载体就是无形资产。无形资产是文化企业创新资源与创新能力的核心体现,其发展现状及存在问题对文化企业发展及投资决策具有重要参考价值,对整个行业和国家经济的发展具有重要意义。鉴于此,本文以文化创意产业上市公司的无形资产指标来考察全球文化创意产业创新能力演化趋势,通过从全球历时时间最长的权威上市公司数据库——美国标准普尔 Compustat 数据库,以及上市公司官方网站、雅虎财经、谷歌财经等渠道搜集整理、筛选了 2012 年至 2016 年间文化创意产业上市公司和无形资产相关数据近十万条(数据检索截至 2017 年 12月),力求发现全球文化创意产业创新能力最新发展态势,并考量"一带一路"国家文化创意产业上市公司的创新能力与竞争力,为提升文化创意产业上市公司无形资产运营水平,充分发挥无形资产在推进文化创意产业结构调整和

---

　　① Bolek M, Lyroudi K. Is There Any Relation between Intellectual Capital and the Capital Structure of a Company? The Case of Polish Listed Companies[J]. E-Finanse. 2015, 11(4)：23 - 33.

　　② Harris R, Moffat J. Intangible assets, absorbing knowledge and its impact on firm performance：theory, measurement and policy implications[J]. Contemporary Social Science, 2013, 8(3)：346 - 361.

优化升级中不可替代的独特作用提供重要参考。

首先,从演化轨迹来看,2012—2016 年全球文化创意产业总体创新能力呈现不断攀升的态势,创新动力不断加强。根据产业生命周期理论,一个产业的发展分为导入期、成长期、成熟期和衰退期四个阶段,①每个阶段的持续时间与其产品有重要的关系,即若通过不断地技术创新引入新产品以满足市场动态需求,则产业便能持续保持良好发展态势。可见,通过技术创新深挖无形资产的潜力,是扩展文化创意产业行业发展空间的重要手段。从下表 1 可知,2012 年以来,全球文化创意产业上市公司的无形资产总值呈波动上升趋势,均值保持稳定增加状态;虽然 2015 年无形资产总值有所下滑,即从 2014 年的 91 451.79 亿元降至 83 824.65 亿元,但是无形资产均值仍然呈现上升趋势。随着互联网和新技术的高速发展以及大数据的深度应用,再加上文化市场需求大幅增加,文化企业不断推出新产品、新内容,无形资产也随之增加,2016 年无形资产总值突破十万亿,上升至新发展阶段,并且是在文化创意产业上市公司数量较往年更少的情况下,充分说明文化创意产业上市公司越来越重视无形资产开发,而无形资产创造的价值也越来越大。实际上,创新与保持文化多样性是全球文化创意产业上市公司创新发展的重要基准,创新与文化多样性是一种经济资产,有助于文化产品不断推陈出新和走进国际文化市场,有助于培育创新生态,涵养文化创意产业潜在的社会效益。②

表1　2012—2016 年全球文化创意产业上市
公司无形资产(单位:亿元人民币)

年份	参与统计上市公司数量(家)	无形资产均值	无形资产合计	极大值	全　距
2012	3 793	21.09	79 985.13	6 573.65	6 579.91
2013	3 819	21.90	83 651.93	6 381.09	6 388.75
2014	3 735	24.49	91 451.79	6 386.70	6 386.70

① 张会恒:《论产业生命周期理论》,《财贸研究》,2004 年第 6 期。
② Nathan M, Lee N. Cultural Diversity, Innovation, and Entrepreneurship: Firm-level Evidence from London[J].Economic Geography, 2013, 89(4): 367-394.

续表

年份	参与统计上市公司数量（家）	无形资产均值	无形资产合计	极大值	全距
2015	2 447	34.26	83 824.65	6 867.11	6 867.11
2016	2 390	42.43	101 418.10	7 482.81	7 482.81
总计	16 184	27.21	440 331.60	7 482.81	7 490.47

数据来源：作者根据美国标准普尔 Compustat 数据库，以及上市公司官方网站、雅虎财经、谷歌财经等渠道搜集整理得到。

其次，从演化趋势来看，全球文化创意产业创新效应逐渐显现，创新能力得到普遍重视。对于文化创意产业而言，创新是发展的核心驱动力，而创新是由文化创意团队或称之为创意阶层实现的，如何在企业内部形成一系列的创新团队对于文化企业创新力的提升尤为重要。[①] 从上表数据可知，2012—2014年，全球文化创意产业上市公司无形资产均值仅维持在 20 多亿元，受传统产业发展观念的束缚，很多文化企业长期忽视无形资产的重要性，包括许多后来兴起的新兴领域的文化企业，这导致无形资产在一段时间内增长缓慢、总体水平不高。2015 年，全球文化创意产业上市公司无形资产均值迅速增加到 34.26亿元，增长率由 2014 年的 11.83% 提升到 39%；2016 年继续保持高增长态势，均值增长到 42.43 亿元，比 2012 年翻了一番。究其原因，主要是伴随全球科技创新大潮和各国经济转型升级新时代的开启，无形资产所蕴藏的巨大价值开始受到越来越多文化企业的重视；且在"互联网＋"与"文化＋"发展战略契机下，文化创意产业链向纵深发展，不断拓展了无形资产的开发范围。此外，在文化创意产业无形资产加快发展的过程中，新兴互联网类文化上市公司重视无形资产开发，着力提升企业科技创新能力与创意创新实力，其无形资产发展优势更加突出——从数据可知，全球文化创意产业上市公司的无形资产极大值在 2013 年、2014 年经过两年的发展和调整迅速增长，2015 年和 2016 年分别达到 6 867.11 亿元、7 482.81 亿元，全距在变大，表明无形资产优势企业强者更

---

① Petruzzelli A.M., Savino T., Albino V. Teams and lead creators in cultural and creative industries [J].Journal of Knowledge Management, 2017, 21(3)：607－622.

强。从未来演化趋势看,越来越多的文化企业将意识到无形资产这块"宝藏",无形资产蕴含的经济价值和社会价值将会得到更大程度的挖掘与发挥,并成为文化创意产业上市公司进一步提高核心竞争力和创新能力的关键所在。

三、全球视野中"一带一路"国家与地区文化创意产业创新能力现状

创造力与文化创新是对原有文化资源和文化内容的激活,是文化创意产业可持续发展的核心与源泉,[①]无形资产则是将创新创意优势转化为文化创意产业持续竞争优势的保障。可以说,无形资产是预测一个产业未来发展潜力的指标,也是衡量一个国家和区域经济发展可持续性的重要标准。由此,2012—2016年全球文化创意上市公司无形资产数据[②]可以审视和把脉"一带一路"国家文化创意产业创新能力的情况,以及与全球其他国家文化创意产业相比所处的位次。Hall & Joergensen(2015)研究指出,法律变迁与资本结构对上市公司发展具有重要影响。[③] 实际上,"一带一路"国家文化创意产业创新能力的差异背后不仅反映了经济发展水平的差异,还有政策法规等制度建设层面的差距。

(一)全球文化创意产业创新能力三大梯队落差分明,"一带一路"劣势明显

伴随传统工业经济向知识经济转型,社会生产的主体生产资料开始从有形的劳动力、资本要素演变为无形资本,[④]作为社会生产系统基本组成细胞的

---

① Escalonaorcao AI, Escalanoutrilla S, Sáezpérez LA, Sánchezvalverde García B. The location of creative clusters in non-metropolitan areas: a methodological proposition[J]. Journal of Rural Studies, 2016, 45(3): 112 - 122.

② 最终筛选出有效数据为38个国家(公司数量均在30家以上)。

③ Hall T, Joergensen F. Legal Variation and Capital Structure: Comparing Listed and Non-listed Companies[J].European Journal of Law and Economics, 2015, 40(3): 511 - 543.

④ 张建华:《知识经济背景下企业核心竞争力演化研究》,《中国科技论坛》,2013年第2期,第89—94页。

企业,其核心竞争力也在同路径演化。全球文化创意产业核心竞争力的演化与文化创意产业的行业属性、国家战略支撑、文化传统和政策导向等有着密切的关系。从2012—2016年全球文化创意产业上市公司无形资产均值的国家排名来看(图1),第一梯队全部被欧美发达国家包揽,即荷兰、美国、英国、法国的无形资产均值在50亿元以上,远远高于其他两个梯队,实力强大,荷兰更是以121.72亿元的均值高居首位。第二梯队无形资产的均值在10—50亿之间,主要有芬兰、西班牙、百慕大、墨西哥、德国、加拿大、瑞典、巴西、葡萄牙、比利时、南非、意大利、日本、澳大利亚、瑞士等15个国家,这一梯队内文化创意产业上市公司无形资产均值落差较小,但仍然集中在主要发达国家里。究其原因,发达国家之所以能够迅速占领文化创意产业无形资产发展制高点,一是由于经济发达,具有良好的资金、技术、人才支持;二是国家文化多元,具有良好的创新意识、开拓精神和应变能力,为文化创意产业发展提供了良好的创新生态;三是文化企业建构起与创新能力相匹配的核心竞争力,其所依附的管理理念、模式、制度、流程、人员、软件系统、设备设施等能够与创新力的构建相匹配、整合、重塑与优化。

第三梯队无形资产均值在10亿元以下的国家和地区有19家,大部分都是"一带一路"沿线的国家和地区,分别有新西兰、希腊、马来西亚、中国、丹麦、波兰、中国香港、韩国、以色列、印度尼西亚、土耳其、智利、菲律宾、中国台湾、印度、泰国、新加坡、巴基斯坦、越南等国家和地区。"一带一路"沿线国家大都工业竞争力较弱,有形资产尚且开发不足,文化创意产业处于起步阶段,无形资产开发处于明显的劣势地位,不仅排名靠后、无形资产均值仅为第一梯队均值的$\frac{1}{27}$。其中印度、泰国、新加坡、巴基斯坦、越南等国家的无形资产均值更是不足1亿元,一方面是因为经济实力相对较弱、文化创意产业起步晚、发展还不成熟;另一方面是其传统经济发展模式意识根深蒂固,企业发展理念与知识经济发展要求存在错位,创新意识薄弱,对无形资产的关注和重视程度严重不足。

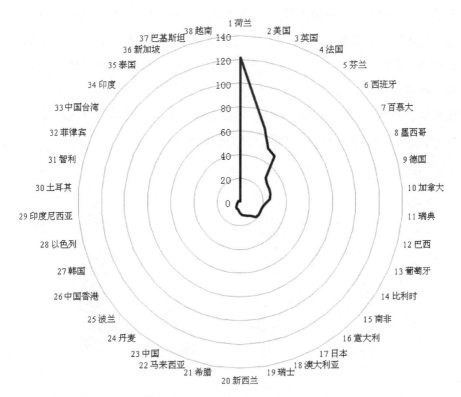

图1　2012—2016年全球不同国家文化创意产业上市公司无形资产均值排名(亿元)

(二)"一带一路"国家文化创意产业创新能力"西高东低",创新路径尚需多元化

　　"一带一路"国家文化创意产业创新能力呈现典型的"西高东低"的区域分布特点。① 从具体分布来看,西部区域的土耳其、以色列、希腊等西亚三国和中东欧的波兰文化创意产业无形资产均值为4.03亿元,表现突出;东部区域的中国、新加坡、马来西亚、印度尼西亚、泰国、越南和菲律宾文化创意产业无形资产均值为2.53亿元;而南亚的印度、巴基斯坦各国的文化创意产业无形资产

————————

　　① "一带一路"沿线国家中,收集到完整数据的有13个国家,即中国、新加坡、马来西亚、印度尼西亚、泰国、越南、菲律宾、土耳其、以色列、希腊、印度、巴基斯坦、波兰。韩国在2016年尚未加入"一带一路",在此不做分析。

均值仅为 0.43 亿元,相对较低。众所周知,"一带一路"沿线国家和地区中有很多地区历史上长期属于殖民状态,经济起步比较晚,基础设施还不完善,文化创意产业踽踽难行。其中,东南亚的中国、马来西亚、西亚的希腊、中东欧的波兰则成为"一带一路"沿线文化创意产业创新发展的"顶梁柱",无形资产成绩良好。当然,这些国家和地区还要发挥良好的区域辐射作用,积极带动整个"一带一路"沿线文化创意产业创新能力的提升。

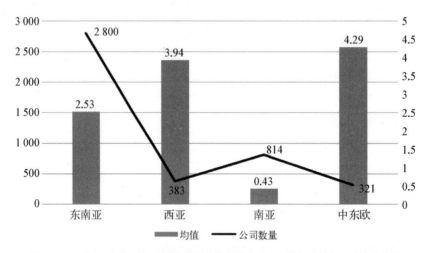

图2　2012—2016年"一带一路"各区域文化创意产业上市公司总量和无形资产分布

此外,2012—2016 年,"一带一路"沿线文化创意产业上市公司年均数量最多的国家是中国和印度(见下图)。其中印度上市公司为 774 家,居于第二位,这一定程度上会导致无形资产均值偏低,但是印度的文化与科技实力不容小觑。在过去二十年里,印度不仅在电影、电视、出版、数字内容等文化行业成绩斐然,而且已经成为全球软件开发以及离岸后台服务的中心,在公共研发投入、海外授权和专利方面增长迅速,这与印度政府近年加大对文化创意产业资金、人才、市场开放、创新等领域的政策扶持力度有关。文化创意产业科技创新能力同样比较高的还有新加坡,其崇尚的多元文化是创新生态形成的文化基因,并且侧重培育本土科技力、文化力与开放力,近年还引进了大量国际知名公司如美国的 Electronic Arts 和 Hoiiywood's Lucasfilm 等,在设计、艺术、软件、媒体等领域发力,从而不断提升国际化水平与创新水平;同时,新加坡政府还投入 500 万新币来发展数字媒体产业,不断加大无形资产投入。实际上,除了发展新技术,无形资产增值的另一秘诀就是内容创新。希腊、波兰的文化创意产业主要聚焦内容创新,其中波兰聚焦发展软件业、广告设计、建筑设计业等,其创意时尚设计在欧洲乃至世界都备受瞩目。由此可见,文化创意产业创新能力的提升不是单一要素的结果,技术为"骨",创意为"血肉",有骨有血肉的文化创意产业才能获得健康地可持续成长。

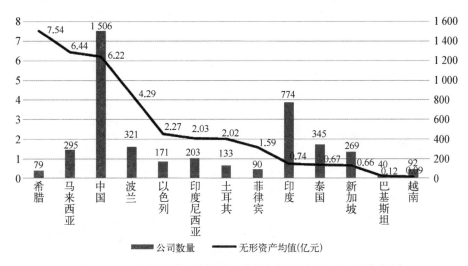

图 3　2012—2016 年"一带一路"国家文化创意产业上市公司和无形资产分布

(三)"一带一路"国家文化创意产业发展道阻且长,加快制度创新与互联互通是关键

从 2012—2016 年全球文化创意产业上市公司无形资产的国家排名来看(见表 2),虽然"一带一路"沿线国家与地区几乎占据半数,但其文化创意产业上市公司无形资产排名均比较靠后,无形资产均值也偏低,创新力远远低于欧美国家。就文化创意产业上市公司数量而言,也只有中国和印度能够"挑大梁",其他国家数量少。鉴于经济发展水平和科技实力的限制,"一带一路"国家与地区文化创意产业起步比较晚,无形资产开发条件不足。但是也应充分意识到,"一带一路"国家与地区不仅文化资源丰富,人力资源也非常丰富且呈

现年轻化趋势,这意味着未来文化创意产业增长潜力巨大。如中国、新加坡、马来西亚、印度尼西亚、印度、泰国、土耳其、南非等均是"一带一路"沿线的重要国家,形成了丰富的文化资源流通带、文化市场增长带、文化消费潜力带。由此,借助"一带一路"倡议发展契机,沿线国家应以积极姿态加强在文化创意产业技术、资金、人才、资源等方面的交流与合作,打破西方发达国家主导文化创意产业价值链和"一家独大"的局面,改变自身只是发达国家文化资源库和文化产品销售市场的尴尬局面,而打造互联互通和合作共赢的"一带一路"国家与地区的文化创意产业共同体。

表2　2012年—2016年全球文化创意产业上市
公司无形资产均值的国家与地区排名

排名	公司总部所在国家	公司数量	各国文化公司无形资产均值（亿元）	排名	公司总部所在国家	公司数量	各国文化公司无形资产均值（亿元）
1	荷兰	122	121.72	20	新西兰	43	9.71
2	美国	2811	84.31	21	希腊	79	7.54
3	英国	918	65.97	22	马来西亚	295	6.44
4	法国	450	51.02	23	中国	1506	6.22
5	芬兰	121	48.63	24	丹麦	116	5.19
6	西班牙	72	30.32	25	波兰	321	4.29
7	百慕大	31	27.84	26	中国香港	937	3.57
8	墨西哥	46	27.47	27	韩国	994	2.58
9	德国	364	27.36	28	以色列	171	2.27
10	加拿大	517	25.99	29	印度尼西亚	203	2.03
11	瑞典	365	21.68	30	土耳其	133	2.02
12	巴西	101	19.74	31	智利	64	1.9
13	葡萄牙	63	19.53	32	菲律宾	90	1.59
14	比利时	43	19.42	33	中国台湾	900	1.04
15	南非	89	18.82	34	印度	774	0.74
16	意大利	205	15.18	35	泰国	345	0.67
17	日本	1601	13.23	36	新加坡	269	0.66
18	澳大利亚	705	12.12	37	巴基斯坦	40	0.12
19	瑞士	98	11.4	38	越南	92	0.09

中国在"一带一路"倡议中承担着重要的"承上启下"的主导作用。近年，中国经济发展保持稳健增长，文化创意产业被作为战略支柱产业重点打造，但就文化创意产业竞争力和创新能力而言，中国远不及日本。在全球文化创意产业上市公司无形资产的国家排名中，中国位居 23 位，上市公司无形资产均值为 6.22 亿元，仅为日本的一半。在文化创意产品创新力和原创力上，中国与日本、韩国也有较大的差距。但就整体而言，中国比"一带一路"沿线其他国家的文化创意产业发展优势更明显，无形资产的开发也有相对成熟的经验和较为完善的制度支撑。因此，中国作为"一带一路"倡议的主导者，一方面要"承上"，即积极向日韩学习文化创意产业创新发展经验和无形资产开发体系，不断提升中国文化创意产业创新能力。例如，韩国将文化创意产业确立为"知识经济核心产业"和"国家核心战略产业"，陆续出台了《文化产业振兴基本法》《激活文化艺术援助法》《大众文化艺术产业发展法》《文化基本法》等一系列法律法规助推文化创意产业发展，①日本除了完善的文化创意产业法律保障，还形成了独具特色的"产、官、学"的协同合作模式……可见，日韩两国完善的法律法规、良好的社会创新氛围、不遗余力的科技研发和合理的财税支持是日本与韩国成为亚洲文化创意产业中流砥柱的重要动因。另一方面又要"启下"，既要承担好"一带一路"倡议者的角色，也要承担负责任的主导者的大国角色，与"一带一路"沿线国家共建良好的合作关系；还要加强文化创意产业发展的人才、技术、资源的共享与联动，形成规模效应和结构优势，带动整个"一带一路"国家文化创意产业走上全球化的创新道路。

四、"一带一路"国家文化创意产业创新能力提升的中国路径

在以技术革新为主要特征的知识经济中，无形资产对文化企业发展的贡

---

① 解学芳、臧志彭：《国外文化产业财税扶持政策法规体系研究：最新进展、模式与启示》，《国外社会科学》，2015 年第 4 期，第 85—102 页。

献越来越显著,①这就要求文化企业注重培养自身科技创新能力的同时,也要加强对无形资产的开发与积淀。虽然全球文化创意产业上市公司数量增长放缓,但无形资产无论是总额还是比重均在不断上升,说明文化创意产业的创新能力与创新诉求不断提升。与欧美发达国家相比,"一带一路"文化创意产业创新能力提升迫在眉睫,中国如何寻找到积极发挥雁头与典范作用的本土路径至关重要。

(一)立足"全球视野、在地行动"指南,以开放创新思维发展文化创意产业

"一带一路"是中国在新的国内与国际环境下提出的一种新的"战略叙事",②即在与他者互动过程中,目标明确,有意识地对实践、事件等进行筛选和重组,③这其中关注"差异""求同存异"至关重要。"一带一路"沿线涉及中亚、西亚、南亚、东南亚、中东欧、非洲60余个国家,所涉区域幅员辽阔、国家间关系复杂、民族宗教各异、文化差异巨大,对于经济文化活动开展提出了巨大的挑战。鉴于"一带一路"文化空间建构的复杂性,以及沿线国家的文化多样性和丰富性,要秉持"全球视野,在地行动(Global Vision, Local Action)"的理念,④既要"仰望星空",用全球视野和世界眼光发展文化创意产业,不再做文化资源的廉价输出地和文化产品的倾销地;又要"脚踏实地",注重开发当地文化资源、充分利用人力资源优势并重视文化折扣现象,因地制宜可开发文化产品和服务,将地方文化特色和普世价值观有机结合,创造出更有国际竞争力的文化产品。我国文化创意产业上市公司应积极借助"一带一路"倡议的大好契

① 王化成、卢闯、李春玲:《企业无形资产与未来业绩相关性研究——基于中国资本市场的经验证据》,《中国软科学》,2005年第10期,第120—124页。

② 曾向红:《"一带一路"的地缘政治想象与地区合作》,《世界经济与政治》,2016年第1期,第46—71页。

③ Pamment J. Strategic Narratives in US Public Diplomacy: A Critical Geopolitics [J]. Popular Communication, 2014, 12(1): 48−64.

④ 范玉刚:《"一带一路"视野下文化产业发展的价值共享与本土文化认同》,《长春市委党校学报》,2017年第6期,第22—25页。

机,以开放视野和创新思维,一方面积极发展互联网技术、大数据技术、移动通信技术、VR/AR 技术、AI 技术、物联网技术等新兴技术,引领"一带一路"国家文化创意产业创新发展的高度和深度;另一方面,把不同国家文化的互补性转化为国家发展文化创意产业的差异性与助推力,实现文化创意产业层面的互联互通、互利共赢,从而为人类命运共同体的搭建提供一条文化路径。

(二)立足国家"搭桥"、上市公司"唱戏"的定位,构建"文化利益共同体"

"一带一路"倡议属于国家层面的交流,文化企业"走出去"须获得国家给予的"通行证"才能更好地开展交流与合作。国家间要秉持"求同存异、互利共赢"的合作准则,对文化创意产业上市公司"走出去"给予积极政策鼓励和扶持,努力打造公正、公开、有序、共赢的新秩序、新格局。我国文化创意产业上市公司大都具有创新优势、市场优势和成熟的分发渠道,积累了大量的客户群,具备成为文化"一带一路"先锋队和领航者的条件,应致力于发挥"带头出海"的示范作用;特别是文化创意产业优势行业的上市公司应积极利用技术创新与内容创新优势主导"一带一路"国家在文化创意产业链上的多向协作与联动;同时加快提升我国文化创意产业上市公司的国际化专业运作能力,通过资本运作、招才引智加快集聚创意资源与智力资源,培育一批拥有国际话语权和世界水平的文化跨国公司。例如电子商务巨头阿里巴巴凭借全球速卖通(AliExpress)已经在俄罗斯、乌克兰、波兰、立陶宛、土耳其、以色列、科威特、泰国、不丹、马尔代夫等"一带一路"沿线国家与地区培养了大批的"洋剁手族",让一带一路国际贸易充满了新活力与中国色彩;而阿里巴巴除了电子商务,还建构起大文化娱乐帝国,成为数据技术、网络金融、跨境交易、东西文化融合的重要平台;又如传媒龙头时代出版与波兰阿达姆·马尔沙维克出版集团签署共建"一带一路"国际出版联盟战略协议,并于多国开展版权贸易、数字出版的合作。此外,我国文化创意产业上市公司应积极促成和搭建"一带一路"沿线的国际文化创意产业博览会、特色文化创意产业博览交易会、文化创意产业发展论坛等,依托"一带一路"契机将我国的资金、技术、文化资源与沿线国家的优势资源有机融合,拓展文化创意产业链;与"一带一路"沿线在互利共赢的合作基础上寻求文化的契合点,实现文化的多样性融合,促进多边的文化市场对接与文化产能对接,形成互惠互利的"文化利益共同体"。①

（三）引领最新科技潮流,将提升文化创意产业科技创新力作为重要发展战略

文化创意产业上市公司是科技创新活动的主体,在营造创新创意生态与提升科技创新能力中起着至关重要的作用。在"互联网+""人工智能"时代,中国作为"一带一路"倡议的发起国,应立足全球最新文化创意产业科技创新动态,特别是移动互联网、物联网、大数据、人工智能、区块链在文化创意产业领域的应用,例如以自然语言和图像图形为核心的认知计算技术、跨媒体感知计算,面向媒体智能感知的自主学习和混合增强智能与人机群组协同等,提升文化创意产业科技创新能力,提升文化与科技融合深度、拓展应用范围,创造一系列真正拥有自主知识产权的文化科技品牌,累积 AI 时代文化创意产业无形资产。例如,腾讯公司通过"互联网+"和人工智能(AI)赋能文化创意产业创新发展,除了社交、网络游戏、网络文学等核心内容产品和智能化产品开始在"一带一路"沿线国家和地区大显身手,其旗下腾讯企点还与敦煌网合作建设"数字丝绸之路"提供智慧化数字服务;与此同时,腾讯深耕印度数字文化市场,领投的印度音乐流媒体公司 Gaana 开始加快人工智能布局来优化个性化服务与功能。此外,在创新驱动战略和知识产权强国战略的指引下,创新已成为文化创意产业发展的最强音,创新的过程中所衍生出来的科研创新、组织创新、市场创新、人才创新和财务创新形成了现阶段无形资产的主要表现形式——创新资产,②因此,我国文化创意产业应加大研发投入与科技人才投入,积累文化科技创新资源和高增值的创新资产,持续提升科技创新能力;同时不

---

① 丁鸿君、李妍.中国 OFDI 对"一带一路"沿线国家经济增长影响：基于文化距离的视角[J].文化产业研究,2017(02)：185－200。

② 张玉娟、汤湘希：《无形资产的内核：创新资产的概念界定与分类研究》,《会计与经济研究》,2017 年第 2 期,第 62—77 页。

断提高科技成果的转化率,开发具有自主知识产权的文化科技品牌,不断提升中国文化创意产业在国际文化市场的话语权与影响力。

(四)加强内容原创与优化版权保护"并驾齐驱",促成"一带一路"国家与地区文化创意产业知识产权共识

从全球化变迁脉络来看,经历了制造业全球化、服务业全球化与创新全球化三大阶段,以人才、知识、技术、创意、资本等创新资源为内生增长动力的文化创意产业与创新全球化阶段是高度一致的。① 文化创意产业的发展要以创新为核心,把文化创意产业当做"版权产业"来发展,视文化创意、创新活动为运营常态和内在文化,致力于可持续提升文化内容原创水平而非仅热衷于见效快的资本运作。近年,许多文化企业只顾大肆将国外文化精品内容引进国内文化市场,热衷于资本运作;而忽视了培植文化企业自己的核心原创内容和原创人才队伍,长此以往不仅不利于文化企业创新能力和竞争力的提升,还会丧失文化原创能力,导致文化创意产业发展的核心命脉受制于人。我国的文化创意产业唯有通过培植与打造自己的原创力,才能实现版权保护、版权保值与版权增值的多重战略目标。一方面,我国亟须进一步完善文化创意产业知识产权保护制度,加快推动我国知识产权相关法律法规与国际接轨、与全球文化创意产业发展动态与时俱进;另一方面,要从文化创意产业链源头开始嵌入知识产权保护理念,从法律上鼓励与保障文化创意产业科技创新与研发成果转化,为文化企业自主研发提供激励机制与法制保障;此外,中国可以成为应用区块链技术保护文化创意产业知识产权的"领头羊",利用区块链技术为文化产品确权、用权、维权提供完美解决方案,引领"一带一路"国家与地区文化创意产业知识产权保护与利用方式的变革与创新。与此同时,也要认识到,"一带一路"沿线各国各域在知识产权制度、文化、认知等方面存在差异性,中国要成为"沟通桥梁"加强沿线国家的知识产权保护与利用的对话和合作;协

---

① 花建:《创新全球化背景下中国文化创意产业的三大建设重点》,《文化产业研究》,2017 年第 2 期,第 2—15 页。

调知识产权冲突，尤其是与发达国家之间的知识产权冲突，就文化创新与知识产权保护保障机制达成一致；就区域内知识产权保护战略达成共识，努力建设相互尊重、求同存异、互帮互助、互利互惠、合作共赢的知识产权一体化制度，提升中国在"一带一路"沿线国家与地区文化创意产业知识产权保护中的话语权。

文化产品社会效益的构成

单世联[*]

　　文化产业的社会效益,集中表现为文化产品与服务的社会效益。分析评论文化产品的社会效益,首先要明确"社会"的涵义。广义上说,社会包括经济、政治、文化等,所以文化的经济效益、政治效益等都是社会效益的一部分。比如在我国,政治内涵、意识形态倾向等就是社会效益的首要内容。狭义上的"社会"是与经济、政治、文化、生态相并列的概念,如伦理关系、道德实践、人际交往、群体融合等。本文的所说的"社会效益"主要是一种狭义的概念,当然我们的论述也会涉及到政治方面。根据我们的认识,文化产品的社会效益主要包括四个方面。

一、 生产另一种知识

　　文化产业所生产和提供的是符号性产品。符号之为符号,在其由"能指"与"所指"构成,即每个"能指"均有其"所指"。这个"所指",就是符号所蕴含主体对客体的认知。广义的文化包括科技、文教、伦理等的活动与产品,这些活动与产品中的相当一部分本身即是知识性产品。我们这里要论述的,主要是艺术性的活动与产品,它们构成文化产业的主体,即便是科技、文教、伦理等,也在不同程度上与艺术有关。

　　在日常语言中,"文化"通常与"知识"相连,即所谓"文化知识"。这不是偶然的,人类的文化活动,包括科学、伦理、审美、宗教等等,都程度地不同地包含着不同类型的知识。文艺的知识性,很早就是论者们的共识。孔子在要人

＊　单世联,上海交通大学文化产业管理系主任、特聘教授。

学《诗》时，其理由就是："小子何莫学夫诗？诗可以兴，可以观，可以群，可以怨。迩之事父，远之事君，多识于鸟兽草木之名。"(《论语·阳货》)兴观群怨中的"观"即是指《诗》的认识功能。郑玄注："观风俗之盛衰"，朱熹注："考见得失"，他们两位都认为诗歌是反映社会现实生活的，因此通过诗歌可以帮助读者认识风俗的盛衰的政治的得失。至于"多识于鸟兽草木之名"，则是说通过诗，我们可以获得有关自然的知识。当代诗学与比较研究一般认为，中国文学重在抒情写意，而西方文学重在叙事和再现。其实，中国文学，即使是以言志、抒情见长的诗歌，也包含理、事等认识性的内容。当然，文学艺术所提供的"知识"，主要不是自然科学、技术知识，而是与人、社会相关的知识。

首先，文化生产社会知识。中外大量文化遗产，都是当代社会生活、人间世象的记录，都是生动的历史教科书。中国古代有"采诗"的传统，如"古者天子命史采诗谣，以观民风。"(《孔丛子·巡狩篇》)"孟春之月，群居者将散，行人振木铎徇于路以采诗，献之太师，比其音律，以闻于天子。故曰：王者不窥牖户而知天下。"(《汉书·食货志》)采诗的目的，是通过诗歌来认识社会政治状况，进而调整政策。中国古代的"乐"，是包括诗歌、音乐、舞蹈在内的综合性的文化形式。《左传》中有一段吴公子季札观乐一节，通过诗歌了解社会民情的记述：

> 吴公子札来聘。……请观于周乐。使工为之歌《周南》《召南》，曰："美哉！始基之矣，犹未也。然勤而不怨矣。"为之歌《邶》《鄘》《卫》，曰："美哉，渊乎！忧而不困者也。吾闻卫康叔、武公之德如是，是其《卫风》乎？"为之歌《王》，曰："美哉！思而不惧，其周之东乎！"为之歌《郑》，曰："美哉！其细已甚，民弗堪也。是其先亡乎！"为之歌《齐》，曰："美哉，泱泱乎！大风也哉！表东海者，其大公乎？国未可量也。"为之歌《豳》，曰："美哉，荡乎！乐而不淫，其周公之东乎？"为之歌《秦》，曰："此之谓夏声。夫能夏则大，大之至也，其周之旧乎！"为之歌《魏》，曰："美哉，渢渢乎！大而婉，险而易行，以德辅此，则明主也！"为之歌《唐》，曰："思深哉！其有陶唐氏之遗民乎？不然，何忧之远也？非令德之后，谁能若是？"为之歌《陈》，曰："国无主，其能久乎！"自《郐》以下无

讥焉！为之歌《小雅》，曰："美哉！思而不贰，怨而不言，其周德之衰乎？犹有先王之遗民焉！"为之歌《大雅》，曰："广哉！熙熙乎！曲而有直体，其文王之德乎？"为之歌《颂》，曰："至矣哉！直而不倨，曲而不屈；迩而不逼，远而不携；迁而不淫，复而不厌；哀而不愁，乐而不荒；用而不匮，广而不宣；施而不费，取而不贪；处而不底，行而不流。五声和，八风平；节有度，守有序。盛德之所同也！"见舞《象箾》《南龠》者，曰："美哉，犹有憾！"见舞《大武》者，曰："美哉，周之盛也，其若此乎？"见舞《韶濩》者，曰："圣人之弘也，而犹有惭德，圣人之难也！"见舞《大夏》者，曰："美哉！勤而不德。非禹，其谁能修之！"见舞《韶箾》者，曰："德至矣哉！大矣，如天之无不帱也，如地之无不载也！虽甚盛德，其蔑以加于此矣。观止矣！若有他乐，吾不敢请已！"①

季札观乐，即是通过音乐、文学来了解风俗盛衰和政治得失。这一行为的根据在于，社会政治状况影响人的思想感情，而人的思想感情又表现在音乐、文学之中，所以文艺与政教是结合在一起的。而且，季札所观之乐并非一般意义上的音乐，而是一国在其正式政治、外交场合时演奏的礼乐，代表着一个国家的形象和气度。所以，季札能从《周南》《召南》中听出"勤而不怨"，《邶》《鄘》《卫》中听出"忧而不困"。在大量的由音知政的实践基础上，《礼记·乐记》总结出一套"审音"的规律：

……是故治世之音安，以乐其政和；乱世之音怨，以怒其政乖；亡国之音哀，以思其民困，声音之道，与政通矣。

是故审声以知音，审音以知乐，审乐以知政，而治道备矣。②

这并非只是老旧的中国故事，也为现代美学所认可。美国哲学家苏珊·朗格（Susanne K. Langer）："我们叫作'音乐'的音调结构，与人类的情感形

---

① 《左传·季札观乐》，文化部艺术研究院音乐研究所编：《中国古代乐论选辑》，人民音乐出版社 1981 年版，第 2—3 页。

② 《乐记》，吉联抗译注、阴法鲁校订，人民音乐出版社 1982 年版，第 3、5 页。

式——增强与减弱，流动与休止，冲突与解决，以及加速、抑制、极度兴奋、平缓而微妙的激发、梦的消失等等形式——在逻辑上有着惊人的一致。这种一致恐怕不是单纯的喜悦与悲哀，而是与二者或其中一者在深刻程度上，在生命感受到的一切事物的强度、简洁和永恒流动中的一致。这是一种感觉的样式或逻辑形式。音乐的样式正是用纯粹的、精神的声音和寂静组成的相同形式，音乐是情感生活的音调摹写。"①由音知政的逻辑是：艺术语言-情感形式-社会状态-政治得失。根据这一逻辑，所有文化产品都内含着特定时代、特定社会的真实情状，对欣赏者和使用者来说，接受文艺作品也就是接受一种知识教育。

因此，即使在各门社会科学相对独立的现代，文化产品也仍然有不可取代的认知作用。"诗史互证"为中国治史传统之一。胡适曾认为明代小说《醒世姻缘传》"是一部最丰富又最详细的文化史料。我可以预言：将来研究 17 世纪中国社会风俗史的学者，必定要研究这部书；将来研究 17 世纪中国教育史的学者，必定要研究这部书；将来研究 17 世纪中国经济史（如粮食价格，如灾荒，如捐官价格，等等）的学者，必定要研究这部书；将来研究 17 世纪中国政治腐败、民生苦痛、宗教生活的学者，也必定要研究这部书。"②现代学者陈寅恪丰富扩展了"诗史互证"这一学术传统；萨孟武的《水浒传与中国社会》《西游记与中国政治》《红楼梦与中国旧家庭》等书由小说入手对传统社会进行分析；彭信威的《中国货币史》从唐宋传奇、元曲、明清小说中得到不少根据；何炳棣的《明清社会史论》多引小说、谚语为据；黄仁宇的《从〈三言〉看晚明商人》、尹伊君的《红楼梦的法律世界》等均以小说为论史之凭借和资料；法学家朱苏力的《法律与文学：以中国传统戏剧为材料》一书，以中国的一些传统戏剧为材料，分析法律的或与法律相关的一些理论问题。比如以《赵氏孤儿》为例，分析复仇制度的兴衰以及与复仇制度相关的社会意识形态的变化；以《梁祝》为例，

---

① ［美］苏珊·朗格：《情感与形式》(1953)，刘大基等译，中国社会科学出版社 1986 年版，第 36 页。

② 胡适：《〈醒世姻缘传〉考证》(1931 年 12 月 31 日)，《胡适文集》5，北京大学出版社 1998 年版，第 310—311 页。

对古代包办婚姻和媒妁之言的婚姻制度的历史合理性进行分析,探讨制度变迁中个人力量的渺小和珍贵;以《窦娥冤》为例,对法律制度的道德主义研究和分析进路的批判,从科学技术、制度能力和制度角色以及清官局限等方面,强调科学技术以及社会分工的重要性,降低信息成本、减轻裁判者和决策者的个人责任、提高审判效率。[①] 丰富的中国文化,不但是我们精神生活的主要资源,也是中国社会科学赶超世界的优势所在。

文艺作为一种"社会知识",其特点是普遍与特殊、一般与个别的统一。亚里士多德早就说过:"写诗这种活动经写历史更富 有哲学意味,更受到严肃的对待;因为诗所描述的事带有普遍性,历史则叙述个别的事。"为什么诗所叙述的事更具普遍性呢? 这是因为诗不是在描述已经发生的事,"而在于描述可能发生的事,即按照可然律或必然律可能发生的事。"[②]诗的普遍性不是逻辑的普遍性,也不是统计学的普遍性,而是普遍的人性。因此又是这种普遍性又蕴含在个别之中。正如英国诗人华兹华斯(William Wordsworth)具体阐释说:"诗的目的是在真理,不是个别和局部的真理,而是普遍的和有效的真理,这种真理不是以外在的证据作依靠,而是凭借热情深入人心;这种真理就是它自身的证据,给予它所呈诉的法庭以承认和信赖,而又从这个法庭得到承认和信赖。"更重要的是,"诗人作诗只有一个限制,即是,他必须直接给一个人以愉快,这个人只需具有一个人的知识就够了,用不着具有律师、医生、航海家、天文学家或自然科学家的知识。"[③]文化艺术知识的另一特点,是个别的、独特的。在所有伟大的文学杰作中,在浩如烟海的美术作品中,我们看到的,往往是个体的生命、生活和遭遇,是所有社会科学所不具有的具体性。也是在这个意义上,恩格斯认为,法国作家巴尔扎克(Honoré de Balzac)"在《人间喜剧》里给我们提供了一部法国'社会',特别是巴黎'上流社会'的卓越的现实主义历史,他

---

① 参见朱苏力:《法律与文学:以中国传统戏剧为材料》,三联书店 2017 年版。

② [古希腊]亚里士多德:《诗学》,罗念生译,伍蠡甫主编:《西方文论选》上卷,上海译文出版社 1979 年版,第 65、64 页。

③ [英]华兹华斯:《〈抒情歌谣集〉1800 年版序言》,曹葆华译,伍蠡甫主编:《西方文论选》下卷,上海译文出版社 1979 年版,第 13 页。

用编年史的方式几乎逐年地把上升的资产阶级在一八一六年至一八四八年这一时期对贵族社会日甚一日的冲击描写出来，……围绕着这幅中心图画，他汇集了法国社会的全部历史，我从这里，甚至在经济细节方面所学到的东西，也要比从当时所有职业的历史学家、经济学家和统计学家那里学到的全部东西还要多。"①确实，无论是历史学家、经济学家还是统计学家，他们的研究可以告诉我们 19 世纪上半叶巴黎所发生的事件、经济发展状态及其与经济有关的全部数据，但他们无法也无意告诉我们，生活在此时此地的人是如何参与到当时的事件和经济过程中的。只在巴尔扎克的小说中，我们看到外省单纯的青年是如何被巴黎改造为成功人士的，我们看到了金钱是如何主导着巴黎生活并使一切社会关系都变成交换关系的，我也看到在资本主义进程中的各色人物的悲欢离合……总之，巴尔扎克的小说让我们具体地感受到当时巴黎社会的真实情形，体验到巴黎人的生活遭遇。这是任何历史著作和经济学成果所不能提供的。

其次，文艺是一种"人学"，它呈现的是人的精神世界，探索的是生活的经验，表达的是人性的希望，文化艺术是我们理解人性、人的生活的主要凭借。17 世纪英国批评家约翰逊（Samuel Johnson）认为：从莎士比亚的戏剧中，"可以搜集出来整套的公民和家庭的智慧"。② 即使在科学昌明的现代社会，我们也要从伟大的宗教、文学和哲学的经典中获得到对人、对生活的理解。当代法国作家加缪（Albert Camus）极端地表达出来："真正严肃的哲学问题只有一个，那便是自杀。判断人生值不值得活，等于回答哲学的根本问题。至于世界是否有三维，精神是否分三六九等，全不在话下，都是些儿戏罢了。"③科学不能回答人是否值得活下去的问题，但宗教、文学、哲学至少是在尝试回答这个问题，而且也越来越增进我们对生命、生活的意义的体验和理解。以近年来成为中

---

① ［德］恩格斯：《致玛格丽特·哈克奈斯》（1888），《马克思恩格斯选集》第 4 卷，人民出版社 2009 年第三版，第 648—651 页。

② ［英］约翰生：《莎士比亚戏剧集序言》（1765），李赋宁译，伍蠡甫主编：《西方文论选》上卷，上海译文出版社 1979 年版，第 527 页。

③ ［法］阿尔贝·加缪：《西西弗神话——献给帕斯卡尔·皮亚》（1942），沈志明译，郭宏安等主编：《加缪全集》第 3 卷，河北教育出版社 2002 年版，第 69 页。

国文化产业重要资源的古典诗歌为例,它们就可以赋予我们的生活以意义。

心理平衡机制。当诗人处于逆境,倍感艰难困苦时,他仍能怀抱一种高于一时得失、甚至高于个体生命的理想,使得当下的痛苦可以忍受,使生活可以继续下去。这种价值可以是个体树立的人生理想。比如李白《行路难》中:"知路难,行路难!多歧路,今安在?长风破浪会有时,直挂云帆济沧海。"无论今天我有多少"难",但总有一天我会成功地达到自己追求的境界。面对生活中的各种麻烦、挫折甚至恐怖,有的人怨天尤人,有的放弃努力,但在李白这里,无论生命的旅途有多"难",但他总是相信有理想在召唤,只要努力前行,就会走出眼前的困境。再如刘禹锡的诗:"巴山楚水凄凉地,二十三年弃置身"。贬谪他乡,归家无期,正是人生悲哀的时刻,但诗人想到的是"沉舟侧畔千帆过,病树前头万木春"。自己的处境当然不好,但生活中、世界上还有更多顺利、美好的人和事,我们不可因自己的不如意就失去希望,牢骚满腹。所以诗人能"今日听君歌一曲,暂凭杯酒长精神"。这种理想也可以是一种超个人的整体利益。如文天祥的《过零丁洋》,在"山河破碎风飘絮,身世浮沉雨打萍"的危难之际,诗人不得不"惶恐滩头说惶恐,零丁洋里叹零丁。"但他明白,任何个人都难免一死,如果自己的死亡具有拯救祖国的意义,那么自己就应该舍身取义。"人生自古谁无死?留取丹心照汗青"。诗人的肉体死亡了,但其一片丹心必将映照千古。这激情慷慨的两句诗,不但充分体现了文天祥的民族气节,也反映了他的人生观:死亡并不可怕,只要死有所值。一般地说,在中国古典诗歌中,这种高于个体理想的价值,通常是国家民族的利益和伦理节操之类的文明准则。

心理安慰机制。生命有限,自然永存;人间充满不平,山风明月却永远在抚慰着心灵,中国诗人善于在永恒的自然中获得精神安慰。苏轼的《水调歌头》:"人有悲欢离合,月有阴晴圆缺。"短促的人生不免离别,但只要亲人健在,即使远隔千里也还可以通过一轮朗月把两地联系起来,把彼此的心沟通在一起。"但愿人长久"突破了时间的局限;"千里共婵娟"打通了空间的阻隔。兄弟分离,固是痛苦,但我们共享明月的清辉,虽天各一方,不能见面,却能心心相印。明月成了兄弟情谊的见证。这与张九龄《望月怀远》中的:"海上生明月,天涯共此时"一样,都能够超越时空的局限,在普照世界的明华中淡化个人生活的缺失。应当说,这种以豁达乐观化解人生遗憾的模式还是比较直接的。在古典诗歌中,还有一种方式比较含蓄,这就是在消逝中寻找永恒。朱光潜先生在解释钱起《湘灵鼓瑟》的时说:"'曲终人不见'所表现的是消逝,'江上数峰青'所表现的是永恒。可爱的音乐和奏乐者虽然消逝了,而青山却巍然依旧,永远可以让我们把心情寄托在它上面。人到底是怕凄凉的,要求伴侣的。曲终了,人去了,我们一霎时以前所游目骋怀的世界,猛然间好像从脚底下倒塌了。这是人生最难堪的一件事,但是一转眼间我们看到江上青峰,好像又找到一个可亲的伴侣,另一个可托足的世界,而且它永远是在那里的。……青山永在,瑟都声和鼓瑟的有也就永在了。""凄清寂寞的意味固然也还在那里,但是尤其要紧的是那一片得到归依似的愉悦。"①这种方式,在初中语文课本中也有表现。晏殊的《浣溪沙》:"一曲新词酒一杯,去年天气旧亭台。夕阳西下几时回? 无可奈何花落去,似曾相识燕归来。小园香径独徘徊。"对酒听歌,轻松安闲,但又是一年过去了。年年岁岁花相似,岁岁年的人不同,在一切依旧的表象下,晏殊分明感觉到生命已经发生了难以逆转的变化,不禁从心底涌出"夕阳西下"的喟叹,由此表达了对美好景物情事的流连,对时光流逝的怅惘。然而,虽然"无可奈何花落去",花落春逝,一往返,但毕竟还有"似曾相识燕归来。"在无可奈何的凋衰消逝中,却又有令人欣慰的重现,那去年在此安巢的燕子不又翩翩归来了吗? 一切必然要消逝的美好事物都无法阻止其消逝,但消逝的同时仍然有美好事物的再现,生活不会因消逝而变得一片虚无。人生易老,生命终有终结之日。年纪一大,人们往往难以避免消极低沉,但晚年的苏轼却唱出一段豪情:"谁道人生无少时? 门前流水尚能西。休将白发唱黄鸡"。青春已逝,但人生还有机会,正像门前的流水一样,生命不但在消逝,也还会有转化、有新的机遇。宗白华先生在分析古典艺术时,指出了这种"无往不复"的人生观和美学观:中国人对于这空间和生命的态度却不是正视的抗

---

① 朱光潜:《说"曲终人不见江上数峰青"——答夏丏尊先生》(1935 年 12 月),《朱光潜全集》第8 卷,安徽教育出版社 1992 年版,第 395、397 页。

衡,紧张的对立,而是纵身大化,与物推移。中国诗中所常用的字眼如盘桓、周旋、徘徊、流连,哲学书如《周易》所常用的如往复、来回、周而复始、无往不复,正描出中国人的空间意识。"中国人于有限中见到无限,又于无限中加归有限。他的意趣不是一往不返,而是回旋往复的。唐代诗人王维的名句云:'行到水穷处,坐看云起时。'韦庄诗云:'去雁数行天际没,孤云一点净中生。'储光羲的诗句云:'落日登高屿,悠然望远山,溪流碧水去,云带清阴还。'以及杜甫的诗句:'水流心不竞,云在意俱迟。'都是写出这'目击者既往还,心亦吐纳,情往似赠,兴来如答'的精神意趣。"①

心理超越机制。这就是以一种审美的态度,把种种痛楚、焦虑和苦闷化作一幅图像来欣赏。在解释艺术现象时,哲学家尼采提出:"只有作为一种审美现象,人生和世界才显得是有充足理由的。在这个意义上,悲剧神话恰好要使我们相信,甚至丑与不和谐也是意志在其永远洋溢的快乐中借以自娱的一种审美游戏。"朱光潜先生由此引申说:苦闷的呼号变成庄严灿烂的意象,霎时间使人脱开现实的重压而游魂于幻境,此即尼采所说"从形相得解脱"(redemption through appearancc)。② 这一点,在古诗中也有鲜明表现。李商隐在《夜雨寄北》中说:"君问归期未有期,巴山夜雨涨秋池。何当共剪西窗烛,却话巴山夜雨时。"宦途失意,羁旅穷愁,客怀离绪,而又恰逢秋雨绵绵,秋夜漫漫,遥夜难眠。这是怎样的一种难堪啊!诗人的身世之悲、漂泊之感、思念之情在凄凉之地恰如巴山夜雨,池中秋水,浸透纸背,寒入骨髓。然而,诗人没有停留于此,而是笔锋一转,由今天的离别和悲哀,写到他日的再会和欢乐:什么时候我们在家中的西窗之下,剪烛夜话,谈论我现在的处境呢?诗人通过时间的变迁(何当)和空间的殊异(巴山、西窗),在"此时"遥望"彼时"的幸福,写出了他与妻子共有的盼望。虽然这只是一种对幸福的遥望,也足以让人沉浸在幸福之中了。当代学者沈祖棻解释说:"生活经验告诉我们,凡是已经摆脱了使自己感到寂寞、苦恼或抑郁的生活环境以及由之产生的这些心情之后,事

---

① 宗白华:《中国诗画中所表现的空间意识》(1949年3月15日),《宗白华全集》第2卷,安徽教育出版社1994年版,第440—441页。

② 朱光潜:《我与文学及其他》,《朱光潜全集》第3卷,安徽教育出版社1987年版,第377页。

过境迁,回忆起来,往往既是悲哀又是愉快的,或者说,是一种掺和着悲哀的愉快。一方面,在回忆中,不能不想起过去那些不愉快的一面,而另一方面,则那些终究是属于过去的了,现在的愉快才是主要的。"①思念是痛苦的,如果我们能有一种超越精神,把刻骨的思念当作一种经验来回味、欣赏,也就从痛苦中走出来了。

上述这些诗作,之所以能调理我们的心理,使我们在苦境人、逆境、困境中保持平静,在于这些诗包含了种种高明的生存智慧、生活知识,增加了我们对生命的理解。这是任何其他科学知识所不能提供的。

再次,文艺与现代科学也有内在关联。我们现在说的"知识",主要是指科学知识,是可以系统陈述、甚至公式化、数字化的知识。但越来越多的研究表明,这只是人类的知识之一。当代科学家与哲学家迈克尔·波兰尼(Michael Polanyi)认为,通常被描述为知识的,即以书面文字、图表和数学公式加以表述的显性知识或"明言知识"(explicit knowledge)。相对于传统认识论所研究的这种可明确表述的逻辑的、理性的知识,人的认知活动中还活跃着一种与认知个体的活动无法分离的不可明言、只能意会的"默会知识"(tacit knowledge),像我们对在做某事的行动中所拥有的知识,这是一切知识的基础和内在本质。默会的知识是自足的,而明言知识依赖于被默会地理解和运用。所有的知识,不是默会的知识,就是植根于默会的知识。证实这一点是一个经验性常识:我们知道的要比我们所能言传的多。"由于我们的一切知识在根本上都具有默会性而我们永远不能说出所有我们所知道的东西,……由于意义的默会性,我们永远不能完全知道我们所说的话中暗示着什么。"②默会知识基于人类认知理性中的"默会理性"(mute reason),它在认知活动的各个阶段、各个层次上都具有主导性作用。默会理性不是经验归纳,不是逻辑推理,而是一种可能用宗教术语"内居"(in-dwelling)来指称的一种与直觉、灵感、想像、体验等息息相关,且具有突变、飞跃、顿悟等特质的创造性思维。科学不再是在任何时间、

①　沈祖棻:《唐人七绝诗浅释》,上海古籍出版社 1981 年版,第 239 页。
②　［英］迈克尔·波兰尼:《个人知识——朝向后批判哲学》(1958),徐陶译,上海人民出版社 2017 年版,第 109 页。

场合都能拥有并普遍有效的"精确知识",而是随着我们的创造性参与和正在形成中东西。波兰尼通过科学家的知性热情、创造性想象、科学直觉、鉴赏和寄托在科学认知中的作用,说明科学是"人的艺术";通过科学前提、科学权威、科学传统在认知活动中的作用,分析科学信仰的本质;通过对"道德倒置"现状的批判,指出科学真理不应忽略它在宗教和道德上的后果。总之,无论是在艺术认知过程中,还是在科学认知过程中,人所发挥的作用,是同样的。自然科学与人文研究一样,充满人性的因素,知识是文化的知识、"个人的"知识。根据这种观点,科学知识与人文艺术有着内在的契合。比如

现代物理学经历三个阶段,每个阶段都有其自身的科学价值和与之相应的关于终极实在的图景。第一阶段的科学家相信一种由数字和几何图形构成的体系,第二阶段的科学家相信一个由力学上受到约束的种种质量构成的体系,最后阶段的科学家相信种种由数学恒量构成的体系。由于投身于追求对事物性质的这些连续性的基本猜想,科学家的求知热情经历了深刻的变化,这些变化在程度上与视觉艺术欣赏从拜占庭的镶嵌图案到印象主义作品,又从印象主义作品到超现实主义所发生的变化相似,而且或许与这些变化不无关系。①

承认科学与人文的不可,也就承认了文化艺术在科学研究中的必要性。实际上,我们在几乎所有大科学家的传记中,都看到科学家的人文修养、艺术感觉、美学趣味、社会习俗、宗教信仰等在其科学发现中的重要作用。数学是最严格的、与人文艺术关系不大的科学,但有"数学家之王"之称的德国数学家高斯(Johann Carl Friedrich Gauss)曾却一直关心形而上的问题。他曾经说过:"有些问题,例如令人感动的伦理学,或我们与上帝的关系,或关于我们的命运和我们的未来的问题,我对这些问题的解答,比对数学问题的解答重视得多,

① [英]迈克尔·波兰尼:《个人知识——朝向后批判哲学》(1958),徐陶译,上海人民出版社2017年版,第192—193页。

但是这些问题完全不是我能够解答的,也完全不是科学范围内的事。"①在他关注的伦理学等领域,高斯没有什么成果,但可以肯定,他的形而上的关怀,对其数学成就是不可或缺的。值得注意的是,波兰尼的理论还影响了库恩(Thomas Sammual Kuhn)、费耶阿本德(Paul Feyerabend)等科学哲学家,他们一起推动了对客观主义、实证主义、还原主义的批判,把文化的、社会的、心理的、政治的因素带入科学哲学和认识论,形成科学与人文融合的后现代科学观,它强调科学发现、重大成果之中及背后的文化艺术的支持。

意识到文化艺术产品中包含的各种知识,中外都有"审美教育""寓教于乐"的理论与实践。当然,这种教育不同于一般的知识教育,它还有明确的道德教育的目的。

二、 培育我们的道德感

任何一个熟悉文化史的人,都会赞同美国学者艾伦·布鲁姆(Allan Blooom)的这一段话:文化首先是与自然相对的人类性,它几乎等同于人民或民族,譬如说法国文化、德国文化、伊朗文化等;其次是指艺术、音乐、文学、教育电视节目、某些种类的电影等,简言之,一切可以鼓舞精神、陶冶情操的东西,它与商业活动相对。"两者之间的联系在于,文化使高层次上的丰富的社会生活成为可能,这种社会塑造了民族、他们的习俗、风格、兴趣、节庆、礼仪和神明——所有这一切把个人联结为有共同根基的群体,联结为一个共同体,在这个共同体中,人们有共同的思想和意愿,民族是一个道德统一体,而个人也具有内在的统一性。文化是艺术的产物,其中的美术表达着崇高的境界。""作为艺术的文化,是人的创造力的最高体现,是人冲破自然的狭隘束缚的能力。从而摆脱现代自然科学和政治科学对人的贬低性解释。文化确立了人的尊严。文化作为共同体的一种形式,是一个关系网络,置身其中的自我得到了多彩多姿而又细腻的表现。它是自我的家,也是自我的产物。它比只管人们的

---

① 转引自[美]E.T.贝尔:《数学精英》(1963),徐源译,商务印书馆1994年版,第280页。

肉体需要、逐渐退化为纯粹经济的现代国家更为深厚。"①严格地说,文化的社会效益主要就是有益于一个社会的道德建设和行为规范,不但古今中外所有重要的文化论述都在不同程度上包含着伦理论述,而且不同的文化本来就源自不同的宗教-伦理体系。当我们说文化的道德效果时,主要是指与知识、道德相对的艺术的道德效果;当艺术不再是相对独立的领域而向整个社会世界扩展时,它就是我们所说的"文化"。②

一切优秀的文学艺术,都具有感染人、教育人、把人类生活提高一步的意义。一切有意义的文化论说,都强调审美、艺术的教化作用。这里有两个基本点。

其一,文化教育具有控制本能、调适人性的功能。英国批评家克乃夫·贝尔(Clive Bell)是 20 世纪最有影响的艺术理论家之一,其"有意味的形式"已成为艺术的定义之一。在把文化理解文明化的过程时,他强调的是文明与理性的一致性:"文明是社会的一种特征:粗略地说,文明就是人类学家用以区分'先进'社会与'落后'或'低级'社会的那种特征。野蛮人一旦用理性控制自己的本能,具有初步的价值观念,也就是说,他们一旦能够区分目的和手段或说达到美好状态的直接手段和间接手段,就可以说他们已向文明迈出了第一步。这一步指的就是用理性纠正本能;第二步就是为得到更美好的东西有意识地放弃眼前的满足。"文明始于本能的克制与约束,只有在这个基础上,才能产生出文明人类的种种美好。这就是贝尔说的:"从理性至上和价值观念这两个根本特征中要以派一出许多次要的特征,如喜欢真和美,求实态度,严格要求,富于幽默感,彬彬有礼,好奇求知,鄙视庸俗、野蛮、过火,等等,不迷信,不假正经,大胆接受生活中的美好事物,彻底自我表达的愿望,要求受到全面教育的愿望,蔑视功利主义市侩习气等等,用两个词概括起来就是:甜美和光明。并不是所有摆脱了野蛮状态的社会都能抓住上述诸观点的全部,甚至大

① [美]艾伦·布卢姆:《美国精神的封闭》(1987),战旭英译,译林出版社 2007 年版,第 143、144 页。

② 参见单世联:《文化大转型:批判与解释——西方文化产业理论研究》第 16 章,中国社会科学出版社 2017 年版。

部分都抓不住，能够牢牢抓住其中之一社会就更少。这就为什么我们发现的文明社会确实不少，但只有很少几个算是高度文明的。这是因为相当多的文明特征抓住而且抓得很牢才能算是高度文明的社会。"①贝尔的"文明"论基于其对西方文化史几个高峰时代的研究，至于西方社会进入"文明化"状态的具体过程，则是德国社会学家诺伯特·埃利亚斯（Norbert Elias）《文明的进程》一书的主题。

当然，告别纯粹的自然和本能，并不是说文明人类就只是纯粹的理性与文化的生物。实际上，人性中仍然有自然性。文化与自然的关系，就像游泳中人（或船）与水的关系（另一个合适的比喻是骑手与马的关系）。莎士比亚在《暴风雨》中说得最清楚：

……他击着波浪，将身体耸出在水面上，不顾波涛怎样和他作对，他凌波而前，尽力抵御着迎面而来的最大的巨浪；他的勇敢的头总是探出在怒潮的上面，而把他那壮健的臂膊以有力的姿态将自己划进岸边；……②

18世纪的伏尔泰（Voltarire）也有类似的观点。在说到情欲时，伏尔泰《查第格》一书中的一个隐士说："那好比鼓动巨帆的风；有时大风过处，全舟覆没；但没有风，船又不能行动。胆汁使人发怒，使人害病；但没有胆汁又不能活命。"③人类不能摆脱自然，但文化艺术可以提升自然感性，使之符合人的理性的目的；它也能给带有野蛮性的本能冲动以自由发泄的机会。文明化的过程就是从自然走向道德的过程。

其二，文化具有想象他者、理解他人的功能。作为个体的人，从他出生的那一刻起，就生活在人群之中，我们是在与他人"共在"之中追求个人目的、实

---

① ［英］克乃夫·贝尔：《文明》（1928），张静清等译，商务印书馆1990年版，第102、102—103页。

② ［英］莎士比亚：《暴风雨》，朱生豪译，《莎士比亚全集》1，人民文学出版社1978年版，第31—32页。

③ ［法］伏尔泰：《查第格》，傅雷译，《伏尔泰小说选》，人民文学出版社1987年版，第54页。

现个体价值的。作为群体生活的规则,道德的起点在于尊重、理解他人。文化艺术作品就是通达他人内心的桥梁,我们通过它可以更好地理解、同情他人。英国诗人雪莱(Percy Bysshe Shelley)说过:"道德中最大的秘密是爱,亦即是暂时舍弃我们自己的本性,而把别人在思想、行为或人格上的美视若自己的美。要做一个至善的人,必须有深刻而周密的想像力;他必须设身于旁人和众人的地位上,必须把同胞的苦乐当作自己的苦乐。想象是实现道德上的善的伟大工具;……诗以不断使人感到新鲜乐趣的充实想象,因而扩大想象的范围。"①道德生于仁爱,仁爱生于同情,同情生于想象——欣赏文化艺术产品的过程,就是设身处地、进入他人生活和心理的过程,如此我们才能尊重与理解他人,才能做到"己所不欲,勿施于人"。

以现代传播技术为基础的各种媒介文化,使得发生在遥远非洲的饥荒、战争以及它们所造成的人道灾难,可以及时为我们所知。电视对于饥荒和战争的报道,对西方慈善事业产生了显著影响。比如单单在英国,自从 1984 年有关埃塞俄比亚的纪录片首次播出以后,就有超过 6 000 磅的资金捐赠给了饥荒救助机构。长期以来,我们的道德关怀受制于国籍、宗教、民族和地理等障碍,这些障碍把我们的道德空间一分为二:那些需要我们承担责任的,以及那些超出我们关心的范围的,由此形成一个依次递减的受道德秩序:首先是亲属和朋友,然后是邻居、同一教派的人、同一国籍的人。只是到最后,才是不确定的陌生人。儒家的差等之爱即表明,亲属、朋友比陌生人更具有道德的优先权。20 世纪的经验在两个意义上改变了这一秩序。一方面,亚美尼亚、凡尔登、俄罗斯前线、奥斯威辛、广岛、越南、柬埔寨、黎巴嫩、卢旺达、波斯尼亚,一个世纪的饥荒、战争和屠杀使所有人都成了受害者,它们颠覆了按国籍、民族和阶级划分的道德标准,将不同的个体研制成完全平等的纯人类单位。在纳粹德国制造的犹太集中营中,有波兰的农民、汉堡的银行家、罗马尼亚的吉普赛人、里加的杂货店主等,他们都被放在苦难的砧板上,锤炼到完全同质,然后

---

① [英]雪莱:《为诗辩护》(1821),缪灵珠译,刘若端编:《十九世纪英国诗人论诗》,人民文学出版社 1984 年版,第 102、102—129 页。

彻底湮灭。在埃塞俄比亚的意大利法西斯军队集中营，高地的基督徒、低地的穆斯林、厄立特里亚人（Eritreans）、泰格里翁人（Tigreans）、阿法斯人（Afars）、索马里人等也在重演砧板上的苦难。"在这个裂变的过程中，每一个个体都被割断了社会关系。在正常时候，这种社会关系也许能拯救他们的生命。每一个在埃塞俄比亚集中营里的个体，曾经是儿子、女儿、父亲、母亲、部落成员、公民、信徒、邻居，但这些社会关系都不足以支撑危难时刻的救助恳求。饥荒，像大屠杀一样，摧毁了维持每一个个体权利体系之社会关系的毛细血管系统。以此，大屠杀和饥荒创造了一种新的人类主体——纯粹的受害者。他被剥夺了社会身份，因而丧失了在正常情况下会倾听他哭泣的特定的道德听众。家庭、部落、信仰、民族都不再作为这些人的道德观众而存在。如果他们最终要想得到拯救，必须将信任投向最令人恐惧的依赖关系：陌生人的善心。"①按照传统道德观，我们习惯于按照关系之远近来分配救助苦难的责任，我们把我们的关怀慷慨地给予兄弟姐妹、同胞、信仰相同者和共事者。当所有能够帮助一个人的社会关系，如同胞之爱、种族之爱，阶级之爱等都被剥夺时，普遍性的人类手足情谊，即非个人化的、对陌生人的承诺，就开始发挥作用。根据加拿大学者叶礼庭（Michael Ignatieff，一译米哈伊尔·伊格纳季耶夫）的分析。"如果存在于人类手足情谊神话中的脆弱的国际主义作为一种道德力量回归现代世界，那是因为那些按照宗教、民族和阶级划分的排他性的人类的团结体——已经因以他们为名所犯下的罪行而名誉扫地。"②问题在于：我们如何知道，这世界上有人在遭受苦难？

现代媒介的功能之一，是在陌生人遭受的苦难和那些存在于世界上少数安全地带的良知之间建立联系。电视屏幕上的受害者，他们作为陌生人，也可以向我们的道德良知提出需求。这方面最好的例子，就是 2018 年 6 月 23 日，泰国 12 名少年足球运动员和 1 名教练进入一处国家公园洞穴内"探险"时，因突降暴雨被困洞中且与外界失联。这处山洞全长超过 10 公里，洞内地形复

---

① ［加］叶礼庭：《战士的荣耀——民族战争与现代良知》（1997），成启宏译，中央编译出版社 2017 年版，第 17—18 页。

② 同上书，第 15—16 页。

杂,加上洞内多片区域被雨水淹没,水中淤泥堆积,能见度极低,给搜救工作造成很大难度。这一消息很快就传遍全球,中国、美国、英国、澳大利亚、缅甸、老挝等国救援队都来到泰国参与搜救。7月2日晚,两名英国潜水家终于发现了失联10天的少年队员,他们全部平安存活。这个真实的事件不但表明人类命运相连、休戚与共,也表明这种命运相连、休戚与共的前提是要由传播文化把远距离的人、事、物联系起来,使不同地区和国家的人都能有休戚与共的感觉和认知。当然,现代文化在扩大了道德关怀的范围的同时,也内涵着混乱。有人认为,除非食物短缺有一种巨大的视觉吸引力,否则电视新闻对其视而不见;也有人认为,当有更多的其他的问题需要关注时,食物短缺的报道就从电视新闻中消失了;还有人认为,电视报道让我们成为他人苦难的偷窥者,成为他人苦难的消费者。如此等等。

上述两点是自古以来即有的文化-伦理观,当代大众文化、文化产业兴起之后,文化的道德效果又有新的取向和特征。

从根本上说,传统伦理是规范性、控制性的伦理,传统道德的核心是以理性约束感性。比如在柏拉图就认为:"舞台演出时诗人是在满足和迎合我们心灵的那个本性渴望痛哭流涕以求发泄的部分。而我们天性最优秀的那个部分,因未能受到理性甚或习惯应有的教育,放松了对哭诉的监督。替别人设身处地的感受将不可避免地影响我们为自己的感受,在那种场合养肥了的怜悯之情,到了我们自己受苦时就不容易被制服了。笑,爱情和愤怒,以及心灵的其他各种欲望和苦乐,诗歌在模仿这些情感让它们确立起了对我们的统治。"① 柏拉图因此而要求对文艺进行政治-伦理的审查,以保证公民远离"非理性"的戕害。在中世纪,对艺术、审美和娱乐的限制建立在更为严格的二元对立体系之上:神圣/世俗、灵魂/肉体、崇高/堕落、理智/欲望、精神/感官、真善美/假恶丑……近代以来,人性解放固是时代潮流,但在伦理道德方面,无论是笛卡尔式的身心二元论、身心对立论,还是康德的理性自律、道德自主,各种类型的理性主义伦理,都是以精神、理性、灵魂之类形而上的原则为轴心,在文艺中,

---

① ［古希腊］柏拉图:《理想国》,郭斌和、张竹明译,商务印书馆1996年版,第405—406页。

则是对感性、欲望、快感的质疑、审查和批判，仍然体现了精神、理念至上的二元论。

这里，我们要稍微详细地说一下法国启蒙思想家卢梭。以文明与道德的二律悖反为原则，卢梭一方面揭露科学、艺术、理性是如何败坏了人性美德，另一方面又构建了真实、自然、由良心主导的道德理想国。他认为，当文明社会出现道德危机时，理性是无效的——"到哪里去找这么一个法则，并如何证明它是万无一失的绝对可靠的呢？……在诸如此类的困难的道德问题上，我总觉得用我的良心的启示，比用我的理智的光辉来解决好。"①卢梭把文明与道德的对立被转化为理智与良心的对立，明确认为："在我们的灵魂深处生来就有一种正义和道德的原则；……在判断我们和他人的行为是好是坏的时候，都要以这个原则为依据，所以我把这个原则称为良心。"②未受理性训练的人性，就是原初的淳朴、德性和至善，但这样的自然状态在文明开化以后不见了，社会道德也就随之败坏。在这个意义上，卢梭当然是激烈的理性的反对者。比如他就这样指控理性：

理智使人产生自爱心，而加强自爱心的，是头脑的思考。自爱心使人汲汲于关心自己，使他远离一切使他感到为难和痛苦的事物。哲学使人孤独，使他在看见一个受难的人时，竟居然在暗自在心中说：你想死就死吧，只要我平安无事就行了。……野人绝没有这么高超的本领；由于他缺乏智慧和理智，因此，他总是一往无前地发挥人类天然的感情。……可以肯定的是，怜悯心是一种自然的感情，它能缓每一个人只知道爱自己的自爱心，从而有助于整个人类的相互保存。它使我们在看见别人受难时毫不犹豫地去帮助他。在自然状态下，怜悯心不仅可以代替法律、良风美俗和道德，而且还有这样一个优点：它能让每一个人都不可能对它温柔的声音充耳不闻。它能使每一个身强力壮的人宁可到别处去寻找食物，也不会去抢夺身体柔弱的孩子或老人费了许多辛

---

① ［法］卢梭：《一个孤独的散步者的梦》（1778），李平沤译，商务印书馆 2012 年版，第 48 页。
② ［法］卢梭：《爱弥儿》下卷（1762），李平沤译，商务印书馆 2012 年版，第 456 页。

苦才获得的东西。在训导人们方面,它摒弃了'你们愿意人怎样待你们,你们也要怎样待人'这样一句富于理性和符合公正精辟格言,面采用"在谋求你的利益时,要尽可能不损害别人"这样一句出自善良天性的格言。……虽然苏格拉底和具有他那种素养的人可以通过理性而获得美德,但是,如果人类的生存要依靠组成人类的人的推理的话,则人类也许早就灭亡了。①

需要注意的是,我们不能因为"原始""天性""人性""未开化"这些观念就认定卢梭是反理性主义者,也不能因为他设置了"理智-理性"与"良心-道德"的对立就以为他摆脱了理性至上的二元论立场。对此,德国诗人席勒(Johann Friedrich von Schiller)早就指出一个文化史现象:"随着自然作为经验、作为(行动的、感受的)主体逐渐开始从人类生活中消失,我们也目睹它在诗人世界里作为观念和主题缓缓上升。"②在古典的"天真的诗"中,人与自然和谐一体;而在现代"感伤的诗"中,人不过是在追求一种自然的观念。显然,这并非真的自然,而是观念。因此,在《美育书简》的第三封信中,席勒更明确地认为:"人以一种人为的方式从他的成年返回到他的童年时代,在人的观念中构成一种自然状态,这不是由经验得出的,而是他的理性的必然结果,是由他的理性规定必然构成的。"③就此而言,卢梭所向往的"自然状态",正是一种理性主义的构思,是在他所受的理智训练背景下提出的。似乎远离理性的"自然状态"其实是理性选择的结果,而他所反对的"理性"不过是其所处时代的思想观念。卢梭没有跳出传统的理性主义二元对立的价值法则,他不但在文艺观上继承了柏拉图,而且也还是一个柏拉图式的理性主义者。

这就是传统理性主义的强大力量。在这种压迫性的伦理体系中,精神、灵魂、理性、崇高、真善美始终处于主导地位,身体、冲动、情感、感官、愉快、欲望

---

① [法]卢梭:《论人与人之间不平等的起因和基础》(1755),李平沤译,《卢梭全集》第四卷,商务印书馆 2013 年版,第 260—261 页。

② [德]席勒:《论天真的诗与感伤的诗》(1795),张佳珏译,《席勒文集》VI,人民文学出版社 2005 年版,第 95 页。

③ [德]席勒:《审美教育书简》(1794),冯至、范大灿译,上海人民出版社 2003 年版,第 40 页。

则被构建与之对立的另一面，不但被贬低，而且被认为妨碍了永恒理性的生成。灵魂/理性是永恒的，身体/欲望是短暂的；前者代表着高尚，后者代表低级；前者是真实的，后者是虚假的，前者是节制的，后者是贪婪的；前者是真实的，后者是虚假的；前者使人向善，后者引人作恶；前者意味着真理、知识、智慧、理性，而后者则类似于动物般的需求和冲动，和理性价值相悖。当身体处于以上的二元架构中，它就从伦理、真理的角度上受到强烈的谴责。所以在身心二元主义的深厚传统下，对文化-伦理价值的判断，长期固守在灵魂、理性等精神活动层面，而涉及到个人的经验、身体、欲望、情感的一面则被忽视，这其中存在的身体不在场就显而易见且不难理解了。

但是，现代文化是解放的文化。人的独立性在提高，人的权利观念在增进，人的自由选择意志在加强。人之所以为人，正在于他首先具备了承载情感活动的身体。虽然在理性主义精神至上的范式中，精神、意识、理念作为言说的统一主体存在，但是人类是更加复杂的主体，他总是被具身化、性恋、情感性、同感以及欲望这些核心品质所界定。不正视、不承认这一点，人类将永远无法合理地呈现身体、解放自我。而且，在面对由资本、消费来的欲望身体的图景时，这种伦理虽然仍可占据着道德高位，但却饱受"身体"景观的冲击，应接不暇或根本无法应对。当身体、欲望不再背负伦理谴责而获得承认时，意味着传统的灵魂/身体、理性/非理性等二元对立也在不断松动，意味着传统文化伦理所构建出的好/坏艺术的标准、文艺的道德准则等已不能毫无改变地存在下来。这里有一个基本的矛盾：传统伦理观总是试图用预设的、既定的理性主义传统中形成的普遍法则来约束日益解放的身体、欲望、冲动、情绪，并通过引导价值观，压制这些非理性的实存，构建出驯服的、有秩序的主体，但这种压抑却又导致更深层次的反叛和挑战。因此，只有把身体、感官、生命体验正面置于当代文化生活中并给予伦理的认肯，而不是先将其构建为对立面去排斥、贬黜它，才能为文化生活中涉及到欲望、刺激、享乐甚至娱乐至死等原本被认为相悖于传统伦理的事物提供理解的可能性。

这里的关键是要解构理性/感性的二元对立。面对享乐、欲望、刺激、感官愉悦的诱惑和理性主义的冲突，人类此前受到的理智教化能够迅速提供足以解决这种冲击的思维和行为范式,并做出相应的价值判断从而使得一切仍旧维系在理性的秩序中。有对立就会有压制,有冲突就会有规训。当身心对立的格局松动或逐渐微弱,或者因对立加剧以致身体的自觉意识开始解放时,原来确立的似乎绝对正确、不容置疑的理性准则便显得与真实人性格格不入,那个处于轴心位置的精神、灵魂或意义、规范便开始摇摇欲坠。在这个时刻,人类并不会立刻趋向理性的完全对立面,而是在那个二元对立架构中徘徊犹豫,产生存在焦虑和价值失范。在理性传统中,文化艺术承担着对人的教化作用,它们自身就要具备有意义的内涵:导人向善、弘扬真善美,承担塑造理性观念、秩序的责任,反对娱乐因为娱乐是没有价值、没有意义的。随着商业社会、消费社会的来临,对文化工业、大众文化的批判也通常在这个层次和方向上展开。是的,我们曾经怀着多么庄敬、严肃的心情去博物馆、艺术馆,去接受文化、知识、历史的熏陶,这样的空间场所连同里面的内容确实也有效地承担了的教化功能。但今天,越来越多的当代艺术作品和空间进入大众的生活,它们是否还在呈现具有主体地位的意义,或者说人和它们之间的关系是否还是曾经的"通过接触艺术品而获得特定的意义或是教育"?

这就是说,传统的文化-伦理秩序经历了双重的变动。一方面,艺术原本具有的意义、精神性、价值塑造功能不再被强调,理性主义的传统思维被瓦解,人们不再关心艺术本身是否或是具备何种伦理教化意义。另一方面,艺术品的存在并非是为了成为唯一的观看、分析对象,通过自身身体的参与,人把对它们的关注转移到了自己身上。在这样一种与艺术的互动之中,那些原先是主体的艺术或是其或许存在的内涵与价值成为了人观看自身(自拍)的背景与道具。在当代文化中,理性传统所期望的艺术的意义、伦理教化等,此刻都成为了鲜活的生命体验。身心二元对立的结构不断瓦解,身体不但正面呈现而且已经淹没了心灵;传统的艺术标准、特别是文艺的道德教化作用等再也无法维持其先验的合法。总之,由于将身体、感官、生命体验纳入整个文化艺术之中,原先稳固的意义充满了不确定性,现代科技和资本助长着消费社会的欲望、刺激、享乐,甚至文化作品/产品、艺术品的生成过程以及与人的关系都发生了巨变,人处在其中早已不是在被动地接受来自精神、灵魂、理念层次的约束和指导，而是主动地用行动与实践动摇着他者的主体性，意义不再重要了，感官经验才是鲜活而又真实的。在这里，"身体"是一个隐喻，标志着来自宏大的精神世界的理性秩序中的文化-伦理价值法则，在身体介入后，更多地成为了细碎的、个人的、不断更新的、开放的感官经验。如果说在传统伦理秩序中，人们追求的文化价值是形而上的精神和灵魂的价值，树立这种价值意味着要对人进行精神层次的规范与教化，直至无视或取消身体，那么，在身体转向的文化时代，文化—伦理则从"理念"向人的身体全方位的渗入，是经验性的感受，来自感官的生命体验，而这种经验是难以用确定性的概念、语言界定/限定的，因为人与文化艺术、产品之间，艺术自身内部的关系都是开放、不停生成的，所以它会导致文化伦理本身的去主体化、去轴心化。在这个意义上，当代文化的产业化、消费化和娱乐化，并不一定是伦理危机、价值缺失、道德崩塌，而是文化-价值的转向与嬗变。

肯定文化-价值的身体转向，并非是将身体、欲望、冲动、不确定性等提升到足以令人不在乎社会的道德法则的地步，也就是说，我们不能因感性的解放、身体的呈现等就否定人类社会对道德伦理的追求，而是尽量试图绕到传统理性的另一面去看待那些曾经被忽略的人性中先天存在的要素，化解对目前由资本、技术、欲望等力量引发的不确定性的恐惧和焦虑，更多地关注到文化演化过程中的多样性和差异性问题，以避免一旦提及新对象就持压制、规训的态度，避免权力凭借二元对立的传统理性秩序使得道德、伦理成为限制人的工具，从而提供一个谈论文化伦理新面向的视角。

可以说明这一点的，是一部百老汇戏剧。2018 年 7—8 月，百老汇歌剧《长靴皇后》（Kinky Boots）在北京、上海、广州演出。该剧男主角查理·普莱斯（Charlie）是英国北安普敦老字号鞋店 Price & Sons 的第四代传人，经营惨淡之际，他邂逅酒吧歌手"变装皇后"劳拉（Lola），两人合作，抓住男性变装高筒靴的小众市场，推出独特靓丽的高筒靴，终于在米兰时装秀上大放光彩，鞋厂也因此获救。歌剧最动人的是 Lola 的故事。他从小在父亲的强压下压抑自己，长大后发现穿漂亮裙子能让他找到真正的自己，但付出的代价是遭遇各种冷嘲热讽，甚至被传统思想的父亲彻底断绝关系。Charlie 鞋厂工人们一开始对

Lola 也是反感和抵触的,但终于由理解而接受、而欣赏,到最后来全体男工都穿上红色高筒靴亮相 T 台。如果说这个歌剧有一个主题的话,那就是舞台上一再唱起的:"做你自己!"这当然是有意义的,英国作家王尔德(Oscar Wilde)早就有过一句名言:"Be yourself; everyone else is already taken"(做你自己,因为做其他任何人的位置都已经被占领了)。但从本文研究的主题来看,这个歌剧的真正意义在于拓展了我们对性别的认识,高跟鞋不是女人的专利,男人也可以穿高跟鞋;性感并不是女人的专利,美可以突破性别限制。可以肯定,这个歌剧鼓舞着我们更坦然地追求自己的生活方式,也鼓舞我们更谦和地接受各种各样的性文化。

问题在于,当文化艺术转向身体的、感官的、欲望的呈现与表达的时代,我们的文化是否还需要某种统一的、普遍的道德法则和伦理追求?答案是肯定的。我们正处于约束型的旧伦理与解放型的新伦理之间,文化艺术一方面要承接传统的伦理原则,另一方面探索新的道德标准。

三、 美化生命与世界

在现代文化系统中,科学求真、道德求善、艺术求美,已是公认的准则。但仅就艺术而言,它与美的关系就有一个演变的过程。

在工业革命之前,"文化"与人类的其他劳动形式之间并无确定分界,艺术家与其他手工劳动者也并无区别。在意大利佛罗伦萨,画家们从 1378 年开始,属于医生或药剂师行会,而在波洛尼亚,画家则属于乐器行会或出版商行会,建筑师和雕塑家则属于泥瓦匠和木匠的行会。直到 16 世纪初,德国画家丢勒(Albrecht Dürer)在比利时的安特卫普目睹了一场宗教游行:"星期天,圣母升天日的仪式结束后,我看见盛大的游行队伍从安特卫普圣母教堂走出来,……他们当中有金匠,油工,教堂执事,刺绣工,雕刻工,细木工,粗木工,水手,渔民,屠宰商,皮革商,织布工,面包商,裁缝,皮毛商,真是应有尽有,还有很多来此地谋生的工匠和商人及其帮工,也走在行列之中,也有本地店铺老板和行商及其伙计们也参加了游行。这些人过后,又走来了手持枪支、弓箭、弩机的猎手，以及骑兵和步兵，继而是执法官的卫队，以及披红挂金光彩夺目的精兵。"①只是在文艺复兴之后，艺术家才与作坊师傅或匠人分离开来，才被理解为一种特殊的生产者，美才不但在理论上，也在实践上成为艺术的理想和目标。相对独立的艺术、以美为标准和理论"艺术"，是在近代社会中被建构起来的。从英国夏夫兹伯里（The Earl of Shaftesbury）到法国的巴托神父（AbbéCharles Batteux）再到德国的康德（Immanuel Kant），纷纷建立了以审美独立与艺术自律为中心的现代美学理论。

但这只是文化史的一个阶段，19世纪以来，古典艺术的美学原则逐步失去规范力。

首先，把美看作审美价值的一种。早在18世纪末，"崇高"和"丑"的出现，已经表明美不是艺术的唯一价值。英国思想家伯克（Edmund Burke）把美和崇高作了本质上的区分，使崇高与美平分秋色，美即使在艺术中也不再唯我独尊。1797年，德国浪漫派理论家弗·施莱格尔（Friedrich von Schlegel）注意到莎士比亚的作品像大自然一样，让美丑同时存在；黑格尔的学生罗森克朗茨（Karl Rosenkranz）专门写了《丑的美学》（1853）。他们都注意到，艺术中不但有美，也有丑、崇高、滑稽等等。此后，从古典主义到现代艺术，从普遍雕塑到用机械力驱动的活动雕塑和具有活动装置的"积成雕塑"，从呕心沥血的精心之作到信手涂鸦，从优美和谐到丑陋怪诞等等。甚至像《俄狄浦斯王》《李尔王》这样的古典作品，尽可以说它们是有力的、庄严的、有吸引力的等等，但绝不能说它们是美的，于是人们用"审美价值""表现力"等等指称它们的意义。

其次，把审美价值看作是艺术价值的一种。这个问题在理论上的表现，是"美学的艺术哲学化"。自从1859年谢林（Friedrich Wilhelm Joseph von Schelling）发表《艺术哲学》以来，美学就已逐渐把全部注意力转移到艺术研究上来了，当然在谢林、黑格尔这些古典美学看来，艺术还是以审美为轴心的，崇高、丑虽不是美，但是在艺术中具有审美价值。经过去19世纪末以来先锋派

---

① ［美］刘易斯·芒福德：《城市发展史——起源、演变和前景》（原名《历史中的城市》（1961）），宋俊岭等译，中国建筑工业出版社2005年版，第299页。

艺术的强力冲击,艺术的本质在于新奇、变形是我们世纪的特征、艺术是一种治疗和复原等新奇之论层出不穷,不但美和审美已经被从艺术中清除出去,更为广泛的"审美价值"也不再是艺术的唯一价值。

美、审美价值被废黜之后,轮到了"艺术"的解体。向"美"宣战的先锋艺术也没有放过"艺术"。1917 年,达达主义画家杜尚(Marcel Duchamp)把一只普通的小便器加上标题"泉"就送交展览,遭到拒绝,引起争论,结果杜尚胜利,从此带来各种异想天开的创新之举。有鉴于此,当代美学家迪基(Gorge Dickie)为艺术作了一个最低限度的规定:它是一件人工制品。但激进的先锋派艺术家对这一点也不认可,在他们的实验中,一些"现成物品"比如一块漂浮木、"废品雕塑"比沥青、铅条、毛毡等,也被当作是一件艺术品。传统艺术以美为理想,接着以"表现力"为目标,如果这一点还有疑问,那么"有一个东西"才可以称之艺术品这一点应当是没有疑义的了,但也不行。荒诞派戏剧家贝克特(Samuel Beckett)的《呼吸》(1970)的全部剧情是:帷幕拉开后,舞台上空无一人。30 秒钟后,帷幕拉上,演出结束。艺术品已不复存在,唯有"艺术情境"存在,比如画廊、剧场等。这岂不是"艺术的终结"?

"艺术终结"这一判断,表明美不再是艺术中的唯一标准和理想这一事实,艺术由此真正进入多元化的时代:任何事物都可以是艺术品、任何人都可以是艺术家、任何风格都是好风格——这不是"艺术终结",而是艺术实物制度的终结。"波普"把人人都知道的东西转化为艺术,不再有独立的艺术领域,生活就艺术,文化就是艺术。艺术终结之时就是文化兴起之时——艺术的泛化导致艺术的终结,世界因而文化化了。当代理论家詹姆逊(Fredric Jameson)后现代论述的核心,也就是这个问题:"现代的终结也必然导致美学本身或广义的美学的终结,因为后者存在于文化的各个方面,而文化的范围已经扩展到所有的东西都以这种或那种文化移入的方式存在程度,关于美学的传统特征或'特性'(也包括文化的传统特性)都不可避免地变得模糊或者丧失了。"①

---

① [美]弗雷德里克·詹姆逊:《后现代性中形象的转变》,弗雷德里克·詹姆逊:《文化转向》(1998),胡亚敏等译,北京:中国社会科学出版社 2000 年版,第 108—109 页。

传统意义上的艺术以美为标准和理想,意味着"美"只是或主要是艺术的事,与生活世界无关或关系不大。当相对独立的"艺术"解体、扩散为一种文化时,美就是生活世界的一种品质、一种特征。所以说,当代"文化"的兴起与"美"扩张是同一个过程。在这个意义上,德国哲学家韦尔施(Wolfgang Welsch)提出一种"超越美学的美学"理论。这一理论的基本观点是,整个世界都在经历一个现实的非现实化,也即审美化的过程。所谓"审美"不是指美的感觉,而是指虚拟性与可塑性。在发达的西方社会,现实日益成为一个经验的领域、一种美学的建构。表层的审美化就是物质世界的美化。从个人风格、都市规划到经济,原来非审美的东西都日益变成或被理解为美的过程,越来越多的东西都在披上美学的外衣。一是以都市空间为代表的审美装饰,二是作为新的文化基体的享乐主义,三是作为经济策略的审美化,即审美成为商品营销的主要手段。深层的审美化就是社会的美化,其基础是硬件上与软件的位移。一是新材料技术特别是微电子学,可以将材料转变为审美产品。"从今日的技术观点看,现实是最柔顺、最轻巧的东西。材料的更强的力度,亦是得益于柔软的、审美的程序。"①二是通过传媒建构现实。比如电视的现实是可以选择、可以改变、也是可以逃避的。频道转换之间,消费者是在实践着现实世界的非现实化。物质与社会之外,还有主体现实的审美化,即通过对主体与生命形式的设计,诞生了"美学人"(homo aestheticus)。这类新人不但是对身体、心灵和灵魂进行时尚设计,而且在社会交往中以审美来代替道德规范的失落。总之"存在、现实、恒久性和现实性这些古典的本体论范畴,其地位如今正在被外观、流动性、无根性和悬念一类审美的状态范畴所取代。"②韦尔施之所论,其实正是文化产业和文化科技的发展现状。我们的"文化+",就是把艺术、审美的原理、要素、风格与物质、实体、经济、社会融合起来,不但推动产业升级和经济转型,而且使得我们生活的世界日益美化;我们所说的文化科技就是以更强有力的重塑力量设计能力,重新安排自然与社会世界的一切,使之不但符合我们

---

① ［德］沃尔夫冈·韦尔施:《重构美学》(1997),陆扬译,上海译文出版社 2002 年版,第 9 页。
② 同上书,第 53 页。

的目的,而且符合我们的审美。经济就是物质产品的审美化与经济眼前的现实。如此等等,都是与传统的、作为艺术标准的美不同的另一种美,这种美的实质,就是包括生产、生活在内在整个世界的人性化、自由化。

把这个问题说得更清楚明白的,是英国学者费瑟斯通(Mike Featherstone)所阐释的"日常生活审美化"理论。这一概念有三层含意。

其一是指艺术与生活的融合。第一次世界大战以来出现的达达主义、先锋派和超现实主义运动等艺术类亚文化挑战艺术作品的地位、取消艺术与生活之间的界限,它们为 1960 年代的后现代艺术提供了策略。其后果是,任何地方都可能出现艺术、任何事物也都可以是艺术。比如超现实主义打破艺术与生活的界限,说明最普通的消费品、大众文化的瓦砾也可以被美化并作为艺术;以杜尚为代表的 1960 年代的后现代艺术反对博物馆和学院中被制度化了的现代主义,消解艺术与日常生活之间的界限;以安第·沃霍尔为代表的波普艺术,则显示了大众文化中的鸡毛蒜皮,以及那些低贱的消费商品,如何一跃而成为艺术。费瑟斯通指出,达达主义、超现实主义和先锋派所使用的这些策略艺术技巧,已经被消费文化中的广告和大众传媒所广泛采纳。这样,"艺术与日常生活之间的界限坍塌了,被商品包围的高雅文化的特殊保护地位消失了,这是一个双向过程。首先,……艺术已经转移到了工业设计、广告和相关的符号与影像的生产工业之中。其次,在本世纪 20 年代以达达主义和超现实主义形式、60 年代以后又以后现代主义形式出现的艺术中,有一种内在的先锋式动力,它试图表明,任何日常生活用品都可能以审美的方式来呈现。"①艺术职业发展起来了,艺术与其他职业距离缩小了,艺术家的视野更加接近中产阶级生活。艺术不是"对资产阶级的震撼",像先锋派所理解的那样,而是成为资产阶级的生活标准,艺术不是精英化而是更加职业化和民主化了。

其二是生活向艺术的转化,形成了一种作为日常生活审美化原型的生活方式。无论是英国分析哲学家 G.E.摩尔(George Moore)所说的人生之中最伟

---

① [英]迈克·费瑟斯通:《消费文化与后现代主义》(1991),刘精明译,译林出版社 2000 年版,第 36 页。

大的商品，即是由个人情感和审美愉悦构成；还是英国作家如王尔德所说的一个理想的唯美主义者应当"用多种形式来实现他自己，来尝试一千种不同的方式，总是对新感觉好奇不已。"在费瑟斯通看来，这样一种不断追求新趣味、新感觉，不断探索新的可能性的脉络，就是从王尔德、摩尔、布卢姆茨伯里派（Bloomsbury Group）乃至理查·罗蒂（Richard Rorty）一脉相承下来的美好生活的标准，它们尤其鲜明地凸显在后现代理论之中。

其三是符号商品在生活中渗透。根据阿多诺的观点，商品的抽象交换价值与日俱增占据主导地位，这不仅是湮没了其最初的使用价值，而且是任意给商品披上一层虚假的使用价值，这就是后来波德里亚（Jean Baudrillard）所谓的商品的"符号价值"。图像通过广告等媒介的商业操纵，持续不断地重构着当代都市的欲望。所以"决不能把消费社会仅仅看作是占主导地位的物欲主义的释放，因为它还使人们面对无数梦幻般的、向人们叙述着欲望、使现实审美幻觉化和非现实化的影像。波德里亚和詹姆逊所继承的就这一方面。他们强调影像在消费社会所起的新的核心作用，也因素赋予文化以史无前例的重要地位。"①费瑟斯通认为，对此现象的理论阐释，是由源自马克思商品拜物教批判的卢卡奇、法兰克福学派、本雅明、列斐伏尔（Henri Lefebvre）、波德利亚和詹姆逊等人完成的。除了本雅明和波德里亚的后期著作外，他们大多对此过程持批判态度，由此也导致有人从正面角度来呼吁艺术和生活整合为一，如马尔库塞（HerbertMarcuse）的《论解放》（1969）和列斐伏尔的《现代世界中的日常生活》（1971）。

费瑟斯通认为，"日常生活的审美化"并非只是后现代现象，它不但见诸波德莱尔、本雅明和西美尔（Georg Simmel）所描写的 19 世纪中叶以来波西米亚和布尔乔亚即中产阶级的生活经验之中，其渊源还可以追溯到中世纪以降的狂欢节和集市文化。费瑟斯通的重要观点是，"日常生活审美化"是狂放不羁的波西米亚风格和讲究节制的布尔乔亚精神的合一：前者反文化，后者是文

---

① ［英］迈克·费瑟斯通：《消费文化与后现代主义》（1991），刘精明译，译林出版社 2000 年版，第 98 页。

化。当反文化的冲动反过来给文化收编进来,那么文化本身就有了一种摆脱羁缚,永远追求开辟新天地的本能。在其中,中产阶级殚思竭虑,同底层阶级的忤逆欲望不断较量,从而使后者成为同文明进程齐头并进的常新不败的"他者"。控制和反控制、有序和无序,终于在波西米亚和布尔乔亚的两相结合之中,铺陈出日常生活审美化的迷魅:狂欢节、集市、音乐厅、博览会、休闲地,和的主题公园、购物中心、旅游业等,都是"有序的无序"之地,永远发散出让布尔乔亚欲罢不能的异国异域的他者情调,虽然在当代文化产业中,这种情调是人为的产品。

结合韦尔施与费瑟斯通的研究来看,艺术在摆脱了"美"的标准之后,成为人类生活世界的原则,所以艺术成为一种文化———一种生活风格、一种生产方式。与此同时,"……美学丧失了它作为一门特殊学科、专同艺术结盟的特征,而成为理解现实的一个更广泛、也更普遍的媒介。"①这样,艺术超越"审美"领域,或者说,美超越"艺术"领域,艺术与美涵盖了日常生活、感知态度、传媒文化以及整个生产和生活世界,此时的艺术、美已不是与日常生活隔离的"自律领域",而是当代生活、工作和休闲的新的属性。韦尔施与费瑟斯通的研究路径是从(传统)美学到(当代)文化,我们非常高兴地看到,在路径不同且更为宽广的文化思想研究中,也有类似的理论,它们都指出了文化美化生命与生活的问题。

世界的文化化就是以艺术、美为原则来重新构造世界,这时的"艺术"就是文化产业的产品,而美则是重新定义的纯粹的快感和满足———"从严格的哲学意义上讲,现代的终结也必然导致美学本身或广义的美学的终结:因为后者存在于文化的各个方面,而文化的范围已扩展到所有的东西都以这种或那种文化移入的方式存在的程度。"②现代终结之后是后现代。就后现代取消了艺术与生活的界限而言,后现代是一场文化革命。此即美国社会学家丹尼尔·

---

① 参见[德]沃尔夫冈·韦尔施:《重构美学》(1997),陆扬译,上海译文出版社2002年版,序,第1页。

② [美]弗雷德里克·詹姆逊:《文化转向》(1998),胡亚敏译,中国社会科学出版社2000年版,第108—109页。

贝尔(Daniel Bell)说的：

新革命以两种方式早已开始。一是，艺术领域中获得的文化自治如今开始跨越边界进入生活舞台。后现代主义潮流要求以往在幻想和想像领域已经耗竭的所作所为，如今必须在生活中上演。艺术和生活没有区别。艺术中所许可的所有事情在生活中也被允许。其二，曾经被小团体实践的生活方式——不管是波德莱尔对生活的冷面相对还是兰波的幻觉狂怒——如今被"大多数"复制(当然在社会中仍是少数人，但就数目而言并不少)，并控制了文化领域。……曾经局限于小范围精英之内的波希米亚生活方式，如今被大众媒体的巨大屏幕展现出来。①

既然艺术已经扩展到人类的生活的所有方面，那么，这种艺术也就不再是传统意义上的"创作"，而是一种日常行为，艺术与非艺术、反艺术合而为一。詹姆逊明确地指出："在 19 世纪，文化还被理解为只是听高雅的音乐、欣赏绘画或是看歌剧，文化仍然是逃避现实的一种方法。而到了后现代主义阶段，文化已经完全大众化了，高雅文化与通俗文化、纯文学与通俗文学的距离正在消失。商品化进入文学意味着艺术作品正成为商品。"②这样，不但艺术终结了，传统形式的文化也终结了。波德里亚指出：

我们需要一个之于文化就像"美学"之于作为象征体系的美一样的词汇。我们缺乏这样一个词汇来表达这种信息、文本、图像、经典杰作或连环画的功能化实质，这取代了灵感和情感的编了码的"创造力"和"接受力"，这针对含义和传播的指导性集体工作，这受到一切时代一切文化搅扰的"工业文化"，而

---

① ［美］丹尼尔·贝尔：《资本主义文化矛盾》(1976)，严蓓雯译，江苏人民出版社 2007 年版，第 54 页。引文中的兰波(Arthur Rambaud)，是 19 世纪的法国诗人。
② ［美］弗雷德里克·杰姆逊：《后现代主义与文化理论》(1985)，唐小兵译，西安：陕西师范大学出版社 1986 年版，第 147—148 页。

我们由于没有为它的找到更好的名称而不惜遭到各种误解仍继续把它叫做"文化"。①

当美、艺术不再是原来的美、艺术时,文化也不是原来的文化。在经济富裕、政治民主的西方社会,人们需要重新设计自己的生活,追求质量、品位、个性和风格。艺术的生活化、人生的艺术化等古老理想通过文化产业而得到部分落实。阅读、观影、歌舞、演艺、娱乐、旅游、时尚等成为日常生活的构成要素,重新安排自己的生活世界、传播自己的认知和判断、欣赏自己的手艺和作品等已不再是少数艺术家的专利,而逐步成为普通人的生活内容。文化不再是传统意义上的文化,而是新的社会原则、生活方式时,文化产业也就成为当代经济社会的支柱产业。

四、 作为群体的凝聚力

文化领域是美学的领域、意义的领域。当代英国学者斯图尔特·霍尔(Stuart Hall)的贡献之一,是提出并论证了文化的"意义"概念。根据他的观察:"在社会和人文科学中,尤其在文化研究和文化社会学中,现在所谓的'文化转向'倾向于强调意义在给文化下定义时的重要性。这种观点认为,文化与其说是一组事物(小说与绘画或电视节目与漫画),不如说是一个过程,一组实践。文化首先涉及一个社会或集团的成员间的意义生产和交换,即'意义的给予和获得'。说两群人属于同一种文化,等于说他们用差不多相同的方法解释世界,并能用彼此理解的方式表达他们自己,以及他们对世界的想法和感情。文化因而取决于其参与者用大致相似的方法对他们周围所发生的事作出富有意义的解释,并'理解'世界。"②不是事物"自身"拥有一个单一的、固定的、不

---

① [法]让·波德里亚:《消费社会》(1970),刘成富等译,南京大学出版社2000年版,第113页。
② [英]斯图尔特·霍尔:《表征——文化表象与意指实践·导言》(1997),徐亮等译,商务印书馆2005年版,第2页。

可改变的意义，而是文化的参与者赋予人、客观事物及事件以意义。文化就是生产、传播与消费意义的过程与实践，参与这一过程和实践，个体即被整合进"我们"之中。其一，意义就是对我们是谁，或我们"归属于"谁的一种认知的东西，文化在区分诸群体之间标出和保持同一性，进而在诸群体间标出和保持一定差异。其二，意义持续不断地在我们的参与的每一次个人及社会的相互作用中生产出来，并得以交流。其三，意义规范和组织我们的行为和实践，它有助于建立起使社会生活秩序化和得以控制的各种规则、标准和惯例。孔子早就说过："诗可以群"，即指诗歌可以使社会人群交流思想感情、协和群体的作用。通过宗教、文艺、伦理等象征性的表现方式，给人类生存提供一种超越性的信仰，成为一种将整个社会凝聚起来的道德纽带。下面我们从中西方历史上各举一例予以说明。

陈寅恪先生认为，北魏末期宇文泰凭借原属北魏的六镇一小部分武力，西取关陇，建立北周政权，与山东、江左鼎立而三。然而，在物质上，其人力物力皆不及高欢北齐所统辖的境域；在文化上，魏孝文帝以来的洛阳及继承洛阳的北齐邺都，其典章制度，实非历经战乱而荒残僻陋的关陇地区所可并比，至于江左，虽然武力较弱，却是神州正朔所在，且梁武帝时正是江南政治相对稳定，经济文化较为发达时期。陈寅恪提出：

> 宇文泰率领少数西迁之胡人及胡化汉族割据关陇一隅之地，欲与财富兵强之山东高氏及神州正朔所在之江左萧氏共成一鼎峙之局，而其物质及精神二者力量之凭藉，俱远不如其东南之敌，故必别觅一途径，融合其所割据关陇区域内之鲜卑六镇民族，及其他胡汉土著之人为一不可分离之集团，匪独物质上应处同一利害之环境，即精神上亦必具同出一渊源之信仰，受同一文化之熏习，始能内安反侧，外御强邻。而精神文化方面尤为融合复杂民族之要道。[1]

对文化凝聚人心、整合国家的作用的意识，并不始于宇文泰。在中古的北

---

[1] 陈寅恪：《唐代政治史述论稿》（1942），上海古籍出版社1997年版，第14—15页。

中国,至少前秦的苻坚、北魏孝文帝皆深知此意,但他们都想以魏晋以来的汉化笼罩北方各民族,所以急于南侵以取得汉文化正统所在地江东。他们的努力均告失败,摆在宇文泰面前的,只有一新新途径,即就其割据此土依附古昔,称为汉化发源之地,而不再以山东江左为汉化之中心,此即陈寅恪先生所说的包括物质与文化两方面的"关中本位政策"。在物质方面是兵制,即建立府兵,改易府兵将领的郡望与姓氏,并命府兵军士改从其将领之姓,这是关陇集团得以形成的重要条件之一。改易氏族的政策,有两个阶段。第一阶段是"改易西迁关陇汉人中之山东郡望为关内郡望,以断绝其乡土之思,并附会其家世与六镇有关,即李熙留家武川之例,以巩固其六镇团体之情感"。第二阶段即西魏恭帝元年(554),"诏以诸将之有功者继承鲜卑三十六大部落及九十九小部落之后,凡改胡姓诸将所统之兵卒亦从其主将之胡姓,迳取鲜卑部落之制以治军,此即府兵制初期之主旨。"①在文化方面是官制,"要言之,即阳傅《周礼》经典制度之文,阴适关陇胡汉现状之实。内容是上拟周官的古制。"所谓"关陇胡汉现状之实",即是以胡族和胡族文化为主。正如府兵制乃胡族部落之兵制一样。陈进一步指出:

《周礼》一书的真伪及著作年代,古今论者甚多,大致为儒家依据旧资料加以系统理想化,欲行托古改制之作。自西汉以来,模仿《周礼》建设制度的,有王莽、周文帝、武则天、宋神宗四人。王莽、武则天、宋神宗受到后人讥笑,独宇文泰之制,则甚为前代史家所称道,至今日论史者尚复如此。其原因在于宇文泰、苏绰等人并非拘泥于周官的旧文,而是利用周官的名号,以适应鼎立时期关陇胡汉的特殊需要。故能收到模仿的功效,少见滞格不通的弊病。

关中为姬周的旧土,宇文泰自然想到周官古制。他采用周官古制,用心只在维系人心,巩固关陇集团,而不是像王莽一样,事事仿古,拟古。就整个关陇本位政策而言,物质是主要的,文化是配合的。②

① 陈寅恪:《唐代政治史述论稿》(1942),上海古籍出版社 1997 年版,第 15 页。
② 万绳楠整理:《陈寅恪魏晋南北朝史讲演录》,黄山书社 1987 年版,第 317、318—319、320 页。

文化配合物质，但没有文化，则人心无法维系，关陇胡汉集团难以形成。广义地说，"关中本位政策"中的改易氏族，也是一种文化行为。在这个意义上，"关中本位政策"实际上是一种文化政策。正是凭借这一政策，关陇集团在西魏北周时期统治关陇地区北，其后隋与唐初继承之，统治全中国。中国文化的鼎盛时期亦来自这种文化的融合：李唐一族之所以崛兴，"盖取塞外野精悍之血，注入中国原文化颓废之躯，旧染既除，新机重启，扩大恢张，遂能别创空前之世局。故欲通解李唐一代三百年之全史，其氏族问题实为最要之键。"①这里特别要指出的是，陈寅恪所说的"氏族"，其意在文化而不在血统。他明确指出："汉人与胡人之分别，在北朝时代文化较血统尤为重要。凡汉化之人即目为汉人，胡化之人即目为胡人，其血统如何，在所不论。"②

中国如此，西方也不例外。公元 500 年，亡于蛮族的西罗马由不同的蛮族国王统治着，不列颠的盎格鲁－撒克逊人中断了与大陆的联系，法兰克人占据了高卢，勃艮第人据有萨瓦，西哥特人成了西班牙的主人，汪达尔人定居非洲，东哥特人占据了意大利。这些蛮族虽然侵入并消灭了罗马帝国，但罗马人在数量上要比占领军多好几倍，因此能否把日耳曼与罗马人整合为一个国家，在很大程度上影响着这些蛮族王国的命运。这一整合的困难在于，罗马人大多信仰正统教派，而蛮族地都是阿里乌教派（the Arians），从而能否实现宗教－文化上的融合又是国家整合的基础。占领意大利的是东哥特人，其统治者狄奥多里克（Theodoric）比法兰克国王更文明、更智慧，他依靠罗马的行政人员来管理先前的政府机器，意大利人继续生活在罗马官员管理的罗马法律之下。东哥特人独立于罗马人之外，生活在本种族伯爵的统治之下，信仰阿里乌派且对罗马人的正统基督教派信仰表示宽容。在意大利，东哥特人的作用只是纯粹的军事保卫。这种双重责任体制意味着文化与国家的分裂，不管狄奥多里克的统治多么温和和宽容，主教和当地民众总是用敌对的眼光看待他。552 年，东哥特人被拜占庭军队完全征服，作为独立的民族消失在历史之中。西班牙

---

① 陈寅恪：《李唐氏族推测之后记》（1933），《金明馆丛稿二编》，上海古籍出版社 1980 年版，第 303 页。

② 陈寅恪：《唐代政治史述论稿》（1942），上海古籍出版社 1997 年版，第 14—15 页。

的西哥特王国也面临着西哥特人与班牙-罗马人在宗教信仰上的不同,利奥维吉尔德(Leovigild,568—586)国王曾试图把正统基督教主教们改宗为阿里乌派,结果是激起了叛乱。其子雷卡尔特(Recared,568—601)采取相反的政策,他接受了罗马臣民的正统基督教,两个民族逐步融合。主要是因为君主制的不稳定性,西哥特王国于711年亡于穆斯林的征服。

所有定居在罗马帝国西部土地上的日耳曼民族中,只有法兰克人幸存下来,并建立了一个持久的国家。其中重要的原因,是只有在高卢地区,日耳曼文化与罗马文化在某些类似平等的条件下融合起来。公元495年的基督教世界中没有一个主要的统治者与教皇信奉同一教派,所有的东日耳曼国王都是阿里乌派,法兰克人也仍然是异教,拜占庭皇帝因一次教派分裂而与罗马教皇分离。这时有一个关键人物出场了,这就是后来墨洛温王朝的开创者克洛维(Clovis)。据说,在一次关键的战役中,克洛维向基督教的神祈祷后,获利大胜。他立即宣布,他与三千武士一起接受基督教。尽管他的皈依更多流于形式,但"这一事件的深远价值在于,它为全体法兰克民族在下一世纪通过基督教主教和传教士真心皈依打开了通路。至于直接的影响,即对正统教义的接受,给克洛维带来了明显的政治上的好处,他当然极为敏锐地注意到了这些有利条件。当时整个正统基督教的高卢南部,被一个信仰阿里乌教派的西哥特统治者所占领。能够预料,人民和其主教们将欢迎并与一位能以解放者姿态出现的有正统信仰的国王合作。因此在507年,克洛维宣布道:'我很难过,这些阿里乌教徒占据着高卢的一部分地区。让我们靠着上帝的帮助,去征服他们。'他在普瓦捷南面几英里处获得巨大胜利,而西哥特人被赶出高卢,进入西班牙。"①克洛维之后,罗马教皇制与本笃会修道制的结合,使得西欧在法兰克王国和拉丁教会的基础上实现了统一。

差不多同时,宇文泰开创了北魏-隋-唐的连续性帝国,克洛维奠定了法兰克王国-查理曼帝国的基础。政治、军事、经济之外,文化整合在其中发挥了重

---

① [美]布莱恩·蒂尔尼、西德尼·佩因特:《西欧中世纪史》(1999年第六版),袁伟译,北京大学出版社2011年版,第70页。

要作用。应当说，中外历史上一些伟大的政治人物，一些重大的政治成果，都程度不同、方法不同地用文化来整合群体、凝聚意志。而在当代世界，文化已成为综合国力的必要组成部分，全球竞争包含着文化竞争。这具体表现为三种形式。

其一，文化作为一种认同方式，是国家建构的必要途径。文化与政治意义上的民族国家既不等同又相互交错。19 世纪初的德国诗人歌德（Johann Wolfgang von Goethe）担心德意志的统一可能危及文化的多样性，当代英国社会学家鲍曼（Zygmunt Bauman）则一再论证现代国家的建构过程同时也是排他性的文化统一过程，他们都指明了国家不仅仅是政治实体和暴力的合法使用者，而且也是一个文化单元。国家力量的形成及其实施首先需要作为个体的国民服从国家价值观，使整个社会具有较高的凝聚力、整合力和导向力，从而达到民族融合、国家统一以及社会稳定。现代国家的建构过程一再表明，文化传统在凝集人心、鼓舞士气、振奋精神、激励斗志等方面的作用至关重要。文化既促成国家意志和主流意识形态的建构，又作为国民表达政治意向、实现政治参与方式的载体；现代政治实践在维持强大的国家机器的同时，也越来越多地通过宣传与推广特定的生活方式、世界观与价值观、信息等文化方式来完成。当 18 世纪末德国浪漫派以德意志文化的特殊性而反对法国启蒙主义的普遍主义时，他们关注的其实是德意志民族的政治命运；当 19 世纪的英国批评家马修·阿诺德（Mattew Arnold）以文化反抗无政府主义时，其前提是国家权力的基础不是在自我中而是在文化中。当代学者安德森（Benedict Anderson）的研究发现，民族"是一种想像的政治共同体"，使这种想像成为可能的首先就是文化：宗教、政治王朝、人们理解世界的方式（比如时间观念）、书籍（包括报纸等）等等。① 所以，文化与国家的关系，既不只是文化现代性所主张的文化是一个超越并批判世俗权力的独立领域，也不只是一般所理解的文化服从于国家整体利益，真正重要的是，文化使国家成为可能，没有脱离文化（以及经济）的抽象国家。从而，在政治化的意识形态不再是国家认同的基

---

① 参见本尼狄克特·安德森：《想象的共同体》（1983），吴叡人译，东方出版社 2003 年版。

础之后,人们正在根据文化传统重新界定自己的身份,文化利益成为国家利益的核心,文化主权构成国家主权的一部分,文化成为国际竞争的力量之一。

其次,文化作为一种"软实力",是国家竞争的重要资源。自从美国学者小约瑟夫·S·奈(Joseph S. Nye. Jr)提出"软实力"(soft power,一译软实力、软力量)概念之后,有关"软实力"的问题就一直为政学两界所重视。相对于以强制(大棒政策)和援助(胡萝卜政策)方式发挥作用的军事、经济等"硬权力"(hard power),"软权力"是指以"吸引"的方式发挥作用的权力,包括对他国有吸引力的文化,在国内和国际上都得到遵循的政治价值观,被视为合法并享有道德权威的外交政策。① 尽管有关"软权力"的思想可以追溯到 20 世纪初的马克思主义思想家葛兰西(Gramsci, Antonio),但只是在冷战结束之后,这一概念及相关实践才被全面运用到国际竞争之中,在不同程度上成为全球化时代的国家战略。就其起源而言,"软实力"是在全球化时代民族国家竞争的语境中提出的,有着浓厚的西方中心主义色彩。19 世纪以来,西方国家之所以在很大程度上主导全球进程,固然是基于强势政治、经济、军事和科技力量,同时也是民主、人权、自由、现代化等价值观的吸引力、强劲势头及其荣誉的反映。20世纪末,从后共产主义的东欧到后官僚威权的拉美国家,从最贫穷的赤道非洲到新富有起来的工业东亚,都踏上民主的进程。非民主或反民主的政体并未退出历史舞台,但在道义上,却难再理直气壮。这固然是各个国家人民的自我选择,同时也是软实力的巨大效果所致。与"硬实力"比较,"软实力"是更根本、更深层、更持久的力量,具有中国古人说的"不战而屈人之兵"的功效。在西方"软实力"的吸引之下,似乎后冷战的世界政治合法性只有一个主导的原则,这就是西式民主;似乎自由资本主义是现今世界上唯一的全球政治文明。我们当然不能认为民主只是西方国家的意识形态,不能否认后发现代国家面临的建设民主政治的深切愿望,但在西方国家全力推进"民主化"的过程中,又确实包含着西方权力的扩张。易言之,西方文化不但包含着西方权力,它本身

---

① 关于约瑟夫·奈的论述,参见单世联:《文化大转型:批判与解释——西方文化产业理论研究》,中国社会科学出版社 2017 年版,第 13 章第 4 节。

就是西方权力的一部分。因此，跨国文化交往的过程也是国家软实力的竞争过程。

再次，文化作为一种产业，是国家权力扩张的重要媒介。文化产业与传统文化的重大区别在于，它不只是特定传统中人们的态度、价值观、信仰及其行为模式，而且具有明确的经济利益和政治效果。通过文化产业，文化实现了从精神价值、意识形态等抽象的、信仰的层次向世俗的、物质的领域扩张，越来越多地具有物质商品的形态，"心""物"难分难解，文化不再是社会经济权力之外的"飞地"或孤立绝缘的自律领域，也不再是地方风习、民族惯例、意识形态，它同时也是技术、娱乐与服务，也是一种商品、一种经济，是社会生产力中的一个重要组成部分，成为现代经济新的增长点。随着经济全球化和各国文化交流的加深，文化产业和国际文化贸易获得了迅速发展。作为国际贸易的重要组成部分，国际文化贸易不仅带来了巨大的经济效益，其承载的一国文化影响力也随着文化产品市场占有率的扩大而增强。以音乐磁带、唱片、MTV、电影、电视、录像、奥林匹克运动会、世界拳王争霸赛、世界杯足球赛为代表的娱乐文化已正式成为发达国家举足轻重的国民经济支柱产业和新的增长点，文化的专利权、著作权、商标品牌、技术标准、互联网域名等等，都是实实在在的资产；西方的影像产品、动漫、通俗文艺、美食、时装、广告等等在渗透到世界各个角落并攫取高额利润的同时，也诱导世界上所有人接受整个西方文化，向不同国家和地区倾销西方的价值观念和生活方式。文化产业以其巨大的政治、经济后果而有力地参与到当代的国际竞争之中。

当代文化研究的主题之一，就是文化与包括国家在内的共同体的认同方式，与国家、民族与地区的综合实力的内在联系。这一联系的基础，就是文化塑造了一个国家、一个民族、一个社群的整体性生活方式。

五、结　　论

综上所述，文化产品的社会效益有增进知识、培育道德、美化生活和整合群体四个方面。严格地说，任何文化产品都在不同程度上发挥着这几方面的效益。但有效益并不意味着有好效益。古今中外,都有一些文化产品,或没有给我们带来新知,甚至还提供虚假信息、歪曲历史真相;或没有蕴含正面的道德理想,甚至包含着黄赌毒方面的劣质;或没有美的品质,甚至以丑为美、以"俗"为美;或缺少整体关怀,宣扬赤裸裸的个人主义或暴力倾向,不利于社会建设和国家整体利益。因此,文化产品的社会效益有两种形式,一种是"正效益",即增进知识、培育道德、美化生活和整合群体;一种是"负效益",即不能实现上述目标,甚至是走向反面。

这也就是说,文化产品的社会效益是多种多样的。文化史一再告诉我们,我们也相信繁荣的文化生活,丰富的文化产品有助于社会的和谐稳定,也能够解决现代人的心灵或社会秩序问题,但我们也确实看到,当代文化的社会效益之需要进一步提升,几有泛滥趋势的性、毒品、暴力、谎言、欺骗、狂热等需要抑制。文化产业只是生产符号性商品或文本性商品的活动,其产品及效益多种多样,不同的文化产品可以有选择地追求某一方面的社会效益。就像中央电视台有众多不同的节目类型一样。当我们说"坚持社会效益优先"时,是指正效益,是指我们要警惕、反对、抵制各种负效益。当然,文化产品的社会效益与产品本身相关,但也与社会环境、时代气氛、受众接受有关。如何确保文化产业实现其正效益,那是另一个研究课题了。

图书在版编目（CIP）数据

"一带一路"：文化交流与文化品牌：世界城市文
化上海论坛. 2018/荣跃明，黄昌勇主编. —上海：
上海书店出版社，2019.11
ISBN 978 - 7 - 5458 - 1881 - 9

Ⅰ.①一… Ⅱ.①荣… ②黄… Ⅲ.①城市文化—建
设—世界—2018—文集 Ⅳ.①C912.81 - 53

中国版本图书馆 CIP 数据核字（2019）第 225127 号

责任编辑 王　郡
封面设计 郦书径

"一带一路"：文化交流与文化品牌
——世界城市文化上海论坛（2018）
荣跃明　黄昌勇　主编

出　　版　上海书店出版社
　　　　　（200001　上海福建中路 193 号）
发　　行　上海人民出版社发行中心
印　　刷　上海展强印刷有限公司
开　　本　710×1000　1/16
印　　张　22.5
版　　次　2019 年 11 月第 1 版
印　　次　2019 年 11 月第 1 次印刷
ISBN 978-7-5458-1881-9/C·29
定　　价　98.00 元